대만영화 백년사

百年台灣電影史

한국문화사 영화학 총서

대만영화 백년사

1판 1쇄 발행 2022년 4월 20일

원   제 | 百年台灣電影史
지 은 이 | 서락미(徐樂眉)
옮 긴 이 | 김건 · 박용진 · 조선화
펴 낸 이 | 김진수
펴 낸 곳 | 한국문화사
등   록 | 제1994-9호
주   소 | 서울시 성동구 아차산로49, 404호(성수동1가, 서울숲코오롱디지털타워3차)
전   화 | 02-464-7708
팩   스 | 02-499-0846
이 메 일 | hkm7708@daum.net
홈페이지 | http://hph.co.kr

ISBN 979-11-6685-088-2 93680

오류를 발견하셨다면 이메일이나 홈페이지를 통해 제보해주세요.
소중한 의견을 모아 더 좋은 책을 만들겠습니다.

한국문화사 영화학 총서

대만영화 백년사

百年台灣電影史

서락미(徐樂眉) 지음

김건·박용진·조선화 옮김

한국문화사

천리귀안 千里歸雁

4백 년 전의 대만은 정치·경제 중심이었던 대남(台南)에서 대북(台北)으로 이동하고, 그 외 지역은 장려(瘴癘)[1] 지역이었다. 이 시기 고난의 역사기록은 남아있기는 하지만, 거의 오랫동안 방치되어 왔다. 1860년쯤에, 대만은 어쩔 수 없이 무역 거래를 개항하며, 근대 역사의 시작을 알린다. 안타깝게도 중원문화(中原文化)는 식민지 시기 때마다 다른 문화가 유입되며 단절된다. 하지만 중국의 원류인 염황염제(炎帝)와 황제(黃帝)에서[2] 유래한 완고한 민족 유전자는 문화전통을 최대한 고수하고 계승하려는 버팀목이다. 예컨대, 국민당 정부에서부터 현대의 민주사회까지 교육의 변화를 살펴보면, 대만은 정통 근원의 계승뿐만 아니라 중국 본토를 인정하는 심리를 강화하는데 방점을 두고 있다. 선거 때마다 민족의 의제는 늘 집단을 분열하는 수단이 되며, 실제로 대만 민중은 이미 악순환의 소용돌이 속에 놓여 있다. 하지만 홍콩이 중국에 반환되기 이전과 같이, 대만은 "말은 옛 모습 그대로 달리던 대로 달리고, 춤은 예전에 추던 모습 그대로 추고, 밥은 이전에 먹던 그대로 먹는" 사

---

[1] (역자 주) 주로 아열대의 습지대에서 발생하는 악성 말라리아 등의 전염병.
[2] (역자 주) 우리나라의 단군신화처럼, 중화민족의 전신인 화하족(華夏族)의 역사는 염제(炎帝)와 황제(黃帝)에서 시작한다. 후세 사람들은 황제를 중화민족의 시조로 받들어 '황제자손(黃帝子孫)', '염황세주(炎黃世胄)'라 자처한다.

회 현상이 형성된다. 이처럼 대만 민중은 정치적 혼돈과 자유민주주의의 틈바구니에서 강렬한 생명력을 보여준다.

부계 혈연은 중원에서 시작되었지만, 원주민 및 청나라 시기에 이민 온 한족이 아닌 대만사람들은 (약간의 농락과 적의를 내포한 의미로) 외성인(外省人)이라 불린다. 따라서 내성인/외성인 간의 갈등을 어찌 이해할 수 있겠는가...

계엄령이 해제된 이후[3], 중국과 대만 양안 간의 긴장된 열기는 또 한 번 우리 세대의 기대를 저버린다. 이러한 격변의 흐름 속에서, 대만 민중은 항상 바둑알처럼 조종을 당하면서 반항할 힘조차도 없다. 다행히도 황금시대의 대만영화는 희극영화, 무술영화, 사랑 문예 영화, 황매조(黃梅調) 영화[4], 가무영화, 액션영화, 지역영화, 군대영화 등을 통해 어린 시절과 청소년 시기의 아련한 기억을 회상시킨다. 당시의 대만은 사회 관습뿐만 아니라 오락 분야가 매우 단순해서, 영화 아니면 TV이었다. 따라서 한정된 환경 속에서, 화려한 대만영화의 역사가 탄생한다. 현재까지 전해 내려오는 노래 혹은 뛰어난 가수 및 배우는 전 세계 중국인의 뇌리에 각인되며, 영화의 유산은 중화 문화의 뿌리와 영혼을 엿볼 수 있게 한다.

그러나 사람 일이 어떻게 될지 모르듯이, 경제 기적을 일으켰던 아시아

---

3 (역자 주) 대만 국민당 정부는 1949년 공산당에 패해 중국 대륙에서 밀려난 지 38년 만에 계엄을 해제한다. 계엄 동안 대만에서는 국민당의 일당 독재 아래 집회와 시위가 금지되고 자유로운 언론 활동도 통제를 받는다. 이후 대만은 총통 직선제와 복수 정당제를 도입하는 등 점진적인 민주화의 길을 걷는다.
4 (역자 주) 중국의 영화 역사 중에서 아주 독특한 유형 중의 하나이다. 안휘(安徽)성 중부 지방에서 유행한 지방극이다. 주된 곡조가 호북(湖北)성 황매 지역의 채다조(採茶調, 찻잎을 채집하면서 부르는 가락)에서 변하였기 때문에 붙여진 명칭이다.

'네 마리의 용'중의 하나인 대만의 후광은 격변의 시대를 거치며 흔들리고, 그 빛을 점차 잃고 만다. 게다가 2,000년의 정국 변화로[5] 국민당은 세력을 잃게 되고, 정국 변화에 따라 불안감에 휩싸인 사람들은 재산을 팔아 대륙으로 향한다. 예컨대, 중국과 대만의 양안이 대치 상태로 놓이지만 대륙이 적절한 시기에 연결고리 역할을 하자, 영민(榮民)[6]은 점점 대륙으로 몰려간다. 이후 생업과 관련된 여러 업종이 옮겨가기 시작한다. 가까운 해협을 건너, 드넓은 대지는 최적의 선택지이다. 문자와 인종이 같은 사람들의 마음은 마치 잎이 떨어져 뿌리로 돌아가는 것처럼 생기를 찾게 해주며, 의욕을 불러일으킨다. 처음에, 갈등 해소와 융합은 반드시 겪어야 할 과정이다. 중국의 급속한 발전 추세에 따라 대만 사람들은 계속해서 이주하게 되며, 전 세계의 트러스트 (trust) 기업도 떼로 몰려들기 시작한다.

대만영화 〈불능몰유니〉(不能沒有你)는 2009년 제46회 금마장(金馬獎, Golden Horse Awards)에서 최우수 영화, 최우수 감독, 최우수 대본, 그해 최고의 대만영화, 관객이 투표한 최고 영화상 등 5개 부문을 휩쓸며, 2010년 오스카 최우수 외국어 영화에 노미네이트되기도 한다. 대만영화가 몰락한 지 20년이 다 돼가는 즈음에, 이 영화의 흥행은 오랫동안 침묵했던 존엄과 자신감을 회복하고, 한동안 자랑스러운 사건이 된다. 20년 전에, 〈비정성시〉(悲情城市, 1989)로 베네치아 황금사자상을 수상한 후효현(侯孝賢) 감독은 "강산도 10년이면 변하는데, 자국 영화는 20년째 제자리에서 맴돌고 있고, 왜 나아지지 않는지 참으로 걱정이다."라고 말했다. 말이 끝나기 무섭게, 이안(李

---

5 (역자 주) 1996년 3월 23일에 국민의 직접선거로 총통을 선출하도록 정치 제도를 개선함으로써, 대만은 중국 국민당 일당독재 시대를 마감하고 민주화 시대를 연다. 2000년 총통 선거에서는 민주진보당의 진수편(陳水扁)이 총통에 선출되어 처음으로 정권 교체가 이뤄진다.

6 (역자 주) 대만 국민당 산하의 군에서 복무하다가, 퇴역 후 대만에 거주하는 군인.

安), 후효현(侯孝賢), 관금봉(關錦鵬), 두기봉(杜琪峰) 4명의 감독이 연달아 영화상을 받는다. 계승의 의미가 매우 깊고, 보릿고개 같은 대만영화에 강심제를 놓아준 셈이다.

100년의 대만영화가 몰락한 것은 특정 원인이라고 탓할 수 없다. 결론적으로 산업의 쇠퇴라고 할 수 있다.

속사정을 들여다보면 엔터테인먼트의 트렌드가 변화하였고, 열악한 영화제작 환경, 부족한 제작비, 인재 유실, 정부의 잘못된 정책 방향, 할리우드 블록버스터의 공세 등이 원인이다. 산업이 정점에 도달한 후에 추락할 때는 숨겨진 모든 걱정과 허점이 태양 아래에 고스란히 펼쳐져 그 형체를 감출 수가 없다. 그 당시 영화제작자들은 겨우겨우 버티거나 포기한 상태이다. 공백기에는 머리 숫자만 채우고, 악순환의 영화 생태계가 반복되며, 거대한 파도가 위세를 떨치듯이 손을 쓸 틈이 없었다. 1990년대에 심각한 내상을 입은 대만영화산업은 지금까지도 원기회복 중이라고 볼 수 있다.

대만은 급랭한 정국 변화에 따른 비판이나 공격을 겪은 후에 여전히 낮은 포복 상태로 전진하고 있다. 쇠퇴한 경제 속에서 사람들은 긴축 생활을 하지만, 낙천적인 천성에 따라 여전히 즐겁게 살고 있다. 그러나 대만영화산업의 미래는 여전히 숨을 겨우 이어가고 있는 실정이다. 금마장 영화제는 여전히 매년 개최된다. 개최장소가 북 대만에서 중부 및 남부 대만으로 옮겨지며, 금마장 영화제는 남부와 북부의 균형을 잡아 대만 전 국민이 참여하는 축제로 성장한다. 출품 영화의 범위도 중국 및 홍콩, 대만으로 확대되지만, 대만영화의 수는 점점 감소하고 상을 받는 일도 점차 줄어든다. 열악한 환경 속에서 대만영화제작자들은 여전히 소수의 질 높은 영화를 만들어, 세계 영화계가 가끔 대만영화에 주목하게끔 한다.

대만영화산업이 당면한 일은 탈출구를 찾는 것이다. 정체된 것처럼 보이지만, 실제로는 미래를 위해 각고의 노력을 기울이고 있다. 늘 자신의 입장을 고수해왔던 영화제작자와 감독 및 종사자들은 끼니를 잇지 못할 때도 이를 악물고 이겨냈는데, 지금 와서 포기할 수 없다. 그들은 꿈과 고집으로 대만영화를 지켜냈을 뿐만 아니라, 중국과 홍콩 그리고 대만에 없어서는 안 될 영화의 중추적 역할을 하고 있다.

정치 및 경제의 안정은 국가 문화의 번영에 영향을 끼친다. 특히 정권을 잡은 정치가들은 문화 이데올로기를 결정한다. 예를 들어, 당 태종(唐 太宗) 이세민(李世民)은 예법과 음악을 성행시켰고, 송 휘종(宋 徽宗) 조길(趙佶)은 시사(詩詞)를 중요하게 여겼다. 이등휘(李登輝)의 친일은 대만 문화와 일본 문화의 틈바구니에서 중국 문화를 말살하는 정책에 힘썼다. 진수편(陳水扁)은 객가(客家)[7] 민족과 대만 소수민족을 중요히 여기고, 소수민족을 위한 객가 방송국 및 소수민족 방송국 등을 개설하는 대책을 세웠다. 겉으로는 민의에 순응한 것처럼 보이지만, 실제로는 정치적 효과를 촉진시키기 위함이다. 배후의 동기가 어쨌든, 일부 집단은 발언할 기회를 얻게 되며, 사회의 한 자리를 차지하게 된다. 그렇지 않으면 영원히 제대로 말도 못 하는 소외 계층으로 남아있었을 것이다.

오래되고 광범위한 중화문화는 곳곳에 수천 년의 흔적이 담겨있으며, 옛것에 대한 그리운 마음은 수없이 많은 산과 물을 마주하고 있는 탄식의 소리이다.

섬사람들은 산의 웅장함 그리고 강과 바다의 사나움을 느끼지 못한다. 약

---

[7] (역자 주) 4세기 초(서진(西晉) 말년)와 12세기 초(북송(北宋) 말년)에 황화(黃河) 유역에서 점차 남쪽으로 이동한 민족이다. 지금은 광동(廣東)·복건(福建)성·광서(廣西)성·강서(江西)성·호남(湖南)성·대만 등에 거주하고 있다.

14억 인구의 중국에 비해, 대만은 2,300만 인구일 뿐이다. 물론 적은 숫자이지만, 작은 면적에서 놀라운 에너지를 발산하며, 눈부신 경제 기적을 이루었다. 중국과 대만의 무역, 우편물, 해로가 개통되기 이전에, 이미 대만 기업인들은 중국에서 상당한 시장 경제 성과를 창출하고 있었다. 가세가 기운 대만 영화산업이지만, 영화인 간의 상호교류를 통해 여전히 서로를 끌어당기고 있으며, 중국과 대만의 영화는 더욱 가까워졌다. 대만의 영화 경험이 중국으로 전수된 사례는 수없이 많다. 예컨대, 2009년에 〈자릉〉(刺陵, The Treasure Hunter), 〈운수요〉(雲水謠, The Knot), 〈풍성〉(風聲, The Message), 2010년에 〈대소강호〉(大笑江湖, Just Call Me Nobody), 2011년에 〈면인자〉(麵引子, Four hands), 2012년에 〈애〉(愛, Love), 2013년에 〈역광비상〉(逆光飛翔, Touch of the Light), 2014년에 〈등일개인가배〉(等一個人咖啡, Cafe·Waiting ·Love), 2015년에 〈대희림문〉(大喜臨門, The Wonderful Wedding), 〈풍중가족〉(風中家族, Where The Wind Settles), 〈자객섭은낭〉(刺客聶隱娘, The Assassin) 등의 영화를 예로 들 수 있다.

이전의 번영과 박탈감을 모두 경험한 새로운 세대의 대만영화는 우수한 인적 자원이 등장하지만, 현재 전통과 혁신 간의 교차로에 놓여있다.

섬사람들은 중국 명나라, 네덜란드, 스페인, 중국 청나라, 일본, 국민당의 통치를 겪은, 즉 수백 년 동안 인고의 세월을 경험한 사람들이다. 하지만 그들은 낙관적이고 만족할 줄 아는 천성을 가지고 있으며, 각기 다른 문화와 융합해 뛰어난 문화 정신으로 조화를 이루었다. 20세기 영화선구자들의 노력 덕분에 대만영화가 활력을 찾게 되고, 유럽과 미국은 대만영화인들의 뛰어난 창의적 사고를 주목하게 된다. 상전벽해와 같은 커다란 변화를 겪고 심연에서 빠져나온 정부는 문화 및 창조 산업을 촉진하기 위해 재정을 투입한다.

〈해각칠호〉(海角七號, Cape No.7, 2008)를 필두로 이후의 영화들은 바람과 파도의 기세를 등에 업고 '후신영화(後新電影)'라고, 예컨대 '대만영화 문예 부흥 시기'로 불린다. 이러한 영화는 새로운 세대의 독창성 또는 비전통적인 영화 스타일과 영화 언어를 통해 현재 대만 사람들의 숨소리를 반영한다. 세대가 바뀌는 발자국은 각 시기별 영화에 서로 다른 감정을 부여한다. '신영화(新電影)', '신신영화(新新電影)'이후, 대만영화는 거리감 없이 있는 그대로의 삶을 담아낸다. 모든 영화는 허공에 대고 대화하거나 공덕을 노래하는 것이 결코 아니라, 본토 문화의 공명을 느낄 수 있게 한다.

민주주의와 혼란스러운 정치 사이에서 성장한 새로운 세대의 영화인들은 다양한 국가의 문화가 유입되지만 전통을 보존하고 새로운 모습으로 재창조하기 위해 노력한다. 만일 영화가 역사, 문화 그리고 사고방식을 전달하는 것이라면, 구세대의 대만영화는 약간의 외침과 슬픔을 가지고 있다. 그렇다면 신세대의 대만영화는 어떤 문화적 컨텍스트를 가지고 있을까? 따라서 필자는 중원문화 및 타문화가 대만영화에 끼친 영향을 고찰해보며, 중국과 대만 사이에서 적절한 위치를 찾아 특유의 문화적 창의성으로 중국영화시장에 도전하는 대만영화를 논의하고자 한다. 또한, 현재 핫이슈인 「중국과 대만의 경제 협력 기본 협정(ECFA)」을 지렛대 삼아, 대만영화가 중국과 대만 간에 어떤 가교 역할을 할 수 있을지 기대해보자.

10여 년 전, 우리 세대는 대만을 떠나 중국으로 공부하러 갔다. 그리고 10년 후, 대만의 인문 및 영화산업을 자세히 살펴보고 탐구하면서, 새로운 의미와 깨달음이 생겼다.

오랫동안 떠나 있을수록 감정은 더욱 깊어진다. 자그마한 대만이지만 거인의 울부짖는 외침처럼 소리를 지르자.

서락미(徐樂眉)

2014. 10. 10 북경·대만

■ 차례

제7장 맺음말__430

제1장 대만 역사 및 영화 문화산업의 근원

제1절 대만 역사와 대만해협을 뛰어넘은 흑수구[8] 전설

역사를 중시하는 대만 정부는 '원주민의 날'을 정하며 대만 역사의 근원을 복원한다.[9] 역사와 문화는 그 민족의 오랜 기간의 전통 풍습 및 관습을 계승하고, 하늘과 땅에 대한 경외와 인문에 관한 관심을 품으며, 신격화를 거쳐 상징화된 기호가 된다. 현재 대만의 종친(宗親), 민족단체, 당파들은 서로 앞다투어 보물섬의 개척자라고 자처하지만, 유일하게 높은 산과 우뚝 선 봉우리를 지키는 '산지 동포'만 예외다. 현재는 역사적 맥락을 복원하면서 '원주민'이라는 아름다운 이름으로 불린다.

8　(역자 주) 옛 문헌에서의 흑수구(黑水溝)는 대만해협을 흘러가는 대만 난류(暖流)를 뜻한다.

9　1984년 8월 1일 헌법은 '산포(山胞)산에 있는 동포'를 '원주민'으로 이름을 수정하며, 이를 기념하기 위해 대만 행정원은 1994년에 법안 개정 시 매년 8월 1일을 '원주민의 날'로 정한다. 이는 각 종족 간의 존중과 화합을 추진하기 위해서이다. 이 입헌은 대만의 중대한 변화를 나타내며, 다원주의(多元主義)의 상징이기도 하다. 게다가 '원주민 자치법'(原住民族自治法) 역시 진행 중이다.

1960년대 대만의 유적 발굴을 시작한 이후, 고고학자들은 팔리(八里) 대분갱(大坌坑)을 중국의 화남(華南), 동남 연해의 '대분갱 문화'와 비교하며, 대만의 선사시대 인류의 모습을 밝혀낸다.[10] 또한, 중국 및 해외 언어학자들은 오스트로네시아(Austronesia) 역사를 조사 및 연구하면서 대만을 오스트로네시아의 수도로 추정한다. 자료에 의하면, 4백 년 역사뿐인 대만은 오스트로네시아 언어의 분포지이며, 남태평양 군도로 확산하는 연결고리이다.[11] 고대 언어를 연구한 언어학자들의 견해에 따라 대만의 다양한 원주민의 섬 내에서 이동 경로를 추적해보면, 원주민의 선조는 6천 년 전에 대만으로 온 것으로 추정되며, 중부 산악지대를 거점으로 섬 전체로 점차 퍼졌을 가능성이 농후하다.

그 당시 건너오지 못한 일부 사람들은 이후 천년이 지난 후 이루지 못한 꿈을 위해 대만으로 넘어왔을 것이다.[12] 이러한 관점에 대해 전문가들은 한 발

---

10 《대만사전인》, 『경전』, 대만:자제문화중심, 1998년 8월 창간호:58.(《台灣史前人》, 『經典』, 台灣:慈濟文化中心, 1998年 8月 創刊號:58). 고고학자 장광직(張光直)은 대만 팔리개분갱(八里大坌坑)과 고웅(高雄) 임원향봉비두(林園鄉鳳鼻頭)에 대한 유적 발굴을 하고, 중앙연구원의 장진화(藏振華) 연구원은 팽호(澎湖)에서 고고학 연구를 진행한다. 그들은 180만 년 전부터 1만여 년 전의 빙하의 재현, 해수면 하강, 대만해협의 소실, 대만과 중국 대륙의 연결, 선인들이 동물을 따라 대만에 정착하여 인류가 대만에서의 수만 년의 역사를 만들었다는 것을 증명한다.

11 《대만사전인》, 『경전』, 대만:자제문화중심, 1998년 8월 창간호:56(《台灣史前人》, 『經典』, 台灣:慈濟文化中心, 1998年 8月 創刊號:56). 오스트로네시아(Austronesia), 남도(南島)의 총 인구수는 약 3억에 달하고, 언어는 약 1,200종류가 있다. 오스트로네시아 사람의 언어 남도어(南島語)는 4종류인데, 대만에는 3종류의 계통이 존재한다. 예컨대, 태아어군(Atayalic, 泰雅語群), 추어군(Tsouic, 鄒語群), 배만어군(Paiwan, 排灣語群), 그리고 마래—파이니서어(Malayo-Polynesian languages, 馬來—波里尼西語)이다. 1895년 및 1991년에 언어학자 로버트 브레스트(Robert Brest)와 고고학자 피터 벨루우드(Peter Belluwood)는 옛 오스트로네시아 언어가 나뉘기 이전의 거주지는 대만이었다고 발표하며, 지금으로부터 약 5,000~6,000년 전이었다고 한다.

더 나아가 오스트로네시아 종족의 혈연관계를 탐구하고 있지만, 복잡하고 조그마한 별점 같은 섬의 흐름을 단시간 내에 결론 내릴 수 없다.

2011년 12월 고고학계에 따르면[13], 중국과 대만해협 양안 관련 단체의 협조하에 대만 중앙연구원은 마조(馬祖) 군사관제구역 양도(亮島)에서 지금으로부터 약 7,900년 전의 유골을 발견하여, 이를 '양도인(亮島人, liangdao man)'이라 명한다. 고대에서 자주 볼 수 있는 유골을 접어 장사를 지내는 방식 덕분에, 그 유골은 온전했고, 몸 형태도 뚜렷하게 감식할 수 있었다. 이 발견은 고고 역사의 다양한 분야를 재수정하게끔 한다. 또한, 대만에서 발견한 최초의 사람 해골일 뿐만 아니라, 중국 남부 복건성(福建省)에 있는 민강(閩江) 유역에서 가장 이른 시기의 신석기 시대의 유골이며, 지금까지 발견된 오스트로네시아 언어권에서 가장 빠른 시기의 유골일 가능성이 크다.

1970년대에 주목을 받은 '오스트로네시아 기원론'으로 말하자면, 해양 기원론이나 대륙 기원론을 막론하고, 지금까지 양쪽에서의 논쟁은 끊임없이 지속된다. 이러한 논쟁 속에서, 대만은 확실히 중요한 지역이다. 원주민들은 그 이전과 이후에 대만에 정착했다. 그들은 성품이 강하고 용맹하고, 싸움을 잘하나 흉악하며, 행패 부리며 사람을 죽이는 악습이 바람직하지 않지만, 산림 속의 용사이다. 유적과 자료를 통해 분석해보면, 수만 년 전에 이미 대만에는 인류의 종적이 있을 가능성이 크다. '양도인'의 출현은 기원론에 새로운 근거가 되었고, 5,000~6,000년 전 원주민 부락 형태의 흔적을 2,000년 더 앞당겨주었다.

지리 면적이 36,006km²인 대만은 지각판의 이동, 융기[14] 등으로 인해 저/

---

12 《대만사전인》,『경전』, 대만: 자제문화중심, 1998년 8월 창간호: 57(《台灣史前人》,『經典』, 台灣:慈濟文化中心, 1998年 8月 創刊號: 57).

13 대만 중앙연구원의 진중옥(陳仲玉) 연구원은 '양도인'을 발견한다. 약 30~35세의 남성이며, Y염색체의 소유자이고, 신장은 160~165cm으로 건강한 편이다.

중/고 해발의 혼합형 기후를 띤다. 하늘이 베푼 독특한 환경 속에서, 활화석 어류(活化石魚類), 타이베이 송장개구리(Rana taipehensis), 푸른 바다거북, 물사슴, 문자크(Reeves's muntjac) 등 희귀 야생동물들이 살고 있다. 외국 기자들에 따르면, "섬 전체의 산맥 양쪽에는 녹나무(樟樹)로 덮여 있고, 이 토지들은 주로 원주민 소유로 되어있기에, 중국인은 반드시 부락 추장에게 공납품을 바쳐야 채취할 수 있었다고 한다. 포르모사(Formosa)[15]라는 아름다운 지명 외에, 중국 바다에서 어획 생산이 가장 풍부하여 봉래선도(蓬萊仙島)라고 부른다.[16]"이 문구는 아름다운 섬과 원주민에 대한 가장 적절한 주석이다.

17세기 초기에 자주적 공간이었던 대만은 동아시아 상업무역 권역에 자리 잡고 있었다. 하지만 중국 명나라와 외적들의 밀수하는 노선의 지리적 위치 때문에, 대만은 포르투갈에 먼저 점령당하면서 침략의 역사가 시작된다. 잇따라 네덜란드와 스페인도 들어온다. 네덜란드는 대남에서 안평(安平)을 건

---

14 《대만사전인》,『경전』, 대만:자제문화중심, 1998년 8월 창간호:60(「台灣史前人」,『經典』, 台灣:慈濟文化中心, 1998年 8月 創刊號:60). 약 1억 년 전 지구의 표면은 바다에서 솟아 올라있었다. 500만 년 전 유라시아 판과 태평양 판 사이의 틈새에서 지각이 상승하고, 이어진 산맥이 유라시아 가장 동쪽 태평양에서 우뚝 솟아나왔다. 200여만 년 전 필리핀 바다 판은 계속해서 유라시아 판 쪽으로 밀어내어, 대만 동남쪽에서 이어지는 화산섬들이 북쪽으로 이동되고, 마침내 500만 년 전에 바다 속에서 우뚝 솟아오른 높은 산들과 부딪혀 서로 결합이 되면서 오늘의 대만 지형을 이룬다. 지각 판들의 이동은 해양 흐름에 영향을 주고, 북극 해양으로 가는 난류를 막아 버리며, 북반구 빙설은 나날이 열악해지면서 남반구까지 영향을 미친다.

15 (역자 주) 포르모사는 포르투갈 선원이 대만을 발견하고 포르투갈어로 '아름다운 섬'이란 뜻으로 붙인 이름이다.

16 람베르 반 더 알스보트, 「발현남도─중국해상적봉래선도」. 양명랑 번역, 『경전』, 대만:자제문화중심, 2001(Lamber van der Aalsvoort, 「發現南島─中國海上的蓬萊仙島」. 楊銘郎, 『經典』, 台灣:慈濟文化中心, 2001). 에드워드 그레이(Edward Greey)가 1871년 9월에 『레슬리 윌리엄 닐슨』(Leslie William Nielsen)에서 '대만─포르모사'라는 시리즈 단문으로 발표함.

립하고(안평은 네덜란드 문자로 Tayouan, 즉 대만을 지칭), 1627년에 안평고보(安平古堡)로 이름을 변경한다. 이후 1642년에 기륭(基隆)과 담수(淡水)에 거주하던 스페인 사람들을 쫓아버리고, 섬을 차지하여 식민지로 만든다. 그 영향으로 한족(漢族)이 대만에 건너가 대만을 개척하고, 기독교 선교 및 문자를 가르칠 수 있게 된다.[17] 네덜란드인과 원주민의 협조하에 작성된 1650년까지의 '원주민부락 호구표(番社戶口表)'에 따르면, 인구수는 약 6만여 명, 섬 전체의 40~50%를 차지한다. 네덜란드 통치 말기에, 한족 이민들의 사회구조 덕분에 약 5만 명의 한인이 거주한다. 명나라 정성공(鄭成功)이 성공적으로 대만을 차지한 이후에는 한인 인구가 원주민 인원수를 초과하여 백만에 달한다. 1683년, 명나라가 청나라 강희(康熙)에게 패배를 당해, 대만은 이제 중국 국가의 영역으로 들어가게 된다.

1858년에 영국과 프랑스 연합군에게 패전한 후, 19세기의 청나라는 전성기에서 쇠퇴로 접어들며, '천진조약(天津條約)'을 맺고, 2년 후 '북경조약(北京條約)'을 맺는다. 이로 인해 대남 및 담수(淡水)를 개항한 것이 대만을 국제상업 항구로 부상시키는 계기가 된다. 전도사, 모험가, 세관원, 인류학자뿐만 아니라, 종교, 의학, 과학, 교육 등이 섬 내로 들어온다. 서방 문명이 야만적이고 황폐한 지역에 유입되면서, 기이한 혼종 문화가 싹트게 된다. 짐승을 털과 피가 있는 채로 날로 먹는 '산번(山番) 고산지역 원주민'은 문화적 차이와 다른 언어로 인해 닭이 오리에게 말하는 것처럼 의사소통이 이뤄지지 못

---

17 주완요, 『대만역사도설~사전지일구사오연』(2판), 대만:연경출판사, 1998:56(周婉窈, 『台灣歷史圖說~史前至一九四五年』(二版), 台灣:聯經出版社, 1998:56). '시칸 언어'(Sinkan Language)는 네덜란드 사람들의 로마자 병음 문자이며, 대만 오스트로네시아 민족 문자의 시조이다. 현재 시칸어로 보존된 책은 시칸어와 네덜란드 문자로 된 『마태복음(馬太福音)』이 있으며, 네덜란드 목사 다니엘 그라비우(Daniël Graviu)가 번역한 책이다.

1912년에 촬영한 대만 원주민 사진

※ 자료: 『대만번족사진첩』(台灣蕃族寫眞帖) 1912, 대만대학총도서관(台灣大學總圖書館).

하지만, 그들의 소박한 성격은 점점 강해지는 서풍(西風)의 영향 하에 어리석음에서 지혜로움으로 점점 열리게 된다.

손바닥만한 작은 섬에서 원주민 문화와는 다른 형태가 파생되기 시작한다. 한족의(민(閩)과 객(客)) 이민이 활발해지자, 종족 간의 복잡한 이종교합은 더욱 심화된다. 중국의 한인은 강력한 종족 집단의 힘을 통해 황무지 개척, 경작, 파종, 어업, 수렵, 매매 등의 공업과 상업 형태를 모두 섬으로 옮겨 근대화된 마을을 조성한다. 또한, 무기와 화약의 힘으로 '산번(山番) 고산지역 원주민'을 겁박하여 토지를 빼앗는다. 산지 동포들은 어쩔 수 없이 따로 살길을 찾아야만 했다. 강한 자는 번성하고 약한 자는 쇠멸하는 과정처럼, 산야(山野) 민족은 산과 바다 주변에 터를 잡는다. 포농족(布農族), 노개족(魯凱族), 배만족(排灣族)은 깊은 산속에, 아미족(阿美族) 등은 해변가에 자리를 잡는다. 그들이 각각 한 지역을 독점하면서, 국면은 겨우 안정화된다. 자연친화적인 천성을 지닌 산지 동포들은 시대가 변하더라도 종족의 전통 의식을 여전히 보존하고 있다. 예컨대 오랜 세월을 거친 포어제(捕魚祭), 풍년제(豐年祭)의 노동제는 가무 제례로 명맥을 유지하며 민족문화 특성을 보존한다.

현재의 원주민은 소수민족의 계승자로서 온갖 역경을 이겨낸 개척의 선구자들이다. 과학기술 문명에 익숙한 오늘날의 세대들은 선조들이 황무지를 개척한 야사(野史)를 되돌아보려고 할까? 점차 사라지는 모습은 현대사회가 되돌려주는 보복(報復)과 같다. 전 세계가 생태 및 환경보호를 부르짖는 상황 속에서 대만 문화는 국제적 화두로 부상하며, 일순간 원주민은 대만의 최고 보물이 된다. 대만의 역사 복원과 원주민 문화의 권익 보호를 촉진시키기 위해, 정부는 대만의 2% 소수민족을 존중하여 '원주민의 날'의 법을 제정한다. 이를 통해 원주민 지위를 새롭게 얻은 소수민족은 14개로 증가하고, 해당 민족의 흔적은 더욱 선명해진다.[18]

오랫동안, 산지인은 여러 시기에 걸친 식민의 투쟁을 위해 의용대(義勇隊)의 피로 장렬한 비석을 세워가며 자주성을 지켜왔다.[19] 이러한 굴곡의 역사는 섬 거주민과 함께 현대사회로 이어진다. 문자로 기록된 대만은 겨우 4백 년이지만, 문자기록이 없는 연대는 셀 수 없는 몇 만 년이다. 중국화 과정에서, 그들은 부락문화를 보존하려고 노력하고, 머나먼 황량한 광야에 내디딘 발걸음은 비틀거리지만 침착하고 힘이 있다. 원주민의 용맹한 모습은 외로운 섬의 선사시대 역사를 그리고 대만이라는 섬의 성장과정을 잘 보여준다. 지금은 역사를 바로잡고 기념일을 정해 존엄과 지위를 부여하여 원주민의 존재 가치를 드높이고 있다. 인간적 관심과 배려 그리고 도의를 표하는 것은 대만 민주사회에서 가장 중요한 일이다.

---

[18] (역자 주) 대만 원주민의 14개의 민족은 태아족(泰雅族), 태로각족(太魯閣族), 살기래아족(撒奇萊雅族), 갈마란족(噶瑪蘭族), 아미족(阿美族), 비남족(卑南族), 아미족(雅美族), 새하족(賽夏族), 새덕극족(賽德克族), 소족(邵族), 포농족(布農族), 추족(鄒族), 노개족(魯凱族), 배만족(排灣族) 이다.

[19] 주완요, 『대만역사도설~사전지일구사오연』(2판), 대만:연경출판사, 1998:130 (周婉窈, 『台灣歷史圖說~史前至一九四五年』(二版), 台灣:聯經出版社, 1998: 130). 1930년, 마혁파(馬赫坡) 수장 모나로도(莫那魯道, Mona Rudo)는 무사육사(霧社六社) 봉기하여 일본 외적의 착취 노역에 대항한다. 2개월간 투쟁 동안 원주민 644명이 목숨을 잃었고, 모나로도 역시 자결한다. 이를 '무사사건'(霧社事件) 이라고 부른다.

제2절 대만인들의 여가문화와 영화의 첫 울음소리

1. 대만 식민지시기에 영화와의 첫 대면

일출과 일몰의 농경 생활 그리고 대지를 공경하고 동서남북 사방에 제사를 지내는 의식은 사자(嗣子, 상속자)와 계절의 변화에 따라 계속되어 왔다. 기본적으로 감사 의식에서 비롯된 오락은 각 시대의 여가문화를 잘 보여준다. 중국 명나라, 청나라(17세기~19세기) 때, 이민의 대유행 따라 유입된 남관(南管), 북관(北管), 괴뢰희(傀儡戲, 인형극), 피영희(皮影戲, 그림자극), 가자희(歌仔戲, 대만 전통극) 등의 민간 예술을 통해, 촌민들은 명절 때 의자를 들고 와서, 사당, 야외무대, 허름한 연극 천막에 모여 희·로·애·락을 즐겼다. 이는 한족 이민자들의 뿌리 깊은 고향의 기억이기도 하며, 이를 통해 대만 사람들의 감정이 응집되는 계기가 된다. 일본 식민지 '황민화(皇民化)' 이전까지, 중원 한문화와 중국 본토 서민의 오락에 기반한 대만에서는 민속 곡예(曲藝)가 급속한 발전을 보인다.

농촌의 기억이 희미해지기도 전에, 18세기 유럽의 산업혁명은 저항할 수 없는 혁명의 흐름으로 다가온다. 대만은 전통과 단절되는 식민지 시기를 거치면서 황급하고 당황스러운 흐름 속에서 현대 문명으로 진입한다.

대만의 근원을 거슬러 올라가면, 중국 명나라 한족 이민에서부터 시작한다. 정성공(鄭成功)은 정부의 초기 형태를 설계하고, 정경(鄭經)과 정극상(鄭克塽)이 연이어서 관리한다. 이후 정치체계를 발전시켜온 정씨(鄭氏) 일가의 지배는 청나라가 투항할 때까지 계속된다.

1. 등영서원(登瀛書院). 1898년에 '담수관(淡水館)'으로 변경
2. 일제 식민지 시기의 담수희관(淡水戲館)

※ 자료: 『일제강점기대만영화사』(日帝時期台灣電影史).

포르투갈, 네덜란드, 스페인이 대만을 연이어 점령했을 때에도, 대만의 남북은 연결되지 않았다. 청나라 광서 원년 1875년, (행정·군사사법권을 가진) 선정대신(船政大臣) 심보정(沈葆禎)이 청나라 정부에 '대북성(台北城)'을 건설하고자 하는 상주(上奏)를 올리고, 이후 대북 성은 대남 성(台南城)보다 규모가 더 커지게 되며 대만의 수도가 된다. 1880년, 청나라는 대 북부(台北府) 뒤편 거리에 '등영서원(登瀛書院)'을 세우고, 1890년에 서원 거리(書院街, 현재 장사가(長沙街))로 옮긴다. 1895년 '마관 조약(馬關條約, 시모노세키 조약)' 이후, 대만은 일본에 할양되어 아시아에서 첫 식민지가 된다.[20] 일본은 '등영서원'을 '담수관(淡水館)'으로 바꾸어, 일본 관리들의 구락부(俱樂部)와 초대소로 활용한다. 역사 자료에 따르면, 일본인들이 대만을 강점한 초

---

20 양맹철, 『대만역사영상』, 대만:예술가출판사, 1996:17(楊孟哲, 『台灣歷史影像』, 台灣:藝術家出版社, 1996:17). 조선은 동학당(東學黨) 난으로 중국 청나라에 도움을 요청하고, 일본은 일본 교포의 안전을 구실로 조선에 병력을 배치한다. 1984년 농민들의 폭동으로 인해, 일본과 청나라 간의 갑오전쟁(甲午戰爭)이 발발한다.

기에는 대북성의 4분의 1이 가옥으로 되어있었고, 나머지는 모두 농경지였다. 이후 일본인들은 대북성 건설을 도모하여 현대화된 시설을 갖추게 된다.

일본 식민지로 50년이란 시간을 보낸 대만의 한문화는 30년 동안 아주 잘게 쪼개진다. 정치, 경제, 교육, 법률, 건축, 신앙, 언어 등 천지가 개벽하듯이 커다란 변화가 이뤄진다. 명치유신(明治維新)을 내세운 일본의 비밀스러운 침투는 대만을 마치 덧칠해진 서양화처럼 해외의 작은 일본처럼 개조한다. 그래서 근대화 작업은 일본화가 아니라 문명화에 방점을 두는 것처럼 한다.[21] 제2차 세계대전 때에 일본은 황민화 운동을 추진하여 대만 군대의 출정을 밀어붙여 한문화 뿌리의 제거를 가속화한다.[22]

일본 식민지 때, 대만은 현대화 체제로 급속하게 들어선다. 공업 및 상업의 규모는 농업을 뛰어넘으며, 자본주의가 유입되면서 중산층 세력은 사회의 중심세력으로 부상한다. 통상의 용이성 덕분에, 사진 기술은 19세기 중엽에 대만에 유입된다. 따라서 민간 풍속 사진은 1860~1890년에 이미 만나 볼 수 있다.[23] 사진 기술의 변화는 대중의 오락형식을 변화시키며, 영화를 위한 길

---

21 주완요, 『대만역사도설~사전지일구사오연』(2판), 대만:연경출판사, 1998:144(周婉窈, 『台灣歷史圖說~史前至一九四五年』(二版), 台灣:聯經出版社, 1998:144).

22 주완요, 『대만역사도설~사전지일구사오연』(2판), 대만:연경출판사, 1998:165(周婉窈, 『台灣歷史圖說~史前至一九四五年』(二版), 台灣:聯經出版社, 1998:165). 황민화운동은 대만에서 1936년 말기에 시작되며, 일본이 패망한 1945년에 끝난다. 주요 항목으로는 (1) 일본어 운동, (2) 일본어로 이름 변경, (3) 군지원병 제도, (4) 종교, 사회 풍습 바꾸기 등이다.

23 일본이 통치하는 시기에, 사진작가인 임수익(林壽鎰)의 「광복전후적섭영사」(光復前後的攝影師)라는 글에는 1901년에 녹항(鹿港)이라는 지역에 점포 이름이 '이아사진관'(二我寫眞館)인 제1호 사진관이 생겼다고 기술되어 있다. 또 다른 사진작가 임초어(林草於)는 1901년 대중(台中)에서 일본인 오기노 신마치(荻野新町)의 사진관을 넘겨받아 '임사진관'(林寫眞館)이라고 상호 이름을 변경한다. 이 모든 것은 대만에서 제일 먼저 개장한 사진관 중의 하나라고 말할 수 있다.

을 열어준다.[24] 기록에 의하면, 1896년 8월에 일본인이 대북 건창가(建昌街)에서 서양 만화경(西洋鏡)이란 새로운 물건을 팔고, 그 후 문무가(文武街) 및 조사묘(祖師廟) 앞으로 옮겨 임시로 장소를 임대하여 장사를 한다. 게다가 서양 만화경은 중량이 무거워 해상에서 다시 담수(淡水) 강까지 운송하여 육지로 옮겼다. '서양만화경'은 토마스 에디슨이 1888년에 발명하고 1894년부터 세계 각지에 널리 보급된 키네토스코프(Kinetoscope)이다. 따라서 대북에서의 서양만화경의 출현은 아시아에서 최초의 영화 활동기록이다. 〈알렉산더〉(大力士桑多), 〈특기공연〉(特技表演), 〈이발점〉(理髮店), 〈스코틀랜드 무도〉(蘇格蘭舞蹈) 등 10편의 영화가 공개되며, 초창기의 기록영화는 편당 약 1분 정도이다.[25] 영화의 수요를 만족시키고자 1894~1900년간 미국 에디슨 회사는 서양 만화경 천여 대를 제조하여 팔았다고 한다. 별로 남아있지 않은 기록에 따른 내용이기에 완전히 신뢰하기 힘들지만, 당시의 상황을 어렴풋이 이해할 수 있다. 따라서 세상에 처음 울음소리를 낸 이러한 비공식적인 공연은 대만영화 발전의 초석이 된다.

이민 온 일본인들은 일본 제국과 자본주의의 권위를 내세우며 우월적 지위를 누리고, 새로운 오락과 오락 장소를 형성한다.

---

24 섭룡언, 『일치시기대만전영사』, 대만:옥산사, 1998:18(葉龍彦, 『日治時期台灣電影史』, 台灣:玉山社, 1998:18). 1860년 미국 기계 엔지니어 콜르먼 셀러(Coleman Sellers)는 사진을 활동그림 렌즈 위의 영사기에 연속 회전하는 촬영 방식을 고안한다. 1870년에 미국 엔지니어 헨리 페모 헤일(Henry Pemmo Heyl)은 영사기에 방사렌즈를 설치하고, 콜르먼 셀러가 설계한 활동 환등장치와 결합시켜 영화의 초기 형태가 생긴다. 1884년 미국 코닥회사의 창시자인 조지 이스트만(George Eastman)은 연속성이 있는 긴 필름을 발명하고, 1888년 미국 과학자 에디슨이 서양렌즈를 발명한다.
25 섭룡언, 『일치시기대만전영사』, 대만:옥산사, 1998:51(葉龍彦, 『日治時期台灣電影史』, 台灣:玉山社, 1998:51).

1 2 3 4

1. 1894년 요지경 상자 활동 전단지
2. 1899년 8월 4일 《台灣日日新報》(대만일일신보)에 실린 서양연극 대환등 광고
3. 1900년 6월 21일 《台灣日日新報》(대만일일신보)에 실린 영화 상영 광고
4. 1902년 시먼딩(西門町)에서 영좌극장(榮座劇場)개막

※ 자료: 『台灣電影百年史話』(上)(대만전영백년사화, 상). 『台灣老戲院』(대만노희원).

초창기에는 일본인을 위해 영화관을 운영하지만, 사회적 수요가 점차 높아짐에 따라 섬 전체로 확대된다. 다이쇼 시대(大正時代)는 국력 강화를 위해 교통, 위생, 치안, 경제 등의 도시계획을 수립한다. 도시 건설은 토지조사, 거리 개혁, 도시 건설 등이 포함되고, 당시의 거리는 현재 백 년 된 옛 거리가 된다. 대계(大溪), 신죽(新竹), 삼협(三峽), 녹항(鹿港) 등의 지역은 예전의 모습을 지금도 볼 수 있다. 건설 방향은 크게 서양식 건물인 정부 청사 및 영화관 그리고 일본식 신사(神社) 및 숙소로 구분되어 진행된다. 영화관은 1920년대 목제구조에서 1930년대 유럽식 극장으로 발전한다. 1930년대 대북 시먼딩(西門町)은 이미 현대적인 레저의 영화 거리였다. 영화 상영의 발전이 새로운 단계로 진입하는 계기는 1935년 일본이 대만을 점령한 지 40주년 기념으로 개최한 대만 박람회이다. '제일극장(第一劇場)', '대만극장(台灣劇場)', '국제관(國際館)', '대세계관(大世界館)'등의 영화관이 개관하면서부터, 대만영화는 전성기에 들어선다.[26] 그 당시 바로크 스타일의 영화관 건축물들은 이미 훼손되었거나 현재 새로 지어졌다. 그중 1933년에 건립한 신죽 유락관(新竹有樂館)은 대만에서 최초로 냉방장치를 갖춘 유럽식 극장이다.

이후 이 영화관은 1946년에 국민대극장(國民大戲院)으로 바뀌고, 1998년에 신죽영화박물관(新竹電影博物館)으로 재건축된다.[27] 어떤 양식일지라도 고대 건축물을 재건축하면, 예전의 아름다움은 더욱 뚜렷하게 나타난다.

| 신죽유락관(新竹有樂館) | 신죽국민대극장
(新竹國民大戲院) | 신죽영화박물관
(新竹電影博物館) |

※ 자료:『대만노희원』(台灣老戲院)/『대만희원발전사』(台灣戲院發展史).

중국 영화의 기원은 1896년이다. 뤼미에르 형제의 일행이 홍콩에 도착한 후, 그들은 상해 서원(徐園) '우일촌(又一村)'에서 뤼미에르 형제의 '서양 영화(西洋影戲)'를 상영한다. 이는 중국에서 처음으로 영화를 상영한 기록이다.[28] 일본 오사카에 전해진 시기가 약 1897년일 것이며, 따라서 그 해를 일본 영화의 시작으로 본다. 1899년 대만영화의 기원은 대도정(大稻埕)에서 개최한 '서양연희대환등(西洋演戲大幻燈)'이다.[29] 식민지시기에 영화는 섬에

---

26 섭룡언,『대만노희원』, 대만:원족문화출판사, 1998:44~52(葉龍彦,『台灣老戲院』, 台灣:遠足文化出版社, 1998:44~52).

27 섭룡언,『대만노희원』, 대만:원족문화출판사, 1998:29(葉龍彦,『台灣老戲院』, 台灣:遠足文化出版社, 1998:29). 1933년 '신죽유락관'(新竹有樂館)'은 최초의 유성 영화관이며, 미국 R.C.A 상영기기와 JVC 발성기를 보유하고 있었으며, 일본이 만든 자막과 내레이션까지 있는 스크린을 가지고 있었다.

28 섭룡언,『대만노희원』, 대만:원족문화출판사, 1993:22(葉龍彦,『台灣老戲院』, 台灣:遠足文化出版社, 1993:22).

29 황인·왕유,『대만전영백년사화』(상), 대만:중화영평인협회, 2004:4(黃仁·王唯,『台灣電影百年史話』(上), 台灣:中華影評人協會, 2004:4). 대도정 노죽각 거리 6

들어왔고, 서양식 오락은 대만서민들의 오감을 자극하며, 공식적으로 백 년의 영화발전사를 펼쳐간다. 유럽과 밀접한 관계를 유지한 일본 영화산업은 지속적으로 유럽에서 새로운 정보를 가져왔다.[30] 일본인 오시마 이이치(大島猪市)의 소개로, 대만 서민들은 담수관(淡水館)[31] 9호실에서 '프랑스 영화의 아버지'인 뤼미에르 형제의 〈물뿌리는 정원사〉(水澆園丁), 〈씨오타역에 열차의 도착〉(火車進站) 등 영화를 보았고, 그 후 이 영화들은 각지에서 순회상영된다. 이는 대만에서 최초로 영화를 순회 상영한 기록이다.[32] 이후 영화 상영은 지속적으로 이뤄진다. 기록에 의하면 정부가 주관하는 최초의 영화 상영회는 1901년에 신죽청(新竹廳) 북문 죽양헌(竹陽軒)에서의 환등회(幻燈會)이다. 정부 직원들이 참석했을 뿐만 아니라 신죽(新竹)의 유지들이 초청되었다. 그 환등회에서 상영된 영화들은 북경 의화단 사변, 8개국 연합군이

번지 7호에서 상영한다. 연사(演師) 광동사람 장박거(張伯居)는 '복사공사'(福土公司)에서 가져온 에디슨의 기록영화 〈미서전쟁〉(美西戰爭)을 상영한다.

30　1900년 일본인 요코타 에이노스케(橫田永之助)는 파리 만국박람회에서 〈파리박람회〉(巴黎博覽會), 〈영두전쟁〉(英杜戰爭)을 가져와 신부정(新富町)에서 상영하여, 스크린 앞에서 영화를 상영하는 선례를 보여준다.

31　미사와 마미에,『식민지하적은막』, 대만:전위출판사, 2002:51(三澤眞美惠,『殖民地下的銀幕』, 台灣:前衛出版社, 2002:51). 담수관(淡水館)은 영화관도 극장도 아닌 상류 신사들의 오락 장소이며, 부인들이 매달 한 번의 정기모임을 즐길 수 있는 특별한 장소이다.

32　섭룡언,『대만노희원』, 대만:원족문화출판사, 1993:54~55(葉龍彦,『台灣老戲院』, 台灣:遠足文化出版社, 1993:54~55). 뤼미에르 형제는 1895년 12월 28일에 파리 카푸신 대로 14호 커피숍 인디아 살롱에서 공개적으로 영화를 상영하는데, 이는 세계 영화의 시작으로 인정된다. 이때 영사기는 촬영할 뿐만 아니라 상영도 할 수 있으며, 서양 렌즈보다 휴대와 조작하기 편리해 빠른 속도로 세계 각지로 퍼져나간다. 1900년, 대만은 미국 에디슨의 개량된 렌즈를 도입하며, 일본인 마츠우라 쇼조(松浦章三)가 휴대하고 있는 뤼미에르의 영사기와 함께 담수관에서 계속해서 상영한다. 그 후 6월 21일 대도저시(大島猪市)가 십자관(十字館)에서 뤼미에르 영화를 상영한다.

북경(北京)을 침략하는 전쟁 기록 영화들이다. 1904년, 대만의 최초 영사기사 료황(廖煌)은 도쿄에서 영화기기와 영화필름을 사다가 대북 및 묘율(苗栗)에서 순회 상영하며, 이를 '활동사진(活動寫眞)'이라고 불렀다. 1906년 일본인 타카마츠 토요지로(高松豊次郎, Toyojiro Takamatsu)는 〈아옥 대장의 실화〉(兒玉大將寫照, 일본과 러시아 전쟁 내용), 〈영국 황실 방문일〉(英國皇室訪日), 〈프랑스 파리 인물〉(法國巴黎人物), 〈풍경〉(風景) 등의 영화를 담수관에서 자선 상영회를 열어서, 가의(嘉義) 대지진의 이재민에게 도움을 준다.[33]

　미국의 '서양만화경' 과 프랑스 '영사기' 가 대만에 들어오면서, 민중은 영화를 알게 된다. 그렇다면 영화는 언제부터 사회의 주목을 받았을까? 〈러일전쟁〉(俄日戰爭)은 인천(仁川)과 여순(旅順)의 바다에서 벌어진 전투, 일본과 러시아 전쟁에 관한 사진, 두 나라 장병들의 모습, 기타 희귀한 수백 종류의 생생한 사진들을 담은 영화이다. 어떤 기자는 "이 영화가 상영되면 송곳 하나 꽂을 자리도 없을 정도로 관객이 꽉 찰 것이다. 군함의 격침... 꼭 보시라고 강력 추천한다."라고 말한다. 이 영화의 상영은 영화가 단지 오락적 기능만 있는 게 아니라, 생동적인 실제 상황도 보도할 수 있는 매체의 기능도 갖추고 있음을 인식하게 하는 계기가 된다. 따라서 〈러일전쟁〉(俄日戰爭) 영화의 성공은 대만영화의 인지도를 높이는 획기적인 사건이었다.[34] 일본이 러시아를 이긴 실황은 영화를 통해 정보가 전달되고, 이를 통해 민중의 마음속에 숭배하고 존경심을 심어주었다. 이처럼 영화는 민중의 심리를 이용해 사회적 이데올로기를 주입하며, 간접적으로 문화식민의 목표에 달성케 한다.

---

[33] 황인·왕유, 『대만전영백년사화』(상), 대만:중화영평인협회, 2004:16(黃仁·王唯, 『台灣電影百年史話』(上), 台灣:中華影評人協會, 2004:16).

[34] 미사와 마미에, 『식민지하적은막』, 대만:전위출판사, 2002:274~276(三澤眞美惠, 『殖民地下的銀幕』, 台灣:前衛出版社, 2002:274~276).

언급해야 할 중요한 점은 대만영화의 기초에 영향을 준 일본인 타카마츠 토요지로(高松豐次郞, Takamatsu Toyojirō)의 활동이다.[35]

타카마츠 토요지로(高松豐次郞)

식민지적 권위를 가진 이 일본인은 초창기 영화부터 영화산업이 성장하는

---

[35] 황인·왕유, 『대만전영백년사화』(상), 대만:중화영평인협회, 2004:116(黃仁·王唯, 『台灣電影百年史話』(上), 台灣:中華影評人協會, 2004:116). 타카마츠 토요지로 (高松豐次郞, 1872~1952)는 일본 후쿠시마현 사람이다. 어릴 때 방직 공장에서 부주의로 기계에 말려 들어가 3분의 1의 팔을 잃는다. 상처는 나았지만 장애인으로 살아간다. 대학 공부를 하는 동안 만담 및 성대모사 기교를 배운다. 프랑스 영화가 일본에 유입되면서 무성영화의 변사(辯士)로 활동한다. 당시 별칭은 탄기루삼매(呑氣樓三昧)이다. 그 후 대만 총독부 후등신평(后藤新平)의 초청을 받고 대만에 와서 영화 상영을 하고, 대만영화의 길잡이 역할을 하며, 1917년에 영화업을 정리하고 일본으로 돌아간다.

과정에 이르기까지, 대만에서 영화관람이 하나의 문화로 정착하게 한 장본인이다. 그는 과감한 영화정책을 토대로 영화산업 시스템을 정비하여 영화산업의 길을 개척한다. 그뿐만 아니라, 관객의 취향에도 신경을 쓰며 시장이 요구하는 상업영화를 제작한다.[36] 또한 대정(大正) 정부의 교화 정책에 호응하기 위해 영화산업에 필요한 인재들을 끌어 모으며 북·중·남 각 지역에 영화관 8개를 개관하여 영화 인재육성 과정을 개설한다.[37] 타카마츠 토요지로(高松豊次郎) 배후에 정치적으로 지지해주는 세력이 있었기에 발전이 가능하였다. 그는 독특한 통찰력과 주도면밀하게 계획을 실행하는 파격적인 사람이었다. 1903~1917년 동안 그의 영화 활동은 대만영화계에서 그 지위가 견고하였다.

영화는 세계의 정치·경제가 급변하는 시기에 탄생하며, 영화의 체질은 각 나라의 상황 및 영양분에 따라 각각 다르게 발전한다. 식민지시기에 유입된

---

[36] 황인·왕유, 『대만전영백년사화』(상), 대만:중화영평인협회, 2004:4(黃仁·王唯, 『台灣電影百年史話』(上), 台灣:中華影評人協會, 2004:4). 타카마츠 토요지로(高松豊次郎)는 1903년에 상영기 한 대와 10편의 서양 영화를 가지고 대만에 왔다. 1907년에는 대만의 첫 기록영화 〈대만현실소개〉(台灣實況の介紹)를 촬영한다. 1908년 봄까지 타카마츠 토요지로는 '조일좌'(朝日座)에서 색채를 인쇄한 인공 채색 영화를 상영한다. 모두 프랑스에서 수입한 새로운 영화들이며, 관중의 호응도 컸다. 내용은 매우 광범위하고, 대중적 취향에 적합하여 언제나 사람이 가득하였다.

[37] 황인·왕유, 『대만전영백년사화』(상), 대만:중화영평인협회, 2004:17(黃仁·王唯, 『台灣電影百年史話』(上), 台灣:中華影評人協會, 2004:17). 타카마츠 토요지로는 1909년에 '대만정극훈련소'(台灣正劇訓練所)를 개설하는데, 대만 본토 청년들을 양성하여 대만 사람을 동화하려는 목적을 가진다. 이듬해 1910년 7월에는 〈애국부인〉(愛國婦人) 및 〈가련지장사〉(可憐之壯士)를 만들어, 대만 각지에서 순회상영을 한다. 대만 각지에 돌아다니며 상영하는데, 이는 대만 신극(新劇)의 시작이다. 같은 해 그는 또 '대만연예소'(台灣演藝所)를 설립하여 대만 본토 소녀들을 모집하여 훈련시키고, 특별한 재능을 발굴하고 가르치며, 순회공연을 하는 연예 왕국을 건립한다.

대만의 영화는 혈통이 순수하지 못하다. 따라서 다이쇼(大正) 시대(1914년)의 영화는 통속교육(通俗教育)의 도구가 되고, 쇼와(昭和) 년대(1931년)에는 섬 전체를 세뇌하는 프로파겐다(Propaganda)적인 사명을 지니고 있었다. 초기의 기록영상은 군국주의와 황실의 이미지를 선전·선동하였다. 예를 들어, 〈문명의 농약〉(文明的農藥), 〈천문대와 천문학〉(天文台及天文學), 〈자동차 시합〉(汽車競賽)은 근대문명을 선전하고, 〈동물원〉(動物園) 및 〈교토 보진천은 거침없이 흘러내려간다〉(京都保津川順流而下)는 일본의 풍경을 소개한다. 〈군함 진수식〉(軍艦下水儀式)과 〈국가 열병식〉(國家典禮閱兵儀式)은 일본의 군사능력 및 근대 일본 황제 제도 등을 소개하는 영화이다. 일본은 대만의 인적·물적 자원을 통제하며, 이러한 기회를 통해 영화라는 매체를 예리한 무기로 이용하여 대만 국민의 어리숙하고 뒤처진 국민성을 개조하려고 했다. 이후 일본은 영화라는 매체를 더 큰 틀인 '국가체제'에 속하게 하고, 영화라는 도구를 통해 동질화의 기초로 삼는다. 즉, 정통화(正統化), 독특화(獨特化), 특권화(特權化)를 위해 영화를 더욱 엄격하게 통제·관리한다.[38] 제국주의의 혈액이 침투된 당시의 오락영화로, 굴복의 효과는 말하지 않아도 뻔할 정도이다.

타카마츠 토요지로(高松豊次郎)와 대만영화업자들은 주류의 일본 영화를 상영하고, 우수한 유럽 및 미국 영화를 수입하며, 대만을 국제영화의 성지로 만들려고 노력한다.[39] 일본 영화회사가 대만에 와서 촬영하기 시작하면서,

---

38 미사와 마미에, 『식민지하적은막』, 대만:전위출판사, 2002:127~160(三澤眞美惠, 『殖民地下的銀幕』, 台灣:前衛出版社, 2002:127~160).

39 황인·왕유, 『대만전영백년사화』(상), 대만:중화영평인협회, 2004:4(黃仁·王唯, 『台灣電影百年史話』(上), 台灣:中華影評人協會, 2004:4). 섭룡언, 『대만노희원』, 대만:원족문화출판사, 1993:66(葉龍彦, 『台灣老戲院』, 台灣:遠足文化出版社, 1993:66). 당시 인기 있던 외국영화로는 〈레미제라블〉(孤星淚), 〈레미제라블〉(悲慘世界), 〈카르멘〉(卡門)이며, 일본 영화로는 〈단하좌선(丹下左膳), 〈안마천구〉

　『단하좌선』(丹下左膳)　　　『안마천구』(鞍馬天狗)　　　『백란지가』(白蘭之歌)

※ 자료: 1,2는『台灣老戲院』(대만노희원). 3은『台灣電影百年史話』(대만전영백년사화).

영화 제작구조는 초기 형태를 잡게 되며[40], 대만 사람들은 영화제작에 참여할 수 있게 된다. 어떠한 형식 혹은 기회를 막론하고, 대만영화의 길을 개척해준다.

　민족의 혈연, 역사, 지리 위치가 긴밀하게 연결되어 있기에, 일제 강점기 시대의 상해(上海) 영화, 광동어(廣東語) 영화, 하문(廈門) 영화는 대만 사람들의 고향을 그리워하는 감정을 위로해준다. 1930년대의 〈화소홍련사〉(火燒

　　(鞍馬天狗), 〈충신장〉(忠臣藏), 〈궁본무장〉(宮本武藏), 〈애염계〉(あいぜんかつ ら, 愛染桂), 〈백란지가〉(白蘭之歌), 〈지나지야〉(支那之夜) 등이다. 1933년 대만 제2 세계관에서 처음으로 수입한 유성영화는 〈충신장〉을 상영한다.

40　황인·왕유, 『대만전영백년사화』(상), 대만:중화영평인협회, 2004:18~19(黃仁·王 唯, 『台灣電影百年史話』(上), 台灣:中華影評人協會, 2004:18~19). 1922년 일본 쇼치쿠카마타(松竹蒲田) 영화사의 감독 다나카 킨(田中欽)이 촬영한 장편 드라마 영화 〈대불적동공〉(大佛的瞳孔)은 대만의 스토리가 중심이 되는 영화의 시작이다. 극중 배역 유희양(劉喜陽)과 황양몽(黃梁夢)은 최초의 대만 배우이다. 1923 년에 대만 일일신(日日新) 영화부에서 제작한 장편 드라마 영화 〈노천무정〉(老天 無情)은 대만 사람인 이송봉(李松峰)이 제작진에 참여한 첫 작품이다. 1925년에 대만영화 연구회에서 제작한 〈수지과〉(誰之過)는 대만 사람들이 영화제작의 모든 부분을 맡았으며, 유희양(劉喜陽)은 대만영화감독의 시조가 된다.

紅蓮寺), 〈어광곡〉(漁光曲), 〈관동대협〉(關東大俠), 〈야초한화〉(野草閑花), 〈창문현모〉(娼門賢母), 〈실연〉(失戀) 등의 상해 영화는 모두 큰 사랑을 받는다. 공개상영을 수없이 반복해도 매번 관객이 가득 찰 정도이다.[41] 당시 영화는 관객에게 신기하고 새로움을 선사한다. 이런 현상 때문에, 젊은 청년들은 영화적 기능에 관심을 두게 되고, 영화 기술을 배우러 일본과 상해까지 발걸음을 옮긴다.[42] 대만 총독부는 중국 문화의 단절을 위해 영화 수입 관리를 시행하며, 1916년에 영화 관련 법규를 제정한다. 일본은 총독부 지하실의 해군 무관실의 일부분을 사무실로, 그리고 승강기 조작실의 일부분을 상영실로 개조하여 연극 및 영화에 대해 심의하기 시작한다. 이것이 바로 대만영화 검열의 시작이다. 1926년에는 영화 검열제도를 법령으로 제정한다. 검열관 1인과 고용직 1인으로 작업하기 때문에, 영화검열 작업은 매우 고되고 힘들었다. 1927년도에 영화필름이 잘린 비율을 보면, 일본 영화 0.028%, 유럽영화 0.26%, 미국영화 0.08%, 중국영화 0.45% 순이다. 자료에서 알 수 있듯이, 중국영화가 잘린 비율은 다른 나라의 영화들보다 상당히 높다.[43] 일본 식민지

---

[41] 섭룡언, 『대만노희원』, 대만:원족문화출판사, 1993:66(葉龍彦, 『台灣老戲院』, 台灣:遠足文化出版社, 1993:66).

[42] 섭룡언, 『대만노희원』, 대만:원족문화출판사, 1993:126(葉龍彦, 『台灣老戲院』, 台灣:遠足文化出版社, 1993:126). 1925년부터 소시연화(邵氏聯華) 회사가 설립되면서, 상해 영화는 발전하기 시작한다. 1930년대 중국영화는 제2차 고조기에 들어선다. 1930년 〈야초한화〉(野草閑花)에서 처음으로 납판(蠟盤)을 영화에 도입시켜 유성 영화 시대에 진입한다. 1932년에 〈도화읍혈기〉(桃花泣血記)를 대만에 수출하여 대만 언어(민난어)로 된 유행가를 성행시킨다. 1934년 채초생(蔡楚生)의 〈어광곡〉(漁光曲)은 국제적인 상을 받는다. 이러한 흐름 속에서 많은 대만 청년들이 꿈을 찾으러 상해에 건너간다. 상해 영화의 대만에 대한 영향력은 전쟁 후의 1949년과 초기의 대만과 홍콩 산업에까지 영향을 준다.

[43] 미사와 마미에, 『식민지하적은막』, 대만:전위출판사, 2002:100~1103(三澤眞美惠, 『殖民地下的銀幕』, 台灣:前衛出版社, 2002:100~1103).

시기에서 이러한 검열 관리는 영화의 선동성을 극명하게 보여준다. 1927년 이후, 대만의 일본 영화 수입은 매년 1천 편 이상에 달하며(드라마영화 및 기타 포함), 총수입량의 평균을 계산해보면 전체의 4분의 3을 차지한다. 그 이외는 미국영화가 주가 되는 외국영화이다.[44] 이처럼, 한편으론 중국영화의 수입을 강력하게 막으면서, 다른 한편으로는 일본 영화를 적극적으로 수입하는 양면전략을 구사한다.

이미 자체 제작 가능한 단계에 접어든 유럽, 미국, 중국, 일본 영화보다 수입에 의존하는 대만영화계는 자유롭게 제작할 공간을 갖추지 못했다. 다수의 대만 청년들이 영화에 관심을 가지지만, 단지 소수의 귀족 가족의 청년들만 외국 연수를 통해 영화를 배울 수 있었다. 학업을 마치고 귀국한 후, 그들은 제작사와 세트장을 만들고, 연기자 양성 등의 활동을 펼치며, 일본 및 상해 영화회사 촬영과 제작에 참여한다.[45]

2차 세계대전이 발발한 이후 대만도 전쟁에 휘말려 든다. 초기에는 영화산업 발전에 별다른 영향을 미치지 않았지만, 이후 영화 관객은 점차 줄어든다. 대동아공영권(大東亞共榮圈)을 내세운 일본은 대만 국민을 육군 특별지원

---

[44] 섭룡언, 『일치시기대만전영사』, 대만:옥산사,1998:208(葉龍彦, 『日治時期台灣電影史』, 台灣:玉山社, 1998:208).

[45] 황인·왕유, 『대만전영백년사화』(상), 대만:중화영평인협회, 2004:52~60(黃仁·王唯, 『台灣電影百年史話』(上), 台灣:中華影評人協會, 2004:52~60). 하비광(何非光, 1913~1997)은 일본에 가서 영화 촬영을 배웠다. 1933년 상해에 가서 복만창(卜萬蒼) 감독의 〈모성지광〉(母性之光), 〈기로〉(歧路) 등 영화 촬영에 참여하고, 이후 연화공사(聯華公司)의 첫 남자 주인공이 되며, 중국에서 제일 잘 나가는 대만 배우가 된다. 그 후 〈기장산하〉(氣壯山河) 등의 영화감독을 맡는다. 또한, 저명한 영화학자 및 감독인 유눌구(劉吶鷗)는 소프트 필름(soft film) 미학을 발표한다. 그 이외에, 장천사(張天賜) 감독의 작품은 〈야미명〉(夜未明), 〈흑검적〉(黑臉賊), 〈임충야분〉(林沖夜奔) 등이 있다. 연기자로서는 등초인(鄭超人), 나붕(羅朋) 등이 매우 출중한 배우이다.

병으로 동원하고, 태평양의 적도를 경계로 하여 그 남북에 걸친 남양(南洋)으로 출정시키며, 해군 특별지원병과 고사의용대(高砂義勇隊)을 모집해 필리핀으로 향하게 한다. 이로 인해 영화 관객 수는 감소한다. 당시의 영화가 제공하는 위로는 강제적인 동화성(同化性)에 기초한다. 원칙적으로 중국영화는 수입금지령을 받지만, 일부 검열을 받은 상해 영화가 상영된다. 이처럼 전쟁은 영화의 흥망성쇠를 결정한다. 일본 식민지 말기에 대만영화시장은 일본, 독일, 이탈리아 3개국이 독점한다. 일본이 투항한 후, 미국, 영국, 러시아, 프랑스, 독일, 이탈리아 등의 영화만 대만에 들어오고, 일본 영화는 금지된다.[46] 영화시장은 일본의 투항 및 영화제작업의 불경기로 인해 극장도 불황에 처하게 된다. 대만을 접수한 국민당(國民黨)은 정치권을 안정시키기 위해 일본문화를 신속하게 없애려고 했으며, 그중에 일본 영화도 포함된다. 그러나 영화예술이 정치로 인해 사라질 수 있을까? 아이러니한 점은 제2차 세계대전 이후, 일본 식민문화가 사라지자 그 틈을 비집고 미국문화가 당당하게 대만에 들어선다는 점이다.

2. 일본문화 촉매제인 영화와 영혼 잃은 식민지 사람들

18세기 식민주의의 확산은 20세기 오리엔탈리즘(Orientalism) 탐구의 길을 열어준다. 오리엔탈리즘[47]은 제국주의의 정당성을 부여하고, 포스트 식민

---

46 섭룡언,『광복초기대만전영사』, 대만:국가전영자료관, 1994:89(葉龍彦,『光復初期台灣電影史』, 台灣:國家電影資料館, 1994:89).

47 1978년 이스라엘 이론가 에드워드 사이드(Edward Wadie Said)가 '동방주의'(東方主義)를 제시하여 사람들에게 알려지게 된다. 그는 19세기 서방국가가 동방세계를 진실한 근거가 부재하고, 터무니없는 상상의 세계이며, 아랍~이슬람 세계의 국민과 문화에 대하여 편협한 선입관이 있다고 지적한다. 또한, 그는 서방문화가 아시아와 중동에 대하여 장기적으로 잘못된 혹은 낭만적인 인상을 받고, 유럽과

주의 이론의 토대가 된다. 전반적으로 문학이론이 포스트 식민주의 이론으로 향한 것은 전 세계 자본주의를 실현하기 위한 침략이론이다. 주지하다시피, 오리엔탈리즘은 동방 국가가 자체적으로 가지고 있는 지식의 표현 및 우수한 기술을 연구하고, 이를 토대로 향후 정치, 군사, 경제의 권력을 확장하는 수단으로 삼았다.[48] 고대 중국의 천년의 신비와 봉건은 유럽의 탐구 욕구를 불러일으켰고, 중국 및 유럽 역사에 관련 내용이 상당히 많이 기재되었다. 예컨대, 무역은 중국 당나라의 실크 및 도자기 수출, 군사는 칭기즈칸의 3차 서정(西征)[49], 종교는 중국 명나라 시기에 중국 조경(肇慶)까지의 천주교의 전도, 문화는 중국 청나라 시기에 신강(新疆) 문물의 약탈 등의 관련 내용이 있다. 오리엔탈리즘의 열기는 제국 식민주의의 야심을 미화시킨다. 수많은 외교기록을 살펴보더라도, 일본 제국처럼 잔인하고 포악하지 않았다. 대만은 역사 속에서 재난을 피할 수 없었고, 전쟁의 제물로 전락한다.

일본 식민지 강점기 시기에, 황민화 정책으로 인해 대만 사회는 본의 아니게 변형된다. 일본이 대만을 차지한 이후, '대만의 국민성'은 일본인이 대만

미국 국가들에 식민주의 핑계를 댄다고 생각한다. 이 책은 나중에 포스트~식민이론의 고전이고 이론의 근거가 된다.

48 조희방, 『후식민이론여대만문학』, 대만:인간출판사. 2009:149(趙稀方, 『後殖民理論與台灣文學』, 台灣:人間出版社. 2009:149).

49 심연, 〈화하역사 : 확대구아교왕적통일왕조/원조〉.(心緣, 〈華夏歷史 : 擴大歐亞交往的統一王朝/元朝〉). 몽골의 3차 서정(西征)으로 인해, 많은 외국 관원과 공예가들이 동쪽으로 잡혀오고, 또 많은 중앙아시아 상인 및 여행가들이 연이어 중국에 온다. 여기에는 회교도인, 서역인, 아랍인 등이 있다. 아랍의 과학과 문화를 가져온 그들은 중국에서 정치를 하고, 장사도 한다. 중국 원나라 때 페르시아와 아랍의 천문과 입법, 수학, 의학, 역사학 등의 서적들이 대량으로 중국에 유입되는 동시에 몽골인과 한인(漢人)들도 중앙아시 및 서아시아로 이주한다. 당시 중국의 기술은 세계를 천년 동안 이끈다. 화약, 지폐, 인쇄술, 도자기, 의약, 예술 등이 이 시기에 아랍을 경유하여 유럽에 전해져, 유럽 역사에 영향을 준다.

사람을 교육하는 구호였다. 일본인들은 대만 사람이 우매하고 무지해서 '국민성 함양'을 통해서만 문명(文明)한 일본인의 지위에 도달할 수 있다고 여긴다.[50] 이러한 흐름 속에서 중국 및 한(漢) 문화의 기억은 거의 퇴색된다. 하지만 일본 식민에 대한 저항은 여전히 강력하지 못하고, 동화(同化) 정책으로 대만은 진흙 구덩이 속에 깊이 빠져 이러지도 저러지도 못하는 진퇴양난의 처지가 된다.

1897년 낭화좌(浪花座), 1970년 유럽식으로 개조하여 조일좌(朝日座) 바뀜

일제강점기 영정(榮町), 지금의 대북시 형양로(衡陽路)

※ 자료: 『台灣老戲院』(대만노희원).

무릇, 사람이 많이 모이는 곳에는 상업 기회도 많다. 오락영화의 상영으로 거리에는 점포가 숲처럼 무성해졌고, 아침시장 및 야시장에서는 밤낮없이 불야성을 이룬다. 각종 장사꾼과 노점 상인들의 호객 소리가 도시의 활기를 한층 더 돋구어준다. 이러한 활력은 중국 북송(北宋) 시기에 번창했던 야시장 단지처럼 백성들의 의식과 정신세계에 즐거움을 준다.

시먼딩(西門町)의 출현은 시끌벅적하고 번창하는 모습을 잘 보여주며, 춤과 노래로 태평시대를 구가한다. 노천에서의 야외 상영은 영화관으로 옮겨

50 조희방, 『후식민이론여대만문학』, 대만:인간출판사. 2009:193(趙稀方, 『後殖民理論與台灣文學』, 台灣:人間出版社. 2009:193).

지고, 촌부들은 신사/숙녀로 변신한다. 1920년대에는 대부분 목재구조의 극장이었다. 고급 석인 다다미 좌석은 일본인이, 일반석은 대만 사람들이 사용하였다. 1930년대 유성영화의 출현[51] 덕분에, 목재구조 극장은 유럽식 극장으로 재개관하며 인기 높은 사교 장소가 된다. 그러나 우월적 식민의식으로 인한 극장 내 좌석 계급은 여전히 엄격하게 통제된다.

시먼딩의 기원은 일본인의 놀이문화와 큰 관련성이 있다. 술집과 기생집 이외에, 전통과 시대적 오락의 만담, 가부키(歌舞伎), 기다유우(義太夫, 손으로 인형을 조종하면서 하는 노래예술), 노극(能劇), 지나극(支那戲), 신극(新劇), 서커스(雜耍), 영화 등 잇달아 밤마다 풍악이 울리면서, 시먼딩은 오랫동안 번창한다. 지금까지도 이 명칭은 바뀌지 않고 있다. 일본 식민이란 교훈을 기억하려는 것일까? 아니면 기념하려는 것일까? 일본의 식민통치는 외부적으로 정치와 군사의 통제뿐만 아니라 내부적으로 일본의 놀이문화를 파급시켰다. 예컨대, 일본의 지명이나 일본인의 이름으로 명명된 낯선 공간들은 이러한 놀이문화를 통해 쉽게 접근하고 수용하게끔 한다.[52] 일본인이 거주했던 대북성, 대도정(大稻埕), 맹갑(艋舺)과 떨어져 있는 대만구(臺灣區)에서의 일제강점기 초기의 전통 서민오락은 일본과 매우 유사하고, 영화가 들어오면서 비로소 점차 변화가 생긴다.

시먼딩 거리에 크고 작은 오락 장소가 우후죽순처럼 생겨난다.[53] 동경좌

---

51 1927년 미국 워너(Warner)사는 최초 유성영화 〈재즈 싱어〉(The Jazz Singer)를 선보인다. 중국의 최초 유성영화는 1931년 상해 명성(明星)에서 제작한 〈가녀홍모단〉(歌女紅牡丹)이 신광대극장(新光大戲院)에서 상영된다. 1936년에 찰리 채플린의 〈모던 타임즈〉는 무성영화의 마지막 대표작이다.

52 조희방, 『후식민이론여대만문학』, 대만:인간출판사. 2009:182(趙稀方, 『後殖民理論與臺灣文學』, 臺灣:人間出版社. 2009:182).

53 황인·왕유, 『대만전영백년사화』(上), 대만:중화영평인협회, 2004:36(黃仁·王唯, 『台灣電影百年史話』(上), 台灣:中華影評人協會, 2004:36). 1922년 일제 강점기

(東京座)[54], 낭화좌(浪花座)[55], 대북좌(台北座)[56], 십자관(十字館)[57] 4개 영화관은 초기에 일본인 전용의 극장이었다. 이후 대만의 각 시(市)와 진(鎭) 행정구역에도 극장이 개관한다. 예를 들면, 대북의 영좌(榮座, 1902)[58], 대남의 대남좌(台南座, 1906), 대중(台中)의 오락관(娛樂館, 1931), 신주(新竹)의 유락관(有樂館, 1933) 등이며, 모두 다양한 공연을 보여준다. 도시와 시골의 지역적 차이점은 일본인과 대만 사람 간의 영화관으로 나뉘고, 시골에서는 노천과 혼합형 극장이 주로 만들어진다.

시기에 대만 총독부는 동화정책을 시행하면서 거리명칭을 모두 일본식으로 바꾸게 하고, 대북시를 64개 정(町) 19개 부락으로 나눈다. 시먼딩(西門町)이란 이름도 여기서 유래한다. 당시 최고의 일본식 영화관이 5곳이 있어 영화거리란 명칭을 얻는다. 광복 이후 거주인구, 영화관, 영화회사가 급증가하여, 영화 배급업자 조합 및 극장조합은 중화로(中華路)에 설립되어, 말 그대로 시먼딩은 대만영화산업의 중심이 된다.

54 섭룡언, 『대만노희원』, 대만:원족문화출판사, 1993:10(葉龍彦, 『台灣老戲院』, 台灣:遠足文化出版社, 1993:10). 동경좌는 1896년 대만 최초의 극장이며, 재담, 만담 등 예술 공연들을 한다.

55 섭룡언, 『대만노희원』, 대만:원족문화출판사, 1993:1(葉龍彦, 『台灣老戲院』, 台灣:遠足文化出版社, 1993:1). 낭화좌는 일본인들의 집회 및 오락장소이고, 가부키, 마술 등 연예 활동을 하는 장소이다.

56 섭룡언, 『대만노희원』, 대만:원족문화출판사, 1993:11(葉龍彦, 『台灣老戲院』, 台灣:遠足文化出版社, 1993:11). 대북좌는 1897년에 건립된다. 이는 시먼딩 희극 활동의 시작점이며, 신극(新劇)을 주로 공연한다. 가부키를 반대하는 것은 시민 계급이 명치정부(明治政府)를 반대하는 민권(民權)운동이다.

57 섭룡언, 『대만노희원』, 대만:원족문화출판사, 1993:13(葉龍彦, 『台灣老戲院』, 台灣:遠足文化出版社, 1993:13). 십자관은 1,900년에 첫 번째로 민간에서 뤼미에르 영화를 공개 상영한 종합극장이다.

58 섭룡언, 『대만노희원』, 대만:원족문화출판사, 1993:18(葉龍彦, 『台灣老戲院』, 台灣:遠足文化出版社, 1993:18). 영좌는 일본식과 유럽식이 혼합된 종합극장이다. 가부키, 기다유(義太夫), 노극(能劇), 지나희극단(支那戲劇團)이 연출되며, 대만에서 가장 중요한 연극 공연장소이다. 1910년 신극 〈불여귀〉(不如歸)는 복잡한 스토리 전개 및 사실적 무대설계를 통해 무대 예술의 혁명처럼 보여진다.

전 세계적으로 영화가 하나의 트렌드로 자리매김하는 시기에, 강대한 일본 식민제국은 이때 이미 동북에다 그 서막의 준비를 마친 상태이었다. 1937년 8월 위만주국(僞滿洲國)은 수도 신경(新京, 지금의 장춘(長春))에 '주식회사 만주영화협회(株式會社滿洲映畫協會)', 약칭으로 '만영(滿映)'을 설립한다. 만영은 남만주철도주식회사(南滿洲鐵道株式會社)와 위만주국(僞滿洲國) 정부가 공동으로 출자하여 만들고, 아시아에서 가장 규모가 큰 영화 제작사이다. 하물며, 일본의 쇼치쿠(松竹) 또는 다카라즈카(寶塚)의 규모와도 비할 바가 아니었다. 그 이유는 당시 권력이 가장 큰 관동군(關東軍)이 주도하였기 때문이다. 만영의 설립과 해체까지의 8년이라는 시간은 일제강점기인 동북(東北)의 특별한 시대의 역사를 잘 보여주고 있다.

당시 만영에서 배우로 활동했던 장빙옥(張冰玉) 여사의 연기는 지금까지도 그 업적을 기릴 정도로 탁월하고 화려했다. 지금은 백발노인이 된 장빙 여사는[59] 당시를 다음과 같이 회상한다. "만영에 들어갈 때 나는 겨우 13살이었다. 그때는 어린이역이나 중요하지 않은 행인 역할을 맡았다. 회사에서는 연기과정을 지도해 주었다. 일반적으로 저녁에는 공고문을 보고, 제작진에서 배역을 정해준다. 아침 6시에 집결하고, 9시부터 촬영을 시작한다. 세트장의 면적이 아주 넓어서, 스케이트장, 수영장, 농구장, 배구장 등에 모두 있었다. 중국 연기자들은 남녀숙소가 따로 있었고, 아주 세심하게 배려해주었다. 회사 부지가 너무 넓어서, 매일 출근할 때 많이 걸어야 했다.", "그때는 전쟁으로 혼잡하고 어수선하였지만, 회사 안에서는 전쟁으로 인한 화약 냄새는 조

---

[59] 장병옥(張冰玉) 여사는 2014년 11월 4일 향년 88세로 대만에서 병사한다. 그녀는 한평생을 영화에 바쳤으며, 극중인물의 특색을 아주 잘 표현한다고, 그 중에서도 자희태후(慈禧太后)와 멸절사태(滅絶師太) 역할이 가장 많은 칭송을 받는다. 그녀는 제7기 금마장 최우수 여자조연상과 금종장(金鐘獎)의 특별공로상을 받는다. 2014년 5월과 7월에 본 책의 작가와 2차례 인터뷰를 진행하였다.

금도 느껴지지 않았다. [...] 감독은 모두 일본인이고, 과장, 처장, 직원들도 일본인이고, 연기자들만 중국인이었다.", "나의 봉급은 겨우 18원일 정도로 매우 적었다. 이향란(李香蘭) 배우의 봉급이 제일 높았고, 월 200위엔쯤이었다. 그 당시 부의(溥儀) 황제도 신경(新京)에서 살았다. 중요한 장소에서 부의 황제가 지나갈 때, 존중하는 차원에서 사람들은 머리를 숙였다. 나는 어려서 슬그머니 그를 몇 번 쳐다본 적 있다. 거리가 좀 먼 탓에 그의 마른 몸과 흐릿한 얼굴만 보았다."

영화라는 깃발은 전쟁의 불길이 닿지 않은 땅에 꽂혔다. 만영은 허황된 환상과 현실이 뒤섞인 역사를 만들어낸다. 일본 식민지 통치자들은 일관되게 회유정책을 펼쳤다. 중국의 연기자와 영화의 연결은 필수 불가결한 것처럼 보이지만, 실제로 그들 간의 관계는 영혼이 없는 예술을 미화시키기 위한 바둑알에 불과했다. 이러한 모든 설정은 기껏해야 정치적인 선전과 침략을 위한 도구일 뿐이다.

영화 촬영이 왕성하게 이뤄지는 동북의 흐름에 따라, 대만도 영화 촬영이 활기를 띤다. 1920년대부터 영화제작은 하루도 쉴 날이 없을 정도였다. 영화가 대중의 환영을 크게 받게 됨에 따라 잇따라 영화관이 개관한다. 1935년(소화 10년) 대북에서 최신식 영화관이 연이어 새롭게 개관한다. 이는 대만영화계가 발전하면서 얻은 이윤으로 생긴 설비 투자의 결과이다.[60] 전쟁의 불길이 계속 퍼져 대만도 예외는 아니었지만, 삶이 계속되는 한 영화도 지속하여야 했다. 1945년에 미국이 대만 도시에 대한 폭격이 더욱 빈번해짐에 따라 중남(中南) 지역의 일부 극장은 파손되지만, 다행히도 대북 시먼딩의 극장들은 피해를 보지 않는다. 일본이 투항한 후 시먼딩은 다시 활기를 찾기 시작한다.[61]

---

60 미사와 마미에, 『식민지하적은막』, 대만:전위출판사, 2002:292(三澤眞美惠, 『殖民地下的銀幕』, 台灣:前衛出版社, 2002:292).
61 섭룡언, 『일치시기대만전영사』, 대만:옥산사, 1998:278(葉龍彥, 『日治時期台灣

1. 『아리산협아』(阿里山俠兒) 광고
2. 『사원지종』(沙鴛之鍾)
3. 『망춘풍』(望春風) 제작팀
4. 『망춘풍』(望春風) 광고

※ 자료: 『대만전영백년사화』(상)(台灣電影百年史話, 上).

1922~1943년 동안 일본 식민지였던 대만이 약 16편의 장편 드라마영화를 제작하는데, 이를 연대기 순으로 3단계로 구분할 수 있다. 1920년대에는 〈대불적동공〉(大佛的瞳孔, 1922), 〈노천무정〉(老天無情, 1923), 〈수지과〉(誰之過, 1925), 〈정조〉(情潮, 1926), 〈아리산협아〉(阿里山俠兒, 1927), 〈혈흔〉(血痕, 1929) 등이 있다. 1930년대에는 〈의인오봉〉(義人吳鳳, 1932), 〈괴신사〉(怪紳士, 1933), 〈명호지산암〉(鳴呼芝山岩, 1936), 〈군지대소년〉(君之代少年, 1936), 〈익지세계〉(翼之世界, 1936), 〈남극지가〉(南國之歌, 1936), 〈망춘풍〉(望春風, 1937), 〈영예적군부〉(榮譽的軍夫, 1937) 등이 있다. 1940년대에는 〈해상적호족〉(海上的豪族, 1942), 〈사원지종〉(沙鴛之鐘, 1943) 등이 있다.[62] 이러한 영화들을 통해 일본의 권력 변화를 알 수 있는데, 제2차 세계대전 시기에 상영된 일본 영화는 모두 군국주의 성격이 짙다. 예를 들면, 〈원경관〉(員警官, 1934), 〈불타는 하늘〉(燃燒的天空, 1937), 〈경찰정신대〉(警察挺身隊, 1938), 〈요망탑의 결사대〉(瞭望塔的決死隊, 1942), 〈당신은 이미 감시

電影史』, 台灣:玉山社, 1998:278).
[62] 황인·왕유, 『대만전영백년사화』(上), 대만:중화영평인협회, 2004:19~30(黃仁·王唯, 『台灣電影百年史話』(上), 台灣:中華影評人協會, 2004:19~30) 재인용.

당했다〉(你已經被盯上了, 1943), 〈황민 고사족〉(皇民高砂族, 1943), 〈전쟁과 훈련〉(戰爭與訓練, 1943) 및 1940년 이후의 〈방첩〉(防諜), 〈방범〉(防犯) 등의 기록영화들이 다수이다. 예컨대, 번지(番地) 고산 원주민지역에서 영화 촬영한다는 것은 '대만 통치가 성공적이다', '대만 원주민인 고사족(高砂族)의 전쟁 공헌' 등의 구호에 대한 일종의 선전이다. 과거에는 직접적인 물리적 위협을 수단으로 삼았지만, 지금은 간접적으로 영화를 통해 장소 및 대만사람들을 통제하게 된다.[63] 또한, 일본 만주영화협회는 '대만영화정책'을 수립하고 공영회(共榮會)를 설립하는데, 이는 제2차 세계대전 시기의 일본의 동남아와 남태평양 침략 계획인 남진책략(南進策略)에 날개를 달아주는 격이 된다.[64]

일제강점기 시기에, 대만인의 힘으로 제작한 대만영화는 단지 2편에 불과하다. 기타 14편의 영화는 일본인이 감독하거나 중요한 역할을 담당한다. 주요 원인은 일본인이 영화 기자재를 독점하고, 예술 및 기술적인 면에서 절대적인 우위를 점하고 있었기 때문이다. 이에 반해, 대만 사람들은 모든 면이 너무나 취약했다.[65] 대만영화인들은 열악한 상황에서 참고 견디며, 순수 대만영화 두 작품인 〈수지과〉(誰之過, 1925)와 〈혈흔〉(血痕, 1929)을 제작한다. 대만영화 감독인 류희양(劉喜陽)의 입봉작인 〈수지과〉(誰之過)는 대만 영화

---

63 미사와 마미에, 『식민지하적은막』, 대만:전위출판사, 2002:212(三澤眞美惠, 『殖民地下的銀幕』, 台灣:前衛出版社, 2002:212).

64 미사와 마미에, 『식민지하적은막』, 대만:전위출판사, 2002:322(三澤眞美惠, 『殖民地下的銀幕』, 台灣:前衛出版社, 2002:322). 공영회(共榮會)는 1938년 6월 일본군이 하문(廈門)을 점령하였을 때 성립한 조직이며, 대만, 화남(華南) 및 남양문화(南洋文化)를 촉진하기 위한 문화기관이다. 영화를 선전 무기로 하여, 각지에서 정기적으로 순회 상영하고, 거주민 및 병사들을 위안하는 데 효과가 아주 좋았다.

65 황인·왕유, 『대만전영백년사화』(上), 대만:중화영평인협회, 2004:30(黃仁·王唯, 『台灣電影百年史話』(上), 台灣:中華影評人協會, 2004:30.

| 일본 영화 전단지 | 이향란(李香蘭) | 신격화한 일본 경찰 |

※ 자료: 『대만노희원』(台灣老戲院).

연구회의 작품이며, 영화 촬영감독은 이송봉(李松峰)이다. 첫 시험적 작품인 것만큼 대만 사회와 관객의 관심을 끌지 못한다. 〈수지과〉(誰之過)를 투자·제작한 대만영화연구회는 흥행 실패로 말미암아 이후 해체된다.[66]

〈혈흔〉(血痕)은 백달(百達) 영화회사의 작품이며, 감독 및 작가는 장운학(張雲鶴)이다. 촬영은 주로 대북 쌍연(雙連) 기차역 앞의 논이나 쌀국수를 말리는 장소에서 이뤄졌다. 촬영 장비나 조명기기가 매우 미흡한 실정이었기에, 당시 하나밖에 없는 환구애모(環球愛摸)라는 브랜드의 영화 촬영 장비만으로 필름 길이가 1만 피트인 영화를 제작한다. 영화는 단지 3주 만에 완성된다. 이 영화는 대북 영락좌(永樂座)에서 3일간 개봉·상영하는데, 기록적인 성황을 이루며 대만 자체 제작 영화가 처음으로 성공을 거두게 된다.[67] 일본과

---

66 미사와 마미에, 『식민지하적은막』, 대만:전위출판사, 2002:343(三澤眞美惠,『殖民地下的銀幕』, 台灣:前衛出版社, 2002:343). 대만영화연구회(台灣電影研究會) 또는 대만영화협회(台灣映畵協會)는 1925년에 대만영화인들이 설립하였으며, 최초의 영화제작 연구기관이다. 회원으로는 유희양(劉喜陽), 이송봉(李松峰), 등초인(鄭超人), 이연욱(李延旭), 강정원(姜鼎元), 장운학(張雲鶴), 이죽린(李竹麟), 양승기(楊承基), 진화계(陳華階), 연운선(連雲仙) 등이 있다.

67 미사와 마미에, 『식민지하적은막』, 대만:전위출판사, 2002:347(三澤眞美惠,『殖

대만이 합작한 영화는 〈정조〉(情潮), 〈의인오봉〉(義人吳鳳), 〈괴신사〉(怪紳士), 〈망춘풍〉(望春風) 4개의 작품이다. 기타 10개의 작품은 일본인이 제작하고 촬영한 것이다.

위의 16개의 일제강점기 영화는 역사를 증명하는 증인이라고 할 수 있다. 세월이 오래되어 영화 보존이 그렇게 쉽지 않았기에, 대북영화 자료관에는 겨우 흑백 유성영화 〈사원지종〉(沙鴛之鐘) 한 작품만 보관되어 있다. 일본의 대만 침략을 미화하는 선동적인 이 영화는 천황(天皇)에 대한 충성심, 경찰이 베푼 은혜, 화친의 마음을 담고 있다. 〈사원지종〉(沙鴛之鐘)은 처음부터 고산지역 원주민을 감화시키기 위해 기획되었다. 따라서 영화 속에서 일본 경찰은 교관, 선생님, 목공을 겸하면서 부지런히 일하는 사람으로, 고산지역 원주민은 일본 황제의 은혜 하에 아름다운 포르모사(Formosa) 섬에서 행복하게 살고 있는 것으로 그려진다. 줄거리를 간략하게 요약해보면, 산지소녀 사원(沙鴛)과 사부로(三郎)가 사랑에 빠지는데, 사부로가 군령을 받고 고사의용대원(高砂義勇隊)으로 동원된다. 사랑이 단절된 사원은 눈물을 글썽거리며 빗속에서 배웅하다가 부주의로 밤중에 실족하여 강에 빠져 죽는데, 마을사람들은 비석을 세워 이를 위로한다. 영화 중반부에, 모닥불 의식 장면은 원주민 문화의 특색을 보여주지만, 일본 노래 '달빛소야곡(月光小夜曲)'과 '만세(萬歲)' 구호 소리를 통해 마음을 감화시킨다. 영화 전체가 일본어로 되어있으며, 군국주의 성격이 매우 짙은 영화이다.

여기서 주목할 만한 영화는 일본과 대만이 합작하여 제작한 〈망춘풍〉(望春風)이다. 이 영화는 이임추(李臨秋)가 대만 민요에서 아이디어를 얻고 가사를 채워 넣어 시나리오 초고를 작성하고 등우현(鄧雨賢)이 작곡하며 정득복(鄭得福)이 시나리오를 각색한다. 오석양(吳錫洋)의 대만 최초 영화제작

民地下的銀幕』, 台灣:前衛出版社, 2002:347).

소 작품인, 이 영화는 일본인 안도 타로(安藤太郎)와 대만인 황양몽(黃梁夢)이 공동 감독을 맡는다. 대만영화산업은 일본 식민지 시기의 〈수지과〉(誰之過) 때부터 태동하지만, 실질적인 시작은 〈망춘풍〉부터이다. 원작은 이임추(李臨秋)이며, 사람을 감동하게 하는 사랑 이야기에 슬프면서 아름다운 주제곡이 흐른다. 이처럼 〈망춘풍〉(望春風)은 당시 대만 사람 모두의 심금을 울린다.[68] 대만영화인과 음악인이 힘을 모은 영화는 일본 식민지 시기 속에서도 대만 예술문화의 견고성을 반영한다. 비록 영화를 볼 수 없지만, 노래의 매력은 끝없이 길게 이어져 내려온다.

대정(大正) 시대의 영화 촬영은 대만 사람이 간헐적으로 참여하지만, 국제 정세의 긴장된 변화에 따라 후기의 소화 시대에서는 일본인 주도로 점점 설 자리를 잃게 된다. 초창기 영화는 주로 가정, 윤리, 사랑의 소재를 다룬다. 중기에 들어서는 일본 문화를 수용하는 종족 간의 융합이 다수를 차지한다. 후기에는 2차 세계대전 및 황민화 정책으로 인해, 정치적 주제를 다룬 영화들이 제작된다. 대만에서 제작한 16편의 영화는 대부분 대만 사람들의 자금이 뒷받침되어 제작되고, 일본 개인출자 혹은 일본 민간 기금으로 완성한 영화는 단 한 편도 없다.[69] 즉 비록 자금은 있지만 인재와 기술의 부족으로 말미암아, 영화관에서는 자금의 회수 및 운영이 원활하게 이뤄지지 못하고, 이러한 상황이 반복되다 보니 자금도 점점 부족해진다. 칠칠사변(七七事變)[70] 이후,

---

68 황인·왕유, 『대만전영백년사화』(上), 대만:중화영평인협회, 2004:26(黃仁·王唯, 『台灣電影百年史話』(上), 台灣:中華影評人協會, 2004:26.

69 미사와 마미에, 『식민지하적은막』, 대만:전위출판사, 2002:370(三澤眞美惠, 『殖民地下的銀幕』, 台灣:前衛出版社, 2002:370).

70 (역주) 7·7사변(루거우차오 사건, 盧溝橋事件)은 1937년 7월 7일에 북경 서남쪽 방향 노구교(盧溝橋)에서 일본군의 자작극으로 벌어진 발포 사건으로, 중일 전쟁의 발단이 된다. 이 사건을 계기로 일본 제국과 중화민국은 전쟁 상태로 돌입하고, 전선이 확대된다.

대만 사람들은 더 이상 영화제작에 쉽게 투자하지 못하며, 투자자들은 다른 사업으로 방향을 선회한다.

1936년 이후의 정치 영화는 하나의 몸처럼 보이지만 두 가지 면을 드러낸다. 한편으로 대만영화의 비약하는 모습을 보여주지만, 다른 한편으론 필름한 조각 한 조각은 총알같이 대만 사람들의 가슴을 관통하며 피눈물을 보이지 않는 최면 역할을 톡톡히 한다. 정치적 강압으로 소재가 제한되고, 창의성이 떨어진다. 게다가 영화검열 제도는 영화 마케팅에 엎친 데 덮친 격이 된다. 대만 총독부 경무국(警務局)의 영화 심사 제도는 매우 엄격했다. 대만에서 상영되는 모든 영화는 사전에 필히 심사를 받아야 했다. 이는 일본 내무성(內務省)보다 더욱 엄격했다.[71] 대만의 자금과 일본기술의 합작영화제작방식은 실행할 수 있지만, 영화검열에서 융통성의 여지가 없었다. 일본은 여전히 영화의 주권을 통제하고 있었다. 2차 세계대전 이전의 대만은 이미 국제영화 시장이 되지만, 일본 식민정책의 강압 탓에 대만영화는 국제영화와 어떠한 연결고리를 찾지 못한다. 식민지에서 벗어날 때까지 대만영화는 여전히 허공에 떠 있는 상태로 머문다.

---

[71] 섭룡언, 『일치시기대만전영사』, 대만: 옥산사, 1998:170(葉龍彦, 『日治時期台灣電影史』, 台灣:玉山社, 1998:170).

제3절 초창기 대만영화의 시대적 상황

1. 일본 강점기 시기의 대만영화

영화 제작기술의 습득과 견습

일본 감독 다나카 킨(田中欽)의 〈대불적동공〉(大佛的瞳孔, 1922) 영화부터, 대만영화인들은 영화촬영 및 제작에 참여할 기회를 얻기 시작한다. 이송봉(李松峰)이 제작한 이 영화는 유희양(劉喜陽)과 황양몽(黃梁夢)이 출연한다. 1936년 〈명호지산암〉(鳴呼芝山岩)은 일본과 대만 합작으로 제작되는데, 감독은 시즈카 하치로(靜香八郞), 촬영은 이송봉(李松峰), 배우는 진보주(陳寶珠)이다. 대만의 최초 유성영화인 이 영화는 교육 및 정치적 성향을 분명하게 드러낸 작품이다. 원주민이 출연한 〈아리산협아〉(阿里山俠儿), 〈의인오봉〉(義人吳鳳), 〈해상의 호족〉(海上的豪族), 〈사원지종〉(沙鴛之鐘) 등의 영화는 대만에서 모든 촬영이 이뤄졌기에 대만영화인들이 제작 과정을 보고 배울 수 있었다. 그래서 이후 〈수지과〉(誰之過)와 〈혈흔〉(血痕)을 제작할 수 있었다. "일을 잘 하려면 우선 좋은 도구가 있어야 한다."라는 말처럼, 장기적으로 선진 영화 기술을 배우고 촬영과정을 익혀 영화제작의 견고한 토대를 닦아놓아야 한다. 그래서 상기에 언급된 모든 영화마다 제각각 특별한 의미가 있다.

대만과 일본 영화 간의 상호작용은 상당히 광범위하며 오랫동안 지속된다. 심지어 국민당 시대 때에도 정치적 원한은 차치하고, 영화예술의 발전을 위해 서로 힘을 모은다. 예컨대, 중영(中影)과 닛카쓰(日活, Nikkatsu)가 합작하여 제작한 〈금문만풍운〉(金門灣風雲, 1962), 중영과 다이에이(大映, daiei)가 합작하여 제작한 〈진시황〉(秦始皇, 1962), 대만 제작사와 도호(東寶, Toho)가 합작하여 제작한 〈홍콩백장미〉(香港白薔薇, 1965) 등이다. 영화 합작을 통해, 대만영화인들은 영화 기술을 끊임없이 습득하고, 중영에서 첫 번째 컬러영화인 〈가녀〉(蚵女, 1963)를 선보인다. 이 영화는 제10회 아시아영화제에서 최우수 작품상을 받게 되며, 일본인들은 대만영화의 비약적인 발전에 놀라게 된다. 정부 기관 외 민영회사들의 교류는 더욱 빈번해진다. 예를 들어 국광영화업(國光影業)과 대동영화업(大東影業) 등의 합작 제작은 지속해서 증가하며, 대만영화 발전의 길을 닦아놓는다.

현대적인 영화관 건립

일제 강점기 시기 1914년에, 대만에 최초의 영화기구인 '대만교육회(台灣教育會)'가 설립되고, 그 산하에 '활동사진부(活動寫眞部)'를 두게 된다. 그 목적은 일본화 교육, 일본 문화 선전, 일본어 보급이고, 순회 상영은 일본식의 방식을 토대로 시작된다.[72] 1928년에 '활동사진부'는 '영화(映畫)'라는 명칭으로 변경된다. 기본적으로 영화를 관람하려면, 영화관, 상영기기 및 다수의 영화 장비가 필요했다. 영화관을 세운 타카마츠 토요지로는 대만 사람들이 영화를 보는 관습과 눈을 고양시키며, 국민의 소양을 높이는 데 일조한다. 1941년까지 대만 전 지역에는 49개의 영화관이 있었는데, 그중 사설 영화관으로는 대북에 16개가 있어서 가장 많았고, 기륭(基隆)에 4개, 대중(台中), 대남(台南), 고웅(高雄)에 각 4개, 가의(嘉義), 신죽(新竹) 각 3개이다. 나머지 11개 공공 영화관은 5개의 행정 주(州, 대북주, 신죽주, 대중주, 대남주, 고웅주)에 위치한다. 영화관 대부분은 영화 상영 및 연극무대로 혼용되어 활용된다. 또한, 일본인과 대만 사람들이 경영하면서 서로 주도권을 잡으려고 하였다. 이후 1945년까지 168개로 늘어나면서, 경영권은 대부분 일본인에게 넘

---

72   섭룡언, 『대만노희원』, 대만:원족문화출판사, 1993:94(葉龍彥, 『台灣老戲院』, 台灣:遠足文化出版社, 1993:94).

어간다. 예컨대 1942년 이후, 영화공급의 어려움으로 모든 것을 일본인들에 맡겨 그들의 배급에 따라야 했다. 당시 상영되는 영화는 쇼치쿠(松竹), 닛카쓰(日活), 도호(東寶), 신흥(新興) 등 제작회사들의 영화가 대부분이다.[73] 제2차 세계대전 이후, 일본이 투항할 때까지 대만영화 사업은 이미 상당한 보급화가 이뤄져, 팽후(澎湖), 대동(台東)에도 영화관이 설립된다. 광복 초기, 대만영화관의 밀도는 상하이와 강소성(江蘇省)을 넘어설 정도로 최고의 절정기를 맞이한다.

연기자 훈련소 설립

대만에서 신극(新劇)의 도입은 새로운 형태의 무대 개념을 전달하는 것과 같은 의미이다. 구극(舊劇)의 전통 패턴보다, 신극은 극본 대사, 현대화된 무대장치, 사실적인 연기형식 등에서 차이를 보인다. 옛날부터 극단에는 도제 방식이 존재했지만, 신극은 도제 방식을 탈피하며 객관적인 방법으로 훈련을 진행한다. 예컨대, 사실성의 원칙을 따르고, 생활 관찰과 체험을 중시하는 연기의 내면과 레벨을 승화시킨다. 일본 문화계는 전문화된 인재와 연기수업을 받은 배우를 요구했다. '대만정극훈련소(台灣正劇訓練所)'의 설립은 대만 신극 훈련의 시작을 알리며, 무대연기에 대한 새로운 지식의 열망을 분출한다. 광복 이후, 이곳에서 훈련받은 대만 연기자들은 좋은 배우들로 성장한다.

대만과 중화 한(漢) 문화와의 괴리

1895년 일본군이 대만에 들어오는 것을 저항하기 위해 의용군이 '대만민

---

[73] 섭룡언, 『대만노희원』, 대만:원족문화출판사, 1993:66(葉龍彦, 『台灣老戲院』, 台灣:遠足文化出版社, 1993:66).

주국(台灣民主國)'을 설립하지만, 당경숭(唐景崧)이 중국으로 도망가게 되면서 정치적 국면은 다시 무장지졸의 곤경에 빠진다. 이후 50년간의 일본 통치로 인해 한(漢)문화는 완전히 단절되며, 특히 황민화 정책의 폐해가 가장 컸다. 민족문화의 뿌리가 침식되면서 전통적인 민족의 기억도 희미해진다. 또한, 오래되다 보니 심리적 장벽도 생기고, 전통문화를 복원하는 데에도 어려움이 존재한다.

모든 것이 가능한 영화 변사(辯士)

흑백 무성영화 시기의 관객은 간략한 설명서와 자막을 통해 영화 줄거리를 알 수 있었다. 그러나 유럽과 미국의 무성영화 영어 자막은 관객 혹은 문맹자들을 곤란에 빠트렸다. 따라서 대만은 일본의 설창(說唱, 말과 노래) 예술에 기반을 둔 영화 해설 제도를 도입한다. 일본과 대만에서는 이들을 '변사(辯士)', 상해에서는 '해화인(解畫人, 그림을 해석하는 사람)', 홍콩에서는 '선강원(宣講員)'이라고 불렀다. 그들은 법률, 국어, 역사, 지리 등의 시험을 통과해야만 허가증을 취득한 후 일을 할 수 있었다.[74] 영화가 대량으로 상영되면서 변사의 수요도 점차 늘어남에 따라, 그들의 직업은 특별하고 좋은 직업으로 인식된다. 예컨대, 영화〈다상〉(多桑)의 변사 해설은 당시의 일본 식민영화의 상황을 잘 구현해준다. 말솜씨가 좋으면서 여러 역할을 겸임하는 변사들은 훗날 대부분 영화회사를 차리고 대만영화 발전에 지대한 공헌을 한다. 대만영화인 왕운봉(王雲峰)은 대만어로 발음한 최초의 변사이며, 운봉영화사(雲峰映畫社)도 관리했다.[75] 또한, 변사들은 대만의 각 지역에서 해설하면서 외국문화의

---

[74] 섭룡언, 『일치시기대만전영사』, 대만:옥산사, 1998:24(葉龍彥, 『日治時期台灣電影史』, 台灣:玉山社, 1998:24). 1899년에 고마다 고요(駒田好洋)은 일본 최초의 영화 변사이다. 1921년에 들어와서, 왕운봉(王雲峰)은 대만 최초의 영화 변사로, 홍콩 변사와 동시기에 탄생한다.

침투를 최전방에서 막아낸다. 따라서 그들을 대만 민족운동의 선구자라고도 볼 수 있다. 예컨대, 참천마(詹天馬) 변사는 〈천마다방〉(天馬茶房, 1999) 영화를 통해 대만영화 및 연극문화 발전에 지대한 역할을 담당한다.

자본주의로 나아가는 대만 사회

중국 청나라 시기에 대만은 이미 대외무역 항구를 개항하지만, 전반적으로 사회체제는 여전히 전통적인 관습을 따르고 있었다. 일본 식민 이후, 대만 사회 및 정치는 전면적으로 근대화되기 시작하는데, 이는 일본이 대만에서 소규모의 메이지유신을 진행하였다고 말할 수 있다.[76] 전족(纏足), 단발(斷髮), 역복(易服, 중국 명나라 청나라 시기의 만주족 의복), 교육, 사법, 법원 등의 혁신을 통해, 모든 것은 식민국 일본의 이익으로 귀착되며, 대만은 모범적인 식민지로 전락한다. 〈일본통치하적대만〉(日本統治下的台灣, 1935) 기록영화에서 보듯이, 대만은 이미 산업의 길로 들어선다. 대만은 일월담 제2발전공장(日月潭發電第二廠)의 준공을 통해 산업기초를 닦지만, 차후 그곳은 남진(南進, 제2차 세계대전 시에 일본의 동남아와 남태평양으로의 침략계획) 기지로 활용된다. 1935년 '대만박람회(台灣博覽會)' 이후, 미국의 '파라마운트 픽처스'와 '유니버설 스튜디오(環球)'가 대만을 도쿄 본사의 관할범위로 귀속함에 따라, 대만영화산업의 활동반경이 넓어지게 된다.[77] 외국영화가 물밀듯이 대만에 유입됨에 따라, 대만은 서구적인 시각과 사상에 은연

---

75 황인·왕유, 『대만전영백년사화』(上), 대만:중화영평인협회, 2004:32(黃仁·王唯, 『台灣電影百年史話』(上), 台灣:中華影評人協會, 2004:32).

76 주완요, 『대만역사도설~사전지일구사오년』(2판), 대만:연경출판사, 1998:142(周婉窈, 『台灣歷史圖說~史前至一九四五年』(二版), 台灣:聯經出版社, 1998:142).

77 섭룡언, 『대만노희원』, 대만:원족문화출판사, 1993:52(葉龍彦, 『台灣老戲院』, 台灣:遠足文化出版社, 1993:52).

중에 젖어 들면서, 자본화된 국제화 도시로 부상한다.

1935년 대만　　　　　영화관 전단지　　　　박람회의 대도정(大稻埕) 연예관
박람회 전단지　　　　　　　　　　　　　　　　　　　　외관

※ 자료: 『台灣老戲院』(대만노희원).

2. 일본 식민지인 대만에서 중국영화의 여정

『어광곡』　　　『소성지춘』　　　『모성지광』　　『팔천로운화월』(八　『야반가성』
(漁光曲)　　　(小城之春)　　　(母性之光)　　千路雲和月)　　(夜半歌聲)

※ 자료: 북경중국예술연구원도서관(北京中國藝術硏究院圖書館).

　　16세기 이전의 대만은 자주(自主)의 역사이지만, 그 후 끊임없는 풍파로
다른 문화와 뒤섞이며 대만 자체 특유의 다중문화를 형성한다. 일본 식민지
시기의 상해영화는 노래하고 춤추는 무사태평과 사랑 및 원한이 담긴 스크
린을 통해 대만 사람들의 마음을 위로해주며 고향의 그리움으로 가슴을 적
신다.

중국영화는 북경 풍태조상관(豐泰照相館)이 경극 예술을 기록한 영화〈정군산〉(定軍山, 1905)을 제작한 이후 발전한다. 1919년에 상무인서관(商務印書館)은 '활동영희부(活動影戲部)'를 산하에 두고(이후 영화부로 바뀜), 자체적으로 시사영화, 교육영화, 희극영화, 신드라마영화 등을 제작한다. 이는 중국영화의 자주(自主)적인 제작의 시작이다.[78] 하지만 태평양전쟁 여파로 중국영화 유입 금지로 인해, 일본 식민지였던 대만에 중국영화가 들어오게 되는 데는 14년이라는 시간이 걸렸다. 따라서 영화가 세계적으로 활발하게 성장하는 시기임에도 불구하고, 대만 사람들은 영화를 제대로 마주하지 못했다. 당시 대만은 국제적 정치 변화의 변곡점에 서 있었다. 어제의 이미지는 기억이 되고, 오늘의 이미지는 역사를 간증한다. 영화 그 자체는 문학과 역사의 참여자였다.

1923년에 장수광(張秀光)은 상해영화 4편을 가지고 대만에 와서 '신인 영화구락부(新人影片俱樂部)'에서 순회상영을 한다. 〈고정중파기〉(古井重波記), 〈고아구조〉(孤兒救祖), 〈탐친가〉(探親家), 〈식변외사〉(殖邊外史) 영화들은 중국영화 상영의 신호탄과도 같았다. 뒤이어 1924년 하문(廈門) 연원영화회사(聯源影片公司) 손(孫)씨와 은(殷)씨는 〈고정중파기〉(古井重波記), 〈연화락〉(蓮花落), 〈대의멸친〉(大義滅親), 〈염서생〉(閻瑞生)[79] 4편의 중국영화를 수입·상영하여 대중의 주목을 받는다. 그 후 10여 개의 상영회사, 예를 들어 미태단영화순업단(美台團映畫巡業團), 양옥영화사(良玉映畫社), 천마

---

[78] 섭룡언, 『일치시기대만전영사』, 대만:옥산사, 1998:54(葉龍彦, 『日治時期台灣電影史』, 台灣:玉山社, 1998:54).

[79] 〈염서생〉은 중국영화 사상 최초의 장편 드라마 영화(Feature film)이다. 진수지(陳壽芝), 시병원(施炳元), 소붕(劭鵬)이 창립한 중국영희연구사(中國影戲研究社)에서 촬영·제작하였으며, 1920년 상하이에서 발생한 살인 사건을 바탕으로 한 영화다.

영화사(天馬映畫社), 은화영화사(銀華映畫社) 등의 회사는 꾸준히 상해영화를 수입하며, 〈화소홍련사〉(火燒紅蓮寺), 〈야초한화〉(野草閑花), 〈홍루몽〉(紅樓夢), 〈어광곡〉(漁光曲), 〈고도춘몽〉(故都春夢) 등의 영화를 상영한다.[80] 중국영화 상영 덕분에, 대만 민중의 의식은 고양되고, 엘리트 교육을 받은 지식인들은 서양영화를 멀리하며 중국영화 관람을 선택한다. 중국영화의 순회 상영은 점차 사회적 기풍으로 자리 잡는다. 20여 년 동안 통치를 당한 대만 사람들이 다시 중국영화를 본다는 사실은 설령 무성영화일지라도 이별 후의 재회와 같은 흥분 그 이상이었다. '미대포(美台圖)'는 '대만문화협회(台灣文化協會)'에서 영화로 중화문화를 선양하는 조직이며, 상해영화를 상영할 뿐만 아니라 덴마크 농장 생산기술, 스페인 전쟁, 북극 동물 기관 등의 관련 영상도 상영하였다. 엘리트 교육을 받은 지식인들, 기술사, 악사(樂師), 변사들도 참여하였다.

황민화 정책으로 인해, 정신을 연결시키는 상해영화의 대만 유입 금지는 양 국가 간의 단절을 더욱 심화시킨다. 1924~1937년 기간 동안 제2차 세계대전 시작되기 전에, 약 300편의 상해영화가 대만에 들어온 것으로 추측되며, 신문광고 없이 대부분 노천 혹은 연극/영화 동시 가능한 혼합관에서 상영된다. 제2차 세계대전 시기에는 상영금지가 매우 엄하였으며, 일본 소속인 화영(華影)과 만영(滿映) 영화만 대만에서 상영할 수 있었다.[81] 당시의 변화로

---

80 황인·왕유, 『대만전영백년사화』(하), 대만:중화영평인협회, 2004:353(黃仁·王唯, 『台灣電影百年史話』(下), 台灣:中華影評人協會, 2004:353). 1924~1937년에 중국영화는 대만에서 큰 인기를 끌며, 대만영화인들은 서로 영화 배급회사를 설립하여 중국영화를 수입한다. 일반적으로 두 가지 방식으로 수입한다. 상하이 제작 회사에 가서 직접 신작을 구입하는 방법이 있지만 원가가 높았다. 또 다른 하나의 방법은 하문(廈門) 영화 배급업자 혹은 남양(南洋)영화 배급업자에게서 오래된 영화를 사 들이는 방법인데 원가는 낮았다.

81 섭룡언, 『일치시기대만전영사』, 대만:옥산사, 1998:280~281(葉龍彥, 『日治時期

인해, 영화관들은 생존이 쉽지 않았고 해산위기에 처함에 따라 서양영화나 기록영화로 대체해 상영해야만 했다. 또한, 일본 문화의 유입은 매우 거세진다. 게다가 대만의 유행가를 일본어 노래로 고쳐 부르게 했다. 예컨대, 〈월야수〉(月夜愁)를 〈군부지처〉(軍夫之妻)로 바꾸었다.[82] 21세기인 오늘날에도, 귀에 익숙한 멜로디의 노래들은 여전히 전해져 불리고 있다. 이는 식민지 국민에게 강제로 주입된 기억이며, 시공간이 응고된 흔적이다.

함락된 외딴 섬 상해(1941~1945)는 중국영화의 발전을 대표하며, 홍콩과 대만영화 간에 영향을 주고 이끌 수 있는 패턴이 된다. 하지만 일본은 영화 금지령을 내리고, 중국과 대만의 관계를 중지시키며, 대만 출정부대를 꾀하

台灣電影史』, 台灣:玉山社, 1998:280~281). 일본은 중국에 영화 기지를 신경(新京,장춘), 북경(北京), 상해(上海), 곤명(昆明) 4곳에 세운다. 장춘(長春)의 만영영화협회(滿州映畫協會)의 약칭은 만영(滿映)이고, 일본군 카와키타(川喜多)가 설립한 중화영화주식유한공사(中華電影股份有限公司)의 약칭은 중전(中電)이다. 당시 장선곤(張善琨)은 상해 민영회사인 명성(明星), 연화(聯華), 천일(天一), 예화(藝華), 신화(新華) 등 12개 회사를 중화연합제편주식유한공사(中華聯合製片股份有限公司)로 설립하여, 약칭을 중련(中聯)으로 한다. 1943년 5월에 일본은 상해 영화 사업에 대한 독점을 강화하기 위하여 왕정위(汪精衛) 정부를 압박하여 영화사업통괄방법(電影事業統籌辦法)을 발표하여, 중화연합제편주식유한공사(中華聯合製片股份有限公司), 중화영화주식유한공사(中華電影股份有限公司) 및 상해영원회사(上海影院公司)를 합병하여 중화영화연합주식유한공사(中華電影聯合股份有限公司)를 설립하며, 제작·배급·상영을 하나로 묶어 화영(華影)이라는 약칭을 사용한다. 1945년 8월 일본 침략자들이 투항할 때까지 80편의 영화를 제작한다.(1943년 24편, 1944년 32편, 1945년 24편). 영화소재로 보았을 때, 이 영화들은 모두 가정윤리, 사랑 및 갈등 등의 주제를 다룬다. 따라서 대만은 중련(中聯)의 〈목란종군〉(木蘭從軍), 만영(滿映)의 〈철혈혜심〉(鐵血慧心), 화영(華影)의 〈서유기〉(西遊記) 등의 영화를 수입하고, 그 이외에 전쟁과 관련된 기록영화(다큐) 및 문화와 관련된 단편도 수입한다.

82 섭룡언, 『대만노희원』, 대만:원족문화출판사, 1993:209(葉龍彦, 『台灣老戲院』, 台灣:遠足文化出版社, 1998:209).

여 중국과 적대관계를 가지게 한다. 이러한 상황 속에서 비극은 형제간의 전쟁으로 시작되어, 답이 없는 황당한 연극의 한 단락이 된다. 이제 전 세계의 영화는 전쟁의 도구로 변형되고, 정치적 의제의 영화는 오락 및 예술적 성격을 기대하기 힘들게 된다.

광복 이후, 대만은 식민이라는 치욕을 벗어 던지고 조국의 품속으로 돌아왔다. 1945~1949년에 장개석(蔣介石) 정부가 대만의 정권을 잡게 되어 중국영화의 수입이 가능해지면서, 대만영화는 다시 활기를 띠기 시작한다. 중국과 대만의 영화회사와 극단들은 상호교류를 통해 대만에서의 직접 촬영하는 계획도 세운다. 그러나 뜻밖에도 국공정권(國共政權, 대만의 국민당과 중국의 공산당의 정권)의 쟁패와 대만 내란으로, 중국과 대만 간의 영화 관련 사업은 어려움에 처한다. 1946년 영화와 연극계의 대부인 구양여천(歐陽予倩)은 대만 장관 관공서의 초청을 받아 신중국극단(新中國劇團)을 인솔하여 대만에 가서 대만박람회에 참가하며, 〈정성공〉(鄭成功), 〈우랑직녀〉(牛郎織女), 〈화도화선〉(火桃花扇) 등과 같은 연극을 선보이며 대만에서 대환영을 받는다. 그리고 바로 남쪽으로 내려가 공연하려고 했지만 2·28사건[83]이 발생하여 행사가 취소되고 홍콩으로 돌아간다. 대만 정부는 원래 신중국극단을 통해 대만 연극계 신인을 양성하려고 하지만, 모두 수포가 된다. 또한, 1948년에 서북영화공사(西北電影公司)의 제작팀이 대만에 와서 산지 동포를 주요 내용으로 하는 〈화연항〉(花蓮港)을 촬영하려 하고, 1949년 곤륜영화공사

---

83 (역주) 2·28 사건(二二八事件)은 1947년 2월 28일부터 같은 해 5월 16일까지 대만 전역에서 일어난 민중봉기 사건이다. 중화민국 정부 관료의 폭압에 맞서 대만의 다수 주민인 본성인(本省人)들이 불만을 표출하며 항쟁을 일으키자, 중국 국민당을 위시한 외성인(外省人)들은 본성인을 폭압적으로 학살한다. 대만에서는 2·28대학살(二二八大屠殺), 2·28혁명, 2·28봉기(二二八起義), 2·28사변 등으로도 부른다.

(崑崙影片公司)와 사동산(史東山)이 대만에 와서 영화 스튜디오를 지으려 계획하는데 그 역시 좌초된다. 1949년에 국태공사(國泰公司)는 〈장상사〉(長相思), 〈가면여랑〉(假面女郎), 〈아리산풍운〉(阿里山風雲) 등의 영화촬영을 위해 대만에 왔으나, 촬영을 시작하기도 전에 중국 공산당에 의해 제어된다. 그 후 대만에서 만상회사(萬象公司) 명의로 촬영은 이어진다.[84] 끊임없는 혼돈의 상태는 미처 손을 쓸 틈이 없는 급박한 상황들의 연속이었다.

유감스러운 점은 대만영화가 날개를 펼치기 어려운 숙명을 가지고 있다는 사실이다. 날갯짓만 하면 정치의 형세로 인해 혼탁하고 역전이 되었다. 1949년에 〈소성지춘〉(小城之春), 〈일강춘수향동류〉(一江春水向東流), 〈만가등화〉(萬家燈火) 등의 영화는 여전히 대만에서 상영되지만 대만의 정치적 형세는 긴장상태였다. 1950년에 이미 수입이 신고된 〈심규의운〉(深閨疑雲), 〈모친〉(母親), 〈인진가부〉(人盡可夫), 〈첩해웅풍〉(諜海雄風) 영화는 홍콩에서 대만으로 들어올 수 있었지만, 결국 중국과 대만의 교류가 금지된다. 장씨(蔣氏) 정권이 정식으로 대만으로 철수한 후, 적과의 내통을 근절하기 위해 대만 전체에 계엄(戒嚴)이 실시된다. 초나라와 한나라의 대치처럼, 모든 사람이 불안감에 휩싸였다. 대만 정부는 전란 시기에 자국 영화의 제작·상영 지침을 발표하며, 중국회사와 중국영화인 혹은 감독과 관련된 영화를 모두 상영 금지시킨다. 이로부터 중국과 대만의 영화 교류는 완전히 단절된다.[85] 짧고 짧은 몇 년간에 대만영화의 번영하던 모습은 거의 사라지며, 없어지지 않고 흔적이 남은 토대에서 다시 새롭게 시작하는 처지가 된다.

---

[84] 황인·왕유, 『대만전영백년사화』(하), 대만:중화영평인협회, 2004:359~361(黃仁·王唯, 『台灣電影百年史話』(下), 台灣:中華影評人協會, 2004:359~361.

[85] 황인·왕유, 『대만전영백년사화』(하), 대만:중화영평인협회, 2004:359~361(黃仁·王唯, 『台灣電影百年史話』(下), 台灣:中華影評人協會, 2004:359~361).

3. 영화 이외 신극(新劇)과 사회운동

일본 식민지시기에 대만은 고압적이었던 정권 이외에는 사회·문화 등 모든 분야에서 번영하는 현대 시기에 들어선다. 1935년에 대만과 일본의 배가 서로 왕래하면서, 대만영화산업은 급속하게 발전하게 된다. 일본은 일본 신작영화 상영권을 가지고 있을 뿐만 아니라, 대만에 사람을 파견하여 연락처(연락 장소 혹은 특파원 사무실)를 개설하고, 백화점, 대형호텔, 극장, 커피숍, 음반사에서는 대만의 지식인들을 지속적으로 끌어들여 문화 활동에 적극 참여하게 한다. 예를 들면, 신극(新劇), 서양 고전음악회 감상, 대만의 가자희(歌仔戲)와 인형극인 포대희(布袋戲)[86] 등이 곳곳에서 공연되고, 대만 사람들도 생활의 즐거움이라고 여겼다.[87] 외래문화의 신극과 전통연극 공연의 활기찬 현상은 특별한 의의를 가진다. 1901년 『대만 관습 기사』(台灣慣習記事) 1권 3호의 「배우와 연극(俳優與演劇)」은 대만에서 최초의 연극에 대한 조사 및 보고서이다. 대만 연극은 어른이 보는 난탄(亂彈)(북관악곡(北管樂曲)), 4평(四評)이 있었고, 청소년 연극은 9갑극(九甲戲), 백자극(白字戲)이 있었으며, 인형극과 차고희(車鼓戲)는 많은 사랑을 받는 연극이었다. 대만의 가자희는 1912년 전후에 그 형태를 자리 잡는다. 대중의 인정을 받은 시기는

---

86 (역자 주) 포대희(布袋戲)는 대만 민속 예술로, 인형의 머리에 손가락을 넣어 조종하는 인형극이다. 17세기 명나라 말기에 중국 복건(福建)지역에서 시작되며, 그 지역 주민들이 대만으로 이주하면서 대만에 전해진다. 인형의 머리와 손은 목제이며 그 외의 몸 부분은 천으로 만들고 연출할 때는 손을 인형 의복 사이로 넣어 조작한다. 포대희라는 이름 한자를 풀면 포대(布袋) 천으로 만든 자루 + 희(戲) 놀이가 된다. 인형극을 상연하는 무대가 검고 커다란 자루 모양이라 포대희라고 불렸다는 설과 천으로 만든 자루 인형 놀이라서 포대희라고 부른다는 두 가지 설이 양립한다.

87 섭룡언, 『대만노희원』, 대만:원족문화출판사, 1993:52(葉龍彥, 『台灣老戲院』, 台灣:遠足文化出版社, 1998:52).

대략 1925~1926년 말일 것이다.[88] 1915년에 고현영(辜顯榮)은 담수희관(淡水戲館)을 인수하여 '신무대(新舞台)'로 이름을 바꾸고, 상해 복주경극(福州京劇)을 도입해 '신무사 가극단(新舞社歌劇團)'을 설립하여 공연했다. 이는 대만에서 최초로 흥행한 가자희 극단이었다. 혼합 속성을 가진 이민사회인 대만이기에, 각자의 고향에서 유래한 제각각의 연극은 신문화의 영향을 쉽게 받지 않을 뿐만 아니라 대다수는 보고 즐기는 내적인 습성을 갖추고 있다. 산업혁명의 영향으로 오락문화에는 여러모로 유익한 점이 많았다. 영화와 신극은 표현예술의 쌍둥이와 같으며, 기계만 있고 연기자가 없으면 내용은 크게 색깔을 잃을 것이다. 신극과 일본 식민영화 간의 관련도 매우 중요하다. 신극에서 양성된 연기자들은 향후 영화계로 진출하고, 특히 광복 이후의 대만영화에 큰 영향을 끼친다.

1   2   3   4
1. 일본 구극(舊劇) 무대 형태
2. 1915년의 신무대
3. 축지소극장(築地小劇場).『삼자매』(三姐妹)
4. 대만 화극 추진인물 장유현(張維賢)
※ 자료:『대만노희원』(台灣老戲院),『일치시기대만전영사』(日治時期台灣電影史).

대만은 일제 강점기에 신극 문화를 접한다. 기록에 의하면, 일본 메이지 개

---

88   섭룡언,『일치시기대만전영사』, 대만:옥산사, 1998:61~116(葉龍彦,『日治時期台灣電影史』, 台灣:玉山社, 1998:61~116).

화 시기의 정치극의 신연극(新派) 영향을 직접 받은 장유현(張維賢)은 대만 화극(話劇)을 추진한다. 1911년 일본 신연극의 선구자인 가와카미 오토지로 (川上音二郎) 극단은 대만 조일좌(朝日座)에 와서 사회비극을 다룬 공연을 한다.[89] 일본은 메이지유신 무렵 연극예술이 서구영향을 받아 새로운 연극 운동이 시작되는데, 중심인물은 1887년에 서생극(書生劇)을 조직한 가와카 미 오토지로와 1888년에 장사극(壯士劇)를 조직한 스도 데이켄(角藤定憲)이 다. 신극은 예술 형식상에선 일종의 개량된 가부키이다. 주된 주제는 시사 정 치 및 사회문제를 반영한다.[90] 1909년에 일본은 서구연극의 요소 및 혁신 관 점을 수용하며 신극 무대의 새로운 모습을 공고히 한다.[91] 1927년에 개화기 에 접어든 일본 신극이 대만에 전해지는 것은 자연스러운 일이다. 당시 신극 은 약 15개 단체가 있었고, 작가들은 극본 창작에 열중한다. 중국 유학생들은 1907년에 춘류사(春柳社)[92]를 조직하여 중국 화극(話劇)의 흥행을 이끈다.

---

89   양도, 『일거시기대만신극 운동(1923~1936)』, 대만:시보문화출판사, 1994:42(楊 渡, 『日據時期台灣新劇運動(1923~1936)』, 台灣:時報文化出版社, 1994:42).

90   구곤량, 『구극여신극:일치시기대만희극지연구(1895~1945)』, 대만:자입만보사문 화출판부, 1992:306(邱坤良, 『舊劇與新劇:日治時期台灣戲劇之研究(1895~194 5)』, 台灣:自立晚報社文化出版部, 1992:306).

91   곤량, 『표랑무대:대만대중극장연대』, 대만:원유출판사, 2008:226(邱坤良, 『飄浪 舞台:台灣大衆劇場年代』, 台灣:遠流出版社, 2008:226.). 1909년에 오사나이 카오 루(小山內熏)과 제2대 이치카와 사크지(市川左團次)는 자유극장을 설립한다. 쓰보 우치 쇼오(坪內逍遙)의 문예협회는 앞뒤로 서양 대본을 연습하여 신극(新劇, 話 劇)의 기초를 다진다. 언어와 동작을 연기 수단으로 하고, 파트별(분장(分場), 분 막(分幕))로 된 현대 시나리오 방법을 사용하며, 사실적인 화장, 복장, 조명, 무대 장치 등의 형식으로 당대의 생활을 표현한다. 이데올로기는 극장 공연예술과 개 혁을 선전하는 이념을 추구한다. 1924년에 오사나이 카오루(小山內熏)과 하치카다 요시(土方與志)가 '축지소극장'(築地小劇場)을 창립한 것은 일본 신극 운동이 성 숙 단계에 도달한 것을 상징한다.

92   구곤량, 『구극여신극:일치시기대만희극지연구(1895~1945)』, 대만:자입만보사문 화출판부, 1992:306(邱坤良, 『舊劇與新劇:日治時期台灣戲劇之研究(1895~194

1921년에는 상해 문명극단(文明戲班) 민흥사(民興社)가 처음으로 대만에 와서 공연한다. 이 신극은 희극으로 시작하여 정극(正劇)으로 이어지며, 또한 북평어(北平話)로 연기하고, 연극 줄거리 안내서도 있다. 민흥사는 정정추(鄭正秋)의 신민사(新民社)에서 왔다. 이 시기의 공연은 외래 영향으로 이식된 성격의 연극 내용과 공연 형식을 개량한 연극이다. 한(漢) 이민을 표현한 〈주성과대만〉(周成過台灣, 중국 청나라 말기 대만의 민간이야기)와 항일 민간 영웅을 다룬 〈요첨정〉(廖添丁)이 대표적이다. 일본인의 지배를 받아 연극 형식의 변화가 생기지만, 식민 통제 아래에서 생활한 대만 사회의 모습은 담지 못한다. 대부분 여가 및 오락 목적으로 공연되지만, 사회운동의 개척 선봉으로 여겨진다.[93] 일정한 시기의 발전을 거친 문명극(文明戲)은 초기의 신선감이 떨어지며 쇠퇴의 길에 접어든다. 그러자 사업 이익을 추구하기 위해, 연극 중간에 코믹 코너를 넣어 대중의 입맛에 맞추려고 노력하며, 그 결과 대만 민중은 이러한 포맷의 연극에 흥미를 느낀다.

같은 시기에 국외에서는 학생운동이 조용히 일어나고 있었다. 일본 유학 청년들이 일으킨 대만 민족운동의 제1의 물결은 1918년 대만 동경 유학생들이 조직한 '육삼법철폐기성동맹회(六三法撤廢期成同盟會)'이다. 이 단체는

---

5)』, 台灣:自立晩報社文化出版部, 1992:306). 1907년에 일본으로 유학을 간 이숙동(李叔同), 증효곡(曾孝谷), 구양여천(歐陽予倩)이 춘유사(春柳社)를 만들어 동경에서 〈다화녀〉(茶花女), 〈흑노유천록〉(黑奴籲天錄)을 공연한다. 또한, 일본에 유학 갔던 왕종성(王鐘聲)이 춘양사(春陽社)를 조직하여, 파트별로 공연하는 형식으로 상해 극장에서 〈흑노유천록〉(黑奴籲天錄)을 공연한다. 공연할 때 경극(京劇)의 징과 북,피황(皮黃)을 부르고, 인자(引子) 및 등장시(上場詩)를 읽으며, 채찍을 휘두르면서 등장한다. 양복은 완전 새 것이고, 무대조명은 그 당시에는 새로운 개척이며, 중국 문명극(文明戲)의 시작으로 인정된다.

93 양도, 『일거시기대만신극 운동(1923~1936)』, 대만:시보문화출판사, 1994:45~48 (楊渡, 『日據時期台灣新劇運動(1923~1936)』, 台灣:時報文化出版社, 1994:45~48).

총독 독재정치의 '육삼법(六三法)' 폐기를 요구하지만 성과를 얻지는 못한다. 1920년에 창간한 《대만청년》(台灣青年) 월간은 일제 강점기 시기 대만 사람들에게 가장 중요한 신문 매체였다.[94] 당시 도쿄 유학생이 2,400여 명 정도였는데, 그들은 민주사상 및 새로운 콘텐츠에 대한 깨우침을 느꼈다. 당시 전쟁이 끝나고 미국 윌슨 대통령은 민족 자결(自決) 원칙을 강조하여, 많은 식민지는 독립을 요구하였다. 똑같이 일본 식민지였던 조선은 1919년에 항일 독립운동을 일으켰고, 같은 해 중국에서는 5·4운동이 일어났다.[95] 국제적으로 발발한 일련의 사건들은 해외 유학생들에게 큰 충격을 준다. 일본 식민정부가 대만인들을 억압하는 것을 눈앞에서 본 대만 사람들은 힘을 하나로 모으게 되며, 이는 대만 본토 저항운동의 시작점이 된다.[96]

1921년 임헌당(林獻堂) 등 178명은 일본 국회에 '대만 의회 설치 청원운동' 청원서를 제출하여, 내지연장(內地延長)주의를 폐지하고 대만 민주의회 정치제도의 개방을 주장하지만 기각된다. 학인(學人)들은 대만에 돌아온 후 계속 청원을 하지만, 수중에 어떠한 무기도 없는 문인(文人)들의 유일한 무기는 열정과 꿈뿐이었다. 청원자 명단에는 장위수(蔣渭水), 채배화(蔡培火),

94 구곤량, 『구극여신극:일치시기대만희극지연구(1895~1945)』, 대만:자입만보사문화출판부, 1992:29(邱坤良, 『舊劇與新劇:日治時期台灣戲劇之研究(1895~1945)』, 台灣:自立晚報社文化出版部, 1992:29).

95 구곤량, 『구극여신극:일치시기대만희극지연구(1895~1945)』, 대만:자입만보사문화출판부, 1992:292(邱坤良, 『舊劇與新劇:日治時期台灣戲劇之研究(1895~1945)』, 台灣:自立晚報社文化出版部, 1992:292).

96 양도, 『일거시기대만신극 운동(1923~1936)』, 대만:시보문화출판사, 1994:33(楊渡, 『日據時期台灣新劇運動(1923~1936)』, 台灣:時報文化出版社, 1994:33. 무시할 수 없는 세력은 중국에 유학 간 대만 국적 학생들이다. 이들은 북경대만청년회(北京台灣青年會), 상해대만청년회(上海台灣青年會), 하문대만상지회(廈門台灣尚志會), 민남대만학생연합회(閩南台灣學生聯合會), 하문대만동지회(廈門中國台灣同志會), 중태동지회(中台同志會) 등을 만든다.

임헌당, 양조가(楊肇嘉) 등이 있으며, 신극의 효력을 인식한 그들은 동지(同志)들을 모아, 1921년에 대도정에서 '대만문화협회(台灣文化協會)'를 창립하여 연성문화(軟文化, soft power)을 이용하여 대만 민족의식에 대한 계몽을 시도한다. 비무장 성격의 사회문화 운동은 일본 통치에 반항하여 대만 인민의 자주권을 얻으려고 했다. 의회 청원운동 및 농공운동뿐만 아니라, 신문 발행, 민중의 슬기(民智) 계몽학기, 강습회 등을 개최한다. 신극 운동은 당시 환경의 영향을 받아 개화하기 시작한다.[97] 신극 공연은 대중의 흥미를 유발하며, 항쟁운동을 절정으로 이끈다. 대만 문화협회는 1923년에 기존의 관습에서 벗어나려고 노력한다. 예컨대, 교양의 고상함이 취미로부터 비롯되기에, 문화협회는 영화감상회, 음악회 및 문화 연극회 등을 적극적으로 개최한다.[98] 처음으로 예술이 문화협회 활동으로 인정되며, 이에 따라 연극은 사회개혁의 주요한 무기가 된다.

신극이 처음으로 대만에 유입되었을 때, 적응하지 못하는 사례가 더러 있었다. 개량희(改良戱), 유맹희(流氓戱)[99], 문명희(文明戱) 등과 같은 단체들은 관련 분야 전문가도 아니고 교양도 부족하며 사회적 역량도 미흡하여, 문화적 힘을 발휘할 수 없었다. 그러나 문협(文協)은 연극의 변화를 통해 무정

97 구곤량, 『구극여신극:일치시기대만희극지연구(1895~1945)』, 대만:자입만보사문화출판부, 1992:295(邱坤良, 『舊劇與新劇:日治時期台灣戲劇之硏究(1895~1945)』, 台灣:自立晩報社文化出版部, 1992:295).

98 섭영종, 『대만민족운동사』, 대만:자입만보사, 1971:49(葉榮鐘, 『台灣民族運動史』, 台灣:自立晩報社, 1971:49).

99 구곤량, 『구극여신극:일치시기대만희극지연구(1895~1945)』, 대만:자입만보사문화출판부, 1992:372(邱坤良, 『舊劇與新劇:日治時期台灣戲劇之硏究(1895~1945)』, 台灣:自立晩報社文化出版部, 1992:372). 1912년에 퇴직한 일본 경찰인 장화(莊和)와 조일좌(朝日座)의 주인 타카마츠 토요지로(高松豊次郎)가 대만어를 사용하는 극단을 만들고, 고야씨(高野氏)를 감독으로 초빙한다. 먹고 노는 연기자들이 대부분이라 이들을 유맹극(流氓戱, 떠돌이극)이라 불렀다.

부주의 청년들을 끌어들여 민족운동에 참여한다. 이처럼 신극은 개혁 교화의 문화극(文化劇)이 된다.[100] 문협은 신극을 빌어 사회현상을 풍자하고 민족의식을 일깨우며 항일활동이 전 지역으로 확산하는 데 일조한다. 문인협회는 신속히 각 지역에 지부를 설립하고, 연극과 정치가 결합한 정치 선전극을 선보인다.[101] 문인협회의 성과는 상당하지만, 이념이 같지 않아 분열되고, 무정부주의와 공산주의 좌익들이 합류해 좌와 우 3개의 파로 나눠짐에 따라[102], 조직의 단결력이 와해한다. 하지만 신극단은 마치 흩뿌려진 별빛처럼 대만 전역으로 확산하며 황홀한 광경을 펼쳐 보인다. 또한, 우수한 연극 인재들을 양성시켜, 추후 대만영화의 주춧돌이 된다. 예컨대, 중국 초기 영화(무성영화)의 연기방식은 무대식의 과장된 표현방식으로 신극의 영향을 받았다.[103]

---

100 섭영종, 『대만민족운동사』, 대만:자입만보사, 1971:95(葉榮鐘, 『台灣民族運動史』, 台灣:自立晚報社, 1971:95). 문화극(文化劇)은 신극(新劇) 범주에 속하며, 일제강점 시기에 문화협회를 포함한 농민조합, 노동자연맹, 대만 민중당 등이 정치운동 차원에서, 항일 단체운동을 주제로 문화운동을 벌인 사회 목적성을 가진 신극이다.

101 구곤량, 『구극여신극:일치시기대만희극지연구(1895~1945)』, 대만:자입만보사문화출판부, 1992:295(邱坤良, 『舊劇與新劇:日治時期台灣戲劇之研究(1895~1945)』, 台灣:自立晚報社文化出版部, 1992:295). 당시 항일운동 붐은 사탕수수 재배농가와 관련된 이림사건(二林事件) 및 삼릉죽림사건(三菱竹林事件) 등이며, 전체 대만 농민들이 설립한 대만농민조합(台灣農民組合)과 함께 일본 식민정부를 향해 폭동과 항의를 표명한다.

102 구곤량, 『구극여신극:일치시기대만희극지연구(1895~1945)』, 대만:자입만보사문화출판부, 1992:296(邱坤良, 『舊劇與新劇:日治時期台灣戲劇之研究(1895~1945)』, 台灣:自立晚報社文化出版部, 1992:296). 1926년 말, 문협(文協)은 3개의 파로 구분할 수 있다. (1) 임헌당(林獻堂)을 중심으로 한 지주(地主) 및 자산계급은 합법적인 민족운동을 고집한다. (2) 장위수(蔣渭水)를 대표로 한 전민주의파(全民主義派)는 소자산계급의 입장에서 공(工)·농(農)을 연합하여 전민운동을 추진한다. (3) 연온경(連溫卿), 왕민천(王敏川)을 대표로 한 사회주의파는 공·농 무산계급 해방 및 민족 해방의 결합을 주장한다.

신극의 이식은 1923년경에 마무리되며, 개조, 융합, 혁신을 거쳐 대만만의 성격을 띤 화극(話劇)이 된다. 1927년은 신극 운동이 최고의 절정기에 이른 해이다. 극(劇)으로 역사를 바꾸고 창조하는 커다란 흐름 속에서, 다양한 단체들이 급성장한다. 예를 들면, 정신사(鼎新社)는 그중에서 가장 주목할 만하다.[104] 문화와 연극 운동의 선봉이었던 이 단체는 〈사회계급〉(社會階級), 〈양심적연애〉(良心的戀愛) 등을 상연하며, 계급 비평과 의식개혁에 혁혁한 성과를 낸다. 장유현(張維賢)이 조직한 성광연극연구회(星光演劇研究會)[105]는

---

103 구곤량, 『구극여신극:일치시기대만희극지연구(1895~1945)』, 대만:자입만보사문화출판부, 1992:128(邱坤良, 『舊劇與新劇:日治時期台灣戲劇之研究(1895~1945)』, 台灣:自立晚報社文化出版部, 1992:128). 대만의 신극은 순면(純綿)과 섬유(壞把) 2가지로 나뉜다. 순면은 문무장(文武場)과 문장(文場, 부드러운 파)로 나뉘며, 대부분 유럽, 미국, 러시아, 일본 문학명작을 재편집한 것이며, 가정 윤리, 문예, 사랑극 위주였다. 연기자의 표정, 동작, 대사는 자연스러움을 중요시 여기며, 성광(星光), 종성극단(鐘聲劇團)을 예로 들 수 있다. 무장(武場, 딱딱한 파)의 연출은 일본 신극파의 영향을 받아 동작은 과장되고, 독백은 억양의 높낮이로 조화롭고 음률미가 있고 다채롭다. 예를 들어, 일제 강점기의 고사(高砂), 동보(東寶)는 도시 관중 및 문화인의 사랑을 받았다. 섬유는 외래어이고, 각종 섬유 편직 등으로 대체하는 옷감을 의미하며, 일제 강점기 말기의 가자희(歌仔戱) 극단의 전형을 의미한다. 희극의 색깔을 띤 극단은 황민화 정책의 일환으로 나타남으로 가무와 특기를 결합하여 뒤섞인 공연이다. 예를 들어, 대대만(大台灣), 신대만(新台灣)은 시골 관중의 환영을 받았다. 문화극(文化劇), 문사극(文士劇), 연구연구회(演劇研究會)와는 다르다. 1950년까지 대만 전역에는 20~30개의 전문적인 신극단이 있었다. 대부분 섬유에 속하지만, 관련 문헌은 아주 적은 편이다.

104 섭영종, 『대만민족운동사』, 대만:자입만보사, 1971:59(葉榮鐘, 『台灣民族運動史』, 台灣:自立晚報社, 1971:59). 1923년에 주천계(周天啓), 양송모(楊松茂), 곽병용(郭炳容), 오창주(吳滄洲) 등은 창화정신사(彰化鼎新社)를 설립한다. 정신사는 중국 학생운동 및 하문(廈門) 통속(通俗) 교육사의 영향으로 만들어진다. 정신사는 무정부주의 사상에 속하여, 대통령 통치를 반대하고, 백성의 생활과 연극을 개선하는 데에 목표를 두고 있다.

105 섭영종, 『대만민족운동사』, 대만:자입만보사, 1971:95(葉榮鐘, 『台灣民族運動史』, 台灣:自立晚報社, 1971:95). 이 연구회는 1924년에 장유현(張維賢), 진기진

〈종신대사〉(終身大事), 〈화리연화〉(火裡蓮花) 등을 상연하며, 자유연애와 인권 보호를 고취한다. 장심절(張深切)이 이끈 염봉청년연극단(炎峰靑年演劇團)은 〈구가정〉(舊家庭), 〈책방개량〉(改良書房), 〈소과년〉(小過年) 등을 공연하며, 봉건사상을 비판하고 신(新) 관념을 이끈다.

문인협회의 왕성한 활동 덕분에, 신극단은 약 50여 개로 늘어나게 되고, 참여 인원수는 만 명이 넘어선다. 그리고 대다수가 중등교육의 문인과 교육을 받은 사람들이다. 따라서 연극에 문화극(文化劇)이라는 시대적 의미가 부여된다. 뜻은 높고 원대하지만, 곡조와 수준이 높아서 따라 부를 수 있는 사람이 드물고, 배우들의 동작과 대사가 난해하여 대중들은 이해하기 어려웠다. 또한, 정치색이 강하기에, 시나리오 심사나 연출에서 일본 식민정부의 감시를 항상 받는 어려움을 겪게 된다. 따라서 반대의견을 가진 인사들을 구금·체포하는 등 사회적 불안감을 야기되는 일이 자주 일어난다. 예를 들면, 무정부주의단체 흑색청년연맹(黑色靑年聯盟)의 20여 명의 회원은 체포되어 감옥에 투옥된다. 고혼연맹(孤魂聯盟)은 노동운동에 참여했다는 의혹이 있어 일본군의 수색을 받는다.

문화극(文化劇)은 일본 식민 정권에 저항하며 생존 존엄을 쟁취하는 민중의식을 고취시킨다. 문인협의 체계에 속하지 않는 장유현은 정치열정으로 성광연극연구회를 이끄는 것 이외에도 연극혁신 실천에도 힘쓴 인물이다. 그는 수차례 일본 쓰키지 소극장(築地小劇場)에 가서 극장예술을 배웠다. 당

(陳奇珍), 진철(陳凸) 등이 조직하고, 시대에 어울리지 않는 것을 대체할 수 있는 신극의 출현을 추구한다. 1930년 장유현의 민봉(民烽)연극연구소에서 민봉극단 선언(民烽劇團宣言)을 발표한다. 이 선언은 인류가 소유하여야 할 진정한 생활목적을 추구하고, 톨스토이 예술 논문 및 크로포트킨(Kropotkin)의 무정부주의 및 이상주의의 혼합체이며, 일제 강점기에서 가장 무게감이 있는 극단 선언이다. 신극에 대한 꾸준한 노력과 새것을 창조하는 장유현 태도에, 그를 '신극제일인'(新劇第一人)이라고 불렀다.

시 아마추어 실력으로 예술적 수준이 확실한 자는 그리 많지 않았다. 극단에서 변사를 담당하던 사람이 영화를 소개하던 경험이 있으면, 준비된 연극 지도자라고 볼 수 있다. 예를 들어 첨천마(詹天馬)가 성광(星光)에서 지도할 때, 연극 연출효과는 아주 우수했다. 하지만 만약에 극단에서 지도자가 없고 환경, 극본, 연기자가 미흡하여 수익이 저조하면, 해당 극단은 해산될 처지에 놓인다. 장유현은 "감독도 없고 연출도 없는 환경 속에 뜯어 맞추어 극을 만든다는 것은 쉬운 일이 아니다."[106] 라고 말한다.

1920년대의 신극은 대만 문화의 새싹이지만, 민중에게 익숙한 가자희(歌仔戲), 난탄(亂彈), 포대희(布袋戲, 인형극), 차고희(車鼓戲)라는 전통예술은 뿌리 깊게 박혀있었다. 대만 연극과 대중의 정치적 길을 계몽하는 신극이 기지개를 펼치려는 순간, 일본 식민정부는 이러한 선동성 연극을 극도로 경계하기 시작한다. 학자들의 견해에 따르면, 1920년대 중반 이후 가자희가 갑자기 왕성한 이유는 신극이 민심을 얻으면 제어하기 힘든 상황이 생길까 봐 일본 정부가 암암리에 가자희를 지원했기 때문이다.[107] 당시 가자희의 영향력은 어떠했을까? 가자희가 흥성한 후 중국 대륙 민남(閩南)에 유입되고, 동남아에도 전파되며, 싱가포르에선 가장 중요한 복건희(福建戲)가 된다. 당시의 가자희는 새로운 모습으로 일제 강점기 민중의 생활경험을 반영하고, 대중의 입맛을 맞춘다. 그 맹렬한 공세는 대만 전체를 휩쓸며, 특히 청년 남녀에게 영향력이 매우 컸다.[108] 전통사상을 옹호하는 인사들은 가자희를 가사가

---

106 구곤량, 『구극여신극:일치시기대만희극지연구(1895~1945)』, 대만:자입만보사문화출판부, 1992:323(邱坤良, 『舊劇與新劇:日治時期台灣戲劇之研究(1895~1945)』, 台灣:自立晚報社文化出版部, 1992:323).

107 구곤량, 『구극여신극:일치시기대만희극지연구(1895~1945)』, 대만:자입만보사문화출판부, 1992:325(邱坤良, 『舊劇與新劇:日治時期台灣戲劇之研究(1895~1945)』, 台灣:自立晚報社文化出版部, 1992:325).

108 구곤량, 『구극여신극:일치시기대만희극지연구(1895~1945)』, 대만:자입만보사문

음탕하고 표현이 음란하다고 평가하며, 공연 금지를 강력하게 주장하나, 세차게 타오르는 불길을 막을 수 없었다. 이 불은 영화로까지 옮겨붙는다. 가자희와 영화는 대만과 서양을 결합하며, 풀뿌리 영양분의 생명력과 적응성으로 특유의 영화 형태로 태어난다.

1930년대 중반에, 문협의 주류 세력인 대만 공산당과 화합을 잘 이루지 못한 진감(陳崁), 주천계(周天啓) 등은 문협을 나와, 대만노동호조사(台灣勞動互助社)를 설립하여 영화로 방향을 선회한다. 욱력사(旭瀝社)란 영화단체를 구성하여 곳곳을 돌아다니고, 영화를 상영하면서 민중의 사상에 영향을 끼치며, 신극과 영화의 시너지효과를 꾀한다.[109] 대만 공산당과 좌파인사들은 수시로 일본 측의 미행을 당하고, 기타 극단의 지도인사들도 치안법 위반이라는 이유로 줄곧 수사받는다. 몇 해 사이에 급작스러운 변화가 발생한다. 문화극(文化劇)의 쇠약으로 20여 년을 버텨왔던 민족운동은 1937년에 마지막 숨을 몰아쉬며 멈추려고 한다. 1921~1934년의 대만의회설치청원운동(台灣議會設置請願運動)도 중지된다. 그나마 다행한 일은 1935년 대만 지방 자치 제1기 시(市), 가장(街庄) 의원선거를 할 때 투표율이 95%에 가까웠다.[110] 예를 들자면, 문화극은 영화처럼 일본 식민의 대만 정치를 비판하며, 오락과 사회운동을 동시에 이끌었다. 비록 문화 극이 막을 내리게 되지만, 일본 식민에 반대하는 대만 사람들의 정치적 요구는 문화 극을 통해 원하는 대로 이루어졌다.

화출판부, 1992:202~205(邱坤良, 『舊劇與新劇:日治時期台灣戲劇之研究(1895~ 1945)』, 台灣:自立晩報社文化出版部, 1992: 202~205.

109 구곤량, 『구극여신극:일치시기대만희극지연구(1895~1945)』, 대만:자입만보사문화출판부, 1992:300(邱坤良, 『舊劇與新劇:日治時期台灣戲劇之研究(1895~1945)』, 台灣:自立晩報社文化出版部, 1992:300).

110 구곤량, 『구극여신극:일치시기대만희극지연구(1895~1945)』, 대만:자입만보사문화출판부, 1992:400(邱坤良, 『舊劇與新劇:日治時期台灣戲劇之研究(1895~1945)』, 台灣:自立晩報社文化出版部, 1992:400).

일본 식민정부는 대만인들이 문제를 일으키는 것을 막기 위해 칠칠사변 이후, 영화 및 신극을 모두 금지시킨다. 1942년 황민화한 대만연극협회(台灣演劇協會)[111]을 설립하여 대만문화협회(台灣文化協會)와 대체하지만 민중의 관심은 점점 멀어진다. 이때 신극은 황민극(皇民劇)이 되어간다. 교육적인 내용으로 식민교육을 강요하고, 남진침략 정책을 주입시킨다. 각 지역의 대만 극단들은 황민화의 기회를 틈타 중국, 일본, 대만 연기자들을 끌어모아 황민상황에 맞은 연극을 연습하고 일본어, 대만어로 심사받은 후 공연한다. 당시의 극단으로는 '대만신극단(台灣新劇團)', '국정극단(國精劇團)' 등이 있었으며, 〈일사보국〉(一死報國), 〈고향지토〉(故鄉之土) 등을 상연한다.[112] 상영금지 되었던 신극들이 일본 식민정책 범위 내에서 우후죽순 상연되나, 연극은 별다른 내용도, 연기도 서툴렀다. 얼마 되지 않아 열기가 식게 되며, 살아남은 극단은 은화(銀華), 성광(星光), 종성(鐘聲), 국풍(國風) 네 곳뿐이었다. 새로 개조된 극단도 낡은 병을 새로 단장한 것일 뿐이었다. 내용은 저속·음란하고 무모할 정도로 부패적인 스토리로 펼쳐졌다. 애석하게도 대중의 반응은 냉담했다.[113] 1943년의 후생연극연구회(厚生演劇研究會)는 일제

---

111 구곤량, 『구극여신극:일치시기대만희극지연구(1895~1945)』, 대만:자입만보사문화출판부, 1992:331(邱坤良, 『舊劇與新劇:日治時期台灣戲劇之研究(1895~1945)』, 台灣:自立晚報社文化出版部, 1992:331). 그 직원들은 모두 일본경찰 혹은 정보원이며, 본 협회 가입에 통과된 사람이다. 신극은 7개 단체, 가자희(歌仔戲) 극단은 34개 단체, 포대희(布袋戲)는 1개 단체, 피영희(皮影戲, 그림자극단)는 7개 단체로 모두 49개의 단체가 있다. 그 외 가자희에서 파생되어 새로 생긴 신극 11개 단체는 활동이 너무 형편없어 해산된다. 당시 정부에서는 협회의 인정을 받지 않은 회원증은 대만에서 어떠한 연극이나 음악을 공연할 수 없다는 규정이 있었다.

112 죽내치, 「대만연극지」, 빈전수삼랑편, 『대만연극の현황』, 일본:동경단청서방, 1943:96(竹內治, 「台灣演劇志」, 濱田秀三郎編, 『台灣演劇の現況』, 日本:東京丹靑書房, 1943:96).

강점기 후기의 중요한 신극단(新劇團)이다. 눈여겨 볼만한 작품은 〈엄계〉(閹
雞)이다. 이 작품은 장문환(張文環)의 소설을 임박추(林搏秋)가 각색하고 연
출한 작품이며, 대만인들의 비참한 운명을 반영한다. 상영 시에 영락좌(永樂
座)는 폭발적인 인기로 만석이 되며, 신극에 아름다운 마침표를 찍었다.

　　가자희 극단도 황민화로 인해 합리성 따위는 상관없이 스토리를 새로 바
꾸었다. 가자희 후반부의 악기 연주 파트는 사라지며, 신극 연출로 황민 패션
극으로 변종되고, 내용이 저속하고 음란하다. 또한, 고대에서 현대로 둔갑되
고, 마치 약재는 그대로 두고 물만 바꾸듯 하였고, 악기 연주 파트는 유성기
로 대체되었다.[114] 이로 인해, 일본 군가를 부르고 천황 만세를 외치는 식민
문화, 즉 이것도 저것도 아닌 공연이 되었다.

1　　　　　　2　　　　　　　　　　　　3

1. 후생연극연구회(厚生演劇研究會)
2. 영락좌(永樂座)에서 임박추(林搏秋)가 각색하고 연출한 『엄계』(閹雞)
3. 일본풍의 포대희(布袋戲)

※ 자료: 『정종대어전영사(1955~1974)』(正宗台語電影史(1955~1974)).

---

113 구곤량, 『구극여신극:일치시기대만희극지연구(1895~1945)』, 대만:자입만보사문
　　화출판부, 1992:330(邱坤良, 『舊劇與新劇:日治時期台灣戲劇之研究(1895~194
　　5)』, 台灣:自立晚報社文化出版部, 1992:330).
114 구곤량, 『표랑무대:대만대중극장연대』, 대만:원유출판사, 2008:223(邱坤良, 『飄
　　浪舞台:台灣大衆劇場年代』, 台灣:遠流出版社, 2008:223).

포대희(布袋戲) 관련 극단은 비위를 맞추고 버티면서 겨우 연명한다. 소서원(小西園), 오주원(五洲園), 신흥각(新興閣), 일본인형시대(日本人形時代), 신국풍(新國風), 소미좌(小美座), 욱승좌(旭勝座)로 구성된 7개 극단은 대만 연극협회에 가입하며 생존한다.[115] 예컨대, 영화 〈희몽인생〉(戲夢人生)은 황당무계한 그 당시의 빛과 그림자를 잘 반영하고 있다. 이천록(李天祿)의 기억에 따르면, 당시의 포대희는 절름발 곱사등이에게 일본 옷을 입혀 일본말을 하게 하고, 배경음악으로 서양음악을 틀고, 나무인형이 무사의 칼을 들고 이리저리 찌르는 다니는 연극이었다. 또한, 대만의 지나희(支那戲)는 완전히 공연 금지가 되었다.[116]

그 당시의 신극단 혹은 가자희 극단과 포대희 극단 모두는 대만 사람들에게 어려운 역경 속에서 활로를 찾는 힘이었다. 황민화 운동은 천둥의 기세로 대만 사람들의 성(姓)을 고치고, 신앙을 포기하게 하며, 악기 연주를 금하는 등의 억압된 수단이었다. 그 당시 예술가 선배들은 전통 기예 생명을 계승하기 위해 어쩔 수 없이 정치적 형국에 순응하고 감내한다.

일제 강점기 때 항일 관련 사건은 감격적이며 눈물이 날 정도로 별처럼 무수히 많다. 그러나 예술인들이 예술로 나라를 구하는 행위를 기록한 내용은 극히 드물다. 수많은 사람이 참여한 식민 전쟁터 속에서, 전통 연극과 신극 인사들의 대다수는 이름도 없는 무명 영웅들이다. 그들의 희생 덕분에, 지금 대만 민주주의의 성과로 이어지며, 전통문화가 대만영화의 자원이 된다.

흥미로운 점은 대만이 광복 후, 황민화 운동이 있었는지 의심될 정도로[117],

115 구곤량,『구극여신극:일치시기대만희극지연구(1895~1945)』, 대만:자입만보사문화출판부, 1992:331(邱坤良, 『舊劇與新劇:日治時期台灣戲劇之研究(1895~1945)』, 台灣:自立晚報社文化出版部, 1992:331).

116 이천록,『희몽인생』, 대만:원유출판사, 1991:97(李天祿,『戲夢人生』, 台灣:遠流出版社, 1991:97).

모든 예술인과 극단은 대도시나 작은 마을 상관없이 우후죽순처럼 곳곳에서 나타난다. 대만 연극예술과 신극은 긴 세월의 세찬 비바람을 견뎌낸 봉황이 새 생명의 날개를 펼친 것과 같이, 동양과 서양문화의 중요한 요소들을 흡수한다. 그 당시의 부당한 권력 하에서의 생명력은 더욱 강해졌고, 이전 무대의 스타일은 더욱 개방된다. 따라서 광복 이후 신속하게 소생할 수 있었고, 살아 있는 용이나 호랑이처럼 활기차게 무대 위에서 대중과 살아남은 희열을 공유할 수 있었다.

제국주의 일본, 독일, 이탈리아의 동맹 하에서, 20세기의 신극과 영화는 식민도구일 뿐이다. 예컨대, 영화를 이용하여 침략 야심을 드러냈다. 일본 영화와 중국영화가 동시에 상영할 때는 민족 정절의 대치라고 할 만하였다. 영유아 같았던 대만영화는 일본식민의 억압으로 성장하지 못했다. 흑백 무성영화부터 유성영화까지 그리고 변사의 해설부터 입체음향에 이르기까지, 두 나라의 영화는 처음부터 맞선 상태였다. 일본 식민정부는 통제하려 하고, 대만 국민은 적절하게 대처한다. 1925년에 대만 청년들은 '대만영화연구회(台灣映畫研究會)'를 설립하고, 영화 좌담회 및 전시회를 개최하여 대만영화연구회가 시작된다. 제2차 세계대전 당시의 일본 식민정부의 통제 수단은 대만흥행주식회사(台灣興行株式會社, 1940년)와 총독부 대만영화협회(台灣映畫協會, 1941년) 이다. 대만흥행주식회사는 대만 민중의 영화관람 행태를 통제하며, 민간 영화계를 배후에서 조종한다. 총독부 정보과의 산하 조직인 대만영화협회는 민간조직에서 배급할 수 없는 지역을 포함하여 대만 전 지역의 활동을 담당하는 선전 영화의 전위 부대라고도 말할 수 있다. 이 두 조직

---

117 구곤량, 『구극여신극:일치시기대만희극지연구(1895~1945)』, 대만:자입만보사문화출판부, 1992:340(邱坤良, 『舊劇與新劇:日治時期台灣戲劇之硏究(1895~1945)』, 台灣:自立晚報社文化出版部, 1992:340).

은 일본 정부의 의도에 따라 대만영화계 전체를 통제한다.[118] 제2차 세계대전 당시에도, 도시에서 농촌까지 그리고 영화관에서 노천광장까지, 대만에서의 중국영화는 여전히 뜨거웠다. 이에 반해 동화(同化)효과와 교훈적 가르침으로 포장된 일본 영화, 즉 국책기관인 만주영화협회에서 제작된 만영(滿映)의 영화는 실제로 환영받지 못했고 관중도 없었다. '대동아공영권(大東亞共榮圈)'의 기치를 내세운 과대 선전의 느낌이 너무 강해, 대만 관객은 영화 보기를 꺼렸다.[119]. 대중은 선택권이 없어 기껏해야 무시할 뿐이었다. 일본 식민정부는 대만 국민을 중국영화와 멀어지게 하려 했다. 겉으로는 그들의 정책이 성공한 것 같지만, 실제로 중국영화는 여전히 대만 사람들의 선호를 받는다. 1947년에 출판된 『대만연감』(台灣年鑑) 문화 편은 중국영화 상영에 따른 대만 사회의 영향에 대해 대만 청년들이 조국을 사모하여 유학을 가는 열풍을 유발하고, 청년들이 연기학습하고 상하이 영화계에 헌신하며, 여인들은 조국의 복장을 부러워하여 치파오(旗袍)를 입는 법을 배운다고 언급하고 있다.[120] 이런 현상은 강압적인 일본 문화가 특정한 시간과 공간에서만 효력을 낼 수 있지만, 그 기한이 지나면 모두 물거품으로 될 것이라는 의미이다. 영화는 아무리 먼 곳이라도 닿지 못할 곳이 없는 매력이 있다. 새로 유행하는 놀이이면서, 대만 국민 생활에 깊이 박힌 정신적 양식이다.

소결

승자의 월계관처럼 주어진 문명은 식민지 사람들에게 덧씌워진 결과물일

---

[118] 미사와 마미에, 『식민지하적은막』, 대만:전위출판사, 2002:332~336(三澤眞美惠, 『殖民地下的銀幕』, 台灣:前衛出版社, 2002:332~336).

[119] 미사와 마미에, 『식민지하적은막』, 대만:전위출판사, 2002:396(三澤眞美惠, 『殖民地下的銀幕』, 台灣:前衛出版社, 2002:396).

[120] 황인·왕유, 『대만전영백년사화』(하), 대만:중화영평인협회, 2004:354(黃仁·王唯, 『台灣電影百年史話』(下), 台灣:中華影評人協會, 2004:354).

뿐이다. 문명 이전의 대만은 해상의 귀중한 보배였으나 타국에서 과학 기술 문화 혹은 영화가 유입되며, 순박한 섬은 혼란스러워진다. 설령 기이한 형상을 띤 다양한 색채 영화의 진정한 의미를 잘 인지하지 못한다고 할지라도, 대만 사람들은 식민지 비극 속에서 그저 편안하기만을 바랐다.

제2차 세계대전 시기를 되새겨보면, 북조선도 대만과 같은 일본 식민지였다.[121] 역사를 뛰어넘은 오늘날, 북조선은 자본주의를 배척하여 사회주의를 고집하고, 일본을 적대시하며, 일본이나 미국 제품을 멀리한다. 심지어 이 두 나라를 가상의 적으로 설정하고, 국민교육의 경우 국민에게 애국주의와 군사주의를 주입하는 엄격하고 신속한 정책을 시행하며, 후손들이 아버지 세대가 받았던 식민 수치심을 마음속 깊이 새겨두게 한다. 시대가 바뀌어 세상이 바뀐 후의 새로운 정부를 논하지 않더라도,[122] 서구 문명이 북조선에 스며들어 자본주의가 깃든 생활을 할 수 있지만, 군사전쟁 대비는 여전히 전 국민의 가장 중요한 의무이다. 멸망의 위기에 처했던 나라가 초목개병(草木皆兵)의 경계심으로 전 세계의 주목을 받으며 살얼음판을 걷는 경계상태는 더 말하지 않아도 알 것이다.

---

[121] 1910년에 조선은 **일본**에 점령되어 조선 전 지역이 일본의 식민지로 전락한다. 일본은 한국의 문화와 전통을 없애기 위해 공업, 상업, 무역, 광업 및 농업 등 **경제적 수단**을 틀어쥔다. 동시에 조선 사람들의 모국어 사용을 금지하고 학교에서 조선어와 조선역사에 대한 교육도 금지시킨다. 또한, 창씨개명의 명을 내려 강제로 일본이름을 사용하게 하며, 역사문물 역시 파괴되거나 일본으로 가져간다.

[122] 조선은 지도자인 김일성이 제기한 주체사상(主體思想)을 국가정책으로 정하고, 조선 노동당 일당제를 실시하여 정치·경제 체제보다 군정이 우선하며, 계획경제를 지키고 개인을 숭배하는 독재적 국가이다. 조선 최고 지도자는 김일성, 김정일을 거쳐, 2011년에 김정은이 조선 노동당의 제1서기가 되어 조선 김씨 가족의 제3대 지도자가 된다. 선군(先軍)사상을 강조하여 정부와 국가의 힘을 강화하기에 조선에는 약 120만 명의 군인이 있다. 이는 전 세계에서 무장부대가 4번째로 많은 국가이며, 핵무기 보유 국가이기도 하다.

1945년, 8년간의 항일 전쟁을 거쳐 광복 후의 국제 재판은 장중정(蔣中正)의 '이덕보원'(以德報怨, 원수에게 은덕을 베풀다)'이라는 관용적 이념으로 일본에 퇴로를 열어주었을 뿐만 아니라 대만 사람들의 사고에도 영향을 끼쳤다. 현재의 대만은 민주주의를 지지하고 자본 시장경제를 실행하고 있다. 60여 년 세월의 식민지 고초를 겪은 대만 사람들의 낙인은 점차 퇴색되며, 역사의 동란에 관심조차 없는 신세대 국민은 오로지 유행하는 일본풍의 식민 문화에 동화되고 있다. 일본에 대해 가슴 깊이 맺힌 응어리와 원망은 근시안적인 바다 섬의 성격과 건망증으로 대만 사람들의 기억 속에서 용해된다. 오직 일본 수상이 야스쿠니 신사를 참배할 때에만 조야(朝野)를 가리지 않고 항의하지만, 이는 일종의 순환적인 레퍼토리일 뿐이다. 일본은 항상 비난받지만 차분하고 느긋하게 대처하니, 국제적으로 단지 여론몰이가 잠시 있을 뿐 더 이상 어떻게 할 수도 없다.

동일한 식민지 고초를 겪었다 할지라도, 국가마다 문화 및 시대 환경의 변화에 따라 서로 다를 수 있다. 변하지 않는 것은 그 세대의 아픔이 귀신이 통곡할 것 같은 고통 마냥 오랜 세대를 거쳐서라도 바꿀 수 없는 잔혹한 진실이다. 설사 다른 나라에선 적개심을 천년만년 불태우며 최초의 소망을 잊지 않으려 경계한다 할지라도, 대만 사람들의 너그러운 민족 성격은 슬프게 지난 상처를 치료하기보단 용서를 선택한다. 혹은 대대로 이어진 식민에 대한 내용과 상황이 너무 복잡하기에 식민을 다시 떠올리는 것을 피하고자 망각의 강을 건너는 선택을 한다. 이것이 비로소 평화의 길일 수도 있다.

사면이 바다로 둘러싸인 대만은 전략적 위치나 풍부한 해양자원 모두 타국에서 탐내는 장소이다. 최근 국제적으로 자주 발생하는 섬을 점령하는 사건[123]으로 대만도 괴롭힘을 많이 당하지만, 정의를 호소하기 어려운 실정이

---

[123] (1) 일본 정부의 조어대(釣魚台, 댜오위다오/센카쿠제도) 영유권 주장은 도쿄 도

다. 국가의 주권 보호, 민족 애국의식 강화, 교육과 군사준비 등은 절대 지체할 수 없는 일이다. 자조(自助)해야 하늘이 돕는다고 깊이 믿어야 한다. 식민 역사가 역사 교훈에만 머물지 않을 것이고, 그것은 여전히 재현될 것이다. 국제적으로는 평화 지구촌, 무장 침략 포기를 호소하고 있지만, 일종의 가상적 꿈일 수 있다. 예컨대, 유가철학에 기반하여 자비(慈悲)를 베풀어서 용서하지만, 잔혹했던 식민의 역사는 끊임없이 우리를 괴롭힌다. 설령 내가 남을 괴롭히지 않더라도 사람이 착하면 남의 괴롭힘을 당하게 되어있다. 다른 사람에게 자제하라고 할 수 없는 상황에서는 자신을 스스로 지킬 방법밖에 없다.

만약 나라를 지키자는 가장 기본적인 이념조차도 민심에 뿌리를 내리지 못한다면, 그 나라는 붕괴 위험에 처해 있는 무너지기 직전의 건물과도 같다. 현실에서 가장 참혹한 것은 나라의 주권을 잃어버렸을 때, 민주(民主)는 실행할 수 있는 능력도 아닌, 한낱 구호에 불과하다.

지사 이시하라 신타로(石原愼太郎)의 시정 정책에서 시작된다. 도쿄도 정부는 조어대에 대한 직접 관할 및 관리를 위해 일본 국내 시민들을 대상으로 기부금을 모아 조어대를, 예컨대 2012년 9월 10일, 일본정부는 정식으로 20.5억 일본 엔화(인민폐 1.66억 원)로 율원홍행(栗原弘行)을 통해 조어대 및 부속 섬인 남소도(南小島), 북소도(北小島)를 사들인다. 2012년 9월 11일에 금전 및 등록을 마친다. 이 사건은 중국, 미국, 일본, 대만 4측의 레슬링 싸움을 유발하며, 국제적 이목을 집중시키지만, 지금까지 영유권 문제에 대해 일치된 결론은 아직 없다. (2) 광대흥 사건(廣大興事件)은 2013년 5월 9일 대만과 필리핀이 해상권을 주장하는 경제해역 중첩지역인 발린탕 해협에서, 필리핀 수산자원국 관공선(번호 MCS~3001)과 대만 병동현 유구향(屏東縣 琉球鄕)의 어선 '광대흥 28호'(廣大興28號)가 충돌하여 대만 어민 홍석성(洪石成)이 사망한 사건이다. 대만은 필리핀 정부의 사후 사건 처리가 부당하다고 문제를 제기하며, 현재까지도 대만과 필리핀 간에 긴장상태에 놓여있다.

제2장 대만영화의 모태인 대만어 자국영화 시대

제1절 일본식민의 그림자가 드리워진 혼성적인 대만영화

1. 가자희에서 출발한 초기 대만영화

민족이라는 개념에는 각각 언어, 문화, 풍속이 포함되며, '언어'에는 해당 민족의 문화와 힘이 내포되어 있다. '언어의 헤게모니'는 상황에 따라 제약하는 힘이 존재하며, 힘이 엇비슷한 민족 간에는 평화가 공존하기 매우 힘들다. 예컨대, 대만 사회는 원주민과 민남(閩南) 혹은 객가(客家) 이민자들로 구성되지만, 한인(漢人)이 원주민을 몰아내는 자연스러운 형국이 된다. 언어의 헤게모니 측면에서, 외래의 강한 세력인 일본 식민은 권력을 틀어쥐며, 섬 전체 백성들을 통제하고 관리한다. 일본인 니시노 히데나리(西野英禮)는 "물론 거주민에게는 야만적인 행위, 즉 그 어떤 피비린내 나는 탄압보다 더욱 야만적이겠지만, 나는 일본이 대만 식민지화 중에서 제일 자랑할 만한 일은 교육제도의 확립이라고 생각한다."라고 말한다. 이처럼 황민화 정책은 일종의 강제적 교육이며, 언어의 헤게모니를 부각시킨다. 또한, 니시노 히데나리(西野英禮)는 "만약 피지배자가 지배자의 언어를 강압적으로 사용하면 노예의 언어로 전락하며, 그들은 사회 언어로 쓰이는 일본어와 대대로 내려온 모국어를 분리하여 사용하게 된다. 이는 사상 혹은 사고를 노예와 인성의 양자로 분열하게 하여 그들로 하여금 혼란을 야기시킨다"[124]라고 말한다. 대화민족(大和民族)[125]이 군함 대포를 내세워 대만을 파시즘의 식민지로 만들고, 일본은 사상을 장악하는 전주곡으로써 언어 주파수를 바꾸어 놓는다.

대만 식민의 기세를 몰아, 일본은 대만의 물자를 가혹하게 빼앗아간다. 쌀, 설탕, 찻잎, 배, 바나나, 장뇌(樟腦)[126] 등의 물자가 있었는데, 일본 군사 수요에 만족을 주지 못할 때는 그다음 목표로 물산이 풍부한 인도, 미얀마, 중국 등으로 이어진다. '대동아 공영권'은 일본 남진의 표상이며, 대만은 군대 공급기지로 변한다. 프랑스 학자 앙리 미셸(Henri Michel)이 언급하다시피, 파시즘의 국가는 거만하고 야심만만하여 어떠한 영토이든지 그들의 확장 의도에 들지 않은 것이 없으며, 어떤 조약이나 상황도 그들의 의도대로 다시 개정하거나 굴복시킬 수 있다. 군대가 뒷받침하고, 새끼 양처럼 평화주의를 비웃으며, 국제 연맹을 무시하는 것으로부터 시작해서, 그들은 범죄, 군인, 투쟁을 찬미한다. 어차피 협상으로 해결되지 못할 바엔 전쟁에서 승승장구하는 것이 나을 수도 있다.[127] 제2차 세계대전 이후 일본의 꿈과 환상은 산산이 조각나고, 중국은 식민 재난을 면하게 된다. 그러나 대만의 50년간의 식민 세월은 적어도 3세대에 걸쳐 동화(同化)되는 영향을 끼쳤다. 한인(漢人) 신분을 저버리고 일본인 행세를, 중국말 대신 일본말을, 한자 대신에 일본글을 썼다.

---

[124] 니시노 히데나리, 「식민지적상흔」, 정흠인, 『대만국가론』, 대만:전위출판사, 2009:318(西野英禮, 「殖民地的傷痕」, 鄭欽仁, 『台灣國家論』, 台灣:前衛出版社, 2009:318).

[125] (역자 주) 현재 일본에서 다수를 차지하는 민족을 지칭함.

[126] (역자 주) 향신료/의료용/방향제로 사용 가능한 약초.

[127] 앙리 미셸, 『법서사주의』, 황발전 번역, 대만:원유출판공사, 1993:8(Henri Michel, 『法西斯主義』, 黃發典, 台灣:遠流出版公司, 1993:8).

어떤 학자의 말 그대로 '동화'에는 민족 신분에 대하여 인정하고 모방하는 것도 포함된다. 유랑민인 한인과 타인인 일본인 간의 관계는 언어와 심리적 과정을 통한 상호 모방적인 이해관계를 형성한다. 따라서 동화는 신도나 성직자가 도덕적 덕을 실현하기 위한 수행상의 규범인 일종의 계율성(戒律性)인 동시에 육체적으로 수용하는 과정이다.[128] 일본 제국주의는 끊임없이 타국 문화와 정신을 침략하여 민족의식의 분열을 조성한다. 이로 인해, 대만 병사와 중국 동포가 서로 살육하는 어처구니없는 일이 발생한다. 따라서 강력한 권력 체제의 소프트 파워인 '동화'는 식민 시기에 통치하려는 목적에 도달하려는 수단이 된다.

장개석과 장경국 정권의 동화정책은 대외로는 대만 사람들에게 중국 본토를 적대시하게 하고, 대내적으로는 금융개혁을 실시하지만 경제 악화, 실업, 인플레이션 등을 초래한다. 신구 가치대비 화폐개혁은 오락업종의 경기에 영향을 준다. 새로운 화폐는 '신대폐(新台幣)'라고 개칭한다. 1949년 예전 구대폐(舊台幣) 시기의 4만 원을 1원의 신 지폐로 변경한다. 이로 인해 사회 자산이 줄어들면서, 화폐 가치도 하락한다. 영화표 가격은 만 원에서 몇 원 몇 각으로 낮아진다. 예컨대, 영화표 가격은 신대폐로 2원 3각이 된다. 극장은 여전히 즐비하였는데, 전성기엔 156개가 있으며, 상하이와 강소(江蘇) 다음으로 많았다.[129] 대중은 경제 통화가치의 하락으로 인하여 소비가 감소되며, 광복 초기의 영화와 오락은 소비 순위가 1위에서 3위로 떨어진다. 그러나 여전히 대중의 마음의 안식처는 당시의 영화였다.

---

128 잡림·포이, 「몰유반항적유방~특뇌사차학경적청지인지화유법칙」, 『정신분석여도상』, 남경:강소미술출판사, 2008:190(卡琳·鮑爾, 〈沒有反抗的流放~特雷莎·車學敬的聽之認之和類法則〉, 『精神分析與圖像』, 南京:江蘇美術出版社, 2008:190).
129 섭룡언, 『광복초기대만전영사(1945~1949)』, 대만:국가전영자료관, 1994:22(葉龍彥, 『光復初期台灣電影史(1945~1949)』, 台灣:國家電影資料館, 1994:22).

일본풍의 대만어 영화　　　애달픈 문예사랑 이야기　　　대만어 시대극 영화

※ 자료: 『정종대어전영사(1955~1974)』(正宗台語電影史(1955~1974)).

　　대만에서 대만어 영화의 출현 배경에 대해, 대만 학자들은 다양한 목소리를 표출하는데, 깊게 들여다보면 문화 심리와 사회개혁의 배경, 즉 농촌사회 경제의 번영, 토지개혁과 이윤 정책(통화 팽창 억제, 미국 원조, 외국의 자본), 교육 등의 이유를 든다. 1955년 당시 새로운 고전 경제학파는 일련의 수출 확장 조치, 외환가치 하락, 수입 원자재 세금 반환 등을 실시하는데, 이는 대만 경제의 기적적인 정책 노하우가 된다.[130] 미국 원조에 정부의 정치와 경제면에서 시행했던 '375감세(三七五減租)', '경작하는 자가 토지 소유(耕者有其田)' 등의 전략은 사회 경제력을 높인다. 개혁이라는 혼탁한 상황 속에서 대만어 영화는 틈만 보이면 바늘을 꽂는 식으로 시기와 기회를 잘 이용하여, 기회를 축적하는 잠재적 행위인 '발언권' 공간을 확보한다.

　　1950년대, 홍콩을 거쳐 대만에 들어온 하문어(廈門語) 영화의 열풍은 최고조에 도달한다. 특히, 민남어 가자희(歌仔戲) 영화가 공명을 크게 일으킨다. 일본의 식민지가 끝난 이후, 대만 사람들의 모국어에 대한 갈망은 대만어

130　섭룡언, 『춘화몽로:정종대어전영흥쇠록』, 대만:박양문화출판사, 1999:5(葉龍彥,
　　『春花夢露:正宗台語電影興衰錄』, 台灣:博揚文化出版社, 1999:56).

영화뿐만 아니라 청년들이 영화 촬영기술을 습득하는 데 촉진제 역할을 한다.[131] 영화를 전문적으로 배우려는 대만 사람들은 일본 혹은 상해에 가서 영화 기술을 습득하며, 이후 영화와 깊게 연관된 대만의 연예 소속사들은 우후죽순으로 생겨난다. 예컨대, 아시아 연극인 강습반, 화흥(華興) 영화제작소, 호산(湖山) 영화제작소 훈련반, 중흥(中興) 대만어 실험극 회사, 중광 연극인 훈련반, NHK영화 예술연구실[132] 등이다. 대만어 영화를 위해 황무지를 개척한 이 선구자들은 반세기를 뛰어넘어 오늘에 이르기까지 예전의 자양분을 계승하며 대만영화의 지속적 발전을 추구한다.

관심을 끄는 사항은 상영 금지된 일본 영화가 대만과 일본의 무역 왕래 덕분에 예외적으로 풀렸다는 점이다. 1950년 중국과 일본 무역에서 대만 바나나가 외화벌이가 되면서, 일본 참의회 건의로 일본 영화가 개방된다. 1951년 말부터 대만은 일본 영화를 수입하며, 매년 24편의 반공산당, 반러시아 의식 영화와 과학교육 취지에 부합되는 영화가 있어야 한다는 원칙을 세운다.[133] 당시 일본 영화 수준이 대만어 영화와 표준 중국어 영화보다 질적으로 우수하였기에, 구세대 사람들은 일본 영화 보는 것을 자랑으로 삼는다. 그 외 중일무역의 확대 덕분에 문화교류가 빈번해짐에 따라, 취업의 기회도 잡고 일본 영화도 보기 위하여 일본어를 공부하는 사람이 점차 늘어난다. 1972년 중국과 일본의 외교단절 이전까지, 일본 영화는 확실히 좋은 볼거리였다.

---

131 황인, 『비정대어편』, 대만:만상도서, 1994:4(黃仁, 『悲情台語片』, 台灣:萬象圖書, 1994:4). (역자 주) 1945년 이후, 하문(廈門) 천주(泉州)에 홍콩에서 이주한 희곡 관계자들은 광동어 촬영장비로 하문 방언으로 된 영화를 제작한다. 〈설매사군〉(雪梅思君)은 대만에 수입된 최초의 하문 방언 영화이다.

132 섭룡언, 『춘화몽로:정종대어전영흥쇠록』, 대만:박양문화출판사, 1999:242(葉龍彦, 『春花夢露:正宗台語電影興衰錄』, 台灣:博揚文化出版社, 1999:242).

133 황인·왕유, 『대만전영백년사화』(上), 대만:중화영평인협회, 2004:211(黃仁·王唯, 『台灣電影百年史話』(上), 台灣:中華影評人協會, 2004:211).

대중오락이 활발하지 못했던 일본 식민지시기에, 대중오락은 전통희곡이 주를 이루었고, 당시의 영화는 새로운 장난감으로 간주된다. 현대화를 거치면서 영화는 대만 사회에 보편적 오락으로 자리매김한다. 해방 이후 초기 영화산업은 다소 정체기를 겪게 되지만, 영화관은 인기 절정의 집결지였다. 당시, 영화를 상영하는 극장은 35%, 연극을 공연하는 극장은 35%, 영화와 연극이 혼합된 극장은 30%였다. 영화 상영 국가별 비율을 살펴보면, 서양 영화 70%, 일본 영화 10%, 표준 중국어 영화 10%, 대만어 영화는 10%이었다. 연극 공연을 살펴보면, 대만 지방극이 95%로 주를 이루며, 경극/화극(話劇)/중국 지방극을 합하여 5%이었다.[134] 통계적 비율로 볼 때, 영화는 이미 3분의 1의 오락시장을 점령하였다는 것을 증명한다. 식민지 시절에 대만 감독들은 미국 영화보다는 일본 영화에서 더 많은 영화 지식을 습득하며, 대만영화가 정체되지 않게 하려는 의지를 표명한다. 이후 대만어 자국영화가 흥행하면서 대만의 전통오락의 유형은 점차 영화로 대체된다.

식민지 시기의 문화적 영향으로 인해, 대만영화는 카메라 이동, 연극의 줄거리, 가곡의 음률 등을 포함한 대부분의 기교 및 기술이 일본 영화의 영향에서 벗어나지 못한다. 초기의 대만영화는 모방단계이기에, 일반적으로 일본극을 개편한 후 '동방의 할리우드라고 할 수 있는 북투(北投)에서 촬영한다. 정원, 수목, 온천, 일본식 가옥, 공장시설 등 일본 풍경이 자연스럽게 촬영된다. 정확히 말하자면, 1955~1974년은 대만영화의 영광스러운 시기이다. 1981년까지 3단계(1955~1960년, 1961년~1970년, 1971~1974년)의 흥망성쇠의 시기를 거듭한다. 그 기간 약 1,000여 편 영화가 제작된다. 1958년까지 82편, 1962~68년 고조기엔 100편/연, 1972년까진 43편이 제작된다.[135] 이러

134 섭룡언, 『대만노희원』, 대만:원족문화출판사, 1993:104(葉龍彦, 『台灣老戲院』, 台灣:遠足文化出版社, 1993:104).
135 황인·왕유, 『대만전영백년사화』(上), 대만:중화영평인협회, 2004:359(黃仁·王唯,

한 괄목할만한 성장은 후반 세기에 들어와서 정부의 의도적인 문화적 배척으로 사람들의 관심에서 멀어진다. 오늘날 옛 추억을 찾고자 하는 목소리 덕분에 복원작업이 추진되지만 겨우 100여 편 정도의 영화만 남았으며, 그 외는 전부 유실되어 온전하지 못하다.

1. 공악사(拱樂社) 공연 전단지
2. 대만어 영화 초기의 가자희(歌仔戲) 영화 『육재자서상기』(六才子西廂記),
3. 『설평귀여왕보천』(薛平貴與王寶釧)
4. 마지막 가자희(歌仔戲) 영화 『진삼오낭』(陳三五娘)

※ 자료: 『정종대어전영사(1955~1974)』(正宗台語電影史(1955~1974)).

이천계(李泉溪)   백극(白克)   신기(辛奇)   하기명(何基明)/
하릉명(何錂明)

※ 자료: 『비정대어편』(悲情台語片).

『台灣電影百年史話』(上), 台灣:中華影評人協會, 2004:359).

초기의 대만어 영화는 여러 번 좌절과 실패를 경험한다. 1955년 소라휘(邵羅輝)는 첫 번째 16밀리 대만영화 〈육재자서상기〉(六才子西廂記)를 제작한다. 섭복성(葉福盛)이 촬영하고, '도마극단(都馬劇團)'이 연출하지만, 설비와 경험 부족으로 인하여 품질이 낮아서 3일 만에 영화 상영을 중단한다. 1956년 하기명(何基明)의 화흥(華興)영화공장에서 35밀리 촬영기로 진등산(陳澄三)의 '공악사(拱樂社)'[136]가 가자희에 기초한 영화 〈설평귀여왕보천〉(薛平貴與王寶釧)을 제작한다. 배우로는 공악사(拱樂社)의 수석 화단(花旦) 여장을 한 남자배우 유매영(劉梅英), 오벽옥(吳碧玉)이 주역으로 설평귀(薛平貴)와 왕보천(王寶釧) 역할을 연기한다. 영화는 3편으로 나누어 상영하는데, 흥행 수입이 대성공을 거둔다. 이때부터 대만어 영화의 서막이 열린다. 이후 대만어 영화는 대만 사람들의 오락 습관으로 자리매김하며, 유행하던 가자희도 야외 가설무대로부터 영사막으로 옮겨지고, 형태도 변화하며, 인지도도 높아지기 시작한다. 가자희와 영화는 오래전부터 연결의 근원이 있었다. 1928년 도원(桃園)에서 '강운사가자희(江雲社歌仔戲)'를 공연할 때 영화 장면을 삽입하였다. 예컨대, 대만어 영화는 '연환본희(連環本戲) 가자희 무대에 영화 장면을 삽입하는 형태'[137] 의 형식으로 가자희와 밀접하게 연결되어 있다.

통속적인 면이 강한 가자희 형태의 작품은 중요한 대만어 사용의 영화이

---

[136] 진징삼(陳澄三, 1918~1992)의 공악사(拱樂社)는 대만에서 누구나 다 아는 연극 단체이다. 전성기 때 산하에 가자희(歌仔戲) 극단 7개와 신극단(新劇團) 하나가 있으며, 가자희(歌仔戲), 대만어 영화, 신극, 가무단 등을 상연한다. 최초로 가자희 영화 제작뿐만 아니라 가자희 녹음단체를 설립하고, 최초로 가자희 학교를 설립하여 전쟁 후 대만 가자희 발전에 아주 큰 영향을 끼친다.

[137] 연극무대에서 표현하기 어려운 장면을 영화 장면으로 상영해, 관중이 쉽게 이해할 수 있도록 연극 효과를 더해준다. 예를 들어, 큰비에 **천둥·번개** 몰아치고, 담벼락 위로 날아다니거나 혹은 구름과 안개를 타고 하늘을 날아다니는 장면 등이다.

다. 1950~1960년대를 살펴보면, 대만영화는 사극영화, 탐정영화, 간첩영화 등으로 폭이 넓어지지만 정부의 지원은 도리어 줄어든다. 1981년, 양려화(楊麗花)가 연출한〈진삼오낭〉(陳三五娘)은 대만어 영화에 마침표를 찍는다. 따라서 대만어 영화의 탄생/흥행/결말은 모두 가자희와 연결되어 있다.

반세기를 가로지를 정도로 대만영화사에서 큰 발자취를 남긴 감독 곽남홍(郭南宏)의 견해에 따르면, 대만어 영화의 발전과정은 고정불변한 것이 아니라, 세대적 의미를 지니고 있다. 가자희, 역사 전통극, 대만 민간이야기에 기초를 둔 초창기 대만어 영화의 내용은 괴로운 심정이나 비참한 처지, 슬프고 원망스러운 애정 비극 쪽이 많았다. 이후 1960년대에 와서는 패션, 애정 문예, 사회 윤리의 비극과 희극 등을 위주로 다룬다. 그 기간에 뮤지컬영화, 코미디영화, 깡패와 경찰영화, 강도들의 액션영화, 간첩영화 등 다양한 형태의 영화가 있었다. 특히 1960년대 말기에 들어서 더 많은 색다른 영화가 선보인다.[138] 이런 다양한 유형의 장르는 당시 대만어 영화가 보편적인 미학을 기초로 모든 주제를 총동원하여 다루었다는 의미이다. 가자희 영화를 제외하고, 민영 영화회사에서는 현대적 영화를 제작하기 시작하지만, 어떤 형태의 영화이든지 모두 일본, 상하이, 미국 문화의 영향을 벗어나지 못한다. 대만어 영화가 발전하고 있을 때, 표준 중국어 영화는 1949년에야 시작된다. 이 두 영화의 가는 길이 중첩되는 경향도 있었지만, 쌍방의 합작은 양호하였다. 대만어 영화의 토대가 잘 다져 있었고, 중국의 각 지역 영화인들의 공헌도 지대하였다. 정부 측 중영(中影)에서도 도움을 준다. 중영 제작사에서 대만어 영화를 지지하여 필름을 공급할 뿐만 아니라, 현상과 인화를 도와주고 전문 인력도 지원해준다. 하기명(何基明) 감독의〈설평귀여왕보천〉(薛平貴與王寶

---

138 임육여·정덕경,『곽남굉적전영세계』, 대만:고웅전영도서관, 2004(林育如·鄭德慶,『郭南宏的電影世界』, 台灣:高雄電影圖書館, 2004).

釗)의 필름도 중영 제작사에서 제공한 것이다. 즉, 필름 제공 덕분에 촬영할 수 있었고, 그 외에도 더빙, 현상, 인화를 협조받는다. 1956년 1월 영화를 상영할 때에는 센세이션을 불러일으킨다. 이때부터 대만어 영화는 흥행가도를 달리게 된다. 이후에도 지속해서 중영은 대만어 영화의 활성화에 기여한다.[139] 중국의 지역별 대표 감독인 백극(白克), 장국균(莊國鈞), 장영(張英), 당소화(唐紹華), 종유(宗由) 등은 민족 간의 경계선을 허물며, 함께 대만영화의 앞날을 개척한다.

2013년 11월 8일 대만 매체에 '설평귀와 왕보천이 반세기 만에 발굴되었다'는 제목의 기사가 실리며, 대만 사람들의 주목을 이끈다. 대남예술대학 증길현(曾吉賢) 선생은 묘율(苗栗)에 가서 노천극장을 경영하던 사업가를 방문하면서, 무심결에 옛 창고에서 이미 녹이 슨 12개 철제 영화 필름 케이스를 발견한다. 케이스의 영화 제목은 알아볼 수 없을 정도였는데, 이후 검증을 거쳐 이 영화가 〈설평귀여왕보천〉(薛平貴與王寶釧)의 필름이라는 것이 확인된다. 이 발견은 국보적인 문물이라도 발견한 것처럼 영화계 및 문화계 인사들에게 놀라움을 선사한다. 그 해에 영화관에서 상영한 영화들은 하문(廈門) 방언 영화와 표준 중국어 영화뿐이었는데, 이 영화는 객가 방언(客家語)의 복제본으로, 당시 영화산업의 발전과 시장의 수요에 대해서 알 수 있는 중요한 사료이었다. 제1 편에서는 중국 당나라 재상의 딸 왕보천이 가난한 남자 설평귀와 서로 사랑하게 된다. 이후 설평귀가 고향 서량을 떠나며, 왕보천은 홀로 차가운 동굴에서 18년을 기다린다. 이 영화는 당시 실내 스튜디오 촬영을 벗어나 대부분 실제 야외촬영으로 진행되었다. 영화 속에서 롱쇼트의 장면이 많은 이유는 당시 기술의 제한으로 부득이하게 인위적으로 촬영된 측

---

139 황인·왕유, 『대만전영백년사화』(上), 대만:중화영평인협회, 2004:134(黃仁·王唯, 『台灣電影百年史話』(上), 台灣:中華影評人協會, 2004:134).

면이 강하다. 제2편과 제3편의 내용은 제1편의 하이라이트를 각색하여 만든 것이다.

이 필름이 발굴되었을 당시, 많은 장면은 흠집, 스크래치, 기름때, 변형 등으로 손상되었지만, 옛날 상영회사가 남겨둔 전환 표식까지도 남아있었다. 이후 오프라인 재생과 디지털 복원을 통해 영상과 소리를 디지털 형식으로 변환하고, 현재는 대남예술대학에서 보관하고 있다. 간혹 상영 이벤트를 열어, 대만인에게 대만어 영화의 예전 풍모를 감상하게 한다.

2. 다양한 유형의 대만영화

대만어 영화는 가자희 영화를 토대로 향후 다양한 유형의 장르로 발전하며, 대만 토종 문화를 찬란하게 빛낸다. 유형은 다음과 같다.

대만 본토 정취가 물씬 풍기며, 풀뿌리 성질을 가진 가자희 영화

※ 자료: 『정종대어전영사(1955~1974)』(正宗台語電影史(1955~1974)).

가자희(歌仔戲) 영화

대만어 영화와 가자희 사이의 관계는 저울과 추의 관계처럼 긴밀하다. 대만 사람들은 표준 중국어를 잘 알아듣지 못하기에, 가자희는 대만 사람들의 정신적 자양분이라고 할 수 있다. 따라서 하문 방언 영화의 영향을 받아, 가자희를 영화 스크린으로 옮기는 것은 자연스러운 일이었다. 소재는 역사시대극(歷史古裝劇), 신괴희곡(神怪戲曲), 궁궐희곡(宮闈戲曲), 무협(武俠), 민간이야기 혹은 실제 인물의 이야기 등을 위주로 각색하여 활용한다. 대중에게 익숙한 인물과 효충(孝忠)을 가르치는 내용은 사회 윤리의 기대에 부합한다.

가자희 영화는 대부분 대만어 영화의 절반이 넘는 비중을 차지하며, 주요 특색은 연출력이다. 예컨대, 가자희 대만어 영화 〈금봉은아〉(金鳳銀鵝, 1962), 이천계(李泉溪)의 대만어 컬러영화 〈삼백영대〉(三伯英台, 1963), 〈번리화제사차하산〉(樊梨花第四次下山, 1963), 홍신덕(洪信德)의 〈나통소북〉(羅通掃北, 1963), 〈반고개천〉(盤古開天, 1962) 등이 있다. 비록 영화적 퀄리티가 일정하지 못하고 영화적 기술도 미흡하며 신선(神仙)이 변환되는 장면에서 특수효과도 열악하지만, 당시 영화인들의 노력과 도전정신은 긍정적인 것으로 보아야 한다.

1. 『청산벽혈』(青山碧血) 전단지
2. 『혈전초파년』(血戰噍吧哖) 영화 스틸 컷
3. 『죽을때까지 사랑한다』(愛妳到死)
4. 『정보원백모단』(情報員白牡丹)

※ 자료: 『정종대어전영사(1955~1974)』(正宗台語電影史), 『비정대어편』(悲情台語片).

민족 항일 영화

흑백 대만어 영화인 〈청산벽혈〉(青山碧血, 1957)과 〈혈전초파년〉(血戰噍吧哖, 1958)은 대표적인 항일영화인데, 지금은 아쉽게도 볼 수 없고 기록으로만 그 흔적을 찾을 수 있다. 2편의 영화 투자금은 일반 대만어 영화보다 많앗다. 엑스트라 출연자가 천여 명에 달할 정도로, 대만어 영화에서는 이전까지 보지 못했던 원대한 계획이었다. 〈혈전초파년〉은 당시 유일하게 정부의 칭찬을 받은 대만어 영화이며, 교육부 상까지 받았다.[140] 이 두 편의 영화는 '무사사건(霧社事件)'과 '서래암사건(西來庵事件)'의 항일 유적에서 취재된 것이며, 당시의 역사를 재현하는 것은 식민의 고통을 잊지 말기를 희망하기 때문이다. 1950년대에는 단 2편의 항일영화가, 그것도 민간 자본으로 제작된다. 정부의 지원도 없었고, 대만 사람들이 영상으로 고통을 호소하는 것을 뼈저리게 느낄 수 있다. 1960년대 항일영화로는 전청(田淸)의 〈칠칠사변적비참고사〉(七七事變的悲慘故事, 1965), 서수인(徐守仁)의 〈죽을 때까지 사랑한다〉(愛妳到死, 1961), 양철부(梁哲夫)의 〈송군심면면〉(送君心綿綿, 1965), 이천계(李泉溪)의 〈염적흑지주〉(艷賊黑蜘蛛, 1965), 임중광(林重光)의 〈낭자군〉(娘子軍, 1969) 등이 있다. 당시의 이런 영화는 대부분 제2차 세계대전으로 인해 변질된 사랑, 산산조각이 난 가정, 일본 식민체제의 악행에 분노하는 외침을 주로 담아낸다. 그 외 홍신덕(洪信德)의 〈무사풍운〉(霧社風雲, 1965)은 '무사사건' 원형을 재현한다.

이러한 흐름 속에서, 장영(張英) 감독은 중국 진전(陳銓)의 소설 『야매괴』(野玫瑰)를 각색해 중국영화 〈천자제1호〉(天字第一號)를 제작하고, 이후 대만어 영화로 〈천자제1호〉(天字第一號, 1964)를 다시 제작한다. 1966년까지 대중의 호평을 받으며 5탄까지 시리즈로 제작되며, 이후 첩보 영화가 성행하게 된다. 예컨대, 김용(金龍)의 〈중일간첩전〉(中日間諜戰, 1965), 오문초(吳文超)의 〈특무녀간첩〉(特務女間諜, 1965), 양철부(梁哲夫)의 〈간첩홍매괴〉(間諜紅玫瑰, 1966) 등이다. 이후 대부분의 영화는 순수한 항일 줄거리가 아

---

140 황인·왕유, 『대만전영백년사화』(上), 대만:중화영평인협회, 2004:182~188(黃仁·王唯, 『台灣電影百年史話』(上), 台灣:中華影評人協會, 2004:182~188).

니고, 007 음악을 가미한 디자인이 화려한 상업영화로 변한다.

문예 애정 영화

가자희에 기초한 대만어 영화는 일본 및 서양문화의 영향을 받아 패션 요소가 가미된 영화를 제작하기 시작한다. 이를 토대로, 대만의 영화는 빈곤/부귀, 충성/간사, 선량/사악, 주인/노복(奴僕), 문호계급/자유연애, 가정/유랑 등의 양극화 요소를 활용하여 대중을 감동하게 하는 애정 영화를 만들어낸다.

문예 애정 대만어 영화 포스터

※ 자료: 『정종대어전영사(1955~1974)』(正宗台語電影史(1955~1974)).

초창기의 대만어 영화는 가자희 영화 쪽으로 치우쳤는데, 이후 소라휘(邵羅輝) 감독의 〈우야화〉(雨夜花, 1956)가 개봉하면서 처음으로 패션적 요소가 가미된 영화가 탄생한다. 〈우야화〉는 1930년대 주첨왕(周添旺)의 가요 「우야화」에서 영감을 얻어 제작된 영화인데, 이 덕분에 대만어로 된 가요가 유행하게 된다.[141] 패션을 소재로 하는 대만어 영화는 중일 문화를 융합하고, 일본 노래의 장르를 모방한 대만어 노래들은 애절하면서도 우아하고 아름다

---

[141] 섭룡언, 『춘화몽로:정종대어전영흥쇠록』, 대만:박양문화출판사, 1999:250(葉龍彦, 『春花夢露:正宗台語電影興衰錄』, 台灣:博揚文化出版社, 1999:250).

웠다. 예컨대, 극중 부유한 가정의 남자배우는 양복 차림에 서양 헤어스타일로 빗었고, 여자배우 배역은 치파오(旗袍, 중국 전통의상 중의 하나) 차림에 상하이 머릿수건을 하며, 남녀 하인 의복은 농촌 의상 혹은 시골 처녀 의상을 입어 '생(生), 단(旦), 정(淨), 말(末), 추(丑)'의 조합 형식을 보여준다. 정정웅(鄭政雄)의 〈월야수〉(月夜愁, 1958), 양철부(梁哲夫)의 〈고웅발적미반차〉(高雄發的尾班車, 1963), 양철부의 〈대북발적조차〉(台北發的早車, 1964), 임박추(林搏秋)의 〈오월십삼상심야〉(五月十三傷心夜, 1965), 신기(辛奇)의 〈강가춘몽〉(河邊春夢, 1964), 진양(陳揚)의 〈안평추상곡〉(安平追想曲, 1969) 등의 영화들이다. 패션적 요소가 가미된 문예 애정영화는 여성 대중의 열띤 호응을 받으며, 대만어 영화의 주요한 흐름으로 자리매김한다.

대만어 가요 포스터

※ 자료: 『정종대어전영사(1955~1974)』(正宗台語電影史(1955~1974)).

뿌리를 찾는 문화영화

뿌리를 찾는 영화는 정신적인 면을 강조하며 감화하는 통속적인 내용으로 중화 한문화(漢文化) 역사의 근원과 혈연관계를 선전한다. 백극(白克)의 〈황제자손〉(黃帝子孫, 1953)은 정부 당국이 처음으로 만든 대만어 영화이다. 이 영화는 대만이 오랜 일본 식민 세월을 겪으면서도 대만의 역사를 잘 모르거나 망각하지 않았다고 강조하고, 중국과 대만의 양안 역사, 문화, 풍속, 종교

관계가 매우 밀접함을 보여주면서 지금은 조국의 품속으로 돌아와 한자리에 모였다는 점을 그려낸다. 하지만 영화적 흐름이 다소 정적이고, 정치적인 선전에서 벗어나지 못하고 있다. 이천계(李泉溪)가 연출한 〈아편전쟁〉(鴉片戰爭, 1963)은 임칙서(林則徐)가 다른 나라 아편의 해독을 극력하게 저지하고, 이를 소멸하는 항쟁 과정을 잘 보여준다. 이 영화는 역사 이야기를 기초로 전쟁의 근원적 의미를 해석한다.

이런 유형의 영화제작은 그다지 많지 않았다. 대만 사람들과 국민 정부 간의 끊임없는 항쟁일 수도 있다. 분쟁을 피하기 위해 뿌리를 찾는 영화는 본적(省籍)을 서로 융합하는 주제로 기울어져 가며, 표준 중국어와 대만어가 혼합된 영화를 제작하면서 새로운 정권에 우호적인 감정을 드러낸다.

대만 가창(歌唱)영화[142]

노래는 대만어 영화의 중요한 요소이다. 특히 유행가요 혹은 민요를 각색한 영화는 공명을 불러일으킨다. 식민 시기에, 일본의 압력으로 대만 사람들을 노예화하려고 음악에서도 일본 음악 교육을 적극적으로 추진한다. 1917년에 대만 가요 금지령을 내리고, 대만 본토의 음악사용을 금지하며, 가자희와 같은 전통 희곡만 공연할 수 있게 한다. 1930년 초기에 상해 영화가 활기차게 발전하고, 무성영화가 대만에 수입되면서부터 대만 민요 노래가 다시 생기를 띠기 시작한다. 1936년에 유행한 대만 본토 민요 「청춘령」(靑春嶺), 「백모단」(白牡丹)을 예로 들 수 있다. 민요가 공개 석상에서 유행가곡으로 부상할 수 있게 된 것은 영화와 함께하였기 때문이다.

---

142 황인, 『비정대어편』, 대만:만상도서, 1994:50(黃仁, 『悲情台語片』, 台灣:萬象圖書, 1994:50). 가창(歌唱) 영화에 포함된 내용은 방대하다. 유행음악 영화, 민요음악 영화, 황매조(黃梅調)음악 영화, 가자희(歌仔戲)음악 영화 등이 포함된다.

민요바람은 대만어 노래음반의 시초이다. 당소화(唐紹華)의 〈임투저〉(林投姐, 1956)에는 신세(身世) 타령 등의 10여 개의 노래가 있고, 곽백림(郭柏霖)의 〈도화과도〉(桃花過渡, 1956)에서는 하문조(廈門調), 항춘조(恆春調), 칠자조(七字調) 등 11 종류의 곡을 담아낸다. 〈임투저〉와 〈도화과도〉 두 음반은 많은 종류의 민요 장르를 포괄하며, 광범위한 지방색의 음악을 불러서 대중의 사랑을 받는다.

대만 민요 → 유행 소곡(小曲)[143] → 유행곡의 진화 과정은 1932년에야 완성된다. 그해 복만창(卜萬蒼)이 감독을 맡고 김염(金焰)과 완령옥(阮玲玉)이 함께 연기한 상하이 화련(華聯) 무성 영화 〈도화읍혈기〉(桃花泣血記)는 대만 영화사들이 첨천마(詹天馬)와 왕운봉(王雲峰) 변사를 청하여 함께 주제곡을 작곡하고 영화를 선전하여 붐을 일으키며, 콜롬비아(Columbia) 음반회사를 설립한 일본인 가시와노 세이지로(柏野正次郎)의 시선을 끌게 된다. 가시와노 세이지로(柏野正次郎)은 그 주제곡이 시대적 흐름에 부합하며, 가자희(歌仔戲), 남관(南管), 북관(北管), 정음(正音), 채차(採茶)의 전통 음반 제작에서 벗어났다고 인정한다. 또한, 그는 「도화읍혈기」(桃花泣血記) 노래를 최초로 대만어 음반을 녹음하며, 인기 가수 순순(純純)을 리드 보컬로 하여 유행음악 시작의 막을 올린다. 이는 서양 음악교육의 새로운 한 페이지를 넘기면서, 많은 작사와 작곡가를 양성하게 되는 계기가 된다. 예를 들면, 이림추(李臨秋), 등우현(鄧雨賢), 주첨왕(周添旺), 진군옥(陳君玉), 요찬복(姚贊福), 왕운봉(王雲峰), 진추림(陳秋霖), 소동(蘇桐) 등과 같은 음악가가 등장한다. 또한, 가수 순순(純純), 애애(愛愛), 임씨호(林氏好), 청춘미(青春美) 등은 백여 개의 유행 음악을 발표한다. 대표적으로는 「안평소조」(安平小調), 「황혼약」(黃

---

[143] (역자 주) 긴 노래가 짧은 노래로 변하고, 서양 악기로 연주한다. 예를 들면, 〈12경고〉(十二更鼓), 〈설매사군〉(雪梅思君) 등이다.

昏約), 「사계홍」(四季紅), 「월야수」(月夜愁), 「망춘풍」(望春風), 「우야화」(雨夜花), 「연애풍」(戀愛風) 등이 있다. 그들은 최초의 유행음악을 불렀으며, 곡의 의미는 대부분 계급을 타파하며 자유를 이야기한다는 점이다. 아름다운 선율은 사람들로 하여금 새로운 시대적 음악풍을 듣게 한다.[144]

광복 이후, 음악창작은 영화에까지 퍼져나가며, 화룡점정의 효과를 발휘한다. 영화는 일본 곡을 모방하고, 참신한 소재를 발굴하며, 노래를 영화에 활용한다. 예컨대, 곽남굉(郭南宏)의 〈대북지야〉(台北之夜, 1962)은 일본 소림욱(小林旭)의 유랑영화를 모방한 작품으로, 대북에서 한 달간 상영하는데, 열기가 하늘을 찌른다. 〈대북지야〉는 삼선민랑(三船敏郎)의 영화를 넘어서며, 대만에서 대만영화 수익 기록을 돌파한다.[145] 홍일봉(洪一峰)의 〈구정면면〉(舊情綿綿, 1962)은 소라휘(邵羅輝) 덕분에 유명해진다. 주신일(周信一)의 〈온천향적길타〉(溫泉鄉的吉他, 1966), 서수인(徐守仁)의 〈장제조아주〉(張帝找阿珠, 1969), 허봉종(許峰鐘)의 〈재견대북〉(再見台北, 1969), 이천계(李泉溪)의 〈내산고낭요출가〉(內山姑娘要出嫁, 1966), 신기(辛奇)의 〈남북가왕〉(南北歌王, 1967) 등의 영화들은 모두 흥행하고, 사용된 노래가 모두 새로운 기록을 만들며, 인기 있는 대만 가수를 여러 명 배출하는 계기가 된다.

사회적 사실에 기초한 영화

---

[144] 대만은 문화창작 산업을 추진하기 위하여 대만 가요에서 소재를 많이 취한다. 또한, 영화나 드라마 형태로 대만 문화의 아름다움을 보여주기 위해 대만만의 역사 문화 창작에 매진한다. 2011년 〈가요풍화〉(歌謠風華) 드라마는 신문국(新聞局)과 마케팅 회사가 제작·방송한다.

[145] 임육여·정덕경, 『곽남굉적전영세계』, 대만:고웅전영도서관, 2004(林育如·鄭德慶, 『郭南宏的電影世界』, 台灣:高雄電影圖書館, 2004).

사회적 사건은 대중의 관심을 쉽게 유발할 수 있다. 예컨대 오늘날 대만은 타인의 사적 영역을 엿보고, 많은 사람들의 관음적 욕망을 충족시키는 홍콩 파파라치의 영향을 받아 사회적 사건이 쉽게 대중의 주목을 받는다. 1950년대 대만 사람들의 성향은 보수적이며, 정보도 매우 부족하였다. 그래서 당시의 대만영화는 전율을 느낄만한 사회적 공포의 주제를 다루며, 대중의 관심을 유도하여 흥행수익을 높인다.

희극 효과가 과장된 사회적 사실에 기초한 영화
※ 자료:『정종대어전영사(1955~1974)』(正宗台語電影史(1955~1974)).

당시 사회적 사실에 기초한 영화는 사건의 사실 여부와 관계없이 사회 형사사건의 실재 인물과 사실을 취재하여, 모두가 깜짝 놀랄만한 주제를 창작해낸다. 장국균(莊國鈞)의 〈기륭칠호방참안〉(基隆七號房慘案, 1957), 양철부(梁哲夫)의 〈화장장기안〉(火葬場奇案, 1957), 백극(白克)의 〈대남무야대혈안〉(台南霧夜大血案, 1957), 장국균(莊國鈞)의 〈만화백골사건〉(萬華白骨事件, 1958), 고인하(高仁河)의 〈대북십사호수문〉(台北十四號水門, 1964) 등의 영화들은 흥행뿐만 아니라 영화상을 받을 정도로 두 마리 토끼를 잡는다. 예컨대, 〈만화백골사건〉에서 남자배우 강명(康明)은 제1기 대만어 영화 금마장(金馬獎) 남우주연상을, 허기명(何基明)의 〈금산기안〉(金山奇案, 1957)에서 구위(歐威)는 최우수 남자 조연상을, 홍명려(洪明麗)는 〈기륭칠호방참

안)(基隆七號房慘案)으로 최우수 여자 조연상을, 감독 장국균(莊國鈞)은
〈만화백골사건〉(萬華白骨事件)으로 특별상을 수상한다. 이처럼 이런 유형
의 영화들은 치열한 시장 경쟁 속에서, 예술과 상업을 모두 아우르는 긍정적
인 효과를 발휘한다.

문학작품을 각색한 대만영화

대만 문학은 일본 식민 때부터 이미 개화의 조짐을 보이지만, 일본 정부의
통치하에서 겨우 발전할 수 있었다. 대만어 영화의 오리지널 출처는 너무 다
양하다. 상업적 시나리오를 추구하는 일부분의 영화제작 업자들은 문학성을
중시하지 않지만, 몇몇 영화인들은 국내외 문학작품을 각색하여 문학적 숨
결이 담긴 대만어 영화를 제작한다. 이런 유형의 영화들은 극의 줄거리가 촘
촘할 정도로 구조가 탄탄하고, 감동을 선사하는 고전적인 영화이다.

1. 일본판 〈애염계〉(愛染桂) 영화 스틸 컷
2. 일본문학을 각색한 대만어 영화

※ 자료: 『대만전영백년사화(台灣電影百年史話)』, 『정종대어전영사정』(宗台語電影史, 1955
~1974).

1. 외국 문학작품 : 백극(白克)의 〈생사련〉(生死戀, 1958)은 알렉상드르

뒤마(Alexandre Dumas)의 『차화녀』(茶花女, La Traviata)를, 임박추(林搏秋)의 〈착련〉(錯戀, 1960)은 일본인 다케다 토시히코(竹田敏彦)의 『안루지책임』(眼淚之責任)을, 신기(辛奇)의 〈지옥신낭〉(地獄新娘, 1965)은 『미란부인』(米蘭夫人)을, 곽남굉(郭南宏)의 〈영하삼점〉(零下三點, 1966)은 일본인 미우라 아야꼬(三浦綾子)의 『빙점』(冰點)을, 진영인(陳影人)의 〈장미연애〉(玫瑰戀, 1958)와 정동산(鄭東山)의 〈불평범적애〉(不平凡的愛, 1964)는 일본인 가와구치 마츠타로(川口松太郎)의 『애염계』(愛染桂)를, 종유(宗由)의 〈모자루〉(母子淚, 1957)는 구로이와 루이코(黑岩泪香)의 소설 『야지화』(野之花)를 각색한다.

2. 대만 문학작품 : 이천계(李泉溪)의 〈수적죄악〉(誰的罪惡, 1957)는 소영복(邵榮福)의 『파파적죄악』(爸爸的罪惡)을, 신기(辛奇)의 〈한명막원천〉(恨命莫怨天, 1958)은 장문환(張文環)의 『엄계』(閹雞)를, 임박추(林搏秋)의 〈탄연화〉(嘆煙花, 1959)는 장문환(張文環)의 『예달지가』(藝妲之家)를, 이가(李嘉)의 〈무당소검객〉(武當小劍客, 1962)은 왕도려(王度廬)의 『학경곤륜』(鶴驚崑崙)을, 장영(張英)의 〈도국구성〉(賭國仇城, 1964)은 이비몽(李費蒙)의 『도국구성』(賭國仇城)을, 정정웅(鄭政雄)의 〈월야수〉(月夜愁, 1958)는 소영복(邵榮福)의 『삼개마마』(三個媽媽)를, 호걸(胡傑)의 〈천하부모심〉(天下父母心, 1958)은 유은(劉垠)의 『천윤루』(天倫淚)를 각색한다.

이외에도 미국영화 더글라스셔크(Douglas Sirk)의 〈생명의 모방〉(春風秋雨, Imitation of Life, 1959)을 리메이크한 대만어 영화 〈엄마를 위하여〉(媽媽爲著你, 1962), 미국영화 〈시스터 캐리〉(Sister Carrie)를 리메이크한 서수인(徐守仁)의 〈인연천주정〉(姻緣天注定, 1958), 미국영화 〈애수〉(魂斷藍橋, Waterloo Bridge)를 리메이크한 장청(張靑)의 〈자군별후〉(自君別後, 1965), 무성영화 〈창문현모〉(娼門賢母, Mother from a brothel)를 각색한 신기(辛奇)

의 〈묘영표령기〉(妙英飄零記, 1957), 이탈리아 오페라 「나비부인」(蝴蝶夫人)을 각색한 여한상(余漢祥)의 〈보도앵화련〉(寶島櫻花戀, 1965) 등이 있다.

상업적인 희극영화

초창기의 대만어 영화는 민족의 존엄성에 따른 국가 의식의 영화, 즉 항일, 혈통 찾기, 문학 소재의 영화를 제작한다. 이후 대만어 영화는 미국과 일본 상업영화의 영향을 받아 점차 상업적인 시장 쪽으로 접근하는 동시에 농촌 오락으로 전환되며 자연스럽게 상업 희극 영화도 등장한다.

상업적인 희극영화 포스터

※ 자료: 『정종대어전영사』(正宗台語電影史, 1955~1974).

희극은 익살스러운 부분이 필요하기에, 이런 부분의 연결이 적절하지 않으면 부자연스럽고 품위가 없으며, 가식적으로 보일 수 있다. 대만어 희극영화는 민중의 웃음을 자아내려는 요소가 필요했다. 그러나 천성적으로 중국인들은 고지식하고, 유머가 부족하며, 매너리즘이 매우 강하였다. 다행인 건 대중의 큰 요구가 없었고 또한 감성이 메마른 시대에 큰 웃음이 필요치 않아서, 적당한 즐거움이면 충분하였다. 희극영화에는 다양한 인물이 등장한다. 예컨대, 뚱보 혹은 비실비실한 홀쭉이, 움츠린 형태 아니면 왜소하고 작달막

하며 바보스러운 혹은 고지식한 인물 등이 있다. 스토리는 우연한 사건이 연속하여 만들어지는, 즉 뜻하지 않는 우연이 겹쳐서 하나의 사건으로 완성되는데, 난관을 만나게 되는 상황을 익살스럽게 잘 표현한다. 또는 지역 출신 성분으로 부모의 반대에 부딪혀 설득하는 과정에서 일어날 수 있는 상황을 남녀의 사사로운 평범한 대사를 통해 코미디 효과로 잘 표현한다.

신강(申江)의 〈삼미쟁랑〉(三美爭郎, 1957)은 최초의 대만어 희극영화이다. 이행(李行) 감독은 〈왕가유가유대만〉(王哥柳哥遊台灣, 1959)과 같은 희극 시리즈를 만든다. 희극영화를 가장 많이 만든 신기(辛奇) 감독은 '아서(阿西)' 시리즈를 제작한다. 〈아서주대구〉(阿西做大舅, 1969)와 같은 영화들이다. 그 이외에도 이천계(李泉溪)의 〈감사모곡도오구동〉(憨查某哭倒烏龜洞, 1962), 홍신덕(洪信德)의 〈천방야담〉(天方夜譚, 1963), 양철부(梁哲夫)의 〈일근십육냥〉(一斤十六兩, 1964), 오비검(吳飛劍)의 〈초명롱계공〉(草螟弄雞公, 1964), 신기(辛奇)의 〈신홍로신다고〉(新烘爐新茶古, 1969), 오비검(吳飛劍)의 〈강정유대북〉(康丁遊台北, 1969) 등도 있다.

위에 서술한 유형의 영화 이외에, 인형극 포대희(布袋戲)도 스크린으로 옮겨진다. 황준웅(黃俊雄) 감독의 〈대비룡〉(大飛龍, 1967)과 〈대상살〉(大傷殺, 1968) 등의 영화가 있다.

일본의 황민화(皇民化) 정책이 종결된 후, 대만 사람들은 여전히 쉽게 표준 중국어 운동에 전적으로 융합하지 못하며, 다양한 정치 사건이 여러 차례 계속된다. 그러나 정부가 개방적인 태도를 견지하고, 정부 소속의 영화 기구에서 대만영화 촬영, 인화, 제작촬영 등의 업무를 도와준다. 이후 대만영화는 세 가지 형태로 제작된다.

1. 표준 중국어 영화에 대만어 발음을 더빙한 영화 : 원총미(袁叢美)의 〈마굴살자보〉(魔窟殺子報, 1960).

2. 표준 중국어와 대만어를 혼합한 영화 : 종유(宗由)의 〈의실의가〉(宜室宜家, 1961), 백극(白克)의 〈용산사지련〉(龍山寺之戀, 1962), 이행(李行)의 〈양상호〉(兩相好, 1962).

3. 표준 중국어와 대만어 2가지 버전으로 제작된 영화 : 장영(張英)의 〈일강춘수향동류〉(一江春水向東流, 1965)와 〈천자제일호〉(天字第一號, 1966), 김성은(金聖恩)의 〈만능정보원〉(萬能情報員, 1966), 사광남(謝光南)의 〈박다야선〉(博多夜船, 1980), 나운한(羅雲瀚)의 〈애원적감루〉(哀怨赤嵌樓, 1980), 고인하(高仁河)의 〈최후적재판〉(最後的裁判, 1964) 등이 있다.

대만어 영화는 정치적 영향으로 순수 본질적인 노선을 추구하지 못하고, 혼합 언어를 사용하면서 발전하는 과정을 볼 수 있다.

〈아삼가출마〉(阿三哥出馬) 영화 스틸 컷 및 전단지

※ 자료: 『정종대어전영사』(正宗台語電影史, 1955~1974).

대만어 영화시장이 커지기 시작하면서, 입장료도 소폭 인상된다. 그러나 세금이 과중하게 부과되면서, 영화 배급사는 큰 이익을 거둘 수 없게 된다. 기록에 의하면, 1957년 대북시 A급 극장의 영화 입장권 가격은 9원인데, 세금과 납부금을 제하고 기타 배분을 나누고 나면, 배급사에 남는 돈은 1원(元) 7각(角) 9분(分) 6리(厘)이다. 그 당시 홍콩, 일본, 미국의 30원에 비하면 상당히 낮은 편이었다. 당시의 정부는 표준 중국어 영화와 외국영화에 대한 지원을 대만어 영화지원만큼 동등하게 끌어올린다. 한편. 대만영화에 대해 영화 검열 제도를 강력하게 시행한다. 1954년에 신문국(新聞局)에 '영화검열처(電影檢查處)'를 설립하고, 문제가 되는 장면은 즉시 삭제한다. 이러한 검열은 영화 발전에 막대한 지장을 준다. 예를 들면, 장하공사(長河公司)에서 처음으로 일본기술의 도움을 받아 일본 감독 이와사와 요토쿠(岩澤庸德) 및 그의 스탭들이 대만에 와서 〈홍진삼여랑〉(紅塵三女郎, 1957)을 촬영하는데, 영화검열처에서 알아보기 힘들 정도로 장면을 삭제하여 수익에 엄청난 지장을 초래한다. 그 외 호산(湖山) 영화 제작사 임박추(林搏秋) 감독의 희극영화 〈아삼가출마〉(阿三哥出馬, 1959)도 영화검열처에서 여덟 곳이나 잘라 놓는다. 전자의 영화는 술집 호스티스를 묘사한 사실적인 영화이고, 후자의 영화는 선거와 빈부 현상을 풍자한 흥미로운 내용인데, 모두 엉망진창으로 잘라놓아 성한 데가 없이 만신창이가 된다. 당시 임박추는 "대만영화검열처에서 절망적인, 불법적인, 외설적인, 공산주의적인 주제 모두 다 촬영하지 못하게 한 것은 창작에 대한 제약이 심하다고 할 수 있는데, 그렇다면 대만어 영화가 어떤 것을 촬영할 수 있을까?"[146]라고 한탄한다. '영화검열처(電影檢查處)'는 법에 의거해 집행한다고 하지만, 영화관계자들은 검열 자체가 임의성이 높고 기준이 모호하다고 여기며 비판을 가한다. 예컨대, 검열로 장면이 삭제된 영화는 내용의 연관성이 없어져서 관객이 이해하지 못할 정도가 된다. 이로써 매표 수입은 낮아지며, 제작자들은 투자를 꺼리게 되는 악순환을 겪게된다. 영화 제작사들은 투자할 수 없게 되고, 대만어 영화 발전은 지지부진하게 되며, 홍콩 영화에 투자하게 되고, 서로 정부의 영화정책 및 지원의 혜택을 쟁취하려고 한다.

---

[146] 황인·왕유, 『대만전영백년사화』(상), 대만:중화영평인협회, 2004:202~203(黃仁·王唯, 『台灣電影百年史話』(上), 台灣:中華影評人協會, 2004:202~203).

그 당시 많은 대만어 영화회사들이 홍콩에다 사업자 등록을 한다. 그 목적은 홍콩에서 필름을 사서 대만에 가지게 되면, 대만에서의 구매보다 40% 저렴하기 때문이다. 홍콩회사 명의로 필름을 수입하고 대만에서 촬영하면 홍콩에서 세금 혜택도 받을 수 있었다. 당시 대만어 영화는 홍콩에서 시장성이 없고, 해외에 판매할 기회도 많지 않았다. 그래서 싱가포르와 말레이시아 방송 저작권인 성마판권(星馬版權)을 통해 극장에서 영화상영 문제를 해결한다. 그 외에 홍콩에 등록하는 다른 목적은 영화창작 측면에서 대만보다 홍콩이 유연하기 때문이다. 예컨대, 홍콩 제작사이기에 대만의 제약으로부터 자유롭다. 금마장(金馬獎) 혹은 국제영화제에 참가할 때 또는 영화 상영을 위해 검열을 받을 때, 정부는 자국 영화라고 인정한다.[147]

이러한 정책의 융통성 덕분에, 대만영화는 또 다른 창문을 열어놓는다. 이는 대만 대중의 영화관람 열풍을 주도할 뿐만 아니라, 동남아시아 영화시장으로 뻗어나는 계기가 되며, 대만영화의 지속적 성장을 유도한다.

대만 광복 이후, 대만어 영화시장은 시스템을 갖추려고 한다. 제작유통업자들은 각자의 방식으로 매표 수입을 올리려고 노력한다. 예컨대, 해외 유통통로를 개척하는 동시에 대만 자체 내에서도 적극적으로 방도를 찾는다. 초창기의 영화관 경영방식은 심각할 정도로 불법적 자본주의에 치우쳐져 있다. 예컨대, 탈세, 표 번호 확인 안 하기, 표 자르지 않기, 심지어 건달들을 고용하는 방식, 조세 징수를 다양하게 회피하고 이윤을 얻는 방식, 기업방식을 도입한 영화상영 분배방식, 가격 결정 및 시장 공제 등을 실시한다.[148] 이처럼

---

147 황인, 「1970연대유주대항양지적대만영인」, 『통신』, 향항:전영수거관, 2010(52):5월(黃仁, 〈1970年代遊走台港兩地的台灣影人〉, 『通訊』, 香港:電影數據館, 2010(52):5月).

148 섭룡언, 『대만노희원』, 대만:원족문화출판사, 1993:98(葉龍彥, 『台灣老戲院』, 台灣:遠足文化出版社, 1993:98).

초기의 영화관 운영은 주먹구구식이었다. 예컨대 영화관 업주는 해당 지역의 지연 관계를 활용하여 운영하는 등의 패턴을 보여준다. 그 외에도 국방부 소속 군인을 위로하는 규정을 준수하여야만 했다. 극장마다 일주일에 두 차례 군인 위문 공연을 시행해야 하며, 매달 6차례 밤 공연 때 빈 좌석 32개를 준비해 두어서 전방에서 휴가 나온 관병 및 유공 장병을 맞이해야 했다. 그뿐만이 아니라 군인 위문 공연 및 공익 자선공연 등을 해야 했다. 그 시기의 영화는 여전히 사회적 위치가 긍정적이지 못하였기 때문에, 극장은 특수오락 업종으로 분류된다.[149] 당시 모든 영화 관련 정책은 경비사령부(警備司令部)의 감독과 규정에 부합되어야 했다. 입장권 가격은 저렴하고 세금은 높은 관계로, 이윤은 매우 적었다. 따라서 극장은 모든 지출을 부담하기 매우 어려운 실정이었다. 이런 상황들은 극장주들이 부득이하게 비정상적인 수단으로 생존하는 환경으로 내몰았다. 따라서 부도덕한 불법 과정은 합법적인 시장관리로 이행하는 과도기라고 볼 수 있다.

1960년대에 들어서면서, 대만영화는 해외시장을 개척할 수 있는 역량을 갖추며. 외국영화를 수입하던 수동적인 입장에서 벗어나기 시작한다. 긴장된 계엄 시기에, 예술만이 정치와 국경을 넘어 설 수 있었다. 다른 한편으로 정치에 철저하게 이용당한 영화는 하나의 상품으로써 최면의 도구로 전락한다. 따라서 급변하는 정부 정책의 상황 속에서, 영화제작자들은 당시의 대만영화가 얼마나 불합리하고 터무니없으며, 전체를 대변하지 못하는지 또는 대만영화의 생명력이 연약하지만, 뿌리 근성이 얼마나 끈질긴지 담아내려고 각고의 노력을 다한다. 대만영화가 예술성/정치성, 이 틈새 사이에 끼어서 생존할 수 있었던 점은 바로 대만 사람들의 영화에 대한 갈망과 지지 덕분이다.

---

149 섭룡언, 『대만노희원』, 대만:원족문화출판사, 1993:106(葉龍彦, 『台灣老戲院』, 台灣:遠足文化出版社, 1993:106).

이러한 영화 유형은 시장 생존 규칙에 부합하기 위해서이며, 대중의 삶과 가까워지면서 비로소 대만영화도 날로 성장하게 된다.

세계적으로 주목을 받은 대만 경제의 기적[150]은 기적이 아니라, 부지런한 대만 사람들에게 하늘이 내린 좋은 기회와 지리적으로 유리한 환경이다. 학자들이 말하는 황금 시기(1965~1974년)는 손발이 닳도록 일하고, 고도의 경제를 창조하며, 대만을 태평양 섬에서 아시아 경제의 용의 머리로 비약시켰다. 그 시기의 영화산업은 대만이라는 협소한 시장을 벗어나 국제무대로 진출하는 등 해외 활로를 개척하며 발전해간다. 1965~1969년 기간에 일본 영화의 수입은 다소 늘어나지만, 대만영화의 제작 편수 및 시장에는 큰 영향을 끼치지 못한다. 주요한 원인은 해외 판로 개척 덕분이다. 예컨대, 대만영화 제작사들은 1965년에 필리핀·베트남·싱가포르·말레이시아 방송국에 대만영화의 저작권을 팔았다. 특히, 한국·일본·홍콩·류큐(琉球) 등과의 합작, 즉 영화적 국제관계를 돈독히 하면서 영화제작의 단가도 낮추었다.[151] 이처럼 대만은 국제 영화시장을 개척하며, 국제적인 합작의 제작 기회도 얻는다. 중일 합작영화로는 전구철(田口哲)의 〈태태아착료〉(太太我錯了, 1957), 여한상(余漢祥)의 〈보도앵화련〉(寶島櫻花戀, 1965), 탕천랑남(湯淺浪男)의 〈청춘비희곡〉(青春悲喜曲, 1967), 중국/한국 합작영화로는 고인하(高仁河)의 〈최후적재판〉(最後的裁判, 1964) 등이 있다. 이는 대만어 영화가 이미 국제적으로 인정받고 있다는 사실을 보여주는 계기가 된다. 또한, 상호 간의 영

---

[150] 대만 경제가 큰 폭으로 성장한 것은 1960년대 이후이다. 농업과 경공업이 위주인 이전의 대만 경제는 1960~1980년부터 유럽과 미국과 같은 나라가 개발도상국에 노동 집약 형태의 산업을 이전하는 기회를 이용해, 외국투자와 기술을 도입하고 인건비가 낮은 노동력으로 빠른 속도로 경제발전의 길에 들어선다. 대만은 경제 기적을 만들며, 아시아에서 네 마리의 작은 용 행렬에 속하게 된다.

[151] 황인, 『비정대어편』, 대만:만상도서, 1994:19(黃仁, 『悲情台語片』, 台灣:萬象圖書, 1994:19).

화 판권을 구매하는 대만어 영화 제작사의 능동적인 합작 제작형태는 대만
어 영화의 위상을 국제적으로 제고시키는 계기를 마련해준다.

1. 임박추(林搏秋)와 옥봉호산편창(玉峰湖山片廠)
2. 하기명(何基明)과 화흥대중편창(華興台中片廠)

※ 자료: 대만희극관~자심희극가총서(台灣戱劇館~資深戱劇家叢書)의 『임박추』(林搏秋) / 『비
   정대어편』(悲情台語片).

1950년대 대만영화는 민간영화사의 제작 활동 덕분에 크게 성장하게 된
다. 공적으로 운영되는 기구인 중영(中影), 중국제작사 중제창(中製廠), 대만
제작사 대제창(台製廠) 등에서 영화제작이 이뤄졌지만, 그다지 활성화되지
못했다. 민간제작사로는 임박추(林搏秋)의 옥봉호산(玉峰湖山) 영화사[152]와
하기명(何基明)의 화흥대중(華興臺中) 영화사가 비교적 규모가 크고, 그 외
15개가 넘는 민간제작사가 활동했다.[153] 이러한 제작사들은 대만어 영화를

---

[152] 1956년은 대만어 영화의 첫 번째 황금시기이다. 당시 대만에서 가장 큰 탄광 대
표매광(大豹煤礦)의 대표 임박추(林搏秋)는 일본 감독 이와사와 쓰네노리(岩澤
庸德)의 자극을 받아서 대만어 영화제작 환경을 개선하려고 결심한다. 그는 1957
년에 옥봉영화산업공사(玉峰影業公司)를 기획하여 앵가(鶯歌)에서 일본 보총(寶
塚)영화제작소를 모방한 호산영화제작소(湖山製片廠)를 설립하며, 학생을 모집
하고 연기자 및 기술 인원에 대한 양성과정을 시작한다. 당시, 호산영화제작소는
일본 및 인도 이외에 아시아에서 제일 큰 영화제작소이다.

[153] 당시 민간인이 경영하는 회사는 화교(華僑), 중화(中華), 사유(四維), 원동(遠東),

제작하여, 동남아시아의 중국인 지역에서 상영하였다. 이때 민남 방언은 가장 편리한 통행 도구였다. 예컨대, 1955년에 대만어가 사용된 영화가 3편이고, 표준 중국어를 사용한 영화가 6편이었는데, 1965년에는 대만어가 사용된 영화가 100편이고, 표준 중국어를 사용한 영화가 49편이었다.[154] 이처럼, 대만영화가 활성화된 점은 단지 운이 좋았던 것이 아니라, 민간제작사의 각고의 노력이 있었기 때문이다. 일정한 시간의 기본교육을 받은 대만영화인들은 합작 촬영 과정에서 촬영, 조색, 현상 기술 등을 전문적으로 습득하게 된다. 그리고 합작제작 덕분에, 값이 비싼 원자재(필름, 현상약품), 촬영기기 등의 투자 대비 효율성을 제고하게 된다. 필름은 홍콩, 일본, 미국에서 주로 수입할 수 있는데, 미국산 필름 단가가 제일 합리적이긴 하지만, 일 년 전에 예약해야 하는 불편함이 있었다. 촬영기자재 수입은 관세 자체가 매우 높아서 일괄 구매하기보다는 분산하여 구매하는 방식을 취하였다. 당시의 열악한 제작 환경은 대만영화산업의 발전에 여전히 저해요소였다. 다행히도 1970년대 영화관 수입이 점차 상승하면서, 대만영화의 개선에 커다란 도움이 된다. 예를 들면, 1970년 대도(大都)와 홍운(虹雲)과 같은 채색 필름 인화공장이 설립되면서, 대만 채색 영화는 더이상 일본이나 홍콩에 인화를 의존할 필요가 없게 되어 시간도 많이 절약하게 되는 계기를 만든다. 또한, 촬영이 끝나면 즉시 편집이 가능할 정도의 체계적인 시스템을 갖추기 시작한다. 따라서 1970년대 들어서, 대만영화는 최고 절정기에 다다른다.[155]

건업(建業), 천남(天南), 은성(銀星), 삼원(三元), 고화(高和), 명매(名妹), 신계명(新啓明), 자유(自由), 국제(國際), 중일행(中一行) 등의 민간회사가 있었고, 홍콩의 신화영업공사(新華影業公司)도 있었다.

[154] 황인·왕유, 『대만전영백년사화』(상), 대만:중화영평인협회, 2004:359(黃仁·王唯, 『台灣電影百年史話』(上), 台灣:中華影評人協會, 2004:359).

[155] 황인·왕유, 『대만전영백년사화』(상), 대만:중화영평인협회, 2004:412(黃仁·王唯, 『台灣電影百年史話』(上), 台灣:中華影評人協會, 2004:412).

1965년 국산대어영편전람회(國産台語影片展覽會) 포스터

※ 자료: 『정종대어전영사(1955~1974)』(正宗台語電影史(1955~1974)).

대만 정부는 대만영화의 성장을 장려하기 위해 징신신문(徵信新聞)[156]에서 국제영화제 개최를 독려한다. 그 목적은 우수한 해외영화들 속에서 대만영화의 위상을 높이고자 하는 것이다. 1957년에 징신신문(徵信新聞)은 제1기 대만영화 금마장(金馬獎)과 은성장(銀星獎)을 시행한다. 8년 후 1965년 5월 22일 대만일보는 대북에서 '대만영화전람회(國産台語影片展覽會)'를 개최하여 35개 보도장(寶島獎)과 23개 금정장(金鼎獎)을 수여한다. 당시 상황은 징신신문에서 주최한 대만영화 금마장을 뛰어넘었다고 한다.[157] 2차례의 수상자 명단을 살펴보면, 당시 대만어 영화의 흥행과 주류영화의 유형을 알수 있다. 중국 감독인 장영(張英)은 〈소정인도망〉(小情人逃亡, 1960)과 〈주

---

156 (역자 주) 중국시보(中國時報)의 전신.

157 황인, 『비정대어편』, 대만:만상도서, 1994:20(黃仁, 『悲情台語片』, 台灣:萬象圖書, 1994:20).

귀야풍류〉(做鬼也風流, 1965)로 해당연도에 금마장의 감독상을 수상한다. 감독 신기(辛奇)는 1965년에 〈구니원량〉(求你原諒, 1965)로 금마장의 최우수 작품상을 차지하지 못하지만 대신 금정장(金鼎獎)을 수상한다. 당시의 영화 형태는 통속적인 줄거리와 사회의 실상을 각색한 영화가 긍정적인 평가를 받는다. 은성장과 금정장은 입장권을 구매하고 입장한 관객들이 감독 10명, 남녀 배우 10명, 아역 배우 5명에 대해 다양한 부류의 상을 투표로 선정한다. 이 수상식은 '대만영화 10주년 기념'이라고 불리며, 주연배우들의 무대 행사 및 인사, 가무 공연 등 매우 성대하게 치러진다.

1965년에 거행된 대만영화전람회를 살펴보면, 출품한 영화 편수도 많았고, 장르도 다양했으며, 영화적 수준도 높았다. 게다가 배우들의 생동감 있는 연기는 우수했을 뿐만 아니라, 감독의 연출도 탁월했다. 전체적으로 대만영화의 수준은 이미 상당한 경지에 이른다. 작품성이 뛰어나면서도 대중적이어서 누구나 쉽게 감상할 수 있는 영화들이 적지 않았다. 다소 부족한 점은 촬영기술, 음악, 미술, 의상 등이었다.[158]

하지만 이 시기 이후 대만어 영화제는 멈추게 되며, 제3차 최고 절정기인 1972년까지 다시 거행되지 못한다. 대만어 영화의 전성기를 살펴보면, 1965년에 100편, 1966년에 144편, 1967년에 116편, 1968년에 115편, 4년간 총 475편의 영화를 제작한다. 영화의 제작 편수는 대만어 영화의 성과를 잘 보여준다. 장개석(蔣介石) 정권이 등장하는 시기의 이러한 수치는 대만 본토의 의식을 고양시키려는 의지와 향후 변화하는 정치 환경에 적응하는 모습을 보여준다. 이후 사회경제가 비약적으로 발전하고 정치가 현실로 귀결되기 시작하면서, 대만 사람들은 '중화문화 부흥운동'[159]에 젖어 들며, '표준 중국

---

158 황인·왕유, 『대만전영백년사화』(상), 대만:중화영평인협회, 2004:360~367(黃仁·王唯, 『台灣電影百年史話』(上), 台灣:中華影評人協會, 2004:360~367).

159 1960년대 중화민국 정부는 신생활운동(新生活運動, 약칭은 신운(新運))을 펼쳐

어'를 추진한다. 1962년부터 표준 중국어를 사용한 영화 금마장이 거행되는 데, 이 화려한 축제에 대만어를 사용한 영화는 제외된다. 이는 대만어를 사용한 영화는 점검받을 때 반드시 '민남어 영화(閩南語片)'라고 신고해야 했다. 금마장은 표준 중국어 영화 금마장이라 표기하며, 대만어를 사용한 영화를 거부한다. 영화 대사 중에 대만어가 3분의 1을 초과하면, 아예 접수를 거절했다.[160] 대만어를 사용한 영화는 점차 주류에서 주변으로, 즉 막아낼 힘을 상실하고 침울하게 뒤쪽으로 밀려나며, 표준 중국어를 사용하는 영화는 점점 득세한다. 1970년 이후 표준 중국어 영화는 매년 100편이 넘게 제작된다. 예컨대, 1974년에 표준 중국어를 사용한 영화는 226편에 이르지만 대만어를 사용한 영화는 불과 6편밖에 남지 않는다. 1950~60년대 의기충천했던 대만어를 사용한 영화가 이처럼 역전된 수치를 과연 예측이나 할 수 있었을까?

'10년이면 강산도 변한다'라는 말은 '대추를 통째로 삼킨다'[161]라는 의미

중화문화부흥운동(中華文化復興運動)을 추진한다. 신운은 1934년부터 1949년까지 중화민국 정부 제2수도인 남창(南昌)에서 진행한 국민교육운동을 말하며, 삼민주의(三民主義)가 이론의 기초이다. 내용으로는 친애정성(親愛精誠), 4유(四維, 예의염치(禮義廉恥)), 8덕(八德, 충효인애신의화평)을 중심으로 한다. 신운은 신생활을 주장하지만, 실제로는 오히려 낡은 유가 윤리사상이었다. 중화민국 정부가 1949년에 내전이 생기면서 패배를 하자, 신운은 정지되고, 효과도 크지 않았다. 장개석이 신생활운동을 일으키면서, 사상적으로는 중국 전통예교(禮敎)를 융합하고, 국가이익을 생각해야 한다고 주장한다. 유일한 지도자에게 복종하는 파시즘적인 이념과 일본 전통의 무사도(武士道) 정신 및 기독교 가치관을 근본으로 하는 사상이었다.

[160] 황인, 『비정대어편』, 대만:만상도서, 1994(黃仁, 『悲情台語片)』, 台灣:萬象圖書, 1994).

[161] (역자 주) 홀륜탄조(囫圇吞棗, 대추를 씹지 않고 통째로 삼킨다)의 의미는 사물을 수박 겉핥기로 대충 이해하거나, 학문을 하면서 깊이 이해하지 않고 넘어가는 경우를 비유하는 고사성어이다. 즉, 무엇인가 성취를 이루려면 먼저 대상을 정확하게 이해해야 한다. 그다음 진지하게 내 것으로 만들어야지 대충 두루뭉술하게 배워서는 제대로 된 지식을 얻을 수 없다는 교훈이다.

처럼 분명한 원인이 있을 것이다. 주요 원인은 대만어를 사용한 영화가 주도권을 상실했기 때문이다. 앞에서 서술한 바와 같이 주도권을 잃으면서 당시 정부에 굴복하며 동화(同化)의 길을 걸으며, 대만어를 사용한 영화의 시대는 막을 내리게 된다. 더는 어떠한 움직임도 보여주지 못하며, 어두운 터널 속으로 매몰된다. 대만영화산업 종사자는 억압받고 상처를 받고 시장도 위축되며 자포자기에 이른다. 그동안 쌓아온 다년간의 노력이 정부의 관심을 받지 못하며, 그들은 갑옷을 벗고 도망가거나 TV 쪽으로 발길을 돌린다. 대만어를 사용한 영화의 시대는 마치 아름다운 석양과 같다. 누군가는 이렇게 묻는다. 만약 당시 정부에서 지지하는 정책에 적극적으로 동참했더라면 혹은 대만어를 금지하지 않았다면, 대만어를 사용한 영화가 그렇게 사라질 수 있었을까? 무엇 때문에 일본 식민 시기에 민남 방언을 다른 민족의 언어라고 그리고 계엄 시기에 민남 방언이 대만 의식을 내포하고 있다고 치부했을까? 실제로, 일본 식민 정부 시기의 대만어 박해는 민남어가 중국 중원의 중국어이기 때문이다. 또한, 장개석 정부에서의 대만어 박해는 일본어 및 대만어를 제거하고 표준 중국어 사용을 추진했기 때문이다. 따라서 당시의 해당 언어가 발언권을 가진 정치적 권력으로 활용됨에 따라 대만 본토의 정신을 영화적 예술로 승화시키지 못한다.

새로운 세기에 접어들면서, 영화계는 옛 모습을 그리워하는 아련한 기억에 미련을 둔다. 관련 전문가와 학자들은 대만의 귀한 자원을 발굴·보존해야 한다고 한목소리를 낸다. 만약 적절한 시기에 보전하지 않는다면, 아마도 돌이 바다에 가라앉듯 단절될 거라고 호소한다. 그러나 이미 때는 늦었다. 대만어를 사용한 영화의 탐색 및 자료 보존은 힘들어 보인다. 이러한 원인은 영화산업 종사자, 정부, 문화계 모두에게 책임이 있지만, 정부 측의 책임이 가장 크다. 예컨대, 228사변 이후 정부는 대만의 심리 콤플렉스를 제거하기 위해 표준 중국어를 강력하게 추진하고, 대만어 사용을 금지한다. 정부 측 문서에

는 '대만어 영화(台語片)'라는 단어조차도 없다.[162]

　질적으로 수준이 낮거나 높은 현상이 뒤섞인 1950~60년대 대만어 영화는 성공과 실패를 보여주며 한 세대에 걸쳐 뜨거운 열정을 펼쳐 놓는다. 대만어 영화의 의의는 대만영화와 텔레비전 문화의 바탕을 제공하였을 뿐만 아니라, 그 세대 사람들의 목소리를 대변하였다는 점이다. 당시 대만어 영화는 기회와 인연이 딱 들어맞아 순식간에 관심을 끌게 되지만, 또다시 억압에 굴복된다. 그러나 한 시대의 임무를 완수하고 홀연히 퇴장한 대만어 영화는 여전히 뿌리 깊게 박혀 영화적 영양분을 제공하였기에, 화음만 조정하면 낡은 곡을 다시 연주할 수 있을 것이다. 이는 지금의 신·구 곤곡(崑曲)의 운명과도 동일하다.

　건륭(乾隆) 황제는 전통가극인 곤곡(崑曲)을 듣기 좋아하였는데, 이후 경극(京劇)을 더 선호하게 된다.[163] 4대 휘반(徽班) 극단이 북경에 들어와 공연하게 되자. 황제는 무척 기뻐하며 경극을 반긴다. 문무백관들도 곤곡(崑曲)이 싫증 나 곤곡(崑曲)의 소리만 들려도, 뿔뿔이 각자의 자리를 떠났다 한다. 곤곡(崑曲)은 백 가지 희극의 근원이지만, 서서히 막을 내리게 된다. 이후 백 년이 지난, 곤곡은 옛 문화에 새로운 창의성을 부여하며 최근에 부활하고 있다. 오늘날 사람들은 앞다투어 곤곡(崑曲)을 감상하려 한다. 그 이유는 이러한 고전 예술이 천년이 지난 오늘에도 우아하고 아름다움을 간직한 채 여전히 사람의 마음에 감동을 주기 때문이다.

162　황인, 『비정대어편』, 대만:만상도서, 1994(黃仁, 『悲情台語片』, 台灣:萬象圖書, 1994).

163　(역자 주) 경극의 본격적 시작은 안휘성의 '휘반'이라는 극단이 1790년 청나라 건륭 황제의 80세 생일 축하하기 위해 경극 무대를 꾸몄다고 한다. 휘반 극단의 경극은 귀족 중심의 공연 예술에서 탈피하여 남녀노소 누구나 즐길 수 있다는 점에서 의의가 있다.

제2절 대만 사람들의 풀뿌리 의식 각성

1945~1949년 계엄 이전의 대만 사회는 모든 일이 다시 성행되기를 희망하는 시기였다. 영화시장은 외국영화 수입을 기다리고, 1946년부터 상영이 금지된 일본 영화는 자신을 감추고 때를 기다리는 회색 정비 기간을 가지며, 표준 중국어나 대만어를 사용한 영화들은 동등한 시작점에서 출발한다. 대만 역사는 식민지를 경험하면서 괴로움과 고생을 참고 견딘 열악한 환경 속에서 축적된 성격과 같다. 순종적이고 과묵한 성격은 한(漢) 문화 및 유가 체제에서 규범으로 이뤄진 본능이다. 군대 권력과 제국의 쟁탈 속에서, 미개한 원주민 문화는 문명 속으로 나아가고, 원주민 혹은 중국 본토 이민자들은 대자연 속에 녹아있는 종교나 미신에 의지한다. 이처럼 자연과 함께하거나 공동체적 삶이 아니라 개인적 삶을 추구하는 그들은 특별하게 강한 자아의식을 가지고 있지는 않았다. 그러나 생존을 위한 땅과 물 자원의 쟁탈전이 펼쳐지기 시작하면서, 중국 본토 이민자들은 동물들이 먹이를 찾는 것처럼 싸움을 시작한다. 중국 청나라 시기에 이 싸움은 더욱 심해지는데, 이는 민(閩) 사람, 객가(客家) 사람 그리고 원주민 간의 이해가 얽힌 전쟁이다. 대세가 평정된 후, 민(閩) 종족은 서안 연해에 자리 잡고, 객가(客家) 사람들은 동과 서해안 구릉지에 자리 잡았으며, 원주민들은 높은 산에 거주한다. 마관조약(馬關條約)[164] 체결로 대만과 팽호열도(澎湖列島)가 일본에 할양되면서, 대만 사람들은 적개심을 불태우게 되며, 모두 단결하여 항일투쟁에 나서게 된다. 객가(客家) 민족은 각계 의사(義士)들에게 일본인을 쫓아내자고 호소한다. 애석하게도 '팔괘산지역(八卦山之役)'에서 탄약도 떨어지고 지원도 끊어져서 의

---

[164] (역자 주) 1895년 4월, 청일 전쟁 뒤 청의 강화 전권 대사 이홍장(李鴻章)과 일본의 이토 히로부미(伊藤博文)가 일본의 시모노세키에서 체결한 강화 조약이다.

사(義士)들은 장렬하게 전사하지만, 잠시나마 '대만민주국(臺灣民主國)'[165]이 결성된다.[166] 이 역사는 잊힌 지 오래다. 그러다 2008년에 〈1895을미〉(一八九五乙未) 영화는 스쳐 간 과거의 상처를 상기시켜준다. 중국과 일본이 할양 조약을 체결할 때, 이미 대만 사람들은 민족의식을 가졌었고, 크고 작은 항일투쟁은 오로지 종족 존엄의 수호 차원이었다. 그것은 여전히 염제(炎帝)·황제(黃帝)의 자손인 중국인들의 자존감을 잘 보여준다.

1947년 밀수 담배 검사로 인해 '임강매사건(林江邁事件)[167]'이 발생하고, 당시 행정장관 겸 경비총사령관인 진의(陳儀)는 군대를 동원해 진압한다. 이를 지켜본 대만 사람들은 조국의 관원들이 잔혹한 일본 식민정부와 마찬가지라고 느낀다.[168] '228사건(二二八事件)'은 어려운 정치적 상황 속에 놓인

---

[165] (역자 주) 1895년 5월 23일, 대만에서 시모노세키 조약에 반발하여 일본에 대항하려는 목적으로 선포되었던 임시정부. 1895년 10월 21일 일본군에 의해 진압된다.

[166] 주완요, 『대만역사도설』, 대만:연경출판사, 1998:107~108(周婉窈, 『台灣歷史圖說』, 台灣:聯經出版社, 1998:107~108). 대만 사람들은 식민지 운명을 바꾸기 위해 공법(公法)에 호소하며, 국제 원조를 받아 1895년 5월 23일에 '대만민주국'(台灣民主國)의 성립을 선포한다. 대만의 지방행정관(巡撫) 당경송(唐景崧)을 총통(總統)으로 뽑는다. 연호는 영청(永清)이고, 남지황호기(藍地黃虎旗)를 국기로 한다. 대만 각지에서 항일운동을 펼치지만, 아쉽게도 중과부적으로 5개월 만에 일본에 함락된다.

[167] (역자 주) 1947년 2월 27일 밤 대북(臺北) 시에서, 정부의 전매(專賣) 독점품인 담배를 노점에서 팔던 임강매(林江邁)라는 여인이 허가받지 않고 담배노점을 벌였다는 이유로 담배주류공사 검열반과 경찰에 의해 단속되고 폭행을 당하는 사건. 이후 민중봉기로 이어지며, 228사건의 시발점이 된다.

[168] (역자 주) 청일전쟁 이후, 50년간 일제의 지배와 수탈을 받던 대만 사람들은 새 중화민국 정부에 대한 기대가 컸다. 하지만 그들의 통치는 중국 본토에서와 다르지 않았고, 일제(日帝)의 식민통치 이상으로 가혹했다. 이 과정에서 대만 사회는 종전부터 대만에 살고 있었던 본성인(本省人)과 1945년 광복 이후 중국 대륙에서 새로 이주해온 외성인(外省人)이란 서로 다른 배경을 가진 계층 간의 극심한 분열과 대립을 겪게 된다.

구시대의 항일영화	신시대의 항일영화
『팔괘산욕혈기』(八卦山浴血記)	『일팔구오을미』(一八九五乙未)

※ 자료:『정종대어전영사(1955~1974)』(正宗台語電影史(1955~1974) / 靑睞영화사 제공

대만 사람들이 스스로 질문을 던지고 답을 구하는 등의 자각하고 깨닫는 계기가 된다. 국민당을 따라 대만에 들어온 정치계의 중요한 인물인 뇌진(雷震)은 교착상태에 빠진 정국을 직시하고, 대만에 민주정치를 실행하여 공산체제에 대항하여야 한다고 주장한다. 또한, 그는《자유중국》(自由中國)이라는 한 달에 두 번 출간되는 잡지를 만들고, 초기에는 장씨(蔣氏) 세력을 옹호하고, 공산당을 반대(擁蔣反共)하는 입장을 취한다. 하지만 점차 민주반공(民主反共) 언론으로 변하면서 '중국민주당(中國民主黨)'을 조직할 준비를 하다, 장개석 정권에 의해 저지되고, 1960년에는 실형을 선고받아 감옥에 10년 수감된다. 그의 영향력은 상당히 지대하여, 후에 대만 민진당(民進黨)의 대부분의 주요 인사는 뇌진(雷震) 계열의 정치세력이다.

1979년에 대만과 미국 간의 외교 교류가 단절됨에 따라, 총통 장경국(蔣經

國)은 헌법 '임시조항(臨時條款)'의 권리를 긴급 행사하여 선거 활동 정지를 선포한다. 이에 야당 인사들은 '당 밖의 인사들의 국시성명(黨外人士國是聲明)'을 발표하며 선거 활동 정지의 부당성에 저항하고, 선거 회복 및 민주적 자유의 보장을 요구한다. 대만은 계엄령 상태에서 반대의견을 표명하는 수 많은 사람을 체포하고 구금한다. 당시 이러한 분위기는 '228사건' 이후로 가장 악화되며, 외성인과 본성인 간의 본적(省籍) 논란을 가중화시킨다. 특히, 고웅(高雄)에서의 미려도 사건(美麗島事件)[169]은 결정적으로 대만 사람들에게 대만 본토 의식을 형성하는 계기가 된다. 사람들은 조국인 중국 본토와의 관계를 근본적으로 다시 생각하기 시작한다.[170] 또한, 당시의 대만영화는 계엄령 시기의 군부 정책과 금기 사항으로 인해 신통력과 불가사의한 힘을 다루거나 가정윤리 및 문예 애정의 소재 쪽으로 치우친다. 예컨대, 비판과 풍자를 겸한 영화 〈아삼가출마〉(阿三哥出馬)는 강렬한 본토의 자아의식을 드러내지만 아쉽게도 영화검열을 피하지 못한다. 일본 식민 시기에 형성된 민주의 불씨는 꺼지지 않으며, 국민당의 억압으로 잠시 수면 아래로 가라앉는다. 돌이켜보면, 일본 식민 시기에 대만 지식 청년들은 인생의 활로를 찾으려 일본과 중국으로 유학길에 오르게 되는데, 이러한 유학 생활은 대만영화문화와 긴밀하게 연관된다. 그들은 유학 생활하면서 민주적 흐름을 알게 되며, 정

---

[169] (역자 주) 미려도 사건(美麗島事件)은 세계 인권 선언일인 1979년 12월 10일 고웅시에서 당시 국민당 이외의 정치 세력이 집결된 잡지 《미려도(美麗島)》에서 주최하는 시위가 경찰관과 충돌하고, 주최자가 투옥된 사건이다. 이는 중화민국의 민주화에 큰 영향을 주고, 오늘날의 의회제 민주주의로 이어진다. 잡지명인 《미려도(美麗島)》는 포르투갈어 포모사(Formosa)에서 유래한 대만의 별칭이다.

[170] 이 사건은 대만 정세 발전에 중요한 영향을 주었다. 국민당(國民黨)은 점차 일당 독재 정치 노선을 포기하고, 38년간의 계엄을 해제하며, 정당 설립 금지 및 신문 발행 규제를 폐지한다. 대만 사회는 민주, 자유, 인권 체제를 실현하면서 교육, 문화, 사회의식 등에 아주 큰 변화가 생긴다.

치와 인권을 논하며 반식민의 목소리를 내기 시작한다. 당시 유명 인사들로는 전한(田漢), 구양여천(歐陽予倩), 마백원(馬伯援), 장모년(張暮年), 장방주(張芳洲), 오삼련(吳三連), 황주(黃周), 장심절(張深切) 등이 있다. 그들은 일종의 유학생 동아리를 결성하고, 정치와 영화문화 간에 상호 영향을 주는 연관성을 제대로 인식한다. 이 문화인들은 계획이 주도면밀하고, 생각이 원대하여, 광복 후에도 그들의 영향력은 실로 지대하였다.

주지하다시피, 대만은 국공(國共)전쟁의 연장선상에 놓여있는 접전 지역이다. 대만으로 도피한 국민당은 정치적 기초를 다지기 위해 일본 식민형식을 그대로 차용하였고, '일본화 제거'를 실시한다. 다른 한편으론, 한문을 인정하는 심리를 복원하여 대만 사람들의 사고를 통제하는 등 관리 및 통제 항목이 점차 증가한다. 예컨대, 1946년 대만 성(省) 행정장관 부서는 표준 중국어 운동과 삼민주의[171] 선양을 적극적으로 실행한다고 선포하고, 신문에서 일본어 부분을 폐지한다. 1949년에 대만 '경비사령부(警備司令部)'는 계엄령을 내린다고 선포하며, 군사적 통제를 가한다. 국가가 긴급 상황에 모든 인원이나 자원을 국방에 지원하여 사건을 처리한다는 동원감란(動員戡亂) 시기로 접어든다. 특히, 반란징벌조례(懲治叛亂條例)를 통해 대만, 펑호(澎湖), 금문(金門), 마조(馬祖) 4개의 지역에서 신문 발행의 제한, 국민당 이외의 정치 활동 금지, 반대 인물의 숙청, 자유의 제한 등 언론, 출판, 단체, 이주(遷徙), 집회를 포함한 모든 것을 정부의 지배 범위에 놓는다.

대만 사회 각 계층에서 반발이 심했지만, 불가항력이었다. 하지만 현실을 냉철하게 직시한 문학가들은 현 상황을 탄식하며 간절히 하소연한다. 소극

---

[171] (역자 주) 삼민주의는 청 정부를 무너뜨린 신해혁명의 혁명 이념으로, 중화민국 건국 후에는 국가의 지도 이념으로 작용하였다. 삼민주의는 민족주의, 민권주의, 민생주의로 구성되어 있다.

적인 자들은 글을 통해서, 적극적인 자들은 글뿐만 아니라, 말로도 비판한다. 일본 식민 시기의 문학운동을 승계한 대만 작가들은 글을 통해 분노의 목소리를 내지른다. 가장 대표적인 작가는 『위차일년곡』(爲此一年哭, 1946.8)을 발표한 양규(楊逵)이다.[172] 그는 "이 한해에 울기 시작했다. 민국(民國)이 민주가 아니기에 울고, 언론집회 결사의 자유가 보장받지 못해서 울고, 귀중한 1년을 허비하여 울었다."라고 언급한다. 용영종(龍瑛宗) 작가는 『종산두래적남자』(從汕頭來的男子)를 통해, 대만 남자 주복산이 조국과 일본 둘을 적대시하는 국가에서 살아갈 수밖에 없는 비참한 심리상태의 모순을 묘사한다. "나는 침략자의 임무를 등에 업고, 조국의 승리를 희망한다!" 간국현(簡國賢)은 극본 『벽』(壁)을 통해 전쟁 직후에 사람들이 서로 의지하고 믿고 생활할 수 없는 참상을 그려낸다. 오탁류(吳濁流)는 소설 『파자탄과장』(波茨坦科長)을 통하여 대만 사람들이 새로운 시대에 직면한 번민을 담아낸다.[173] 당시 반공이라는 시대적 흐름으로 대만 사람들은 복종할 수밖에 없으며 또한 이의를 제기할 수도 없었지만, 대만 문학은 자기의 목소리를 내며, 일본문학

---

172 장만수 등, 『대만적문학』, 대만:군책회이등휘학교, 2004:69~82(莊萬壽 等, 『台灣的文學』, 台灣:群策會李登輝學校, 2004:69~82). 양규(楊逵)는 『대만문학』(台灣文學), 『일양주보』(一陽週報), 『문화교류』(文化交流)를 창간한다. 이 간행물들은 대만과 중국문학의 교류, 그리고 창작 및 번역물을 소개하는 데에 큰 역할을 한다. 또한, 종조정(鍾肇政)은 대만 국적인 작가들은 모집하여 『문우통신』(文友通訊)을 창간하여 일본 식민 시기의 신문학운동을 지속한다. 이러한 활동은 전쟁 후기의 중요한 문화 활동이라고 볼 수 있다. 왜냐하면, 이 작가들은 반공산주의 문학의 울타리를 넘어, 대만 본토문학을 천천히 건강하게 성장할 수 있게 하고, 1960년대 '현대문학'을 거쳐, 1970년대에는 민족의식과 사회의식을 구비한 '향토문학'으로 발전하며, 1980년대에는 '대만문학'이 다시 주류를 찾을 수 있게 해주기 때문이다. 1980년대 대만영화계는 문학영화의 붐이 분다.

173 장만수 등, 『대만적문학』, 대만:군책회이등휘학교, 2004:67~69(莊萬壽 等, 『台灣的文學』, 台灣:群策會李登輝學校, 2004:67~69).

그리고 중국문학과 단절한다. 많은 작가는 숨어 사는 선비가 되어 묵묵히 대만 문화를 승계한다. 오탁류(吳濁流)의 소설 『아시아의 고아』(亞細亞的孤兒)가 그 대표작이다. 1950년대에는 뇌화(賴和), 종조정(鍾肇政), 종리화(鍾理和), 이교(李橋) 등 대만 본토 작가들이 수많은 작품을 발표하지만, 장기간의 계엄으로 널리 전해지지 못한다.

대만 문학 간행물　　　〈보파망〉(補破網) 전단지　　　이임추(李臨秋)와 정란(丁蘭)

오락업계 역시 정부의 통제 범위에 포함된다. 노래도 심사를 통과해야만 공연할 수 있었다. 예컨대, 1948년 왕운봉(王雲峰)이 작곡하고, 이임추(李臨秋)가 작사한 민요 〈보파망〉(補破網)을 주제가로 사용한 〈파망보정천〉(破網補情天) 영화는 서민들의 침울한 마음의 소리를 대변한다. 검열을 통과하기 위해 해당 감독은 인생의 빛을 상징하는 3절 가사를 첨부하여 심사를 통과하고 순조롭게 상영한다. 이런 상황은 1970년대까지 지속된다. 유행곡이 인기를 끌지만, 약 400개의 노래가 퇴폐적이라는 이유로 금지된다. 1945~ 1955년 10년간의 국민당의 동화(同化) 전략 효과는 미약하였다. 표준 중국어 사용 운동이 1955년까지 전파되었을 때에, 대만 인구 900만 명 중에 200만 명은 다른 지역 사람이고, 나머지 700만 명 중에 300만 명은 이미 표준 중국어 교육을 받았지만, 400만 명은 표준 중국어를 알아듣지 못하는 사람이었다. 이들은 대만어를 사용하는 영화의 기본 관객이며, 대만어를 사용하는 영화

탄생의 주요 요소이다.[174] 이때까지만 하더라도 일본 영화는 여전히 환영을 받았다. 그 이유는 여전히 일본어에 익숙하고, 옛것을 기억하며 일본을 찬양하기 때문이다. 당시 영화관을 새롭게 건립할 정도로 대만영화시장이 양적으로 팽창함에 따라, 해외영화 제작사들은 대만영화시장에 눈독을 들인다. 전쟁 이후, 영화제작의 활성화 덕분에 영화시장은 호황을 누리게 된다. 표준 중국어를 사용한 영화 〈아리산풍운〉(阿里山風雲)이 1949년에 촬영을 개시하고, 1955년 대만어를 사용한 가자희(歌仔戲) 영화 〈설평귀여왕보천〉(薛平貴與王寶釧)의 제작이 성공적으로 마친다. 이러한 발전적 흐름에 힘입어, 새로운 영화관 건립의 투자뿐만 아니라 외래 영화의 유입도 활성화된다. 표준 중국어 영화이든 대만어 영화이든 활발한 시장 속에서 상호 앞서거니 뒤서거니 하면서 발전하게 된다. 통계에 따르면, 1953년 대북 시에 극장이 347개가 있었는데, 1961년에는 474개로 늘어나며, 이후에도 해마다 대폭 증가한다. 이러한 수치는 영화시장의 활성화를 단적으로 보여주는 사례이다. 1970년에는 826개로 증가하며 최고치로 늘어난다.[175]

1970년대에 들어서, 대만어를 사용한 영화는 절정기를 지나 쇠퇴기에 접어들지만, 그래도 여전히 극장수입에 도움이 된다. 그리고 자연스럽게 극장 수입 체제는 외국영화뿐만 아니라 표준 중국어 영화상영이 높은 비율을 차지하게 된다. 1950년대 도시에 극장시스템이 갖춰졌지만, 극장이 없는 농촌에는 노천영화 순회 상영에 의지한다. 1947년 정부는 '신생활운동(新生活運動)'을 추진하는데, 계몽을 위해 영화상영 전에 교육 단편을 상영한다. 저녁식사 후, 촌민들이 걸상에 걸터앉아 영화를 보는 행위는 하나의 집단 활동이

---

[174] 황인, 『일본전영재대만』, 대만:수위자신과기, 2008:234(黃仁, 『日本電影在台灣』, 台灣:秀威資訊科技, 2008:234).

[175] 황인·왕유, 『대만전영백년사화』(상), 대만:중화영평인협회, 2004:301(黃仁·王唯, 『台灣電影百年史話』(上), 台灣:中華影評人協會, 2004:301).

된다. 시골 마을 극장은 단순히 영화상영뿐만 아니라 가무공연 및 촌민들의 모임 장소로 기능한다. 도시인들도 역시 함께 모여 노천영화를 보곤 했다. 광복 초기 정부는 대북 식물원, 신공원, 혹은 중산당(中山堂)에서 매월 정기적으로 공무원 영화감상회를 주최하는데, 노천 상영 때마다 사람들도 감상할 기회를 얻는다. 지자체별 교육청에서도 학교를 순회하면서 시청각 수업을 하고, 미국 신문사에서도 대만 각 대도시에서 영화를 순회 상영한다. 덕분에, 영화상영이 상당히 활성화된다.[176] 영화의 장르는 다양하였다. 중국영화, 기록영화, 교육영화, 미국 할리우드 영화 등이다. 1950년대는 노천영화 상영의 황금기였다. 1960년대는 점차 쇠퇴해지면서 실내극장으로 옮겨진다. 대만어를 사용한 영화는 편집, 감독연출, 연기 등이 전문적으로 발전함에 따라, 상당히 큰 극장에서 상영되는 지위를 부여받는다.

모든 일이 금지된 시기에, 대만어를 사용한 영화가 온갖 핍박을 받으며 생존·발전할 수 있었던 것은 대만 사람들의 풀뿌리 의식이 여전히 존재한다는 방증이다. 이러한 각성에는 다양한 요인이 존재한다. 서로 다른 종족에 대한 존엄, 본성인과 외성인 간의 분열, 저항의식 사건 등이다. 그중에서 가장 중요한 것은 대만어를 사용하는 영화를 통한 대만 사람들의 발언권이다. 왜냐하면, 일본식민지를 거친 국민당의 정권 교체가 표면적으로는 조국으로 귀속되지만, 또 다른 식민세력으로 인한 공포와 분노 속에 빠져들었기 때문이다.

---

[176] 섭룡언, 『광복초기대만전영사(1945~1949)』, 대만:국가전영자료관, 1994:161(葉龍彦, 『光復初期台灣電影史(1945~1949)』, 台灣:國家電影資料館, 1994:161).

제3절 대만어를 사용한 영화의 상징적 의미

1. 대만 본토 의식을 고양시킨 대만영화

소라휘(邵羅輝)의 가자희(歌仔戲) 극단 순회공연보다 하문(廈門) 방언 시대극 영화에 더 많은 사람이 몰리는 것을 자주 목격할 수 있는데, 그때마다 무대극의 낙후함이 느껴진다. 둘 다 극에 기초하지만, 영화로 찍어 놓으면 가는 곳마다 상영할 수 있고, 무대극은 공연 현장의 관중에게만 보여줄 수밖에 없었기 때문이다.[177] 이에 가자희에 기초한 영화를 제작하며 기존 형태에 변화를 꾀한다. 비록 시작이 순조롭지 않았지만, 대만어를 사용하는 영화의 제작 흐름을 이끌어 나간다. 이것은 갑자기 잔잔한 호수에 던져진 큰 돌멩이와 같이 큰 파고가 출렁인다.

지금이야 민주주의가 꽃핀 대만이고, 다양한 민족마다 모두 발언권이 있다. 오늘날은 시기에 맞지 않는 법규 문제가 발생하면, 사람들은 네트워크를 통해 교류하고 연합하여 집단으로 개달격란(凱達格蘭) 도로에 앉자 항의 시위를 하며, 정부가 요구를 들어주면 해산한다. 반세기 전의 대만을 돌이켜보면, 일본 식민 시기를 거치고 국민당 정부 시기에 사람들의 마음은 여전히 속박당하고 하늘엔 적막한 기운만 떠돈다. 대만어를 사용한 영화는 위성방송의 출현으로 출세한 천둥과도 같이 억압받고 있던 영혼을 깨우고, 노예적 근성을 제거하며, 본토 의식을 일깨워준다.

---

[177] 황인, 『비정대어편』, 대만:만상도서, 1994:5(黃仁, 『悲情台語片』, 台灣:萬象圖書, 1994:5).

2. 대만 본토 문학의 흥성을 자극한 대만영화

1980년대 대만 문학(台灣文學)은 처음으로 '문예학과(文藝學科)'로 편입된다. 이는 대만이 장기적으로 일본 식민과 국민당의 통제를 받아온 것과 관련이 있다. 대만 문화의 원천은 중국 역사의 한 지류이다. 본래는 깊은 문화적 기초를 가진 고전문학의 초고이며, 거기에 400년의 중국에서 이민 온 한(漢)문화와 원주민의 구전문화의 내용이 뒤섞여 있다. 새로운 세기까지 이어지면서, 이러한 요인들은 풍부하고 다차원의 풀뿌리 '대만 문학'으로 결집된다.

일본강점기 때 16편 영화 중에서 문학과 영화가 결합된 작품은 대부분 일본 문학을 많이 차용한다. 예를 들면, 〈남국지가〉(南國之歌)의 원저자는 일본인인 곤도 게이이치로(近藤經一)이고, 〈아리산협아〉(阿里山俠兒)의 원저자는 일본인인 이와사키 아키라(岩崎秋良)이다. 대만 문학을 각색한 영화도 2편이 있다. 〈망춘풍〉(望春風)의 원저자는 이림추(李臨秋)이고, 〈사원지종〉(沙鴛之鐘)의 원저자는 오만사(吳漫沙)이다. 그러나 일본어 발음의 영화는 대만어 영화에 속하지 않는다. 대만어 영화로는 장문환(張文環)의 소설 『엄계』(閹雞)는 무대극으로 연출한 후, 영화 〈한명막원천〉(恨命莫怨天)으로 각색하고, 『예달지가』(藝妲之家)는 영화 〈탄연화〉(嘆煙花)로 제작된다. 소영복(邵榮福)의 『파파적죄악』(爸爸的罪惡)는 〈수적죄악〉(誰的罪惡)로, 『삼개마마』(三個媽媽)은 〈월야수〉(月夜愁)로 제작된다. 그 반대로, 서곤천(徐坤泉)의 1937년의 장편소설 『가애적구인』(可愛的仇人)의 경우는 제작을 시도하지만 결과를 내지 못한다.

대만 희극 작가 구곤량(邱坤良)의 언급에 따르면, "이전의 대만 연극의 시나리오는 거의 모두가 중국에서 유래한다. 대만에서 창작된 시나리오는 거의 없다. 가자희(歌仔戲)와 백자희(白字戲)를 시작으로 대만과 관련된 극 제목이 생겨나기 시작한다. 그 제목은 신문이나 설화 속의 소재에 근간을 둔다.
예를 들면, 〈정성공개대만〉(鄭成功開台灣), 〈감국보과대만〉(甘國寶過台灣),
〈대남운하기안〉(台南運河奇案), 〈대만기안림투저〉(台灣奇案林投姐), 〈왕아
수〉(王阿嫂) 등이 있다."[178] 일제강점기의 문학 근원이 1950년대 대만어 영
화의 영양분이 되었다. 이 작가들은 일본강점기에 태어나 세계문학 사조의
영향을 받아, 과거 전통의 방법을 없애고 새롭게 영화를 창작한다. 뇌화(賴
和), 장문환(張文環), 양규(楊逵), 장아군(張我軍) 등의 인물을 예로 들 수 있
다. 그들은 관찰과 비판의 차원에서 시와 산문의 형식으로 사회의 계급, 성별
차별과 사회의 하층민들을 위해 한목소리를 낸다. '버려진 땅의 유민(棄地遺
民)' 신분이라고 스스로 가련하다고 생각하지 않고, 문화 시위 항쟁에 참여
한다. 당시 한문은 금지되어 있었지만, 작가들은 일본어로 작품을 발표하는
것을 원하지 않았기 때문에 세상에 알려진 작품은 극히 적다. 따라서 영화나
무대에 올릴 수도 없게 된다. 특수한 시공간의 대만 문학은 대만어 영화가 소
재를 발굴 및 확장할 대상이 되며, 이는 대만 본토 문학의 기운을 자극하고,
실재 인물과 사실을 영화 무대에 올림으로써 흥행한다.

3. 대만 본토 예술 문화의 열풍을 선도한 대만영화

대만 본토 예술은 일제 식민 시기부터 싹트기 시작하지만, 당시에는 '대만
연극협회(台灣演劇協會)'의 지배를 받고, 국민당 시기에는 관심밖에 존재한
다. 1950년에는 '중국영화희극협회'가 설립된다. 당의 선전부장 장기윤(張其
昀)은 "영화 및 연극계에서 공산당을 반대하고, 러시아와 항쟁하는 깃발 밑에

---

[178] 구곤량, 『구극여신극:일치시기대만희극지연구(1895~1945)』, 대만:자입만보사문
화출판부, 1992:219~221(邱坤良, 『舊劇與新劇:日治時期台灣戲劇之研究(1895~
1945)』, 台灣:自立晚報社文化出版部, 1992: 219~221).

서 힘을 발휘하자."라고 축사한다. 가자희(歌仔戲)와 인형극단은 〈여비간〉
(女匪幹), 〈연평복국〉(延平復國), 〈장부기〉(葬父記), 〈대의멸친〉(大義滅親)
등의 극을 공연한다. 지역에 연고를 둔 극단인 대대만극단(大台灣劇團), 예우
극단(藝友劇團), 신예봉극단(新藝峰劇團) 등은 정부의 지도하에 공산당을 반
대하고 러시아와 항쟁하는 일에 동참한다. 계엄이 해제된 이후 대만은 본토
의식이 높아진다. 따라서 가자희, 인형극, 유행민요, 대만영화 등의 대만 본토
예술문화는 다원화되고, 점점 흥미롭게 전개되며, 상호 연관된다.

가자희(歌仔戲)는 20세기 초반에 대만 본토에서 자생적으로 생긴 걸식가
(乞食歌, 밥을 구하는 노래)의 일곱 글자 곡조와 우는 곡조를 희극형식으로
발전시킨 것이다. 특히 의란(宜蘭)지역 평원에서 유래한 가자희는 점차 형태
를 갖춰가기 시작한다. 처음에 곡조는 단순하고 완전한 표현형식도 없었다.
이후 곡조는 광장의 공터에서 즉흥적으로 연기하거나 신을 영접하는 행렬을
따라가는 상황 속에서 노래, 몸놀림, 동작, 대사를 이용하며 발전하기 시작한
다. 새로운 형태의 극은 1911~1930년간에 형성된다. 이는 대만의 근대사회
변천 및 도시발전과 밀접한 관계가 있다.[179] 그 외에 상해, 복주(福州) 경극의
노래 곡조와 무대 기술을 흡수하여 가자희 형식이 형성된다. 1952년에 '대만
성지방희극협진회(台灣省地方戲劇協進會)'이 설립되는데, 이 단체는 가자
희(歌仔戲), 객가희(客家戲), 남관(南管), 장중희(掌中戲), 화극(話劇) 등의
단체가 참여한다. 1955년에 들어서, 300여 개의 가자희 극단이 성행할 정도
로 전성기에 접어들며, 바로 이 시기가 대만영화의 시작점이 되는 해이다. 초
창기의 대만어 영화는 가자희에서 빌려온 줄거리, 인물, 장면 등으로 구성하

---

[179] 구곤량, 『구극여신극:일치시기대만희극지연구(1895~1945)』, 대만:자입만보사문
화출판부,   1992:183~186(邱坤良,   『舊劇與新劇:日治時期台灣戲劇之硏究
(1895~1945)』, 台灣:自立晩報社文化出版部, 1992: 183~186).

여 편의성과 상업성을 추구한다. 특히, 가자희 공연이 야외에서 진행될 때 카메라만 설치하면 그것이 바로 영화가 되었다. 소라휘(邵羅輝)와 도마극단(都馬劇團)이 〈육재자서상기〉(六才子西廂記)를 제작하며, 대만영화의 시대를 열어놓는다. 이처럼, 가자희는 대만영화의 태동에 기여한다.

오늘날 대만에는 약 200여 개의 가자희 극단이 있다. 그중 난양희극단(蘭陽戲劇團), 하락가자희극단(河洛歌仔戲劇團), 장삼신량가자희극단(壯三新涼歌仔戲劇團), 명화원가자희극단(明華園歌仔戲劇團) 등은 여전히 번창한 모습을 보여준다. 옛날은 야외에서 공연하였는데, 지금은 국가희극원이란 기관에서 공연한다.

인형극 포대희(布袋戲)는 중국 청나라 도광(道光)과 함풍(咸豐) 시기에, 천(泉)·장(漳)·조(潮) 3개의 주(州)에서 시작하여 대만으로 유입된다. 민간 예술조사에 따르면, 1928년에 포대희는 크게 성행하며, 약 28개의 단체가 있었다. 대만이 추구하는 포대희의 특징 중의 하나는 충효절의 즐거움 속에서 배우는 특징이 있다. 대만 운림(雲林) 현은 포대희의 본산지이다. 포대희 전문 극단이 무려 88개에 이르렀고, 아마추어 극단도 200여 개나 되었다. 황민화(皇民化)와 공산당에 반대하고, 러시아와의 항쟁을 겪어온 인형예술은 오늘날에 와서야 비로소 대만 본토의 특색이 드러난다. 이천록(李天祿)의 역완연(亦宛然) 포대희 극단은 1962년에 TV를 통해 〈삼국지〉(三國志)를 재연한다. 황준웅(黃俊雄)은 〈운주대유협〉(雲州大儒俠) 작품으로 대만에서 큰 인기를 누린다. 하지만 노동 생산에 영향을 준다고 해서, 정부는 상영금지령을 내리지만, 포대희는 여전히 민간에서 신에게 감사를 표하는 프로그램이었다.[180]

---

180 1970년 3월 2일부터 황준웅(黃俊雄)의 인형극 포대희(布袋戲)가 TV에 방영된다. 사염문(史豔文)과 장경인(藏鏡人)의 선과 악의 대결은 온 거리를 떠들썩하게 했으며, 583회의 연속극의 최고 시청률은 97%까지 올라갔다. 매일 점심시간이 되면 TV시청으로 대만 전 지역에서 일하는 사람이 몇 명 안 되고, 또한 비슷한 시간

장미요(張美瑤)　왜자재·이관장　백란(白蘭)　가준웅(柯俊雄)　진운경(陳雲卿)
　　　　　　　　(矮仔財·李冠章)

하옥화(何玉華)　구위(歐威)　유연(游娟)　주유(周遊)　채양명(蔡揚名)

소명명(小明明)　진숙방(陳淑芳)　왕만교(王滿嬌)　석군(石軍)　유청(柳青)

문하(文夏)　양려화(楊麗花)　진분란(陳芬蘭)　소염추(小豔秋)　백홍(白虹)

대중의 사랑을 받은 대만어 영화 인기배우들

※ 자료: 『비정대어편』(悲情台語片).

때에 전력 부하로 정전이 생기기도 했다고 한다.

일제강점기 때부터 지금까지의 황해대(黃海岱)의 오주원(五洲園) 극단과 이천록의 역완연 극단에서 배출한 제자들은 수백 명에 이르며, 전문기술은 전수되고 계승된다. 오늘날의 포대희는 새로운 창작의 길로 나아간다. 예컨대, 대중(台中)의 성오주(聲五洲) 극단은 인형의 치수를 확대하고 무대를 크게 넓히고, 음향, 조명, 기술 등의 변화로 관중을 매료시킨다. 그러나 여전히 전통적인 야외무대 공연과 모노드라마와 같은 연기형식이 존재한다.

일반적으로 유행 민요는 사회 하층민의 노동 후의 속마음을 담은 것이 다수이다. 특히 일본 식민 시기의 민요는 더욱더 그러하다. 대만어 영화가 탄생한 이후로는 민요 정신이 극에 달하여, 양자가 서로 보완하고 협조하는 시너지 효과를 발휘한다.

대만의 백 년 전통예술은 소박하고 정교하여 대만 사회에 지대한 영향을 끼친다. 진짜 사람이든, 인형이든 혹은 노래의 형태이든 모두가 대만 정신을 내포하고 있으며, 사회의 정의, 종교 신앙, 풀뿌리 문화 등을 대변한다.

4. 전문 영화 인력을 양성하고, 영화산업을 이끌며, 아름다운 여배우를 선보인 대만영화

어려운 기회 속에서 싹튼 대만어 영화는 민족의 존엄을 토대로 성공적인 첫 발자국을 내딛는다. 하지만 발전하기에는 여전히 어려운 여건이었다. 영화 평론가 황인(黃仁)이 언급한 것처럼, 촬영기는 더 낡을 수 없이 오래된 소형 카메라이었다. 촬영기술뿐만 아니라 관련 기자재들도 미비했다. 심지어, 이러한 어려움을 극복하고자 했던 영화인들 대부분은 영화 촬영 경험이나 상식이 전무한 일반 사진관의 사진기사 혹은 조수들이었다.[181]

---

181 황인, 『비정대어편』, 대만:만상도서, 1994:40(黃仁, 『悲情台語片』, 台灣:萬象圖

영화의 전문기술, 예컨대 촬영, 조명, 의상, 분장, 세트, 더빙, 편집 등등, 어느 한 가지만 부족해도 좋은 작품으로 완성하기 힘들다. 따라서 대만어 영화는 실패를 거듭하면서 경험을 습득하며 성장한다. 예를 들면, 이천계(李泉溪)와 임복지(林福地) 감독은 스승 없이 혼자서 터득한다고 '무사자통(無師自通)'으로 불리였다. 각자 자신들의 학습 방식도 달랐다. 예컨대, 영화 관련 서적을 통해 배우거나, 오직 영화 화면만을 보고 연구하는 방식이다. 그들은 오랜 세월 동안 경험을 축적하면서 차츰 심화되고 그 속에서 배워나갔다.[182] 또한 그들은 맡은 일에 근면하고 충실하며 책임 있는 정신으로 임하여 우수한 전문기술을 키워가며, 대만영화의 경제적 가치를 추구하면서도 미학적 가치를 드높인다.

스토리가 중심인 영화는 남자와 여자 연기자가 중요한데, 당시 분위기가 보수적이어서 여성 캐릭터를 찾기 쉽지 않는 상황이었다. 따라서 당시의 예기(藝妲)들을 끌어들여 연기를 시킨다. 예기는 일본강점기 때 민간 술집에서 노래를 불러 손님을 기쁘게 하는 기녀의 총칭이다. 예기들은 대만 전통음악 실내악인 남관(南管)과 북곡(北曲, 북방 음악)에 능하였다. 예기들이 부른 노래나 희극의 흥행은 당시의 희곡의 환경과 관련이 있다. 1920년대 이후 중국의 경반(京班) 공연이 비교적 많았고, 가자희도 점차 흥성하는 단계였으며, 여성 연기자들이 가자희나 구갑희(九甲戲) 연출에서 중요한 위치를 차지한다. 1920년 대만영화가 급속도로 싹트는 시기에 여자 주인공은 항상 예기 출신이 연기한다. 예를 들면, 1925년에 크랭크인한 〈수지과〉(誰之過)와 1929년의 〈혈흔〉(血痕)은 예기 출신 연운선과 장여여가 연기한다.[183] 그 외에도

書, 1994:40).

182 황인, 『비정대어편』, 대만:만상도서, 1994:47(黃仁, 『悲情台語片』, 台灣:萬象圖書, 1994:47).

183 구곤량, 『구극여신극:일치시기대만희극지연구(1895~1945)』, 대만:자입만보사문

예기 출신 김란(金鑾)은 1932년 〈괴신사〉(怪紳士)에 출연한다. 예기와 가자희의 상호작용은 연기의 품격을 높이고, 남자를 중요시하는 관례와 성별의 차별대우를 변화시키며, 여성들의 연기 행렬을 가열하는 붐을 일으킨다.

이행(李行) 연출의 『양상호』(兩相好), 대만어 영화 시대에 표준 중국어와 대만어 배우들이 결집하여, 오디오 믹싱, 연출 등에 출생지에 대한 정서를 타파한다.

특히, 표준 중국어와 대만어를 혼합하여 사용한 이행(李行) 감독의 〈양상호〉(兩相好, 1962)에서, 표준 중국어 연기자와 대만어 연기자들은 서로의 목소리를 통해 화합하며 웃음을 선사한다. 이는 대만 토종인 지역적 정서의 매듭을 넘어서는 계기가 된다.

대만영화의 유명한 여배우로는 장미요(張美瑤), 양려화(楊麗花), 소염추(小豔秋), 진운경(陳雲卿), 장청청(張淸淸), 가옥하(柯玉霞), 홍명려(洪明麗), 진추연(陳秋燕), 반령령(胖玲玲), 백란(白蘭), 유청(柳靑), 백홍(白虹), 유견

화출판부,　　1992:107~120(邱坤良,　　『舊劇與新劇:日治時期台灣戲劇之硏究(1895~1945)』, 台灣:自立晚報社文化出版部, 1992: 107~120).

(游娟), 주유(周遊) 등이 있다. 남자 배우로는 가준웅(柯俊雄), 구위(歐威), 석군(石軍), 진양(陳揚), 양명(陽明), 왜자재(矮仔財), 이관장(李冠章), 호두(屎斗), 강명(康明), 장제(張帝), 문하(文夏), 홍일봉(洪一峰), 석영(石英) 등이 있다. 위에 서술한 빛나는 별과 같은 배우들은 추억에 잠기게 하는 아련한 기억을 소환한다. 그리고 많은 배우가 대만어 영화에서 표준 중국어 영화로 옮겨 간다. 예를 들면, 우수한 연기를 보여준 장미요(張美瑤), 가준웅(柯俊雄), 구위(歐威) 등의 배우이다.

5. 본적(省籍)이라는 지역적 정서를 없애고, 민족 간의 융합을 촉진하는 대만영화

언어적 차이는 사람 간에 간격을 생기게 한다. 1950년대의 본적(省籍)이라는 지역적 경계의 충돌은 백색공포(白色恐怖)[184]가 지나간 후, 사람들은 입을 꼭 다물고 겨울 매미와도 같이 소리를 내지 않는 후환과 근심에 사로잡힌다. 대만어 영화는 민족 간의 오해를 해소하고 조화를 가져오기 위하여 노력한다. 국민당 정부는 민족의 대립을 경계하며, 대만 사람들에게 회유책을 펼친다. 예컨대, 정부는 수입하는 가격 그대로 필름을 저렴하게 구매하는 혜택, 수입 면세 등을 통해 원가가 3분의 1이 절감되는 효과를 제공하는데, 이 덕분에 대만어 영화는 크게 성행하게 된다.[185] 또한, 정부 기관인 중영(中影)은 하

---

[184] (역자 주) 백색공포(白色恐怖)라는 말은 프랑스 대혁명 시기에서 왔으며, 당시에 대규모의 진압 및 혁명당과 혁명인원들을 총살하는 공포의 통치시기를 백색공포라고 한다. 백색공포라는 말은 대부분 중화민국 정부가 1950년대와 1960년대의 대만에서 공산당, 대만 독립과 민주 개혁 등에 대한 정치운동 및 혐의자에 대한 박해를 일컫는 말이다.

[185] 황인, 『전영여정치선전』, 대만:만상도서, 1994:6(黃仁, 『電影與政治宣傳』, 台灣: 萬象圖書, 1994:6).

드웨어 장비와 기술진을 지원하여 촬영에 협조한다. 대만어 영화의 제작진을 살펴보면, 초기에는 대만 밖에 본적을 둔 외성인의 비율이 80%를 초과한다. 감독으로는 이가(李嘉), 종유(宗由), 신강(申江), 전침(田琛) 등이고, 시나리오 작가는 유방강(劉芳剛), 조지성(趙之誠) 등이고, 제작자는 사영봉(沙榮峰), 정백신(丁伯駪) 등이 있다. 대만제작사 대제창(台製廠)의 백극(白克) 감독은 정부가 처음으로 지원한 대만영화 〈황제자손〉(黃帝子孫)을 통해 대만의 모든 민족이 똑같은 염황(炎皇) 자손의 후예임을 그려낸다.[186] 민영회사에서 제작한 이행(李行)의 〈양상호〉(兩相好)는 민족 융합을 잘 보여주는 희극 영화이며, 인류의 아름다운 우의를 담아낸다. 영화인들은 본성인/외성인 이라는 지역성을 구분하지 않고, 서로 도우면서 대만영화를 제작한다.

6. 대만 섬의 관광자원을 발전시킨 대만영화

영화 속의 장면은 스토리 배경을 나타낼 뿐만 아니라, 특유의 연극적 분위기를 만들며 관객을 인도한다. 일본 식민 시기에, 대만의 수려한 산수 경관은 영화를 통해 밖으로 소개된다. 대만어 영화는 맑고 아름다운 경치를 스크린에 담아내며, 중국인에게 대만 풍경에 대한 동경을 촉발시킨다.

일본 식민지 시기의 영화 〈대불적동공〉(大佛的瞳孔)은 실제 배경을 토대

---

186 섭룡언, 『광복초기대만전영사(1945~1949)』, 대만:국가전영자료관, 1994:48(葉龍彦, 『光復初期台灣電影史(1945~1949)』, 台灣:國家電影資料館, 1994:48). 하문(廈門)에서 온 백극(白克)은 대만어 영화의 제1대 감독 및 영화평론가이며, 중국에서 영화극단을 만들어 대만에 와서 일본 식민 시기의 영화와 관련된 업무를 이어받기 위하여 온 감독이다. 대만섭영제편창(台灣攝影製片廠)의 첫 번째 소장이며, 연출 작품으로는 〈풍여십팔년〉(瘋女十八年), 〈혼단남해〉(魂斷南海), 〈대남무야대혈안〉(台南霧夜大血案) 등이 있다. 대만의 최초 영화 이론서적인 『전영도연론』(電影導演論)의 저자이도 하다.

로 촬영하였다. 판교임가화원(板橋林家花園), 대룡동보안궁(大龍洞保安宮), 원산검담사(圓山劍潭寺) 등을 화면에 담아낸다. 이처럼 또 다른 대만영화는 대만 북투(北投)의 아름다움과 전체 대만의 경치, 예를 들면 양명산(陽明山), 구분(九份), 아리산(阿里山), 일월담(日月潭), 대중공원(台中公園), 적감루(赤嵌樓), 징청호(澄淸湖), 간정(墾丁), 태로각(太魯閣), 대동해변(台東海灘)을 담아낸다. 이러한 장소는 원시적이며 천혜의 관광지이다. 산이 이어져 바다 위의 하늘과 일직선이 되는 기이한 경치는 경탄할만한 놀라움을 선사한다. 영화의 이미지는 사람들의 호기심을 자아내고, 영화 관광은 새로운 경제 발전의 자원으로 부상한다.

7. 혁명에서 영화문화로 되다 : 신극(新劇)에서 대만영화로

일본 식민 시기에 저항의 무기인 신극(新劇)은 혁명과 문화의 양날의 칼이 된다. 신극과 운명을 같이한 당시의 감독, 연기자, 작가 등은 일제 식민 시기부터 왕성한 활동을 하며 후에 대만어 영화제작의 활력소가 된다. 예를 들면, 〈엄계〉(閹雞)를 공동제작한 장문환(張文環)과 임박추(林搏秋), 민봉극단(民烽劇團)에서 연기자로 활동한 송비아(宋非我), 성광(星光) 극단에서 희극 감독을 맡았던 첨천마(詹天馬), 〈개량서방〉(改良書房), 〈귀신말로〉(鬼神末路), 〈구가정〉(舊家庭), 〈아려행〉(啞旅行), 〈애강어사〉(愛强於死) 등의 극본을 썼던 염봉청년회연극단(炎峰靑年會演劇團) 소속의 장심절(張深切) 등이 있다. 그들은 자유를 쟁취하고, 혁명적인 극 제목을 사용하며, 역사의 영광을 창조한다.

광복 이후 표준 중국어 운동과 정치 환경의 변화로 인해, 신극의 혁명적 임무는 점차 사라진다. 1950년대에, 대만 각지의 극장에서 활동한 신극단은 총 80개 안팎에 불과하며, 연기자의 교육 수준도 낮았다. 일반 희극 극단과 비교해 봤을 때, 극단의 조직 형태, 운영방식, 연기자들의 태도 등에서 큰 차이가 없었다. 연출을 살펴보면, 신극단은 매 막(幕)마다 주제가 있고, 전체적인 이야기 주제는 없었다. 주제는 대부분 가정 윤리, 남녀 애정, 사람 간의 은혜와 원한 등의 통속적인 이야기를 다룬다.[187] 새로운 활로가 없는 상황 속에서 관중은 썰물처럼 빠져나가고, 민남 방언 신극은 점차 사라지며 대만어 영화로의 길을 걷는다.

소결

초기의 대만어 영화는 소박하고 진솔한 열정을 보이지만, 이후에는 대중의 환심을 끄는 길을 선택한다. 시간의 흐름에 따라 발전하기 마련이지만, 디디고 있는 토양과 대중의 관심에서 벗어난 주제의 선택은 좌절과 실패를 겪게 된다. 예를 들면, 〈신혼지야〉(新婚之夜, 1971)의 흥행은 〈애적비밀〉(愛的秘密), 〈미적비밀〉(美的秘密) 등으로 이어지는 연작 열풍을 일으키며, 또한 남녀 간의 진한 애정을 다뤄 대중의 관심을 끈다. 이런 왜곡된 열풍을 살펴보면, 이런 부류의 대만영화는 연기자 성명도 공개하지 않으며, 심지어 일본인 이름을 넣어 일본 영화로 둔갑되기도 한다. 사회적 진실을 직시하지 않으며 그 현실을 외면하는 이러한 부류의 영화는 결과적으로 대중의 관심 밖으로 멀어진다.[188] 또한 1971년 두육진 광화극장(斗六鎭光華戲院)에서 상영된 〈위험적청춘〉(危險的靑春) 영화는 중간에 여자가 알몸으로 목욕하고 나오는 장면을 삽입함으로써 논란을 야기시킨다.[189] 대만의 전체 극장은 법의 테두

---

187 구곤량, 『표랑무대:대만대중극장연대』, 대만:원유출판사, 2008:227(邱坤良, 『飄浪舞台:台灣大衆劇場年代』, 台灣:遠流出版社, 2008:227).

188 황인·왕유, 『대만전영백년사화』(상), 대만:중화영평인협회, 2004:358(黃仁·王唯, 『台灣電影百年史話』(上), 台灣:中華影評人協會, 2004:358).

리 내에서, 이야기 흐름상으로는 관계없는 누드장면을 삽입하여 관객을 유인하려 한다. 1973년에 문화국에서는 상영허가증과 영화 불법복사를 엄중한 처벌을 내리지만, 왜곡된 현상을 저지하지 못한다.

대만어 영화가 어느 순간 주목을 받았던 것은 의외였다. 창의적인 사유를 모색하는 소수의 영화제작자만이 상업, 예술, 사회적 책임 등을 고민했다. 대부분의 영화제작자는 좋고 싫은, 즉 영화시장의 흑백논리에 따라 행동할 따름이다. 그리고 지속된 계엄령은 대만어 영화의 소재를 제한한다. 그래서 병이 없는데도 신음만 하는 장면, 틀에 박힌 애정 패턴, 뜬금없는 신선과 요괴의 등장 등 황당한 영화들이 많았다. 이처럼 대만어 영화는 투박하고 파란만장한 한 세대의 발자취를 남기며, 그저 흘러가는 시간을 응시하며 바라볼 뿐이다. 당시의 영화 이미지는 실제로 사실적이지 않았다. 그렇다고 정확하게 뭐가 사실적이지 않다고 말할 수도 없다. 사실성에 대한 유일한 단서는 영화와 문학 간의 연관성에서 찾을 수 있다. 그렇지만 그것 역시도 기록적인 차원의 각색일 뿐이지 당시의 상황을 느낄 수도 없다. 단지 지나간 세월과 기껏해야 애틋함을 느낄 정도이다. 따라서 진정한 대만영화의 생명적 가치에는 깊이 있는 탐구와 연구가 뒤따라야만 한다.

문화적 동질감과 재현에 방점을 둔 대만영화는 민남 방언을 활용하며 대만의 전체 역사를 펼쳐 놓는다. 특히, 사회적 평등을 위해 대만 본토 의식을 깨우치고, 사회의 다원적 문화의 무게를 담아낸다. 이러한 시대적 흐름은 '대만어 영화시대'을 열어 놓는다.

대만어 영화의 문화는 복잡하고 다양한 변화를 보여준다. 대만어 영화는 한(漢)문화와 일제 식민지의 면모가 모두 내포된 가자희, 인형극인 포대희,

---

189 섭룡언, 『대만노희원』, 대만:원족문화출판사, 1993:110(葉龍彦, 『台灣老戲院』, 台灣:遠足文化出版社, 1993:110).

가요, 민간 이야기, 대만어 유행 등을 유연하게 포용한다. 예컨대, 대만 본토의 오락 문화는 일반적으로 노동하고, 차를 마시거나 밥 먹은 후의 한가로운 휴식 시간, 혹은 명절 때의 경천(敬天) 의식 등인데, 우연한 기회에 영화를 오락문화로 수용된다. 그래서 대만의 문화적 역사는 대만영화의 제작에 주요한 배경이 된다. 내포된 의미와 표현양식이 성숙해짐에 따라 대만어 영화는 더욱 풍부해진다. 예컨대 일제식민과 국민당, 즉 두 개의 정치적 얼굴이 맞물리는 교량식의 영화를 선보인다. 이러한 형태는 풀뿌리 개방성을 극명하게 보여주지만, 독립적인 하나의 흐름을 만들어내지는 못한다. 정권 교체의 질곡은 대만 본토 문화를 강압하며, 대만영화의 이탈과 변이를 가져다준다. 예상치 못한 이런 숙명은 오랫동안 발효되면서 대만영화의 생명 속으로 스며든다.

이탈리아 영화 로베르토 로셀리니의 〈로마. 무방비 도시〉(1945), 빅토리오 데 시카의 〈자전거 도둑〉(1948), 루키노 비스콘티의 〈흔들리는 대지〉(1948) 등은 2차 세계대전 직후 선보인다. 파격적인 새로운 영화의 출현으로 전 세계가 놀란 가슴을 쓸어 담지 못할 정도의 시기이다. 새로운 영화는 서민의 생활이 얼마나 참담한지 등의 진실을 관통하여 보여주며 사람들을 감동시킨다. 반면에 대만인들은 여전히 상해의 소프트한 영화에 취해 걸음이 엉키고, 대만어 영화의 앞날에 대해 논할 필요가 없을 정도로 현실을 직시하지 못한다. 하지만 대만어 영화는 표준 중국어 영화를 위한 밑거름이 되고, 그 생명의 무게와 시대적 의의는 당연히 곱고 낭랑한 소리를 내며 힘찼다. 〈사상지〉(思想枝), 〈일과홍단〉(一顆紅蛋), 〈구정면면〉(舊情綿綿), 〈고녀적원망〉(孤女的願望), 〈온천향적길타〉(溫泉鄉的吉他) 등의 노래가 울려 퍼질 때, 바로 대만영화가 신세대의 언어임을 선언한다. 시대를 뛰어 넘으며 유연하면서도 힘이 있었다.

대만영화는 벼랑 끝에 핀 한 송이의 꽃처럼 자생적으로 피어나 사라지며,

스스로 가련하다고 여겨진다. 태생적으로 탄탄한 토양도, 후천적인 자양분도 없었으며, 오로지 자연, 즉 바람, 이슬, 눈, 비 등의 외적 환경과 싸워야했다. 완전히 활짝 핀 꽃은 아주 산뜻하고 아름다웠지만 곧 지고 만다. 천지간에 홀로 고립되어 있는 벼랑 끝 한 송이 꽃이기 때문에, 울어주는 사람도 없었다. 그러나 그 누구도 대만영화가 본토에서 자란 한 송이 꽃이라는 걸 부인할 수 없다.

제3장 계엄 시기의 스산한 기운과 온화적 분위기

제1절 대만영화의 문화적 근원인 중원 문화

1. 대립의 시작 : 중국과 대만 양안은 각자의 강산을 세우다

아편전쟁 이후 청나라는 국제사회에 진입할 수 없었다. 왜냐하면, 이'국가'는 왕조의 연대 이름만 남고, 나라 이름이 없었기 때문이다. 양계초(梁啓超)는 '국가' 역사를 위해 '중국'이라는 국호로 지으면 어떤지 제안하고, 그 역사를 '중국사'라고 부른다. 따라서 신해혁명(辛亥革命)이 일어나기 10년 전(1901년)에 비로소 '중국'이란 국가 이름을 갖추게 된다.[190]

역사 자료에 따르면, 고대 중국의 중원에는 하늘과 땅 사이에서 이름을 취하고 또한 군주가 조정에 존재한다는 것을 의미하는 차원에서 국가 이름을 세우려고 하였다.[191] 그것은 바로 '중(中)'이다. 하지만 '중'이라는 이름은 실

---

[190] 정흠인, 『대만국가론』, 대만:전위출판사, 2009:168(鄭欽仁, 『台灣國家論』, 台灣: 前衛出版社, 2009: 168).

[191] 고대인들은 중국(中國), 중토(中土), 중주(中州)를 중원(中原)의 동의어로 사용하

상 봉건 계급체제이며 왕조 연대의 신분 지위를 선명하게 드러낸다. 동이(東夷), 남만(南蠻), 서융(西戎), 북적(北狄)이라고 명칭에서 알 수 있듯이, 문명과 미개함의 차이를 드러내며, '중'을 중시한다. 오늘의 민주 체제와 현저한 차이가 있다. 때문에 옛 이름을 지금까지 사용하는 데는 단지 글자 형태만 같을 뿐 핵심적인 차이는 하늘과 땅 차이이다.

만약에 신해혁명(辛亥革命)이 없었다면 중국은 여전히 옛날 봉건사회 체제를 유지할까? 1912년 중화민국(中華民國)의 건립은 옛 체제를 붕괴하고 삼민주의(三民主義) 신사회로 나아가게 한다. 그러나 반세기도 못되어 중국은 또 분열한다. 1949년 말 모택동(毛澤東)과 장개석(蔣介石)은 각자 권력을 장악하게 되는데, 권력 쟁탈의 마침표를 찍기 위해 성공하면 왕이고 패배하면 외적이 되는 숙명적인 대결을 한다. '중화민국'은 대만으로 철수한 지가, 이미 백 년이란 시간이 흘렀다. 뽕나무밭이 변하여 푸른 바다가 되듯이, 섬사람들은 시달림과 융합을 겪으면서, 이런 시련을 땅을 갈고 김을 매는 동력으로 삼아 대만을 진정한 보물섬으로 만든다. 그때 상황을 돌이켜보면, 이 백여만 명의 군인들이 대만에 들어와 낯설고 황량한 섬을 마주하였을 때, 군인들과 그의 가족들은 당시 현실이 과연 수긍 가능했을까? 식민지 상황에서 불안한 하루하루를 보내고 있던 대만 사람의 마음은 과연 편안할 수 있었을까?

며, 이것은 중원지역 혹은 한족(漢族)이 건립한 왕조를 가리키는 것이다. 중원은 지역 개념으로, 하남성(河南省)을 중심으로 황하(黃河) 중류와 하류의 광대한 지역을 말한다. 중국이라는 단어가 최초로 출현한 것은 서기 전 11세기 서주(西周) 성왕(成王) 시대의 청동기 하존(何尊) 명문(銘文)에서 성왕이 무왕(武王)의 유지(遺志)를 계승하여 동도(東都)를 주(周) 나라로 건설한 역사적 사실을 기재한 문장에서 비롯된다. 1912년 중화민국이 성립될 때 국부인 손중산(孫中山)이 중화민국의 국호를 중국이라고 불렀고, 중화민국의 모든 민족들을 중화민족이라고 통칭한다. 국제적으로는 CHINA라고 불러 최근 들어서 광범위하게 사용되어, 근대 국가 개념을 가진 정식 명칭으로 사용된다.

장개석은 군인과 민중을 안정시키기 위해 규모가 서로 다른 마을건설에 착수하여 특수한 권촌(眷村) 문화를 만들어낸다.[192] 또한 이를 통해 걸출한 군인 가족의 자제도 많이 배출한다. 30년이라는 시간으로 형성된 권촌(眷村)의 삶에는 얼마나 많은 향수 이야기를, 그리고 풀리지 않는 은혜, 원한, 인정 등의 이야기를 간직하고 있다. 광풍이 몰아친 이후의 침전된 삶은 모두 문학, 화극(話劇), TV, 영화 등의 소재가 된다. 이우녕(李祐寧)의 〈죽리파외적춘천〉(竹籬笆外的春天), 우감평(虞戡平)의 〈탑착차〉(搭錯車), 왕동(王童)의 〈향초천당〉(香蕉天堂), 〈홍시감〉(紅柿子) 등 영화는 국공전쟁을 다루며, 군인가족이나 민중의 겪게 되는 삶의 과정, 즉 가난함, 고난 등을 담아낸다.

'포르모사'(Formosa, 福爾摩沙)라는 아름다운 이름 때문에, 대만은 언제나 엿보며 기회를 노리는 세력들의 침략을 당해왔다. 다소 미약한 끊임없는 항쟁 사건들을 통해 핍박에 저항하는 모습을 잘 보여준다. 국민당과 공산당의 내전 결과, 국민당 정부가 대만으로 옮겨오면서, 정치적 환경변화가 대만 본토 민중과 충돌하게 된다. 본성인과 외성인 간의 민족의식이 심화되면서, 분쟁은 격화되기 시작한다. 예를 들면, 대남(台南)의 덕행이 높고 존경받는 노인들은 1945년에 대만에 온 국민당 군대를 형편없는 부대라고 힐난한다. 그들은 국민당 군대를 전투에 패배를 겪은 오합지졸의 군대이고, 교양이 없

---

192 권촌(眷村)은 대만이 1949년부터 1960년대까지 대륙 각 성(省)의 중화민국 국군과 가족들이 국공내전(國共內戰)으로 정부를 따라 대만으로 거처를 옮겨오는데, 정부가 이들을 위해 건설 혹은 배치한 거처를 의미한다. 권촌은 60년이 넘는 역사를 가지고 있으며, 대만 전 지역에 총 886개의 권촌이 있고, 10만8천여 개의 권호(眷戶)가 있다. 세월이 덧없이 흘러, 권촌은 대규모로 철거 혹은 옮겨가게 되어 과거에 고향을 떠난 기억이 지금은 옛 추억이 된다. 1981년에 죽리파권촌(竹籬笆眷村)은 공식적으로 역사 속으로 사라진다. 이와 관련된 작품은 연속극 〈광음적고사〉(光陰的故事), 뇌성천(賴聲川)의 무대극 〈보도일촌〉(寶島一村), 문학은 주천심(朱天心)의 『상아권촌적형제문』(想我眷村的兄弟們), 원경경(袁瓊瓊)의 『금생연』(今生緣), 소위정(蘇偉貞)의 『유연천리』(有緣千里) 등이 있다.

고 행동도 야만스러우며, 언어도 통하지 않아 일본 군대와 비교할 수 없다고 한탄한다. 물론 나이도 있고 직위도 높은 노인들이 식민에 길들여진 측면도 무시 못 할 것이다. 그러나 근원적으로 군대의 정신과 존엄의 차이가 존재한다. 중원에서 날개가 꺾인 장개석 정권은 당연히 일제식민과 달랐다. 대만 남부 경계선 일대는 지리적 위치로 인해 여전히 국민당과 공산당 간의 소용돌이에서 벗어나지 못하고, 도망한 군인이나 민간인을 맞이할 수밖에 없었다. 당시 국민당은 전열을 재정비할 시간을 벌기 위해 잠시 대만을 반격의 지역으로 삼으며, 장기간 머물 생각은 없었다. '일본화 지우기'는 일제 식민통치 문명을 초창기로 돌아가게 해, 시대적 비극과 희극이 또다시 시작되었다. 정치와 감정의 모순이 격화되면서 '228사건(二二八事件)'이 터지며, 대만정치에 상처를 남긴다. 식민과 본적이라는 이중적인 상황을 겪은 대만 사람들의 삶은 여전히 구시대와 새로운 시대의 엉킴과 마찰로 개선되지 못한다. 그 후 대만은 3번의 계엄을 경험하게 된다. 1947년에 2번, 1949년 이후 38년이란 장기간의 계엄시기를 겪게 된다. 1950년 한국 전쟁 때에, 미국 대통령 트루먼은 제7함대를 태평양 방위선인 대만에 급파한다. 겉으로 보기에는 국제안전을 수호하는 것 같지만, 실상은 미국 식민문화가 대만으로 들어오는 계기가 된다. 수백 년 식민 역사를 지닌 대만은 또다시 국제적 혼란 속으로 휘말린다. 장개석 정권의 계엄 하에서 '간첩신고' 및 '반격 중국'은 1950년과 1960년대의 교육 조례 및 정치적 요구였다. 후효현(侯孝賢)의 〈동년왕사〉(童年往事)과 양덕창(楊德昌)의 〈고령가소년살인사건〉(牯嶺街少年殺人事件) 영화는 성찰적 입장에서 이러한 역사적 흔적을 보여주며 상기시킨다.

국민당 통치시대에는 중국 역사를 주축으로 역사 교육을 진행한다. 예컨대, 중국어 및 윤리 과목은 세뇌 교육으로 가득 채워진다. 장개석 정권은 대만을 중국을 수복하기 위한 발판의 도구로 삼으며, 적극적으로 공산당에 반대하며 나라를 다시 찾는 정책을 펼친다.[193] 이에 따라 민중을 구한다는 논리로 계엄령을 내리고, 이를 전 국민의 이념으로 만든다. 영화, TV, 라디오, 군대 위문, 교포 위문 등 모든 활동에는 반공 사상이 주입된다. 국방부 소속 '중화전시공사(中華電視公司, 중화텔레비전)'는 반공영화 〈한류〉(寒流, 1976)와 〈추선〉(秋蟬, 1982)을 제작한다. 또한, 애국 연예인 등려군(鄧麗君)이 금문(金門)의 부대를 위문하는 프로그램을 방송한다. 〈군재전초〉(君在前哨, 1980)를 예로 들 수 있다. '중화민국교무위원회(中華民國僑務委員會)'의 경우는 문예 팀을 구성하여 유럽과 미국의 대만 화교 지역에 보내 위문 공연을 한다. 이러한 정책적 활동은 계엄 해제 후까지 시행된다.

해외에 거주하는 중국인들로부터 인정을 받기 위해, 장개석 정부는 홍콩 영화계에 선의를 표시하며, 업무상으로 협조한다. 당시 중국과 대만의 양안 관계는 긴장 상태였다. 대만의 홍콩 스파이 요원들은 홍콩 영화계의 영화인들을 책동하여, 대만에 우호적인 입장을 끌어낸다. 예컨대, 홍콩 영화계 거물인 장선곤(張善琨)과 이조영(李祖永)이 재무위기에 처했을 때, 대만 정부는 적극적으로 도움의 손을 내밀어 영화인들이 자동으로 귀국하게끔 종용한다. 그리고 '항구전영희극자유총회(港九電影戲劇自由總會)'를 설립하여 자유영화인 진영을 형성한다.[194] 정치와 정권의 수호를 위해, 대만 정부는 홍콩과 대만 간의 영화교류를 활성화하며, 합작영화를 적극적으로 지원한다. 예를 들어, 서흔부(徐欣夫)의 〈낭심낭심〉(郎心狼心, 1955), 당소화(唐紹華)의 〈마차부지련〉(馬車夫之戀, 1956), 막강시(莫康時)의 〈산지고낭〉(山地姑娘, 1956), 역문(易文)의 〈관산행〉(關山行, 1956), 전침(田琛)의 〈혈전〉(血戰, 1958) 등의 영화가 있다.[195] 비록 그 시기의 정치를 반영한 영화가 대부분이

---

193 정흠인, 『대만국가론』, 대만:전위출판사, 2009:163(鄭欽仁, 『台灣國家論』, 台灣: 前衛出版社, 2009: 163).

194 『통신』, 향항:전영수거관, 2010(51)(『通訊』, 香港:電影數據館, 2010(51)).

195 황인·왕유, 『대만전영백년사화』(상), 대만:중화영평인협회, 2004:154~158(黃仁·

지만, 진솔한 역사적 의미를 남긴다. 20세기와 21세기의 중국과 대만 간의 영화 교류를 살펴볼 때, 홍콩 영화계는 윤활유 역할을 맡는다. 일제 식민지 시기의 상해 영화, 광동 영화, 하문 영화, 계엄 및 계엄 해제 전후의 중국영화 등의 대만 상영은 모두 홍콩에서 심사를 받은 후, 대만으로 들어와 상영할 수 있었다. 이러한 우정은 지금까지 지속되고 있다. 홍콩이 중국의 품으로 반환된 후, 중국과 대만 간의 대립으로 이전처럼 상황이 긴밀하지 못하지만 여전히 중요한 역할을 담당한다.

2. 대만영화의 개척자인 화극(話劇)의 왕성한 활동

대만영화의 백 년 역사를 들여다보면, 대만 국영의 중영(中影), 중국제작사(中製廠), 대만 제작사(台製廠) 등의 공헌은 매우 중요한 페이지를 장식한다. 국민당 정권은 자신들을 위해서 소리를 내주는 사람들과 지속해서 반공신념을 유지할 필요가 있었다. 따라서 육군, 해군, 공군 삼군의 무장을 강화시키는 것 이외에, 정치 선전영화에 의지할 수밖에 없었다. 예컨대 당시 영화의 역할을 살펴보면, 농업교육전영공사(農業教育電影公司)의 이사장을 역임한 장경국(蔣經國)은 대만의 첫 번째 반공영화〈악몽초성〉(惡夢初醒)을 직접 제작하고 홍보까지 맡는다.

영화는 '사람'간의 사업이다. 영화 제작에는 내·외부적인 상황의 모든 지혜와 창의가 필요하며, 제작된 영화는 관객의 인정과 공감을 끌어내야만 흥행할 수 있다. 당시 국민당은 대만으로 황급히 퇴각하면서 영화 제작진들과 기계 시설을 대만에 반입할 수 없는 상황이었다. 중국의 중전(中電)과 중제(中製) 조직은 모두 마비되어, 대만영화는 원조받을 수 없는 처지에 놓인다.

王唯, 『台灣電影百年史話』(上), 台灣:中華影評人協會, 2004:154~158).

국민당의 초기 영화정책은 비전문가가 전문가를 이끄는 형국이었다. 예컨대, 고급 행정 담당자는 특수임무를 수행하는 출신인데, 그들이 영화 사무를 관리한다. 전문분야가 다르면 산을 사이 둔 것과 같다는 말처럼, 그 결과 모든 것은 애매모호하며, 제작자들이 요구하는 대로 정부는 수용하였다. 특히 홍콩 영화인들이 요구만 하면 반드시 들어주었다. 예컨대, 상영 금지된 홍콩 영화도 제작자가 논리적인 사정을 밝히면 대부분 통과된다.[196] 통제할 마음은 있으나 전문성이 부족하여 나타난 현상이다. 1950년대 중반에 들어서면서 영화 제작 환경이 점차 좋은 방향으로 나아가고 나날이 번창해지면서, 대만영화는 비로소 평탄의 길로 들어선다. 정국이 안정화되면서, 사회 각 계층은 진영을 재정비하게 된다. 영화계는 질적으로 우수한 영화가 흥행하면서 오락의 울타리를 벗어나 민심을 격려해주는 강력한 도구가 된다. 여기에는 선도적인 역할을 이행한 우수한 화극(話劇) 연극자들이 주요 동인이었다. 국민당을 따라 대만으로 건너온 몇몇 화극(話劇)팀은 영화, 텔레비전, 무대극, 방송극 등을 포함한 다양한 작품 활동을 전개한다. 21세기에 들어서도 영상 콘텐츠 분야에서 여전히 그들의 멋진 창작을 볼 수 있다. 예를 들면, 왕각(王珏), 상풍(常楓), 전풍(田豐) 등이 있다. 아름다운 시기는 이제 저 멀리 지나가고, 나이 든 육체는 빛과 그림자와 같은 인생의 변천을 증명해준다.

　1945~1949년 시기에, 국민당은 즐거움과 걱정이 반반이었다. 즐거움은 항일이 성공적으로 이뤄지고, 중국, 대만, 팽호(澎湖) 열도를 광복시킨 것이다. 걱정은 국민당과 공산당의 권력다툼으로 혼란에 빠졌다. 1945년부터 4년간 대만은 조용할 시간이 없었다. 대외적으로 계속 군사를 모집하여 중국에 가서 참전하게 하고, 내부적으로는 '일본화 지우기'를 시행하고 있었다. 영화

---

[196] 황인·왕유, 『대만전영백년사화』(상), 대만:중화영평인협회, 2004:11(黃仁·王唯, 『台灣電影百年史話』(上), 台灣:中華影評人協會, 2004:11).

적 상황을 살펴보면, 일본 영화는 1946년에 상영 금지되고, 중국영화 및 할리우드영화가 득세하게 된다. 1947~1948년에 중국영화는 왕성하게 발전한다. 예컨대, 도광계(屠光啓)의 〈천자제일호〉(天字第一號)와 〈일강춘수향동류〉(一江春水向東流) 등이 있다. 홍콩의 대중화(大中華)와 국태(國泰) 제작사가 대만 표준 중국어 영화시장을 독점하려 하지만, 영화의 질이 떨어지고 수준이 낮아 오히려 대만영화의 쇠락과 미국영화의 성행을 초래한다.[197]

국민당과 공산당 간의 내전 시기에, 화극(話劇) 팀은 정치 홍보 임무로 여러 차례 대만에 가서 화극(話劇) 공연을 진행한다. 예를 들면, 정치부 희극 홍보대가 상해에서 〈하천춘효〉(河川春曉), 〈야매괴〉(野玫瑰), 〈반간첩〉(反間諜), 〈밀지나풍운〉(密支那風雲) 등의 화극(話劇)을 공연하지만, 언어 장벽으로 인해 효과는 그다지 신통치 못했다. 구양여천(歐陽予倩)은 1946년에 '신중국극사(新中國劇社)'를 인솔하여 대만에 와서 4개의 역사 명작 〈정성공〉(鄭成功) 및 〈우랑직녀〉(牛郎織女), 〈일출〉(日出), 〈도화선〉(桃花扇)을 연출한다. 이러한 연출은 대만 극(劇)에 아주 큰 영향을 끼친다. 대만의 성(省) 행정장관실에서는 '신중국극사(新中國劇社)'의 도움을 받아 대만 극(劇)의 신인들을 양성하려 하지만, 같은 해 '228사건(二二八事件)'으로 인해 중도에 중단되어 중국으로 돌아갔다. 그 후 그 영향으로 실험소극단, 청년예술극사 등이 결성되며, 역사극 〈오봉〉(吳鳳)을 선보인다.

'상해관중희극연출공사(上海觀衆戲劇演出公司)'는 1947년에 두 번째로 대만에 건너온 극단이며, 대만 설탕 산업 회사 초청을 받아 중산당(中山堂)에서 5막(幕) 역사 궁궐 명극인 〈청궁외사〉(淸宮外史), 〈악비〉(嶽飛), 〈뇌우〉(雷雨), 〈애〉(愛) 등을 공연한다. 유후생(劉厚生)이 감독을 맡은 이 극단은 농

---

197 섭룡언, 『광복초기대만전영사(1945~1949)』, 대만:국가전영자료관, 1994:105(葉龍彦, 『光復初期台灣電影史(1945~1949)』, 台灣:國家電影資料館, 1994:105).

왕각(王珏)	이영(李影)	최소평(崔小萍)	갈향정(葛香亭)	왕인(王引)
상풍(常楓)	위소(魏甦)	부벽휘(傅碧輝)	최복생(崔福生)	낭웅(郞雄)
조건(曹健)	장빙옥(張冰玉)	손월(孫越)	전로(錢璐)	전풍(田豐)
노벽운(盧碧雲)	황종신(黃宗迅)	철맹추(鐵孟秋)	목홍(穆虹)	이행(李行)
갈소보(葛小寶)	강명(江明)	뇌명(雷鳴)	오항(吳恒)	유유빈(劉維斌)

대만영화의 미래를 위해 기초를 다진
연예계 선배들의 공적은 역사와 함께 영원히 길이 남을 것이다.

촌까지 내려가 공연하는 등 화극(話劇)을 대만 곳곳에 선보이며 대만 민중을 만나게 된다.

1948년 대만 성(省)은 박람회를 성황리에 치루기 위해 남경국립극단(南京國立劇專)을 대만으로 초청해 공연한다. 예컨대, 4막(幕) 8경(景)의 역사극 〈문천상〉(文天祥) 및 〈대단원〉(大團圓)을 성공중학교, 건국중학교, 사범학원 등에서 공연한다. 그 후 공산당 부대가 국민당의 야전군을 결정적으로 패퇴시킨 전쟁인 서방회전(徐蚌會戰)으로 인해 국가적 상황이 극도로 예민해지면서, 이 극단은 세 번째 〈대희극〉(大喜劇) 공연을 취소하고 급히 남경(南京)으로 돌아간다.[198] 그때가 바로 국민당과 공산당의 단판의 결전 시기였지만, 중국과 대만의 양안 극단 교류공연의 의미는 매우 컸다. 왜냐하면, 일제 식민 시기에는 교류할 기회가 없었고, 혁명 신극(新劇)은 순수한 아마추어 공연이라 질적으로 수준이 높지 못했기 때문이다. 반면에 상해에서 온 화극(話劇) 극단, '상해관중희극연출공사(上海觀衆戲劇演出公司)'의 극단, 남경국립극단(南京國立劇專), 이 세 극단의 사실주의적 스타일과 다양한 유형의 프로그램은 대만의 연극인과 대중들에게 전문적인 연기를 선보인다.

그 당시 국민당과 공산당 간의 결전은 거센 물결처럼 앞날을 예측하기 어려웠고, 두 정당의 역사를 바꾸어 쓰는 것은 대만 정치의 앞날과 관련되어 있다. 이후 패퇴한 국민당 정부가 대만에 오면서, 정치 환경은 큰 변화가 생긴다. 대만 지식인들이 주도하고, 대만 방언을 사용한 신극 화극(話劇)은 그때부터 소리 없이 종적을 감추게 된다. 대신에, 중국의 화극(話劇), 경극(京劇) 및 대륙의 지방 희극이 성행하고, 관련 연기자와 동호인들은 군부 또는 중앙 공무부서의 지도하에 타이베이 등 큰 도시에서 공연한다. 이는 대만 본토의

---

198 화극(話劇)자료는 황인·왕유, 『대만전영백년사화』(상), 대만:중화영평인협회, 2004:95(黃仁·王唯,『台灣電影百年史話』(上), 台灣:中華影評人協會, 2004:95) 참조.

희곡이나 화극(話劇)과는 다른 희극의 생태환경을 형성한다.[199]

1949년 후반기부터 많은 전문 극단이 대만으로 와 거주하게 된다. 전문성을 갖춘 이 연극단들은 연출을 보완하여 대만 화극(話劇)으로 하여금 새로운 길을 걷게 한다. 그들은 임시적인 극단이 아니라 대만에 장기적으로 거주하는 극단 운영을 추진한다. 1950년대 초, '중국문예협회(中國文藝協會)'의 주도 하에 대만은 삼민주의(三民主義) 문예정책을 내세우고, 대만 정책을 널리 알리는 크고 작은 극단들이 많이 생겨난다. 대만 희극은 '공산당과 러시아를 반대하는 극(反共抗俄劇)' 시대에 들어선다. 모든 공연은 반공(反共)과 전투를 널리 알리는 내용을 다루는 등 주제가 선명했다.[200] 그 당시에 등록된 극단은 대략 15개에 이른다. 감건극단(戡建劇團), 성공극단(成功劇團), 사회극단(社會劇團), 군성극단(群聲劇團), 신과극단(辛果劇團), 아마추어실험극사(業餘實驗劇社), 자유만세극단(自由萬歲劇團), 동남문화공작단(東南文化工作團), 중앙청년극사(中央靑年劇社), 중화실험극단(中華實驗劇團), 철로화극사(鐵路話劇社), 대만방언극단(台語劇團等) 등이 있다. 당시 활동한 연극인들은 황종신(黃宗迅), 김초백(金超白), 유유빈(劉維斌), 서천영(徐天榮), 갈향정(葛香亭), 조건(曹健), 이행(李行), 장영(張英), 종유(宗由), 공가농(龔稼農), 최복생(崔福生), 노벽운(盧碧雲), 부벽휘(傅碧輝), 최소평(崔小萍), 장빙옥(張冰玉), 목홍(穆虹), 손로(孫璐), 손월(孫越), 상풍(常楓), 이관장(李冠章), 고군(古軍), 왕각(王玨), 왕우(王宇), 정묘(井淼), 위소(魏甦), 전풍(田豐), 노직(魯直), 위평오(魏平澳), 이영(李影), 정의(丁衣) 등이 있다.[201]

---

[199] 구곤량, 『표랑무대:대만대중극장연대』, 대만:원유출판사, 2008:229(邱坤良, 『飄浪舞台:台灣大衆劇場年代』, 台灣:遠流出版社, 2008:229).

[200] 구곤량, 『표랑무대:대만대중극장연대』, 대만:원유출판사, 2008:230(邱坤良, 『飄浪舞台:台灣大衆劇場年代』 台灣:遠流出版社, 2008:230).

[201] 황인·왕유, 『대만전영백년사화』(상), 대만:중화영평인협회, 2004:99(黃仁·王唯,

"장갑부대 사람이 아니면 연극을 못한다(無甲不成戲)"라는 말이 시중에 떠돌았다. 그 의미를 살펴보면, 대부분 연극인은 5개의 장갑(裝甲)부대 전차대에서 뽑혀왔고, 대만으로 온 이후 소대로 나뉘어 섬 각 지역에 거주하며 서로 다른 일들을 하고 있었다. 그 시대는 투지가 왕성한 시대였고, 화극(話劇)은 중요한 문예 활동이었다. 정치 선전 및 군대 위문 공연뿐만 아니라, 화극(話劇)은 유격 첨병 군인처럼 산전수전을 가리지 않고 반공 공연을 하면서 민심을 안정시켰다. 그 기간 공연을 수백 편을 했고, 대다수는 원작 시나리오가 있었다. 따라서 우수한 수많은 극작가들이 양성된다. 주제는 정부의 정책에 순응할 뿐만 아니라 유가 사상도 전달한다. 다음과 같이 구분하여 살펴볼 수 있다.

1. 반공 애국 극 : 〈비환세월〉(悲歡歲月, 극본 장영상(張永祥)), 〈홍위병〉(紅衛兵, 극본 등수녕(鄧綏甯))
2. 사회와 도덕 문제의 반영 : 〈귀거래혜〉(歸去來兮, 극본 조지성(趙之誠)), 〈가유희사〉(家有喜事, 극본 고내춘(顧乃春))
3. 가정 윤리 및 문화정신의 재현 : 〈부모심〉(父母心, 극본 정의(丁衣)), 〈촌초춘휘〉(寸草春暉, 극본 진문천(陳文泉))
4. 역사를 빌어 오늘의 거울로 삼는 역사 소재 : 〈한궁춘추〉(漢宮春秋, 극본 이만괴(李曼瑰)), 〈쌍성복국기〉(雙城復國記, 극본 종뢰(鍾雷))
5. 인생과 인성 탐구 의제 : 〈일구상자〉(一口箱子, 극본 요일위(姚一葦)), 〈제오장〉(第五牆, 극본 장효풍(張曉風)) 등.[202]

『台灣電影百年史話』(上), 台灣:中華影評人協會, 2004:99).

202 고내춘, 『논희열극』, 대만:백선서방, 2010:159~160(顧乃春, 『論戲說劇』, 台灣:百善書房, 2010:159~160).

다양한 주제의 예술이 동시에 성행하게 되고, 대만 화극(話劇)은 1950~1963년의 기간에 황금시대를 구가한다.

대만 화극(話劇), 영화, TV의 성장 과정을 몸소 보여준 장빙옥(張冰玉) 여사는 다음과 같이 회상한다. "전쟁 이후 북경 장안거리는 아주 적막하였다. 경극(京劇) 공연을 주로 하는 장안대극장도 상황에 따라 간혹 화극(話劇)도 공연했다. 한때는 나도 여기서 자주 화극(話劇) 공연을 했었다. 그 후 군부대가 모두 대만으로 철수하였다. 육군, 해군, 공군에는 모두 극단이 있었는데, 육군의 체제가 가장 큰 규모였다. 화극(話劇) 팀 외에도 음악팀, 서커스팀 등이 있었다. 3군은 반공 극의 연출 외에도 선거를 위한 화극(話劇)도 연출하고, 경기 시합도 진행했다. 우승을 거두는 것은 그 단체와 연기자들에게 최고의 명예였다. 그때 나는 공군 대붕(大鵬)극단에 있었는데 최우수 여주인공상을 받은 적이 있다."

화극(話劇)은 대만 사람들뿐만 아니라 해외 교포들을 위한 위문공연 등 모두에게 좋은 호응과 성과를 거둔다. 예컨대, 〈미남자〉(美男子)는 웃음이 넘쳐흐르는 관객으로 꽉 찰 정도로 엄청난 수익을 가져다준다. 또한, 필리핀에 가서 공연할 때도 언어와 문화적 공감을 끌어내며 교포들의 고향을 그리워하는 마음을 쓰다듬어 준다. 그때가 바로 화극(話劇)이 흥성하는 시대였고, 황금기의 대만영화의 시금석이 되는 과정이었다.

화극(話劇)의 성행은 정부의 대대적인 지원과 민중들의 갈망 덕분이고, 대만영화의 태생에도 밀접한 관련이 있다. 예컨대, 공연장소의 밀집도는 늘어나기 시작한다. 신세계극장을 화극(話劇) 극장으로 개보수하여 2년 동안 전문적인 화극(話劇)을 16회 공연한다. 1회 공연은 평균적으로 20일 동안, 길게는 45일까지 반복공연을 한다. 국광(國光)극장, 대화(大華)극장, 대유(大有)극장, 예술관, 홍루(紅樓), 신남양(新南陽) 등의 극장도 있었다.[203] 이후 영화와 TV의 흥행으로, 화극(話劇)의 열풍은 점차 식어져 종사자들은 어쩔 수 없이 다른 선택을 할 수밖에 없게 된다. 1956년 중앙화극운동위원회가 해체된 이후 신극 운동은 쇠퇴기에 접어든다. 연극 활동은 잠잠해지고, 관련 연극인들은 다른 출구를 찾는다. 그래서 아마추어 공연만 남게 되며, 민간 작은 단체에서만 밤에 여흥으로 공연하는 정도로 위축된다.[204] 일선에서 내려온 장병들은 영화 및 TV로 옮겨간다. 정부 기관과 민영회사는 끝없는 노력으로 중국에서의 영화경험을 대만으로 옮겨 놓는다. 이 연극인들은 만사가 온전하지 못한 상황에서 정치 홍보의 길에 놓인 대만영화를 점차 건장하게 만드는 토대를 만들어준다.[205] 예를 들면 장영(張英)의 〈아리산풍운〉(阿裏山風雲)은 대만 본토 영화의 첫 소리를 내고, 이행(李行)은 실사영화의 인도자이고, 갈향정(葛香亭)은 〈양압인가〉(養鴨人家)와 〈추결〉(秋決)에서 유가사상의 이미지를 담아낸다. 또한, 최복생(崔福生)은 〈로〉(路)에서 애끓는 아버지 모습을, 노벽운(盧碧雲)은 〈악몽초성〉(惡夢初醒)에서 인생의 뒤안길에서의 후회와 원망을 잘 전달한다. 그리고 목홍(穆虹)은 〈음용겁〉(音容劫)에서 사람의 속마음을 잘 헤아리는 큰언니 역할을, 최소평(崔小萍)은 〈가두항미〉(街頭巷尾)에서 혈기 넘치는 할머니 역을 연기한다. 영화마다 모두 선명하고 생동감 넘치는 이미지는 지금도 잊을 수가 없다.

---

203 황인, 『대만화극적황금시대』, 대만:아태도서출판사, 2000:6~7(黃仁, 『台灣話劇的黃金時代』, 台灣:亞太圖書出版社, 2000:6~7).

204 섭룡언, 『춘화몽로:정종대어전영흥쇠록』, 대만:박양문화출판사, 1999:64(葉龍彥, 『春花夢露:正宗台語電影興衰錄』, 台灣:博揚文化出版社, 1999:64).

205 1950년대의 대만 연예계는 주로 군대 화극대(話劇隊)를 중심으로 하여 구성되기 시작한다. '228사건' 이후, 전위적인 사상을 가진 신극 단체의 간국현(簡國賢) 등의 사람은 모두 사형당하고, 송비아(宋非我) 등의 사람은 중국으로 도망간다. 당시에 군대를 따라 대만에 들어온 화극군대 구성원들은 연예계의 주력이 되기 시작하여, 영화회사에 들어가거나 TV방송회사에 들어가 연기자가 된다. 이는 주로 1930년대 할리우드 전성기 때의 영화 제작사의 제도에서 비롯된다. 유럽과 미국의 TV방송국에서 평단원제의 연기자는 아주 드물었다.

이 세대의 연극인들은 서로 다른 극단에서 활동하지만 한자리에 모여 힘들고 어려운 곤경을 마주하고, 연출 및 연기예술의 기초를 다지며 영화적 길을 후세에 터놓는다. 그들의 2세 후손들은 대만영화를 실제 경작하는 청장년 주축세력으로 성장한다. 예를 들어, 견진(甄珍), 왕도(王道), 갈소보(葛小寶) 등의 사람들은 대만영화의 황금기에 지대한 공헌을 한다. 이러한 활동은 예술적 미학과 사회적 영향력을 발휘하며, 정부와 민간 극장의 주도적인 역할을 요구한다. 예를 들면, 이만괴(李曼瑰)의 소극장운동(小劇場運動)은 유럽의 극장 경험이 풍부한 젊은 학자들을 자극한다. 그리고 그들은 화극(話劇)의 지속적인 열풍을 유도하며, 교육부에서 영상학교를 설립하게 한다. 예컨대, 1960년에 국립예전을[206] 설립한다. 이 학교는 연극 예술을 서양이론과 과학적인 교육 시스템으로 접목하여, 대만영화계에 수많은 우수 인재를 양성한다.

---

[206] 2001년에 국립대만예술대학교로 체제가 바뀐다.

제2절 표준 중국어 영화: 종족 융합과 문화 충돌의 느낌표

1. 선동적인 정책영화의 활동

중국과 대만 간의 양안 정국의 큰 변화로 인해. 군대 외에 약 36개의 성(省) 이민자들은 1949년에 중국에서 대만으로 들어온다. 일본 식민정부는 퇴출되고, 주류 언어는 아직 틀을 잡지 못한 상황이며, 황급하게 퇴각한 군인들은 체념한 마음으로 낯선 섬을 마주한다. 오랜 내전으로 지친 군인들과 이민자들은 이미 현대사회에 접어든 대만에서 잠시 편히 쉬면서 마치 전쟁의 불길을 멀리서 바라보는 것 같았다. 장개석 정권은 일제 식민정권과 동일하게 대만을 관리하면서 다양한 정책을 추진하는데, 그 첫 번째로 '표준 중국어' 운동을 추진한다.

국민당 정부는 일제식민 시기에 설립된 '대만영화협회(台灣映畫協會)'를 개편하여, 하문(廈門) 지역 출신인 백극(白克)을 파견해 대만영화촬영제작소(台灣電影攝製場)을 설립한다. 초기에는 혼란스러운 상황으로 인해 제작이 순조롭지 않아서 뉴스영화 및 기록영화를 위주로 제작하며, 이후로도 수차례에 걸쳐 조직을 재정비한다. 1948년 '대만 성(省) 정부 신문처 영화촬영 제작처'로 바꾸고 성(省) 정부에서 주로 경영한다. 그 후 백극(白克)은 '대만 성 영화촬영제작소(台灣省電影攝製場)'로 개편하고 대제창(台製廠)으로 약칭한다.[207] 그 외 일제강점기 시대의 극장 배급방식을 바로 잡기 위해 1947년에 '대만영화사업 주식회사(台灣電影事業股份公司)'를 설립하여, 미국의 8대

---

207 황인, 『전영여정치선전』, 대만:만상도서, 1994:45(黃仁, 『電影與政治宣傳』, 台灣: 萬象圖書, 1994: 45). 1988년 7월 1일부터 대만문화영화공사(台灣文化電影公司) 로 개편되어, 약칭으로 대영(台影)이다.

국민당이 일본 식민정부의 항복을 받은 대만 공회당(公會堂), 지금의 중산당(中山堂)

※ 자료: 『광복초기대만전영사』(光復初期台灣電影史).

영화 및 상하이 영화를 상영하는 17개의 극장을 관리한다. 원래 대륙 남경(南京)의 농업교육전영공사(農業敎育電影公司)와 중국영화제편창(中國電影製片廠)이 1949년에 대만으로 옮겨오고, 게다가 대제창(台製廠)까지 더해 모두 4개의 영화기관이 설립된다. 그 후 농업교육전영회사와 대만영화사업

주식회사(台灣電影事業股份公司)를 합병하여, 1954년 9월 1일에 '중앙 영화 사업 주식유한공사(中央電影事業股份有限公司)'로 개편하고, 중영(中影)이라고 약칭한다. 그리하여 3대 국영기관 중영(中影), 중제창(中製廠), 대제창(台製廠)은 정치를 지키는 영화 보루가 되어, 대만영화 발전의 토대가 된다.

영화산업이 중국에서 대만으로 이전되지만, 당시 서로 경쟁이 심했던 제작사들 예컨대 곤륜(崑崙), 문화(文華), 국태(國泰), 대동(大同), 청화(淸華), 중전(中電), 가년(嘉年), 화성(華星), 동아(東亞), 대화(大華), 계화(啓華), 중국연합(聯合), 화교(華僑) 및 홍콩에서 전이해온 대중화(大中華) 등 회사들이 대만으로 미처 이전하지 못하게 됨에 따라, 영화인재와 설비들은 대부분 철수하지 못해 80%가 대륙에 남고 15%는 홍콩으로 5%는 대만으로 흩어지는[208] 난처한 지경에 처한다. 현실자원이 부족하여 반드시 다른 방법을 세워야만 했다. 또 다른 편으로 1945~1949년 사이에 화영(華影) 및 만영(滿映) 등의 일본제작회사가 남겨 놓은 영화가 영화시장에 쏟아져 나오면서, 대만영화시장에는 일본 영화들로 넘쳐나게 되고, 일제식민 사상이 여전히 만연하게 된다. 당시 정부는 상영금지를 엄격하게 적용하며 시장의 혼란을 최소화한다. 1950년 중반 무렵부터 정부는 영화 사업에 대한 제한을 시작하며, 1954년에 3청운동(三淸運動), 즉 소홍(掃紅, 공산주의 사상 없애기), 소황(掃黃, 음란물 없애기), 소흑(掃黑, 선동적인 신문기사) 정책이다. 1955년 영화 검열법을 통과한 영화를 통해 공산주의 폭정은 부각시키고, 국민당 정부의 정책을 미화시키는 정치적 선전도구로 활용한다.[209]

1950년대 중국과 대만 양안은 표면적으론 정전(停戰) 상태지만, 긴장의

---

208 섭룡언, 『광복초기대만전영사(1945~1949)』, 대만:국가전영자료관, 1994:46(葉龍彦, 『光復初期台灣電影史(1945~1949)』, 台灣:國家電影資料館, 1994:46).

209 진유수, 『대만신전영적역사문화경험』, 대만:만상도서, 1993:32(陳儒修, 『台灣新電影的歷史文化經驗』, 台灣:萬象圖書, 1993:32).

불씨는 여전히 팽팽하였다. 1949년 '고녕두대전(古寧頭大戰)'[210] 과 1958년 '823포전(八二三炮戰)'[211] 등의 전쟁을 그 예로 들 수 있다. 1950년대 겨우 안정을 취한 대만 정부는 반공(反共)이라는 기치를 내세우고, 당시의 자국 영화를 지도하며, 정책영화를 적극 지원한다. 예컨대, 영화 주제가 국가 전략에 부합되고 정치 홍보에 도움이 되는 대만의 본토 영화를 우선적으로 장려한다. 영화제작 지원의 기준에서 가장 비중이 큰 항목은 40%에 이르는 주제의식이다. 또한, 금마장(金馬獎) 초기의 심사기준은 정치 홍보 소재에 치우쳐져 있었다.[212] 이후 대만 정부는 표준 중국어 운동을 추진함에 따라 대만 지역에서의 민난 방언을 금지한다. 이에 따라 대만 방언 영화는 점점 위축되고, 표준 중국어 영화는 강력한 정책영화로 자리 잡는다.

정책영화의 범위는 유형과 관계없이 방대하다. 정부 정책을 미화하고 홍보하는 영화들은 군사교육영화, 역사영화, 정신건강영화, 무협 영화 등의 다양한 형식을 통해 국민을 세뇌한다. 1949~1987년 계엄령 시기에, 국민당 정부는 거대한 산과 같이 요지부동하게 정치 홍보에 열을 올린다. 그러한 이유는 영화의 선전역량이 실제 총탄의 위력 못지않다는 것을 알았기 때문이다. 예컨대, 1936년 일제강점기에 국수(國粹) 영화사와 대만 총독부 문화교육국에서 합작으로 〈오호지산암〉(嗚呼芝山岩)을 제작한다. 이 영화는 대만인이

---

[210] 1949년 10월25일~27일, 금문(金門) 고녕두전역(古寧頭戰役)은 국민당 군과 공산당 군인이 전쟁을 하며, 내전 후기에 있었던 중요한 전투이다.

[211] 제2차 대만해협위기(第二次台海危機)로 불리는 '823포전'(八二三炮戰)은 1958년 8월 23일 오후에 시작되며, 연속적으로 44일간 중국은 약 48만발의 포탄을 발사하지만, 대만은 힘들게 싸워 전투에 승리한다. 전쟁사상에서 중요한 역할을 하는 '823포격전'은 대만의 발전과 대만, 미국, 중국의 삼각관계의 상호작용 및 중화인민공화국 '대만해방'(解放台灣) 정책에 깊은 영향력을 가지고 있다.

[212] 황인, 『전영여정치선전』, 대만:만상출판, 1994:6(黃仁, 『電影與政治宣傳』, 台灣: 萬象出版, 1994:6).

여섯 명의 일본 교사를 살해한 사건을 다룬 작품이다. 당시 영화는 여섯 명의 일본 교사를 열사 혹은 영웅으로 과대포장하고, 대만 동포를 폭도로 둔갑시킨다. 이 영화는 일본식민 교육을 위한 선전영화 중의 하나이다.[213] 즉, 사실과 진상을 덮어 감추고 국민을 어리석게 만드는 목적을 달성하기 위해서다.

시대적 흐름에 순응하면서도 민심을 잘 살펴야하며, 정책영화도 적정하게 조정되어야 한다. 영화 초창기의 중영(中影), 중제창(中製廠), 대제창(台製廠)은 35mm 영화를 촬영하는 영화제작소였다. 1950~1970년대의 대만영화 산업의 가장 두드러진 특색은 민영 다원화 제작시대에 진입했다는 점이다. 중영의 연 제작 편수는 대만 총 제작 편수의 1/10도 안된다. 중영에는 촬영장이 5개 있지만, 대만 전체 촬영장 총 수의 1/4에 불과하다. 당시 약 55개의 정도의 대만 민영제작사들은[214] 중영의 역할을 대신해 홍콩 영화산업에 도움을 준다.[215] 칼라 표준 중국어 영화를 예로 들자면, 공영(公營)은 1962~1969년에 27편, 민영(民營)은 1962~1969년에 183편이다. 흑백 지방 방언 영화의 경우, 공영(公營)은 1962~1969년에 0편, 민영(民營)은 1962~1969년에 854편[216]으로, 이러한 수치의 격차는 민영제작사들의 제작, 배급, 상영의 지대한 영향력을 보여준다. 또한, 새로운 촬영기자재를 구입하여 상업 드라마영화를 제작할 뿐만 아니라 국내외의 영화 배급망을 장악한다. 이에 따라 대만영화는 안정적으로 발전한다.

---

213 황인, 『전영여정치선전』, 대만:만상출판, 1994:4(黃仁, 『電影與政治宣傳』, 台灣: 萬象出版, 1994:4).

214 황인·왕유, 『대만전영백년사화』(상), 대만:중화영평인협회, 2004:164~173(黃仁· 王唯, 『台灣電影百年史話』(上), 台灣:中華評人協會, 2004:164~173).

215 황인·왕유, 『대만전영백년사화』(상), 대만:중화영평인협회, 2004:412(黃仁·王唯, 『台灣電影百年史話』(上), 台灣:中華評人協會, 2004:412).

216 황인·왕유, 『대만전영백년사화』(상), 대만:중화영평인협회, 2004:251(黃仁·王唯, 『台灣電影百年史話』(上), 台灣:中華評人協會, 2004:251).

정책영화를 관람하는 '전 국민운동'의 영향력은 매우 컸다. 당시 초/중학교에서는 교장 선생님이 전교생을 데리고 〈매화〉(梅花), 〈황포군혼〉(黃埔軍魂) 등의 영화를 단체관람했다. 중년층들이 회상하기를. 이는 부지불식간에 강렬한 민족의식과 애국심을 심어주었다. 당시 정치색이 짙은 주류 영화는 중국과 대만 양안간의 적대시 분위기를 조성하고, 대외적으론 반공과 항일을 소재로 위기의식을 강화한다. 예컨대, 반공(反共)은 문화대혁명, 첩보, 전쟁을 소재로, 은유, 아이러니, 상징, 대비 등의 수법으로 선전효과를 꾀한다. 항일(抗日)이라는 소재는 기존의 항일 사건에 국민의 감정을 이입하여, 전 국민이 참여하는 성스러운 전쟁 정신으로 승화시킨다. 이처럼 정책 영화는 내부적으로 민족의 뿌리를 찾는 종족의 단결, 국민의 역량 강화, 유가 사상교육을 축으로 한다. 또한, 다섯 민족을 융합하고, 국가 사회의 일원이라는 사고를 심어주는 수신제가 치국평천하를 도모한다.

이처럼, 다원화적인 정책영화는 선도, 예술, 오락의 내용을 모두 구비하고, 반공과 항일에 대항하는 분위기를 형성하며, 새로운 흥행성적을 창출한다. 이에 따라 정책영화의 제작 편수는 날로 증가한다. 1960~1970년대 대만은 저명한 영화감독이 양성되는 시기였다. 수많은 감독들이 쇠퇴한 대만 방언 영화에서 표준 중국어 영화의 행렬로 들어선다. 그중에는 이가(李嘉), 곽남굉(郭南宏), 임복지(林福地), 이천계(李泉溪) 등이 있고, 군부대를 따라 오거나 홍콩을 거쳐 들어온 감독으로는 이한상(李翰祥), 종유(宗由), 서흔부(徐欣夫), 양문감(楊文淦), 역문(易文), 장방하(張方霞), 이행(李行), 호금전(胡金銓), 백경서(白景瑞), 송존수(宋存壽), 정선새(丁善璽), 장증택(張曾澤) 등이 있다. 촬영 및 미술감독으로는 뇌성영(賴成英), 진곤후(陳坤厚), 후효현(侯孝賢), 왕동(王童) 등이 있다. 이 세대의 영화인들은 정부의 3대 영화기구 혹은 민영회사에서 정치 홍보영화를 제작하면서도 자신만의 독특한 영화미학을 완성한다. 기록에 따르면 1970년 후반 들어서, 대만 본토 영화의 연 제작 편수는 100편이 넘으면서, 20세기 대만영화의 황금기를 구가한다.

2. 영화 황금기의 다원화된 영화 유형

비록 예술은 정치와 무관하다고 하지만, 대만영화는 중국 역사에 큰 빚을 지고 있다. 초기에는 정치적 성향의 영화가 주를 이루지만, 이후 변화가 심한 시대의 대만영화는 유사한 연출방식을 재탕하는 형식을 취한다. 1921년부터 1931년까지, 이 시기의 중국영화 제작사는 모두 650편의 작품을 제작한다. 대다수는 원앙호접파(鴛鴦蝴蝶派) 문인들이 참가하여 제작한 영화들이며, 영화내용 역시 원앙호접파 문학의 복제본이다.[217] 당시의 학자들에 따르면, "원앙호접파란 중국 청나라 말기부터 1949년 사이에 존재한 도시민들의 저급한 취미에 영합하기 위해 창작된 통속문학의 저작이다. '5.4' 신문학과 다른 중국현대의 통속문학의 하나의 별칭이기도 하다."[218] 중국영화의 시작은 '원앙호접파'와 떼어 놓을 수 없다. 관련 흐름을 살펴보면, 중국 초기 영화는 당시 시민들의 기호와 결합하는 방식을 선택했다는 점이다. 중국 전통과 결별하는 단절은 없으며, 전통가치 중에서 사회 및 개인의 존재를 유지하는 기본원칙을 유지한다. 중국 초기영화와 원앙호접파 간의 결합은 중국영화의 다양한 유형을 가져온다.[219] 대만영화감독 선배들의 고유한 영화개념은 대부

---

217 정계화등 주편, 『중국전영발전사』, 북경:중국전영출판사, 1981:56(程季華等主編, 『中國電影發展史』北京:中國電影出版社, 1981:56).

218 장이무, 「천희회망:내향화적함의」, 『전구화여중국영시적명운』, 북경:북경광파학원출판사, 2002:251(張頤武, 「千禧回望:內向化的含意」, 『全球化與中國影視的命運』, 北京:北京廣播學院出版社, 2002:251).

219 장이무, 「천희회망:내향화적함의, 〈전구화여중국영시적명운〉, 북경:북경광파학원출판사, 2002:256~257(張頤武, 「千禧回望:內向化的含意」, 『全球化與中國影視的命運』, 北京:北京廣播學院出版社, 2002:256~257).

〈악몽초성〉(惡夢初醒)
스틸 사진

노벽운(盧碧雲)(나읍분(羅挹芬))역

왕각(王珏)

〈기로〉(歧路)
스틸 사진

대만 1950년 풍경

당청(唐菁)(좌),
목홍(穆虹)(중)

위평오(魏平澳)(중)

〈음용겁〉(音容劫)
스틸 사진

반공의사 대만에 도착

진연연(陳燕燕)/
유유빈(劉維斌)

목홍(穆虹)(좌)

분 중국영화의 영향에서 왔다. 따라서 반드시 시장 지향적인 상업성이 강조
된다. 아무리 정치적 색채가 강하더라도 상업적 유형의 영화를 제작해야 한
다. 그런 연유로, 정치 홍보영화라 할지라도 단일한 패턴이 아니라, 시대의
발전에 따라 유형을 달리하며 발전한다. 다음과 같이 분류할 수 있다.

반공영화

계절에 따라 경치가 변하고, 별자리가 이동하는 역사는 시대의 비극을 조
명한다. 중국과 대만 양안 간의 내전은 백성이 고향을 멀리 떠나게 하고, 친
인척과 생이별 및 사별을 하게 된다. 반세기 동안 적대적 분위기와 정치권력
쟁탈로 친인척이 적이 되는 황당한 상황이 발생한다. 오늘날 반공영화라고

하면 생경하겠지만, 이것은 당시 시대적 기호이며 한 시대에서 떨쳐 버릴 수 없는 악몽과도 같은 것이다. 일종의 예술영화처럼 반공영화는 긴장 분위기를 따뜻하게 바꾸며, 부지불식간에 마음을 감화시켜 반공정신을 심는다.

종유(宗由)의 〈악몽초성〉(惡夢初醒, 1950)은 등우평(鄧禹平)이 성철오(成鐵吾)의 〈여비간〉(女匪幹)을 리메이크한 것이며, 대만으로 철수한 후 장경국(蔣經國)이 친히 지휘하여 제작한 첫 반공영화이다. 줄거리는 지식인 나읍분(羅挹芬)(노벽운(盧碧雲) 역)이 남자 친구를 위해 공산당에 가입한다. 그 후 그녀는 결혼 문제를 스스로 주장하지 못하고 개혁도 실망스러워, 결국에는 조국의 품에서 벗어나 자유를 찾아 떠난다. 무대극 느낌이 너무 강하고, 보수적인 이 영화는 신념이나 원칙에만 집착한 대사로 인해 계엄 시기의 전형적인 정치 홍보영화이다.

서흔부(徐欣夫)의 〈기로〉(歧路, 1955) 영화에서, 주요 요지는 "비밀을 지키고 간첩을 예방하는 데에는 모든 사람에게 책임이 있다"이다. 3개의 에피소드로 나눠져 있지만 이야기는 선 순환적으로 이어진다. 첫 번째 에피소드는 간첩이 자매(언니, 목홍(穆虹) 역)를 이용해 정보를 빼돌린다. 자매는 금전에 욕심을 부리다 미혹되어 잘못된 길로 들어선다. 두 번째 에피소드는 악당 3명이 잘못된 일을 저지르고 깊은 산속으로 숨지만, 이후 그중 2명이 고민과 번뇌 끝에 자수한다. 세 번째 에피소드는 자수한 강도가 범금성(範金城) 경찰과 손을 잡아 조폭 두목을 잡은 이야기이다. 이 영화는 당시 스산한 분위기를 자아내며, 전보 밀서, 군정연합, 서로 속고 속이는 수법 등 사람을 소름 끼치게 한다. 그나마 다행인 것은 1950년대 대만의 모습을 정성스럽게 촬영하여 고스란히 스크린에 담아냈다는 점이다.

종유(宗由)의 〈음용겁〉(音容劫, 1960)은 어머니(진연연(陳燕燕) 역)가 딸 둘을 데리고 대만으로 도망갔다가, 미처 데리고 오지 못한 아들을 그리워하면서 눈병에 걸린 이야기를 그려낸다. 두 딸은 청년남자(김석(金石) 역)에게 오빠인 아들로 가장하여 수술할 수 있도록 어머니를 설득해주기를 간청하지만, 어머니는 이내 눈치를 챈다. 그러자 두 딸이 또 다시 화극 연기자(유유빈(劉維斌) 역)를 찾아 오빠로 가장해달라고 부탁하자, 어머니는 딸들의 마음에 감동하여 수술받기로 한다. 때마침 홍콩 반공의사(反共義士)들이 대만에 오게 되고, 자매는 그중에 오빠가 있는지 찾아 헤맨다. 배 혹은 기차역에서, 인산인해의 사람들은 깃발을 흔들며 함성을 지르며 군대들이 대만에 온 것을 환영한다. 장개석의 초상화를 높이 들고 〈만강홍〉(滿江紅) 노래가 울려퍼지는 사이에, 자매는 반공의사(反共義士)가 된 오빠를 찾게 된다. 영화 마지막은 어머니의 눈병이 완쾌되고 온 가족이 즐겁게 지내는 것으로 끝난다. 이 영화는 시대적 배경을 기초로 통속적인 이야기를 다루며, 나라에 대한 은혜와 집안 간의 원한에 대한 민족의식을 주입한다.

1970~1980년대 반공영화의 소재는 '문화대혁명'을 배경으로 하거나 혹은 상흔 문학(傷痕文學)이 다수다. 예를 들면, 서일공(徐一工)의 〈향화여독초〉(香花與毒草, 1975), 왕동(王童)의 〈가여아시진적〉(假如我是眞的, 1981), 백경서(白景瑞)의 〈황천후토〉(皇天後土, 1981), 유가창(劉家昌)의 〈배국기적인〉(背國旗的人, 1981), 백경서(白景瑞)의 〈노범천조〉(怒犯天條, 1981), 왕동(王童)의 〈고련〉(苦戀, 1982) 등 영화는 대만 사람과 함께 성장한 반공영화다. 백경서(白景瑞)의 〈제네바의 황혼〉(日內瓦的黃昏, 1986)은 마지막 반공영화다. 대만이 계엄 해제 후, 정치 홍보영화는 그 세대의 기억에 남게 된다.

항일(抗日)영화

강대한 세력의 중국은 작은 일본에게 침략당해 동북지역과 대만을 할양해야만 했다. 다행이도 전국적인 항일운동으로 중국은 식민지 재난을 면할 수 있게 되었다. 이러한 역사적 교훈을 소재로 하는 항일영화는 민중의 애국심을 촉발시키고 상업시장에서 흥행하며 승리의 자신감을 심어준다. 군사교육

항일영화를 소재로 다룬 대만영화들

영화와 다른 점은 항일영화가 첩보를 다루는 문예희극이 많다는 것이다. 로맨스 영화로 다소 오인받기도 하지만, 오락성이 짙은 007영화와 유사하다.

　1960~80년대 동안의 항일영화는 탄탄한 스토리를 기반으로 긴장감을 부여하며, 애국 소재의 기계적인 울타리를 벗어나 상업적인 오락성을 갖춘다. 예컨대, 1960년대에는 첩보영화인 장영(張英)의 〈천자제일호〉(天字第一號, 1964), 이한상(李翰祥)의 〈양자강풍운〉(揚子江風雲, 1969), 양철부(梁哲夫)의 〈중경일호〉(重慶一號, 1970), 1970년대에는 정선새(丁善璽)의 〈영렬천추〉(英烈千秋, 1974), 이행(李行)의 〈오토오민〉(吾土吾民, 1975), 서진량(徐進良)의 〈망춘풍〉(望春風, 1977), 장패성(張佩成)의 〈대호영렬〉(大湖英烈, 1979), 1980년대에는 진준량(陳俊良)의 〈말리화〉(茉莉花, 1980), 이가(李嘉)의 〈전쟁전석〉(戰爭前夕, 1984) 및 항일 50주년 기념영화인 정선새(丁善璽)의 〈기정표표〉(旗正飄飄, 1987) 등이 대표적이다.

　영화평론가인 초웅병(焦雄屏)에 따르면, 당시 항일영화는 전쟁 장면의 촬영기술 및 관련 군대 장비 지원의 부족으로 인해 어쩔 수 없이 가정윤리의 문예영화 쪽으로 치우쳐진다. 항일영화라는 소재는 세월의 흐름에 따라 희미해지고, 1984년에 들어서는 거의 자취를 감추게 된다. 유가창(劉家昌)은 25일 만에 영화 〈홍대장〉(洪隊長)과 〈성전천추〉(聖戰千秋)을 제작하지만 흥행에서 참패를 겪는다. 이는 애국 및 정치 홍보영화가 이미 막다른 길목에 들어섰다는 점을 증명한다.[220] 1980년대 초기의 신영화(新電影)에서, 항일은 이미 영화적 배경으로 작동하며, 주제는 눈에 띄는 사회적 사건보다는 시대적으로 비장하고 인문학적인 인간의 존엄을 다루기 시작한다.

대만 사람들이 중국을 바라보는 심정으로 고향의 정을 그린 영화들

뿌리 찾기와 공동체 의식 영화

대만은 광복 후 다시 조국의 품속으로 돌아온다. 하지만 모택동과 장개석 정권의 대립으로, 대만은 다시 작은 영토로 만족해야만 했다. 장개석은 강산이 함락되었다는 분위기를 조성하여, 군인과 민중이 반드시 수복해야 한다는 민주주의 이념을 널리 알리는 정책을 펼친다. 그것이 바로 뿌리 찾기와 공동체 인식이다.

오봉(吳鳳)과 이번(理番) 이야기의 소재는 여러 번에 걸쳐 리메이크된다. 첫 번째 시도는 일본인이 1932년에 촬영한 〈의인오봉〉(義人吳鳳)이며, 대만 국민의 통치를 합법화시키려는 의도가 있었다. 광복 후 첫 흑백영화로는 장영(張英) 감독의 〈아리산풍운〉(阿裏山風雲, 1949)이다. 줄거리는 다음과 같다. 오봉(吳鳳)(이영(李影) 역)은 원주민들의 사람 머리를 자르는 악습을 없애기 위해 자아를 희생해 스스로 제물이 된다. 이러한 오봉의 의로운 행동에

220 노비역, 『대만전영:정치·경제·미학(1949~1994)』, 대만:원유출판사, 2003:300(盧非易, 『台灣電影:政治·經濟·美學(1949~1994)』, 台灣:遠流出版社, 2003:300).

감화된 원주민은 결국 악습적인 전통의 고리를 끊어낸다. 주제는 종족의 융합의식을 승화시키며, 주제곡〈고산청〉(高山青)은 지금도 유행하고 부른다.

대제창(台製廠)에서 제작한 복만창(葡萬蒼) 감독의 〈오봉〉(吳鳳, 1962)은 본적(省籍) 문제를 해소하는 중요한 역할을 하며, 대만 최초의 와이드 스크린 컬러영화이다. 이로부터 뿌리 찾기 영화의 열풍은 끊이지 않고, 정부 혹은 민간 차원에서 지속적으로 제작된다. 서진량(徐進良)의 〈향화〉(香火, 1978), 진요기(陳耀圻)의 〈원〉(源, 1979), 이행(李行)의 〈원향인〉(原鄉人, 1980)과 〈당산과대만〉(唐山過台灣, 1985) 등을 예로 들 수 있다. 이러한 영화들은 인심 좋은 고향의 정으로 대만 이민자들의 마음을 따뜻하게 녹여준다.

유가문화 영화

중국의 한(漢) 문화는 왕도(王道) 정치[221]의 맥락에서 이해할 수 있다. 공자와 맹자 사상은 대만에 전승되고, 국민당 정부는 이를 널리 보급하여 유가사상의 문화를 미디어 자산으로 전환시킨다. 전통 수호의 중요한 전략에 따라, 영화는 유가사상을 암묵적으로 드러내는 표현형식이 된다.

1963년에 재개편된 중영(中影) 제작소의 공홍(龔弘) 이사장은 정신건강 영화를 전략적으로 지원한다. 그 이유는 인성의 미덕을 제창하고, 영화시장을 가득 채운 쿵후영화, 무협 영화, 로맨스영화 등과 맞서려는 것이다. 비록 정책영화이지만, 유가정신이 영화 속에 융화되어 사람의 마음을 정화하고, 악을 징계하고 선을 널리 알리는 사상으로 바꾸려는 것이다.

---

[221] (역자 주) 맹자는 '인의'의 실현을 '왕도(王道)'라 불렀고, 그렇지 않은 것은 '패도(覇道)'라 불렀다. 그가 말하는 '왕도' 정치란 한 사람이 도덕적으로 완성되면 그것이 주위 사람들을 교화해 선정(善政)으로 나타나는 것으로, 나아가 모든 백성이 안정된 생활과 풍부한 교양을 지니고 도덕적 질서를 지켜 나간다면 '왕도' 정치가 실현될 수 있다는 것이다.

〈고녀심친기〉(苦女尋親記)   〈이산춘효〉(梨山春曉)   〈소진춘회〉(小鎭春回)

　종유(宗由)의 〈귀래〉(歸來, 1957)의 줄거리를 살펴보면, 10살 먹은 고아 소봉(小鳳)(장소연(張小燕) 역)은 외삼촌 집에서 얹혀사는 신세인데, 외숙모(목홍(穆虹) 역)는 사적인 원한으로 소봉(小鳳)에게 화풀이하며 학대한다. 외삼촌은 친구를 잘못 사귀어, 유흥에 빠져 빚을 져 교도소에 들어가고, 결국 소봉(小鳳)은 집을 떠난다. 이후 그녀는 돈을 벌어 효심을 보여주자, 외숙모는 그녀를 이해하기 시작하고, 나중에 온 가족이 행복하게 함께 살아간다. 영화는 사랑을 주제로 인성의 포용성과 이해를 드러낸다.

　역문(易文)의 〈관산행〉(關山行, 1956)은 중영(中影)제작소와 홍콩 영화인들이 처음으로 합작한 영화이다. 영화 내용을 살펴보면, 장거리 버스를 타고 이동하는 승객들은 산봉우리를 지나가다가 태풍으로 인해 낙석이 생기면서 통행이 불가능한 상황에 처해진다. 승객들의 의견은 서로 달랐고, 어떤 말이 옳은지 판단할 수가 없었다. 운전기사와 차장 아가씨(갈란(葛蘭) 역)는 부근에 있는 마을을 찾아 도움을 청한다. 밤샘 설득과 조정을 거쳐 사람들은 사심을 모두 버리고 합심하여 낙석을 옮긴 후 다음날 안전하게 이동한다. '폭우 속에서 한 배를 타다.'라는 은유를 그린 이 영화는 탄탄한 줄거리를 토대로 다양한 캐릭터의 유형을 선보인 우수한 작품이라고 할 수 있다.

　종유(宗由)의 〈고녀심친기〉(苦女尋親記, 1958)의 내용을 살펴보면, 여자아이 황소연(黃小燕)의 어머니는 자신이 위독해지자 죽기 전에 아이의 조상을 찾아 본래의 호적으로 입적시키려 한다. 어머니의 소원에 따라 소연(小

燕)은 천리 길을 떠나 할아버지를 찾는다. 도중에, 그녀는 낡은 절에서 하루를 머물면서 천당에서 신선들이 노닐고 있는 꿈을 꾼다. 많은 고난을 이겨낸 후 해피엔딩으로 끝난다. 이 영화는 고난의 길을 걸으면서 겪게 되는 심경변화를 스크린에 잘 담아낸 새로운 영화이다.

종유(宗由)의 〈의실의가〉(宜室宜家, 1961)는 표준 중국어 및 대만 방언 연기자들이 처음으로 합작한 영화로, 코미디 형식을 통해 본적(省籍) 차별과 종족 간의 분쟁을 완화시킨다.

양문감(楊文淦)의 〈이산춘효〉(梨山春曉, 1967)의 줄거리를 살펴보면, 농업에 종사하는 가명(家明)(가준웅(柯俊雄) 역)과 여자 친구 아란(雅蘭)(장소연(張小燕) 역)은 유학가기 전에 아버지가 남기고 간 토지를 처리하기 위해 이산(梨山)에 간다. 그곳에서, 그는 뜻밖의 사실을, 즉 산길을 내는 폭발사고 때 소옥(小玉)(장미요(張美瑤) 역)의 아버지가 생명을 바쳐 자신의 아버지를 구해준 것을 알게 된다. 그는 미안한 마음에 보답하기 위해 소옥(小玉)의 어머니를 도와 병 치료하려고 하지만 거절당한다. 이후 가명(家明)은 아버지 유서에서 자신에 대한 기대를 알게 되고, 졸업한 후 귀국해서 사업을 발전시킬 것을 희망한다. 또한, 그는 자신의 뜻과 취향이 다른 아란(雅蘭)을 떠나 소옥(小玉)과 함께 이산(梨山)을 지키면서 배운 지식을 전수한다. 이 영화는 푸른 벌판 및 원주민 문화, 국가, 토지와 민중의 관계 등을 직접적으로 다루며, 토지개혁과 종족의 융합을 잘 보여준다.

양문감(楊文淦)의 〈소진춘회〉(小鎭春回, 1969)는 홀어머니(장빙옥(張冰玉))와 성격이 완전 다른 세 딸(장미요(張美瑤), 류명(劉明), 하대봉(夏台鳳) 역) 간의 애정, 가치관, 인생 계획 등의 좌충우돌을 담아낸다. 영화는 야외촬영을 통해 누추한 환경에 놓인 민중의 생활고를 잘 그려낸다. 세 딸은 서로 각자의 삶을 살아가지만 여전히 효를 우선으로 한다. 어머니 캐릭터는 굳세지만 자애로운 얼굴을 가지고 있으며, 딸들에 대한 감정은 섬세하고 감동적이다. 장빙옥(張冰玉) 여사는 이 영화로 제7기 금마장(金馬獎) 최우수 여자 조연상을 수상한다. 연출 화면은 다소 밋밋하지만, 그 단점은 장점을 가릴 수가 없다. 시나리오를 작성한 오환(吳桓)은 탄탄한 스토리로 영화를 통속 가정극 울타리를 벗어나게 하고, 온화하고 긍정적인 의미를 가지게 한다.

이행(李行) 감독은 정신건강 영화를 가장 잘 구현한 감독이다. 그는 하층민의 실질적 모습을 담아내며, 엄숙한 주제이지만 공감을 일으키는 영화를 선보인다. 예를 들면, 표준 중국어와 대만 방언을 서로 교차·사용하는 기법을 토대로 한 로맨틱코미디인 〈양상호〉(兩相好, 1962)는 세상 모두가 하나의 가족이라는 감정을 잘 전달하지만, 무대극 느낌을 떨쳐낼 수는 없다. 대부분의 대만영화학자들은 〈가두항미〉(街頭巷尾, 1963) 영화를 정신건강 영화의 시조라고 말한다. 이 영화는 불법 건축물 대잡원(大雜院)에서 평범한 사람들이 서로 의지하며 살아가는 따뜻하고 감동적인 이야기를 그려낸다. 이후의 영화들은 중영(中影)의 전폭적인 지원을 받아서 유가사상이 내포된 시리즈영화를 제작하며, 인성을 강조한다.

예를 들면, 〈가녀〉(蚵女, 1964), 〈양압인가〉(養鴨人家, 1965), 〈완군표매〉(婉君表妹, 1965), 〈아녀정심〉(啞女情深, 1966), 〈옥관음〉(玉觀音, 1968), 〈로〉(路, 1967), 〈추결〉(秋決, 1972), 〈왕양중적일조선〉(汪洋中的一條船, 1978), 〈소성고사〉(小城故事, 1979), 〈원향인〉(原鄉人, 1980) 등의 영화가 있다. 계엄시기에, 이러한 영화들은 실내 스튜디오를 벗어나 야외 현장에서의 직접 촬영을 통해 근검하고 소박하며 전원적인 삶과 인성을 담아내며, 또한 사회적 긴장상황을 완화하며 깊이 있는 삶의 의미를 그려낸다.

군대영화

1970년대 외교는 사면초가의 시기이다. 1971년 연합국에서 퇴출되고, 1972년에는 일본과 단교하며, 1975년에는 장중정(蔣中正)이 서거하고, 1979년에

있는 그대로의 도덕과 인간미를 그려낸 정신 건강 영화들

는 미국과 단교한다. 이 모든 단교는 대만의 앞날을 어둡게 한다. 이러한 불안한 상황 속에서, 대만인들은 국가 발전과 개인의 운명 간의 연관성을 중요하게 여기게 된다. 그런 연유로, 군대 관련 장르의 영화가 선풍적인 인기를 끈다.

2011년은 중화민국(中華民國) 건국 백 년이다. 군대 영화도 80년이란 역사를 가지고 있고 약 200여 편의 영화가 제작된다. 중영(中影)이 처음 국방부와 합작하여 군대 영화를 제작할 때를 생각하면 격세지감을 느낀다. 회상해 보자면, 당시 영화의 내용은 허술하기 짝이 없었지만 여전히 환영을 받았고, 감격적이고 눈물겨운 역사적 사실을 담아낸다.

정선새(丁善璽)의 〈팔백장사〉(八百壯士, 1976)는 사진원(謝晉元) 장군(가준웅(柯俊雄) 역)의 항일의 역사적 사실을 그린 영화이다. 즉, 423명이 목숨을 걸고 싸우는 이야기이다. 예컨대, 동자군(童子軍) 양혜민(楊惠敏)(임청하(林青霞) 역)은 목숨 걸고 헤엄쳐 소주(蘇州) 강을 건너 전사들에게 국기를 건네주어 군사들의 사기를 북돋아 준다. 매년 신년 특집 방영되는 유가창(劉

대만의 애국의식을 고취시킨 군대영화

家昌)의 〈매화〉(梅花, 1975)는 정의를 위해 목숨을 바치는 감동적인 스토리와 아름다운 노래로 점철된 영화이다. 유가창(劉家昌)의 〈황포군혼〉(黃埔軍魂, 1978)은 미국영화 〈서점군혼〉(西點軍魂, The Long Gray Line)을 리메이크한 영화로, 엄격한 육군교관이 훈련병들에게 정신 역량을 강조하며 황포(黃浦) 정신[222]을 드높이는 이야기를 다룬다. 당대의 스타들이 모두 출연한 기록을 갖고 있는 〈여병일기〉(女兵日記, 1975)는 중국부녀자들이 자유평등을 쟁취하는 의식을 그려낸다. 장증택(張曾澤)의 〈견교영열전〉(筧橋英烈傳, 1977)은 공군 고지항(高志航)(양수신(梁修身) 역)이 이끄는 공군비행부대가 일본 비행기를 격추하는, 즉 중국공군이 제1차 출격으로 얻은 값진 승리를 그린 영화이다. 양수신(梁修身)은 "모든 공군 비행기 작전 장면은 전부 스튜디오에서 촬영했다. 일본 특별 촬영팀과 합작하여 군사용 모형을 제작하여 특수효과를 완성시켰다."라고 회상한다.

1980년대 들어서서는 군대 코미디 영화로 변형되며, 10여 년간 호시절을 보낸다. 중제창(中製廠)에서 제작한 〈성공령상〉(成功嶺上, 1979)[223]은 엄숙

---

[222] (역자 주) 황포정신(黃浦精神): 항포 군사학교는 국민당과 공산당이 함께 만든 학교이다. 황포 군사학교의 학생들은 항일 전쟁과 해방 전쟁 중에, 애국 혁명이 황포 정신을 발휘하였다. 다시 말하자면, 중화민족의 독립을 위해서 공헌한 학교이며, 학생이다. 이에 황포 정신은 애국을 핵심으로 하는 정신력이고, 조국을 지키고 보호하려는 신념이다.

한 분위기를 벗어나 익살스럽고 풍자적으로 그려진다. 특히, 배우인 허불료(許不了)는 희극계의 스타 자리로 발돋움한다.[224] 구명성(邱銘誠)의 〈대지용사〉(大地勇士, 1980)는 공전의 히트를 치며, 완성도가 높은 정치 홍보영화로 등극한다. 유유빈(劉維斌)의 〈중국여병〉(中國女兵, 1981)은 당대 최고의 여성 스타가 연기하고, 현대적 감각과 오락성이 강한 영화이다. 김오훈(金鰲勳)의 〈보고반장〉시리즈(報告班長, 1987~1998)는 해방군 군생활의 고난을 이야기한다. 웃음거리가 많은 익살스러운 스토리 덕분에, 이 영화 시리즈는 대만 전 지역의 극장에서 상영시즌과 상영순서를 조정할 정도로, 심지어 야간상영까지 할 정도로 대단한 흥행을 기록한다. 역사적 사실에 기반하여 제작된 장증택(張曾澤)의 〈고녕두대전〉(古寧頭大戰, 1980), 장패성(張佩成)의 〈혈전대이담〉(血戰大二膽, 1982), 정선새(丁善璽)의 〈823포전〉(八二三炮戰, 1986) 등은 국방부의 적극적인 지지를 받아 해안 진지 점령 상륙, 폭발, 탱크, 군함, 장갑차, 대부대의 이동장면 등 사실적인 군사 작전 장면을 담아낸다. 특히, 촬영감독의 카메라 이동은 압도적이며, 단숨에 촬영 및 완성된다.

주연평(朱延平)의 〈대두병〉시리즈(大頭兵, 1987~1998)는 코믹적인 요소를 가미하고, 그의 〈호각향기〉(號角響起, 1995)는 전통적인 군대 이야기 방식을 벗어난다. 시나리오를 작성한 오념진(吳念眞)은 예전 방식에서 벗어나 조롱하고 풍자하는 방식으로, 진실성이 있는 군인을 묘사한다. 1997년 이후

---

[223] (역자 주) 중화민국군의 훈련기관인 성공령에서 부르는 군가를 성공령가라고 한다.

[224] 허불료(許不了)는 대만의 찰리 채플린이라는 칭호를 가진 배우로서, 6년 동안에 영화작품 64편을 찍었으며, 영화, TV 및 각종 공연에서 최고의 흥행 보증수표로 군림한다. 그는 임진한(林秦漢), 진상임(秦祥林), 임봉교(林鳳嬌), 임청하(林靑霞), 1970년대 4대 영화 연예인에 못지않은 인기를 얻은 전형적인 대만 본토 연예인이라 할 수 있다. 그러나 아쉽게도 유명해진 이후에, 조폭과 마약에 의해 34살 젊은 나이에 세상을 뜬 전설과 같은 인생 이야기를 남겨두고 있다.

국방부는 더 이상 영화제작에 참여하지 않으며, 점차 군대 관련 영화는 자취를 감추게 된다.

군대 관련 영화적 요소는 엄격한 지휘관, 신병, PX아가씨, 상대를 혼란에 빠뜨린 뒤에 기회가 오기를 기다려 목적을 달성하는 사병, 불합리한 훈련, 임무 완성 등이 있다. 패턴은 모두 유사하다. 그러나 군인 제도가 존재하는 한 군대 영화는 시장이 있다. 그러나 촬영하려면 위풍당당한 부대, 전문성의 폭발과 군사연습이 필요하다. 임시 배우로는 진실감을 찍어낼 수 없다. 이제 국방부 지원 자체가 없는 군대 관련 영화는 언제 다시 빛을 발할 수 있을까?

유승택(鈕承澤) 감독의 〈군중낙원〉(軍中樂園, 2012)[225]은 원래 국방부의 촬영 지원을 받기도 했는데, 중국 국적의 촬영기사가 가짜 여권으로 군함에 오르는 사건 때문에 엄중한 여론압력을 받고 법률적인 책임 문제까지 발생하며, 결국 국방부의 지원을 받지 못한다. 그런데도 영화는 순조롭게 완성되고, 2014년 9월 5일 대북에서 상영되어 흥행 가도를 달리며, 홍콩, 한국, 싱가포르에서 상영된다. 영화의 내용은 1960년대 국민당과 공산당이 서로 대치할 때, 경치가 맑고 수려한 작은 금문(金門)도에서 임무를 지닌 군인들의 이야기들을, 즉 시대적 광란에 휩쓸려 무리를 지으며, 영원히 발생해서는 안 될 전쟁을 대비하는 군인들의 모습을 담아낸다. 영화는 역사적 사실을 비현실적인 코미디로 조합한다. 다시 말해, 코믹 요소를 통해 민족의 정이 넘치며 눈물 흘리는 감동적인 이야기로 꾸며낸다. 이 영화는 2014년에 5개 분야의 금마장(金馬獎)에 노미네이트되고, 최종적으로 금마장(金馬獎) 최우수 남자, 여자 조연상을 수상한다.

---

[225] (역자 주) 2014년 제19회 부산국제영화제 개막작으로 상영될 정도로 세간의 주목을 받은 작품이다. 영화는 중국 본토와 대만 사이의 이산민의 아픔, 여성에 대한 도덕적 관념, 억압적 군대 문화 등 1960~70년대 대만 사회의 자화상을 잘 그려낸다.

〈鋼鐵的八二三〉(강철적팔이삼) 포스터

823사건 55주년을 기념하기 위해 국방부는 2013년에 음악영화 〈강철적팔이삼〉(鋼鐵的八二三)을 내놓는다. 음악이라는 매개체를 통해 시공을 초월한 이 영화는 최근 반세기의 대만의 변화를 상기시킨다. 근래 군의 사기가 떨어져있는 상황을 노래와 춤의 형식으로 북돋으며 연출하지만, 내용은 정치적 홍보의 색채가 짙다.

역사영화

1700년대에 정성공(鄭成功)의 정씨 왕국에서 청나라로 귀속된 대만은 정식으로 중국과의 연결로뿐만 아니라 민족의 귀속감도 생기게 된다. 대만의 정책영화는 대부분 5천여 년의 중화문화 혹은 역사 이야기를 소재로 하고, 그것의 진실 여부, 즉 꾸며내거나 야사이거나 관계없이 충효와 절의(節義)를 토대로 옛것을 거울삼아 지금을 반추하는 효과와 규범을 다루는 영화가 주를 이룬다. 따라서 이런 장르의 주요한 영화는 정부 3대 영화기구에서 제작한 작품이 다수이다.

이한상(李翰祥)의 〈서시〉(西施, 1965)는 춘추전국시대 구천(勾踐)이 나라를 회복한 역사 이야기를 다룬다. 10년간 와신상담(臥薪嘗膽)한 구천이 국민의 열망에 부응하는 내용이다. 이가(李嘉), 이행(李行), 백경서(白景瑞)의 〈환아하산〉(還我河山, 1966)은 춘추시대 제(齊) 나라 전단(田單)이 연(燕) 나라 군대를 대패시킨 이야기를 다룬다. 위중한 시기에 임명을 받은 전단은 군사와 민중을 모아 성을 쌓고, 소의 양쪽 뿔에 무기를 묶고 기름먹인 갈대를 꼬리에 매달아 적진으로 쇄도하는 소 작전을 통해 승리를 이끈다. 핵심 주제는 모두가 일심단결하면 견고한 성을 이룰 수 있다는 의미이다. 고양(高陽) 작가의 소설을 각색한, 이한상(李翰祥)의 〈제영〉(緹縈, 1971)은 효도정신을 기반으로 한 정치 홍보영화이다. 서진량(徐進良)의 〈운심부지처〉(雲深不知處, 1975)는 왕본(王本)이 어떠한 사심 없이 의술을 펼쳐 세상 사람들을 구제한다는 이야기를 다룬다.

〈환아하산〉(還我河山)   〈운심불지처〉(雲深不知處)   〈서시〉(西施)
중화민족의 문화감정을 가슴깊이 남긴 역사영화들

새로운 스타일의 창작영화(風格創作片)

계엄과 정책영화가 원활하게 맞물려 구동될수록, 그만큼 창작과 언론자유는 제한적이다. 이러한 상황 속에서 감독들은 예술이념을 추구하면서 관객이 선호하는 새로운 스타일의 영화를 선보인다. 예를 들면 송존수(宋存壽), 백경서(白景瑞), 요봉반(姚鳳磐), 이한상(李翰祥) 네 분의 감독은 모두 후세에 길이 남을 작품들을 제작한다.

〈파효시분〉(破曉時分)
스틸 사진

관원 역할 양군(楊群)

〈모친삼십세〉
(母親三十歲) 포스터

송존수(宋存壽)의 〈파효시분〉(破曉時分, 1966)은 주서녕(朱西寧)의 동명 소설인 원작을 각색한 작품이다. 원작의 영감은 중국 명나라 전기(傳奇) 작품인 『15관』(十五貫)이며, 시대적 배경을 중국 청나라 말기로 옮겼다. 관아에서 하급관리인 소동(少東)(양군(楊群) 역)은 사악하고 음란한 남자/여자 간의 문제를 해결하는 일을 한다. 영화는 사건을 해결하기 몇 시간 전으로 거슬러 올라가 서술된다. 또한, 영화는 동이 트는 징을 울리는 소리로부터 큰길을 건너 걸어가는 장면으로 시작하는데, 이는 소동(少東)이 하루 일을 마치고 같은 길로 집으로 돌아가는 영화의 마지막과 궤를 같이한다.

감독은 소리 없이 멀어져가는 뒷모습을 흐릿하게 처리하여 금방 동틀 것 같은 화면으로 전환한다. 영화는 전체적으로 치밀게 구성되어 있으며, 급박한 상황을 느릿한 느낌으로 촬영한다. 이를 통해 그는 정치 악당, 사람을 풀 베듯 함부로 죽이는 정치 악당이나 관료의 무능함을 비판한다. 또한, 영화는 관아 심부름꾼인 소동의 시점으로 관객을 인도하여 누에고치에서 명주실을 뽑듯이 사건경위와 경과를 상세하게 진술한다. 예컨대, 다수의 카메라는 관 아의 좁고 긴 공간을 천천히 훑으면서 여백의 미를 보여준다. 이러한 새로운 스타일은 1960년대 영화계에서는 이례적이었다.

송존수(宋存壽)의 〈모친삼십세〉(母親三十歲, 1972)는 이화소설(梨華小說)이 원작이다. 영화 시작은 어린 아들이 어머니가 바람피우는 듯한 장면을 우연히 보게 되고, 이로 인해 오해와 우연한 엇갈림으로 불만스러운 감정이 쌓여 모자간의 거리가 생기게 된다. 이후 아버지는 병으로 돌아가시고, 어머니는 재혼을 한다. 세월이 흘러, 어느 날 어머니는 병역 복무 전의 아들을 보기 위해 아들 있는 곳으로 가는데, 건널목에서 다 자란 아들의 모습을 보고 급한 마음에 차에서 내려 쫓아가다 교통사고로 갑자기 세상을 떠난다. 안타까운 모자의 정은 관객의 눈시울을 적신다. 감독은 가정과 사회의 억압에 놓인 여성의 심경을 탐구하고, 여성지위의 고양에 관심을 드러내며, 전통적인 관습과 속박으로부터의 벗어남을 격려한다.

상기 2편의 영화는 대만영화인들에게 높은 호평을 받는다. 시나리오 작가인 오념진(吳念眞)은 "〈파효시분〉(破曉時分)과 〈모친삼십세〉(母親三十歲)는 대만 신(新)영화 이전에 저를 가장 많이 놀라게 한 대만 본토 영화이다."라고 언급한다. 영화 평론가들도 송존수(宋存壽)의 영화들은 대만영화 인문주의 이정표라고 한다. 그러나 대만영화사에서 송존수(宋存壽) 인물은 아쉽게도 하나의 주석에 불과하다. 그는 놀랄만한 우수한 작품을 선보이지만 개인적으로 금마장(金馬獎)도 받은 적이 없다. 그 원인은 당시 금마장이 주제의식의 '정확성' 여부를 우선조건으로 보았기 때문에, 그의 걸출함을 이해하지 못했다.[226]

백경서(白景瑞)의 〈가재대북〉(家在台北, 1970)은 맹요소설(孟瑤小說)의 『비연거래』(飛燕去來)가 원작이다. 세 개의 에피소드로 구성된 영화는 1970년대 해외 출국 열풍과 귀국하는 대만인들의 가치관을 다룬다. 우선, 영화는 해외 출국이 허영 혹은 영광인지를 되물으면서, 이 문제를 부부, 자녀간의 소통과 연결시킨다. 이야기는 귀국하는 학자로부터 시작하여 사람 소리가 들끓는 비행장, 승객들과 친척, 친구 마중 나온 사람들의 각자 다른 기대감을 보여주고, 결말에는 각자 인물들이 스스로 자신을 깨닫고 대만에 남아서 해외에서 배운 지식을 기여하려는 각오를 담아낸다. 이는 진정한 집이 대북에 있다는 의미를 전달한다. 이 영화는 빠른 장면전환이 많고 코믹적 요소를 강조하며, 인물의 심리변화와 사건전개를 능숙하게 그려낸다.

백경서(白景瑞)의 〈적막적십칠세〉(寂寞的十七歲, 1966)는 보수적인 가정에서 부모와 자녀 간의 의사소통의 문제점을 다룬다. 이야기는 17살 소녀(당보운(唐寶雲) 역)의 이성에 대한 야릇한 감정을 담담하게 서술한다. 감독은 정신분석학적 측면에서 소녀의 감정과 욕망분출을 다채롭고 몽환적인 몽타주로 잘 표현한다.

〈家在台北〉(가재대북)의 포스터와 스틸사진 : 귀아뢰(歸亞蕾), 무가기(武家麒), 풍해(馮海), 이상(李湘) 주연

---

226 문천상, 〈아몰유자격담송존수도연〉, 『금마특간』, 대만, 2008.08.27(聞天祥, 〈我沒有資格談宋存壽導演〉, 『金馬特刊』, 台灣, 2008.08.27).

〈적막적십칠세〉(寂寞的十七歲)의 포스터와 스틸사진 : 　　〈재견아랑〉(再見阿郎)
당보운(唐寶雲), 가준옹(柯俊雄) 주연　　　　　　스틸 사진

　　백경서(白景瑞)의 〈재견아랑〉(再見阿郎, 1971)은 진영진(陳映眞)의 소설 『장군족』(將軍族)을 각색한 영화이다. 이 영화는 대만 남부 작은 마을에서 활동하는 여자음악대의 희노애락을 묘사하고, 대만 사회 하층 인물의 심리를 담아낸다. 주인공은 백수건달인 아랑(阿郎)(가준옹(柯俊雄) 역)과 그의 부인인 계지(桂枝)(장미요(張美瑤) 역)이다. 아기를 임신한 그녀는 악단을 떠나 고웅(高雄)에서 생활하는데, 생활이 힘들어지자 아랑(阿郎)은 돼지운반차 기사직을 찾아 생계를 이어간다. 이에 계지(桂枝)는 그의 안전을 걱정하여 화를 내고 가출을 시도하고, 결국 아랑(阿郎)은 차 사고로 목숨을 잃는다. 이후 계지(桂枝)는 출산하고, 다시 악단에 복귀한다. 영화는 시나리오 구조가 탄탄하고, 스토리가 다변적이며, 캐릭터들을 생동감 있게 표현한다. 또한, 카메라 움직임이 역동적인 실사영화이다. 따라서 국제적인 찬사가 뒤따른다. 구로사와 아키라(黑澤明) 감독과 칸영화제 영화선정을 담당하는 피에르 리시앙(Pierre Rissient) 등의 저명한 감독 및 비평가들은 〈재견아랑〉(再見阿郎)을 세계적으로 우수한 작품이라고 칭송한다. 이 영화는 대만 사회의 변혁기를 잘 담아냈을 뿐만 아니라, 대만 신·구 사회에 적응해 나아가는 전형적인 대만 남자를 성공적으로 그려낸다.[227]

---

227 황인·왕유, 『대만전영백년사화』(상), 대만:중화영평인협회, 2004:276(黃仁·王唯,

백경서(白景瑞)는 이탈리아 영화센터에서 유학하면서 수학한 선구적인 영화감독이다. 그는 국제적인 새로운 경향인 네오리얼리즘의 영향을 받아 화면 움직임의 표현력이 풍부하며, 일관된 사실적 주제를 추구한다. 또한, 처음으로 시도한 사실주의 스타일, 코믹 구조, 야외촬영 선호 등을 통해 새로운 개념의 영화를 추구한다. 따라서 그는 야외촬영을 강조하며 자연광을 잘 포착했다. 특히 오랫동안 그와 함께 작업한 촬영감독 임찬정(林贊庭)은 지대한 기여를 한다. 코미디 시리즈 영화인〈신낭여아〉(新娘與我, 1969),〈금천불회가〉(今天不回家, 1969),〈가재대북〉(家在台北, 1970) 등은 전통적인 서사기법을 뛰어넘고, 화면 분할을 활용해 시공간의 사건을 중첩시키며, 시청각적 측면에서 새로운 감각을 선보인다. 진곤후(陳坤厚) 감독은 당시를 회상하면서, "아마 1968년쯤인 것 같다. 내가 촬영 조수 일을 하고 있을 때, 백 감독님을 따라 대북과 관련된 기록영화를 촬영하면서 진짜 매우 놀랐다. 당시 실사영화의 특징을 많이 느꼈고, 나의 학습 과정과 후기 작품들은 백경서(白景瑞) 감독으로부터 지대한 영향을 받았다."라고 말한다.

〈희로애락〉(喜怒哀樂, 1970)은 전대미문의 걸작이며, 네 명의 영화 대가인 백경서(白景瑞)(기쁨), 이행(李行)(분노), 호금전(胡金銓)(슬픔), 이한상(李翰祥)(즐거움)이 공동으로 제작한 시대극 영화이다. 매 단락은 약 20분이고, 각기 다른 구상과 철학이 담겨져 있다.

〈기쁨〉편은 대화가 거의 없고, 배우들의 눈빛이나 몸동작을 통해 의미를 표현하며, 배경음악이나 음악 효과가 주를 이룬다. 내용은 한 칸의 낡은 초가집에 의거하는 서생(書生)과 아름다운 여자 귀신 간의 감정을 완벽하게 담아낸다.〈분노〉편은 진실과 거짓이 서로 뒤엉켜있고, 복수와 용서의 주제를 강조하며, 여귀신이 은혜를 갚는 이야기를 그려낸다.〈슬픔〉편은 여인숙에서

『台灣電影百年史話』(上), 台灣:中華影評人協會, 2004:276).

한 쌍의 부부가 뜨내기손님들의 재물을 약탈하면서 생기는 해프닝을 다룬다. 감독은 제한된 공간에서 긴장되고 미스터리하면서도 경극 느낌이 나는 영화를 선보인다. 〈즐거움〉 편은 늙은 어부와 물귀신 간의 대화이다. 선행에는 언제나 좋은 결과가 뒤따른다는 주제를 다룬다.

〈희로애락〉(喜怒哀樂)의 백경서(白景瑞), 호금전(胡金銓),
이행(李行), 이한상(李翰祥) 감독

〈희로애락〉(喜怒哀樂)의 여자 주연 스틸사진 : 견진(甄珍)(喜), 장미요(張美瑤)(怒),
호금(胡錦)(哀), 강청(江青)(樂)

귀신영화 〈요봉반(姚鳳磐)〉의 포스터

4막으로 구성된 이야기는 간결하지만 무게감이 있고, 관객들로 하여금 스스로 사고하게 만든다.

요봉반(姚鳳磐) 감독은 '귀신영화의 왕'이라는 칭호가 있다. 그의 귀신영화는 대만영화계에서 독보적이다. 〈추등야우〉(秋燈夜雨, 1974), 〈남교월랭〉(藍橋月冷, 1975), 〈한야청등〉(寒夜靑燈, 1975), 〈자야가〉(子夜歌, 1976), 〈귀가〉(鬼嫁, 1976), 〈잔등유령삼경천〉(殘燈幽靈三更天, 1977), 〈잔월음풍취고루〉(殘月陰風吹古樓, 1977), 〈혈야화〉(血夜花, 1978), 〈고조야우〉(古厝夜雨, 1979), 〈야변〉(夜變, 1979) 등이 있다. 1970년대 쿵후영화가 성행할 때도, 요봉반(姚鳳磐)은 오로지 요괴영화만 연출한다. 그는 『요재지이』(聊齋志異)와 『태평광기』(太平廣記) 두 권의 책으로부터 많은 영감을 받는다. 특히, 그는 사람과 여우신선 간의 이야기를 다루며, 특수촬영 및 입체 서라운드 음향을 활용해 귀신영화의 아름다움과 시적 정취를 만들어낸다. 그의 최고의 꿈은 귀신 이야기에서 중국의 철학을 이야기하는 것이다. 그의 영화들은 세상 만물 모두에 신적인 기운이 존재하며, 귀신을 인격화하여 세상 사람들에게 경고하는 효과를 준다.

이한상(李翰祥) 감독은 역사 영화와 생활실사 영화에 정통하다. 그의 영화는 한때 대만에서 유행한다. 비록 대만에서 명성을 크게 얻지는 못하지만, 〈양산백여축영대〉(梁山伯與祝英台, 1963)는 대만 한 세대 사람들의 아름다운 기억으로 남아 있으며, 전례 없는 흥행을 만들어낸다. 또 한 대만의 황매희(黃梅戲) 지방에서 유행한 전통극의 거센 바람과 열풍을 일으킨다. 1963년의 영화순위 차트를 보면, 〈양산백여축영대〉 영화는 1위에 오른다. 그 후 4년간 순위 차트 10위 상위 순위는 모두 황매희(黃梅戲) 유형의 영화가 자리 잡으며, 1963년에 〈양산백여축영대〉를 만든 홍콩 소씨(邵氏) 영화 제작사가 상위 순위의 주류를 점한다.[228] 1967년에 〈용문객잔〉(龍門客棧)이 순위 차트 1위에 오르면서 상황은 전환된다. 이한상(李翰祥)은 대만에서 국련(國聯) 영화회사를 설립하고 〈서시〉(西施, 1966), 〈동난〉(冬暖, 1969), 〈제영〉(緹縈, 1971) 등의 영화를 제작하여 좋은 결과를 낸다. 그는 대만만의 특화된 영화를 제작한 공신이고 인재 양성에도 여력을 다한다. 예를 들면, 임복지(林福地), 곽남굉(郭南宏), 송존수(宋存壽), 장증택(張曾澤) 등과 같은 감독들이 후에 모두 영화계의 중심인물이 된다. 임복지(林福地) 감독은 다음과 같이 회상한다. "국련(國聯)이 있었기에 대만영화산업이 활성화를 띤다. 만약 국련(國聯) 제작사가 없었더라면, 중영(中影)도 그렇게 적극적이지 않았을 것이고, 컬러영화도 그렇게 빨리 흥행할 수 없었을 것이다. 이전의 대만은 여전히 흑백영화만 찍었는데, 이후 컬러영화로 빠르게 전환된다. 그 이유는 당연히 국련(國聯)이 대만에 왔기 때문이다. 대만방언 영화가 점차 쇠퇴하고, 표준 중국어 영화가 전반적으로 약진하는 시기이다."[229]

무협영화

중국 무협 영화는 전 세계에서도 독특한 소재이다. 마치 유럽의 황실영화

---

[228] 황인·왕유, 『대만전영백년사화』(상), 대만:중화영평인협회, 2004:300(黃仁·王唯, 『台灣電影百年史話』(上), 台灣:中華影評人協會, 2004:300). 1960년대 초기에 대만 본토 영화시장은 여전히 작았다. 최고의 극장에서 상영하는 영화는 모두 서구 영화들이고, 미국 8대 회사와의 계약으로 인해 그들의 제약을 받았다. 대만 본토 영화가 영화관에서 최초 개봉상영을 하는 것은 당시 매우 드물었다. 1962년 〈양산백과 축영대〉(梁山伯與祝英台)는 대만 전 지역을 휩쓸어 놓으면서 상황은 완전히 바뀐다. 서구영화만 상영하는 극장조차도 8대 회사와 계약을 파기하면서라도 〈양산백과 축영대〉를 상영하려고 했다. 미국 8대 회사 연합팀에서 보복으로 영화공급을 중단하지만, 뜻밖에도 극장에서는 좋은 기회라고 여기며 대만 본토 영화 상영으로 전환한다. 대만 본토 영화극장은 1개에서부터 6개 라인으로 증가되며, 대만 본토 영화 극장 체인이 대북시에 있는 극장의 80%를 차지하며 흥행이 수직으로 상승한다.

[229] 초웅병, 『개변역사적오년』 대만:만상도서, 1993:245(焦雄屏, 『改變歷史的五年』 台灣:萬象圖書, 1993:245).

와 일본의 무사도 영화처럼 모두 해당 지역에서 비롯된 특수 문화의 자산이다. 1928년 상하이 영화 〈화소홍련사〉(火燒紅蓮寺)는 무협 영화의 거센 열풍을 일으키는데, 국민당 정부가 대만으로 이전하면서 그 열풍도 이어진다. 무협 영화는 중국인들의 의협정신과 중용의 도를 은유한다. 파별로 교의(敎義)가 있으며, 무예인들의 최고 정신을 표현한다. 무예인들의 칼 빛과 검의 그림자에 비친 격렬한 전투, 추녀와 담벼락을 나는 듯한 동작은 소설가의 번득이는 영감이며, 무술문화에서 파생한 판타지 세계를 그린다. 무협 영화는 중국문화에 속하며, 국제영화계에서도 인정받는 문화창작 자산이다. 지금의 무협 영화는 홍콩과 중국에서 주로 제작된다. 서극(徐克), 정소동(程小東), 왕가위(王家衛), 장예모(張藝謀), 진가신(陳可辛) 등 감독들은 새로운 미학의 무협 영화를 끊임없이 제작해낸다. 이안(李安)의 〈와호장룡〉(臥虎藏龍, 2000)은 전 세계를 놀라게 하고, 서극(徐克)은 선진적인 3D 기술로 〈용문비갑〉(龍門飛甲, 2011)을 연출한다. 이전에 호금전(胡金銓)의 〈용문객잔〉(龍門客棧, 1967)은 이미 엄청난 흥행수익을 올렸고, 〈협녀〉(俠女, 1970)는 칸국제영화제에서 베스트 영화기술상과 시각효과상을 수상하며 세계의 주목을 받았다. 특히, 〈와호장룡〉의 국제적 흥행 덕분에, 무협 영화는 다시 성행하는 계기를 맞는다.

유교, 도교, 불교를 아우르며, 무협 정신과 중용 이념을 세운 무협 영화들

계엄 시기의 무협 영화는 시대와 정치를 초월하며, 그 특유한 역사문화와 이야기에 기반한 감정을 끌어낸다. 호금전(胡金銓)의 무협 시리즈 영화는 아름답다. 굳셈과 부드러움이 조화를 이루며, 선(禪)의 도가 내포되어 있다. 그는 〈대취협〉(大醉俠, 1966), 〈산중전기〉(山中傳奇, 1979), 〈공산령우〉(空山靈雨, 1979) 등을 통해 무협 영화의 대가로 자리매김하며, 서풍(徐楓), 상관령봉(上官靈鳳), 석준(石雋) 등의 배우를 배출한다. 다른 감독들도 자신만의 고유한 특색을 갖고 있다. 장철(張徹)의 〈독비도〉(獨臂刀)는 살을 에듯 차고 강력하다.[230] 초원(楚原)의 〈유성, 호접, 검〉(流星, 蝴蝶, 劍, 1976)은 로맨틱한 요소로 무협 영화의 또 다른 묘미를 선사한다.[231] 고룡(古龍)의 〈초류향전기〉(楚留香傳奇, 1980)은 화려하다. 곽남굉(郭南宏)의 〈일대검왕〉(一代劍王, 1968)과 〈귀견수〉(鬼見愁, 1970)는 충성, 절개, 영웅의 기질을 강조하며, 백만의 흥행수익을 돌파한다. 전붕(田鵬)의 〈남협전소〉(南俠展昭, 1975)는 강한 의협심과 따뜻한 마음을 강조한다. 이들은 모두 무협 세계의 영감을 빌

---

230 도상문, 「천년무타몽, 백년전영로」, 대만:『cue.전영생활지』, 2011(01~02):26(塗翔文, 「千年武打夢, 百年電影路」, 台灣:『cue.電影生活誌』, 2011(01~02):26). 무협 영화는 남북파로 나뉘었다. 호금전(胡金銓)은 북파 무협 영화이고, 남파는 장철(張徹)이다. 후자는 예광(倪匡)이 시나리오를 쓴 〈독비도〉(獨臂刀, 1967)의 감독으로 소씨(邵氏)회사 작품이다. 스토리는 긴장감이 넘치고, 대결장면은 무협 영화의 길을 개척해준다. 장철은 명인 감독이 되고, 남자 주역인 왕우(王羽)는 하룻밤 사이에 폭발적인 인기를 얻어 신무협의 제1대 스타로 등극한다. 이 영화는 기발한 싸움장면과 방법으로 홍콩에서 처음으로 국제적으로 이름을 떨치고 흥행수입이 백만을 넘기는 영화가 된다. 그 후 기존 멤버 그대로 〈독비도왕〉(獨臂刀王)을 제작하고, 중국어 영화 흥행수입의 최고점을 찍는다. 그 후 제작된 〈신독비도〉(新獨臂刀)은 강대위(薑大衛), 적룡(狄龍) 등이 주요 역할을 맡으며, 이 역시 흥행에 성공을 거둔다.

231 (역자 주) 자객의 운명은 떨어지는 유성처럼 덧없고, 사랑의 아름다움은 나비처럼 유한하다는 뜻을 담은 제목처럼, 권력과 야심이 지배하는 강호에서 살아가는 자객들의 비극적인 운명과 이룰 수 없는 사랑을 그린다.

어 마음속의 세계를 흥미진진하게 풀어놓는다.

곽남굉(郭南宏)의 〈일대검왕〉(一代劍王, 1968)은 검객(전붕(田鵬) 역)이 가족을 죽인 원수를 갚으려고, 차례대로 5명의 원수를 찾아 나서는 과정을 그린다. 또한, 은혜와 원한 속에서 몸부림쳐야 하는 상황과 맞서야 하는 운명을 담아낸다. 감독은 남자의 책임과 부권사회의 권위를 강조하며, 원한을 풀기 위해 서로 보복하기보다는 너그럽게 용서해 증오를 내려놓으라는 의미를 전달한다. 그는 검술을 인덕 및 충성과 용서의 도리로 표현한다. 영화 마지막 장면은 마른 나뭇가지와 넓고 푸른 바다 배경으로 검술을 겨루는 협객의 그림자를 한결 더 두드러지게 한다. 협객은 날아다니지만, 살기가 느껴지지 않고 단지 미적인 감각을 은유한다. 고대에 군자들은 결투로 존재의 가치를 인정받았다. 일대검왕(一代劍王)이란 칭호는, 즉 결투에 대한 답이다.

쿵후영화

국제적 명성을 얻고 있는 중국 쿵후는 아무것도 가진 것이 없는 맨몸으로 적을 제압하는 것이 포인트이고, 중용의 도를 명백하게 드러낸다. 지금까지도 여전히 국제적으로 열풍이 식지 않는 것으로 보면, 쿵후영화의 국제적 인지도는 인정해야 한다. 1970년 왕우(王羽)의 〈용호투〉(龍虎鬥) 영화가 쿵후영화의 시작이다. 적룡(狄龍)이나 강대위(薑大衛)가 열풍을 이끌어 나간다. 1970년대 이소룡(李小龍) 영화인 〈당산대형〉(唐山大兄, 1971), 〈정무문〉(精武門, 1972), 〈맹룡과강〉(猛龍過江, 1972), 〈용쟁호투〉(龍爭虎鬥, 1973), 〈사망유희〉(死亡遊戲, 1973) 등은 전 세계적으로 200여 지역에서 아주 높은 흥행 성과를 이룬다. 이후 할리우드에 '쿵후(KongFu)'라는 신조어가 함께 쿵후라는 영화 장르가 생기게 된다. 이소룡(李小龍)은 절권도와 쌍절곤을 활용하여 "중국인은 동아시아 약자가 아니다."란 명대사를 만들어내며, 민족 영웅의 자리를 차지하는 등의 매우 선명한 이미지를 구축한다. 이어서 성룡(成

龍)의 〈사형도수〉(蛇形刀手, 1978), 〈취권〉(醉拳, 1978) 등의 영화가 제작되고, 이연걸(李連傑)의 〈황비홍〉(黃飛鴻, 1991), 〈곽원갑〉(霍元甲, 2006) 등의 영화가 뒤를 잇는다. 현재 이러한 바통을 이어받은 배우는 아마도 견자단(甄子丹)일 것이다.

초기 쿵후 열풍은 홍콩에서 대만으로 불어오고, 영화 제작사 및 감독들은 너도나도 제작에 뛰어들어 쿵후영화가 무수히 제작되며, 수많은 쿵후 스타를 배출한다. 예를 들면, 담도량(譚道良), 맹비(孟飛), 왕도(王道) 등이다. 왕도(王道)는 "그 당시 홍콩 무술인을 대만에 초빙하고 훈련 가능한 환경을 제공하여 지도를 받았다. 그때는 전부 다 주먹구구식의 촬영방식이어서, 목숨을 걸고 사투를 벌였다. 심지어 안전감시 모니터도, 적당한 안전거리조차도 없었다. 또한, 필름을 현상한 이후 촬영 각도나 효과가 마음에 들지 않으면 다시 촬영하는 일이 다반사였다."라고 회상한다. 대만 본토 영화의 황금기 열풍이 지나간 후, 대만 쿵후영화는 결국 크게 성공을 거두지 못하며, 대만과 홍콩의 합작을 통해 근근이 명맥을 유지한다.

전 세계 중국인들이 미간을 펴고 원망을 털어놓게 하는 쿵후영화들

왕성뢰(王星磊)의 〈조주노한〉(潮州怒漢, 1972)은 노동을 위해 팔려가는 악행, 즉 폭력적인 악행에 대항하는 무술정신을 강조하며, 도마뱀무술의 소유자 담도량(譚道良)과 신인 임봉교(林鳳嬌)를 배출해낸다. 흥행제조기인

곽남굉(郭南宏)의 〈소림사십팔동인〉(少林寺十八銅人, 1976)은 세계 60여 개의 나라로 배급되어 상영되는데, 이는 쿵후영화가 해외시장의 활로를 찾을 수 있고 해외시장에서도 통한다는 좋은 경험 및 계기가 된다.[232]

영화 〈엽문〉 시리즈(葉問, 2008)은 무술 종사(宗師) 엽문(葉問)과 관련된 일들을 묘사한다. 견자단(甄子丹)의 무술 연기는 환호를 받고, 그는 쿵후 스타로 등극한다. 또한, 쿵후영화가 대본이 우수하고 연출이 뒷받침된다면, 관객의 관심을 끌 수 있다는 점을 증명한다. 중국에서의 흥행수익이 1억을 넘긴다. 또한, 이소룡(李小龍)을 모델로 한 〈진진:정무풍운〉(陳眞:精武風雲, 2010)은 쿵후 거성에게 오마주(Homage)하는 작품이다.

홍콩 영화계는 쿵후영화 시장을 중요하게 생각하여, 2007년 10월 12일 심천(深圳)에서 '중국쿵후세계축제(中國功夫全球盛典)'를 개최한다. 성룡(成龍) 등 당대의 쿵후 스타들이 모두 참석한다. 주제는 '역사를 돌이켜 보고 경전에 경의를 표한다.'이고, 축제에서 왕우(王羽)에게 공헌상을 수여한다. 그는 홍콩 무협 영화의 산증인이며, 길고 긴 중국 쿵후의 역사와 맥을 같이한다. 상의 수여는 전통을 이어받고 그 정신을 계승하는 것이다.

낭만적인 분위기를 연출한 문예애정 영화들

---

232 임육여·정덕경, 『곽남굉적전영세계』, 대만:고웅전영도서관, 2004(林育如·鄭德慶, 『郭南宏的電影世界』, 台灣:高雄電影圖書館, 2004).

문예애정 영화

감정이란 인류의 공통적인 요소이다. 특히 애정은 이성에 대한 감정과 의사를 밝히는 형식이다. 고대 그리스 연극작품으로부터 셰익스피어 혹은 중국 고대문학 작품에 이르기까지, 애정은 하늘과 땅처럼 영원하며, 사람의 심금을 울린다. 설명이 필요 없는 사랑은 세기를 넘나드는 주제이다. 문예애정 영화는 치정에 빠진 남녀에게 필사적으로 영원한 답을 추적하게 만든다.

경요(瓊瑤) 작가의 소설은 애정 상품을 만들어내는 특별한 유형이다. 그는 몽환적인 환경 속에 아름다운 것을 엮어서 정감을 찾는 사람들의 마음을 사로잡는다. 경요(瓊瑤) 영화는 이미 대만영화 유형에서 일종의 고유명사가 된다. 1965년에 이행(李行)이 제작한 〈완군표매〉(婉君表妹, 1965)는 경요(瓊瑤) 영화 열풍의 시동을 걸어놓으면서, 1965~1983년의 20년 동안 49편의 영화를 제작하며 황금기의 영화 왕국을 구축한다. 경요 영화들은 초기, 중기, 말기로 구분할 정도로 20여 년의 긴 세월 동안 환호를 받는다. 경요는 원작자, 제작감독, 시나리오 작가 등을 겸직하면서, 화조(火鳥)와 거성(巨星)이란 영화 제작사를 설립하여 우수한 영화 제작에 몰두한다. 당시 일선에 있던 홍콩과 대만 감독들 모두는 경요 영화를 제작한 경험이 있는데, 작품으로는 대체적으로 다음과 같다.[233]

초기 작품(1965~1970): 〈아녀정심〉(啞女情深, 1965), 〈연우몽몽〉(煙雨濛濛, 1965), 〈화락수가〉(花落誰家, 1966), 〈기도석양홍〉(幾度夕陽紅, 1966), 〈행운초〉(幸運草, 1970) 등 영화로, 주요한 여자 주인공은 당보운(唐寶雲), 왕막수(王莫愁), 귀아뢰(歸亞蕾), 견진(甄珍) 등이며, 남자 주인공은 강명(江明), 양군(楊群), 무가기(武家麒), 가준웅(柯俊雄), 유유빈(劉維斌), 구위(歐

---

233 황인·왕유, 『대만전영백년사화』(상), 대만:중화영평인협회, 2004:303~422(黃仁·王唯, 『台灣電影百年史話』(上), 台灣:中華影評人協會, 2004:303~422).

威), 능운(凌雲) 등이다.

중기 작품(1971~1980): 〈정원심심〉(庭院深深, 1971), 〈심유천천결〉(心有千千結, 1972), 〈채운비〉(彩雲飛, 1973), 〈창외〉(窗外, 1974), 〈해구비처〉(海鷗飛處, 1975), 〈재수일방〉(在水一方, 1975), 〈여붕우〉(女朋友, 1975), 〈벽운천〉(碧雲天, 1976), 〈아시일편운〉(我是一片雲, 1977), 〈인재천애〉(人在天涯, 1977), 〈채하만천〉(彩霞滿天, 1979), 〈일렴유몽〉(一簾幽夢, 1979), 〈일과홍두〉(一顆紅豆, 1979), 〈금잔화〉(金盞花, 1980) 등의 영화가 있다.

말기 작품(1981~1983) : 〈취산량의의〉(聚散兩依依, 1981), 〈몽적의상〉(夢的衣裳, 1981), 〈각상심두〉(卻上心頭, 1982), 〈연소파!화조〉(燃燒吧!火鳥, 1982), 〈작야지등〉(昨夜之燈, 1983) 등의 영화가 있고, 주요한 여자 주인공은 여수릉(呂琇菱), 유람계(劉藍溪) 등이고, 남자 주인공은 종진도(鍾鎭濤), 유문정(劉文正) 등이 있다.

이 영화들은 시기마다 각기 다른 느낌을 지닌다. 초기 작품에는 유가문화와 부권 체제의 색채가 농후하여 전통과 새로운 사회 간의 충돌을 그리며, 남녀 간의 사랑이란 혁명 시대에서 하잘것없는 것으로 여겨진다. 주요한 이미지는 문예적인 분위기이며, 정부의 정책 영화 요구에 순응해야만 했다. 중기 작품은 남녀 간의 애정 속에서 '삼청(三廳)' 경요(瓊瑤) 영화의 특징으로 점철된다. 예컨대, 응접실, 식당, 커피숍 3곳의 장소가 주로 사용되면서, 시적인 정취와 그림 같은 아름다움 등 정형화된 기존 격식에 빠져들어 가기 시작하는 예술적인 작품들이 무수히 많다. 진한(秦漢), 진상림(秦祥林), 임청하(林青霞), 임봉교(林鳳嬌) 등이 함께 출연하면 흥행수입이 보증될 정도이다. 말기 작품에는 몽환적인 연정을 추구하기 위해 가족전통, 다각적 연애, 계급 차별 등의 주제가 충돌하는 스토리가 중심이 된다. 특히 후기 작품에서 연기자들은 악기나 음악을 통해 각자의 음악 재능을 발휘하는 장면에서 다수 등장하게 되며, 이후 이런 영화는 음악애정영화로 전환된다.

당시 이러한 시대적 유행에 따라, 민간 제작사들은 앞다투어 서로 경요(瓊瑤)와 합작하려 한다. 예컨대, 〈선〉(船, 1967)과 〈한연취〉(寒煙翠, 1968)는 홍콩 소씨(邵氏) 제작사가 경요(瓊瑤) 소설을 각색한 영화이다. 1969년부터 대만에 투자된 영화들은 주로 경요 소설을 각색한 작품들이다.[234] 경요 소설을 각색한 영화들은 다양한 유형의 형태를 보여주며, 금마장(金馬獎)을 수상하기에 용이했다. 이러한 경요 영화들은 관심이 고조되는 관객의 눈높이에 따라 성장하며, 선남선녀의 애끊는 사랑과 뼈에 사무치는 애정을 통해 인생의 발자취를 재현한다. 비록 영화 역사상 아주 중요한 부분을 차지하지는 못하지만, 한 시대를 풍미한 유형으로 자리매김한다.

기타 작가의 소설을 각색한 영화를 살펴보면 다음과 같다. 현소불(玄小佛)의 소설을 각색한 〈백옥지련〉(白屋之戀, 1972), 〈신무〉(晨霧, 1978), 〈사탄상적월량〉(沙灘上的月亮, 1978), 〈채재석양리〉(踩在夕陽裡, 1978), 〈미려여애수〉(美麗與哀愁, 1980), 〈소호로〉(小葫蘆, 1981), 〈수감야아〉(誰敢惹我, 1981), 〈분조만천비〉(笨鳥滿天飛, 1982) 등의 영화가 있다. 현소불(玄小佛)의 작품을 영화로 각색한 편수는 그리 많지 않지만, 경요(瓊瑤)와 삼모(三毛)와 함께 동시대에 명성을 떨치며, 대만 연애소설가의 주요한 위치를 차지한다. 화엄(華嚴)의 〈체체일기〉(蒂蒂日記, 1976), 엄심(嚴沁)의 〈수운〉(水雲, 1975), 곽량혜(郭良蕙)의 〈요원적로〉(遙遠的路, 1967), 〈농본다정〉(儂本多情, 1967), 〈사월적선율〉(四月的旋律, 1975), 〈애적소어〉(愛的小語, 1976), 〈차정가문천〉(此情可問天, 1978), 〈심쇄〉(心鎖, 1986), 장만연(張曼娟)의 〈해수정람〉(海水正藍, 1988), 삼모(三毛)의 〈곤곤홍진〉(滾滾紅塵, 1990) 등이 원작소설을 영화로 제작된다. 이러한 소설의 각색화는 문학영화 열풍을

---

[234] 황인·왕유, 『대만전영백년사화』(상), 대만:중화영평인협회, 2004:302(黃仁·王唯, 『台灣電影百年史話』(上), 台灣:中華影評人協會, 2004:302).

야기하며, 신영화(新電影) 시기에 접어들면서 더욱 높은 위치를 공고히 한다. 문학과 영화의 결합은 대만영화의 수준을 드높이며, 영화시장에서 긍정적으로 평가받는다.

경요 유형의 영화 이외의 기타 초기의 문예영화들은 작품의 수준이 여전히 낮았다. 예를 들면, 임청하(林靑霞)가 주연을 맡은 〈운표표〉(雲飄飄, 1974)은 대만에서 처음 상영된 영화이다.[235] 87분 동안 '유파영화(劉派電影)'에서 노래 10여 곡을 줄거리가 바뀔 때마다 삽입하여 서정적이라고 평가받는다. OST 노래 중에서 〈천진활발우미려〉(天眞活潑又美麗)는 모두에게 사랑을 받는 가요가 된다. 지금 보면, 극적인 측면에서는 미흡하나, 음악적으로는 수준 높은 영화이다. 지금 로스앤젤레스에 살고 있는 진상림(秦祥林)은 그때 상황을 "동일한 시간에 10여 개 영화를 찍었다. 빨리 찍어야 하는 것은 시장 생존의 이치로서 유파영화(劉派電影)는 노래가 대부분이니까, 아주 쉽게 연출하였지."라고 술회한다. 후기 문예영화와 비교해보면, 노래 사용은 빈번하고 수준이 높았으며, 영화의 내용도 많이 향상된다.

의문과 의심을 하지 않아도 될 만큼 아름다운 문예애정 영화는 시퍼런 계엄 시기의 하늘을 촉촉하게 적셔 준다. 스크린의 배우들의 웃음과 입에 착 달라붙는 노래는 정치적 색채를 초월하여, 한 시대의 남녀의 마음을 사로잡는다. 수많은 우수한 작사/작곡가들은 화려한 음악 세상을 펼쳐 보인다. 예를 들면, 좌굉원(左宏元), 낙명도(駱明道), 고월(古月), 옹청계(翁淸溪), 장노(莊奴), 임가경(林家慶), 임황곤(林煌坤), 신희(晨曦), 손의(孫儀), 유가창(劉家

---

[235] 황인·왕유, 『대만전영백년사화』(상), 대만:중화영평인협회, 2004:423(黃仁·王唯, 『台灣電影百年史話』(上), 台灣:中華影評人協會, 2004:423). 〈창외〉(窗外)는 2번에 걸쳐 제작된다. 한번은 최소평(崔小萍)이 감독을 맡은 1966년의 흑백영화이고, 두 번째는 1973년 송존수(宋存壽)가 감독하고 임청하(林靑霞)가 연기한 작품이다. 그러나 판권 문제로 지금까지도 상영을 못하고 있다.

昌) 등이며, 가수들은 등려군(鄧麗君), 견니(甄妮), 소리주(蕭孅珠), 봉비비(鳳飛飛), 추연연(鄒娟娟), 은하(銀霞), 고릉풍(高凌風), 유문정(劉文正), 종진도(鍾鎭濤) 등이다. 반세기가 흘렀지만, 그 노래들은 지금도 더욱 강하게 옛날을 떠올리게 한다. 중국을 포함하여 모든 중국인이 거주하는 구역은 모두 자유로이 날아다니는 음표들에 젖어 있었던 때가 있었다. 정치는 서로 다르지만, 예술은 영원하고 끝이 없다는 것을 의미한다.

음악적 요소로 내용을 융합시키고 새로운 유형의 영화를 개척한 노래음악 영화들

노래음악영화

음악은 영화의 중요한 창작 요소이다. 가자희(歌仔戱) 영화와 대만 방언노래 영화 때부터 시작하여 영화의 황금기에 이르기까지, 점점 다양한 노래들은 영화의 발전에 따라 탄생한다. 양소(楊蘇)의 〈부심적인〉(負心的人, 1969)이 대표적이다. 이 영화는 최초의 표준 중국어 노래를 서술형식으로 꾸민 영화이다. 복잡하게 얽힌 줄거리에 삽입된 감동적인 음악은 이 영화에 커다란 흥행을 가져다준다. 그해 겨우 17살이며, 노래 경연에서 1등을 한 추족(鄒族) 소녀 탕란화(湯蘭花)가 여자 주인공을 맡았다. 그녀는 "주제곡은 한국(韓國)에서 왔고, 멜로디에 따라 리메이크하고 크게 바꾸지 않았다. 슬픈 창법은 더욱 슬프고 처량하게 느껴지어 사람들이 뜨거운 눈물을 쏟게 하였다."라고 회

상한다. 이 영화는 아시아 영화 전시회에서 최우수 신인상을 받는다. 이런 유형의 영화는 견진(甄珍)과 임청하(林靑霞)로 대변되는 애정문예 영화의 중간지점에 속하지만, 한 시기의 열풍을 지속시키며 의미 있는 노래를 많이 창작한다. 감동적인 목소리를 소유한 등려군(鄧麗君)도 이런 유형의 영화 촬영에 참여한다. 사군의(謝君儀)의 〈사사총경리〉(謝謝總經理, 1969)에서, 그녀는 노래도 잘 하고 춤도 잘 추는 여대학생 역을 맡으며, 10여 곡의 청춘 활발한 노래를 부른다. 이듬해에 출연한 〈가미소저〉(歌迷小姐)도 마찬가지로 동일하게 노래와 춤으로 승부를 겨룬다. 나이가 겨우 17살인 등려군(鄧麗君)이 노래 부르기를 좋아하는 소녀 역할을 맡으며, 여자 주인공인 그녀가 어떻게 대스타로 성장하는지에 대한 이야기이다. 스토리는 밋밋하고, 코믹한 결말로 끝난다. 그 이외에도, 요소용(姚蘇蓉), 청산(靑山) 등 뛰어난 가수들이 출연한 정선새(丁善璽)의 〈가왕가후〉(歌王歌后, 1970) 등이 있다. 이런 유형의 영화들은 줄거리가 간단명료하고, 사람을 감동하게 하는 윤리애정 혹은 코미디 위주로 구성된다. 대부분 노래 재능과 기예를 갖춘 스타들을 배우로 캐스팅하였기에, 이런 유형의 영화 특색을 잘 드러낸다.

피비린내 나고 폭력적인 사회실사 영화들

사회실사 영화

사회실사 영화는 약 1979~1983년에 성행한다. 5년이란 짧은 기간에 117편이나 되는 영화가 제작된다. 당시 이런 유형의 영화들은 갱스터 영화(黑道

電影)로 불리며, 범죄, 폭력, 복수 등을 적나라하게 표출하며 대만 극장가를 점령하며 엄청난 수익을 올린다. 영화의 소재는 영화검열을 교묘히 비껴가며 관객의 지대한 관심을 끈다. 이 영화들은 밀물처럼 신속히 모든 극장을 점령하다가, 신영화(新電影)가 도래하기 전에 마치 썰물처럼 순식간에 사그라져 종적을 감춘다.

갱스터 영화는 1970년대 국제적 단교 등의 시대적 정서를 대변한다. 예컨대, 갱스터 영화 〈대부〉(Godfather, 教父)를 1973년에 상영 금지하는데, 그 이유는 영화 내용이 암흑사회의 범죄 및 살육과 관련되고, 법률과 도덕의 기준을 넘어섰다고 판단했기 때문이다.[236] 민심에 영향을 주지 않기 위하여. 영화인들은 이런 유형의 영화에 대해 수많은 평론을 하지만, 속내는 감추고 있다. 예를 들면, 기록영화 감독인 후계연(侯季然)은 "사회실사 영화는 표면적으로 유혈이 낭자하고 폭력적으로 그려지는데, 이런 난폭한 장면은 실제로 당시 계엄 시기의 분위기에서 오랫동안 짓눌리다가 출구를 찾고 있는 잠재의식의 표출이다. 당시 이런 갱스터 영화들은 줄거리뿐만 아니라 폭력과 애정 장면을 과장되게 표현하며, 영화검열이 느슨해진 틈을 타서 몇 년 사이에 엄청난 흥행수익을 거둔다. 비록 당시 영화평론가들이 사회의 어두운 면을 너무 과장하였다고 비판하지만, 사실은 사회판 실사이다"라고 말한다.[237] 노비역(盧非易)은 "대만 주류영화는 사회실사 영화인 남상(濫觴)의 〈착오적제일보〉(錯誤的第一步)로부터, 소위 '유형의 길'로 가게 된다. 그러나 갱스터 영화는 사회의 무시로부터 기억이 흐려져 점차 잊혀진다. 이 짧은 역사는 대

---

[236] 섭룡언, 『대만노희원』, 대만:원족문화출판사, 1993:110(葉龍彥, 『台灣老戲院』, 台灣:遠足文化出版社, 1993:110).

[237] 후계연, 전영기녹편 『대만흑전영』~피유망적봉존영사회고, 대북:『금일보』, 2005.06.23(侯季然, 電影紀錄片 『台灣黑電影』~被遺忘的封存影史回顧, 台北:『今日報』, 2005.06.23).

만영화산업이 쇠퇴하는 표식이며, 또한, 대만 '신영화'의 동틀 무렵의 전야이기도 하다."라고 한다.

다수의 감독이 사회실사 영화 열풍에 참여하며 상업영화를 제작한다. 채양명(蔡揚名), 진준량(陳俊良), 양가운(楊家雲), 왕중광(王重光), 고보수(高寶樹) 등이 있다. 그중 채양명(蔡揚名)의 흥행성적이 아주 좋다. 시작을 알리는 총소리와도 같이 〈착오적제일보〉(錯誤的第一步, 1979), 〈능신육점창성〉(凌晨六點槍聲, 1979), 〈대두자〉(大頭仔, 1988), 〈형제진중〉(兄弟珍重, 1990), 〈아태〉(阿呆, 1992) 등의 영화들은 갱스터 영화에 인문적인 색채를 가미한다. 〈착오적제일보〉(錯誤的第一步)는 마사(馬沙)의 1인칭 시점으로 이야기를 전개한다. 그는 어릴 적에 홍등가에서 문지기를 하고, 청년이 되어서 실수로 홍등가에 온 손님을 죽여 15년을 판결받고 교도소에서 수감생활을 한다. 옥중에서 싸우고 소란을 피우며, 탈옥하여 아버지를 찾으려다가 다시 잡혀 들어간다. 다른 교도소로 이송하는 과정에서 경찰대장으로 있는 초등학교 동창을 만나고 나서, 주인공은 그의 권유에 따라 과거의 잘못을 비로소 깨닫고 새 출발을 하겠다고 다짐한다. 이 영화의 파격적인 장면은 마사(馬沙)가 맨발에 족쇄를 차고 교도소 안에서 관객을 향해 걸어오는 클로즈업 샷이다. 이 영화는 선형적인 플롯에 기초하고 에피소드도 풍부하지만, 등장인물의 심리 전환이 다소 미흡하다. 영화는 상업적 흥미를 끌기 위해 마사(馬沙)가 과거의 잘못을 깨닫기 전에, 걸핏하면 싸우고 강한 척하고 잔혹한 면을 묘사하는 데에만 포인트를 둔다.

왕국금(王菊金)의 〈상해사회당안〉(上海社會檔案, 1981)은 왕정(王靖)의 상흔문학(傷痕文學) 작품을 각색한 영화로, 원제목은 '〈재사회적당안리〉(在社會的檔案裡)'이다. 1979년 제10기 중국 《영화창작》(電影創作) 잡지에 등재되지만, 연재를 마치지 못하고, 홍콩 《쟁명》(爭鳴) 잡지에서 연재를 마무리한다.[238] 영화는 살인사건의 진상이 밝혀지려는 찰나에 조사가 중지되는 내용을 다룬다. 경찰 상기(尙琪)는 충실하게 사건을 처리하지만, 도리어 교도소에 투옥된다. 사실 이 영화는 정권과 국민의 생활 권력의 침해를 풍자하는 내용이다. 문화대혁명 때 여자 청년 이려방(李麗芳)(육소분(陸小芬) 역)은 군대에서 근무할 때 우연히 성추행을 당하고, 그의 운명이 바뀌고 결국은 사람을 죽이고 감옥에 들어간다. 영화는 현실과 과거가 교차시키면서 해결책을 찾으려는 사회적 비판의식을 내비친다. 다뤄진 사건이나 주제를 볼 때, 반공영화가 아니라 사회실사 영화에 속한다. 실제로 영화는 반공의식이 미약하며, 주로 말초신경을 자극하는 오락성만 강조한다.

그 외 진중량(陳俊良)의 〈도국구성〉(賭國仇城, 1979), 정강(程剛)의 〈도왕투천왕〉 시리즈(賭王鬥千王, 1980~1983), 왕중광(王重光)의 〈여왕벌〉시리즈(女王蜂, 1981~1990), 장지초(張智超)의 〈야야마도적녀인〉(夜夜磨刀的女人, 1980), 양가운(楊家雲)의 〈풍광녀살성〉(瘋狂女煞星, 1980), 김오훈(金鰲勳)의 〈철창오아이십년〉(鐵窗誤我二十年, 1980), 임청개(林淸介)의 〈실종인구〉(失蹤人口, 1987), 서옥룡(徐玉龍)의 〈흑시부인〉(黑市夫人, 1982), 백경서(白景瑞)의 〈노범천조〉(怒犯天條, 1981), 진요기(陳耀圻)의 〈치정기여자〉(癡情奇女子, 1981) 등 범죄영화, 여성 복수영화, 도박영화 등이 있다.

이러한 장르의 영화들은 지금까지 남아있는 영화가 거의 없을 뿐만 아니라 관련 학자와 전문가들도 이런 유형의 영화에 대한 사회적 의미를 거의 탐구하지 않는다. 또한, 이런 영화들의 유실은 마치 숙명론적인 운명인 듯 폐기되어 구석에 버려져, 그 누구도 관심을 두는 사람도 없다.

---

238 관인건, 『아문나피간오적자매문』, 2006(管仁健, 『我們那被姦汙的姊妹們』, 2006).

청춘 영화

1975년 대만 원류(遠流) 출판사에서 『거절연고적소자』(拒絶聯考的小子) 책은 10만 권 이상 팔리는 기록을 세운다. 당시 신문 언론사에 따르면, "당시 장개석(蔣介石) 총통의 서거로 인해, 대만인들은 무겁고 소침한 상태에 처해 있을 때이다. 사람들은 이민을 생각하고, 평범한 사람들은 불안정한 상태이고, 청소년들은 고민에 빠져 있었다. 이때, 『거절연고적소자』는 스스로 독립적인 사고방식과 용기를 선도하며, 대만 연합고사 제도의 질곡에 과감하게 도전장을 내민다. 이에 이 책은 사회적 민심을 요동치게 하고, 청소년들의 반항문화의 대표작으로 여겨진다."

서진량(徐進良)은 이 소재로 영화 〈거절연고적소자〉(拒絶聯考的小子, 1979)를 연출하여 큰 주목을 받는다. 그 후로 〈서풍적고향〉(西風的故鄉, 1980), 〈연경인적심성〉(年輕人的心聲, 1980), 〈불타협적일대〉(不妥協的一代, 1980), 〈분방적신생대〉(奔放的新生代, 1981), 〈야성적청춘〉(野性的青春, 1982) 등의 청춘 영화를 제작한다. 요상웅(廖祥雄)이 감독을 맡은 〈여학생〉(女學生, 1975)은 아마도 최초의 학생영화일 것이다. 그러나 그때에는 크게 주목받지 못한다. 〈거절연고적소자〉(拒絶聯考的小子)가 상영되면서 학생영화는 비로소 영화 유형에 속하게 된다. 임청개(林清介)가 감독을 맡은 〈학생지애〉(學生之愛, 1981), 〈동반동학〉(同班同學, 1981), 〈일개문제학생〉(一個問題學生, 1980) 등의 영화는 사회적 관찰과 건설의 의미를 포함한다. 비판적인 영화적 시각은 대만 신영화(新電影)의 선구라고 칭송받을만하다. 아도(阿圖)의 〈종성이십일향〉(鐘聲二十一響, 1980), 장촉생(張蜀生)의 〈비월보습반〉(飛越補習班, 1981), 〈위험적십칠세〉(危險的十七歲, 1990), 진국부(陳國富)의 〈국중여생〉(國中女生, 1989) 등의 우수한 영화가 줄을 잇는다.

젊은 세대의 함성과 자유분방을 그린 청춘 캠퍼스 학생영화

다양한 유형의 상업영화

1950~1960년대에는 다양한 장르의 영화들이 선보임에 따라 관객의 선택지는 폭넓어진다. 특히 영화 제작사들은 상업적인 영화 제작에 몰두한다. 계엄시기인 1970~1980년대에는 여전히 정치 홍보영화가 성행하고, 관객은 그다지 크게 동요하지 않는다. 그런 류의 영화 스토리가 합리적이고 감동적이면, 영화 시장에서 충분히 통하고 수익도 꽤 높았다. 관객이 보고 싶은 것은 스타와 줄거리이지, 역사가 아니라는 점이다.[239] 중국과 대만의 양안 간의 긴장한 정세가 다소 완화되면서, 대만은 정치홍보영화 제작보다는 경제 부흥에 신경을 쓰기 시작한다. 이에 따라 대중도 상업성이 짙은 오락영화에 심취한다.

상업 유형 영화가 많은 아이돌 스타를 양성 : 천재 아역스타 장소연(張小燕), 파과(巴戈),
사령령(謝玲玲)

---

239 황인, 『전영여정치선전』, 대만:만상도서, 1994:7(黃仁, 『電影與政治宣傳』, 台灣: 萬象圖書, 1994:7).

1970년대 기타 주요한 상업영화를 정리하면 다음과 같다.

무협영화(俠義片) 〈인〉(忍, 1971), 탐정영화(偵探片) 〈오야류향〉(午夜留香, 1971), 충의영화(忠義片) 〈일부당관〉(一夫當關, 1972), 코미디영화(喜劇片) 〈사대저〉(傻大姐, 1972), 전기영화(傳記片) 〈추근〉(秋瑾, 1972), 사회교육영화(社敎片) 〈홍문형제〉(洪門兄弟, 1972), 전기영화(傳奇片) 〈고경유혼〉(古鏡幽魂, 1974), 공포영화(恐怖片) 〈귀비파〉(鬼琵琶, 1974), 갱스터 영화(警匪片) 〈비호신탐〉(飛虎神探, 1975), 신화영화(神話片) 〈도화녀투주공〉(桃花女鬥周公, 1975), SF영화(科幻片) 〈섬전기사〉(閃電騎士, 1975), 입체영화(立體電影) 〈천도만리추〉(千刀萬裏追, 1977), 기이한 애정영화(奇情片) 〈월아아〉(月牙兒, 1978), 신괴영화(神怪片) 〈육조괴담〉(六朝怪談, 1979), 운동영화(運動片) 〈승리자〉(勝利者, 1979), 희곡영화(戲曲片) 〈정원화여리아선〉(鄭元和與李亞仙, 1980), 청춘영화(靑春片) 〈여학생적초초화〉(女學生的悄悄話, 1980), 종교영화(宗敎片) 〈불조전〉(佛祖傳, 1980), 궁궐영화(宮闈片) 〈풍류인물〉(風流人物, 1980) 등이다.

땅이 비좁고 사람이 많은 대만에서, 1980년대 신영화(新電影) 이전에 다양한 유형의 영화들이 성행했다는 점은 놀라운 일이다. 이는 대중의 취향이 다변화, 다원화, 다포용적이라는 의미이다. 곽남굉(郭南宏) 감독은 "1975년은 대만영화의 황금기였다. 모든 차이나타운, 일본, 한국, 동남아 시장 등에서 모두 대만영화를 상영하는 것을 볼 수 있다. 각양각색의 영화들은 관객의 선택지를 넓혔다"고 회상한다. 당시의 상업영화는 영화시장에서 주요한 흥행 수입원이고, 영화 유형별로 영화 매니아층을 구축할 정도로 각각 자기만의 시장을 가지게 된다. 그 본질을 들여다보면, 당시 대중의 심리 및 기대는 몸과 마음의 즐거움에 기초한다. 즉, 능동적인 판단과 비판이 결여된 영화관람 행태이다. 따라서 현대영화 이론사에서는 이런 심리적 경향을 일종의 결실상태(缺失狀態)라고 말한다. 이는 관객의 '나르시시즘(自戀式) 형태'의

'위축경향(退縮傾向)'[240]에서 기인한다. 이처럼 상업유형 영화가 대중의 사랑을 받는 이유는 동화(同化) 혹은 나르시시즘의 심리상태에 기인한다.

상업영화의 열풍 속에서 계엄시기의 감독들은 특수한 분위기 속에 처해 있었기에, 마치 십팔반무예(十八般武藝)를 몸에 익혀 전통의 틀을 벗어나는 것처럼 영화장르를 넘나들며 신선한 영화소재를 창조한다. 예를 들면, 곽남굉(郭南宏)은 표준 중국어 및 대만 방언 문예 영화, 무협 쿵후영화를 제작하고, 장증택(張曾澤)은 문예영화뿐만 아니라 군사영화도 연출한다. 정선새(丁善璽)는 홍콩 및 대만의 다작 감독으로서 군사교육 영화, 코미디 영화, 문예 가창 영화, 풍월 영화, 홍콩식의 국제 영화 등을 제작한다. 그 외에도 다른 감독과 차별되는 독특한 요봉반(姚鳳磐) 감독이 있다. 그는 전문적으로 귀신영화만 연출하여 자기만의 스타일을 구축한다. 그는 하늘을 날아다닌다는 날개 달린 말 등 현실과 꿈의 세계를 그려내며, 성공적으로 자신만의 색깔을 드러낸다. 이처럼 영화인들은 창의와 근면, 고집과 열정 등으로 국제사회가 경탄할만한 흥행성과를 거둔다.

---

[240] 장백청, 장위, 『전영관중학』, 북경:중국전영출판사, 1994:245(章柏靑, 張衛, 『電影觀衆學』, 北京:中國電影出版社, 1994:245).

제3절 번영의 끝: 영화 황금기가 지난 후의 내일

영화 황무지를 개척한 대만영화는 표준 중국어 영화를 위한 비옥한 토대이다. 묘목이 해와 달의 정화를 흡수하여 산봉우리까지 우뚝 서 있는 형상이다. 당시 대만 방언 영화는 제작 편수와 흥행수익을 보았을 때 진짜 놀랍고도 기이한 정도로 성장하지만, 이후 대만 본토 영화는 자취를 감추게 된다. 다시 말해, 정부의 정책적 지원 덕분에 표준 중국어 영화는 아무런 힘도 들이지 않고 영화시장의 왕이 된다. 이행(李行)의 〈심유천천결〉(心有千千結, 1973)에서 스크립터를 맡았던 후효현(侯孝賢)이 황금기의 영화를 다음과 같이 회상한다. "좌석판매율이 높은 영화는 일반적으로 좋은 영화일 것이다. 우리 시대의 영화는 기껏해야 좋은 영화 혹은 좋지 않은 영화만 있을 뿐 예술영화는 없었다." 예술영화의 기치를 내세운 후효현(侯孝賢) 감독은 상업영화의 좋은 시대에 활동했기 때문에 주류 시장의 규칙과 특성을 잘 인지하고 있다.

곽남굉(郭南宏)은 대만 방언 영화의 영예로운 상황을 지켜보며 걸어온 감독이다. 그러나 그도 표준 중국어 영화로 전환되면서 불안한 상황을 다음과 말한다. "대만 방언 영화를 제작한 수많은 감독은 우선 창작의 슬럼프와 맞서야 한다. 유형을 바꾸어 표준 중국어 영화를 찍는다는 것은 언어뿐만 아니라, 흑백이 아닌 35밀리 컬러영화로 전환하는 기술문제도 해결해야 한다. 대만 방언 영화 촬영기사 진희락(陳喜樂)는 당시 이것은 불가능한 임무라고 토로한다. 게다가 대만 방언 영화가 내리막길을 걷고 있었기에, 다양한 원인으로 수많은 감독 혹은 촬영 제작팀들이 모두 정체되어 앞으로 나가지 못하게 되고, 대만 방언 영화 편수는 급감한다." 이러한 전환기에는 다양한 변수가 존재한다. 감독들은 새로운 영화기술을 익혀야 할 뿐만 아니라 제작진 구성, 연출방식, 수익구조 등을 모두 고려해야 한다. 언어의 장벽이 문제라고 하지만, 실은 완전히 다른 세상이다. 정부의 정책 기조에 맞추는 것이 아니라, 투자자들을 위해 책임져야 한다. 영화는 당연히 시장논리에 따라야 한다. 적어도 시장을 소홀히 하지 말아야 한다. 이것은 아주 현실적인 조건이다. 영화는 결국 대중의 예술이다. 관객이 없으면 예술은 어디에서 찾을까? 상업영화는 투자자를 위해 돈을 빨리 회수해준다. 그래야 다음 영화를 찍을 기회가 생긴다. 관객의 눈은 매우 높다. 흥행의 성패는 관객의 손에 달려있으며, 관객에게 무엇을 가져다주는지에 달려있다. 협소한 대만시장은 한계가 있다. 제작자, 시나리오, 감독 등이 서로 머리를 맞대고 영화의 매출 포인트를 찾아야 한다.[241]

대만 방언 영화와 표준 중국어 영화가 중첩·발전하는 시기에는 전문적인 영화기술이 부족하고, 연기도 서툴며, 스토리도 진부하였다. 또한, 태생적인 언어의 객관적 차이뿐만 아니라, 전통적인 희극구조에 영화제작기술이 얹힌 기이한 영화적 풍경을 자아낸다. 1967년 파리에서 출판한 연합국 과학기술 문화교육 조직이 통계한 연감에 따르면 다음과 같다. 중화민국은 1966년에 드라마영화를 257편을 제작한다. 그해 세계 10대 영화 드라마 제작에서 제3위를 차지한다. 제1위는 일본, 제2위는 인도, 대만은 홍콩보다 2순위 앞섰다.[242] 연도로 분석해보면, 표준 중국어 영화는 이제 막 싹트는 단계이기에, 이러한 성적은 분명 대만 방언 영화가 끝까지 필사적으로 싸워서 얻은 결과이다.

학자들은 영화 황금기가 1961~1975년이며, 14년간 영광스러운 월계관을 썼다고 한다. 대만 방언 영화로부터, 정신건강 영화, 향토 실사영화, 사회 실사영화에 이르기까지, 지속해서 성장한다. 시기별 수많은 노력과 창작의 마

241 〈곽남굉여시설〉, 『문조지음』 반년간, 대만:문조외어학원전파예술계, 2007(05):12 (〈郭南宏如是說〉, 『文藻之音』 半年刊, 台灣:文藻外語學院傳播藝術系, 2007(05):12).
242 황인·왕유, 『대만전영백년사화』(상), 대만:중화영평인협회, 2004:283(黃仁·王唯, 『台灣電影百年史話』(上), 台灣:中華影評人協會, 2004:283).

음이 가득했는데, 찬란하던 앞날이 왜 갑자기 멈추었을까? 깊이 들여다보면, 그 원인은 바로 내우외환이고 대만 정치의 처지와 밀접한 관련이 있다.

1. 나라 안의 걱정

사회 실사영화는 다가올 시대에 조기 경보를 울린다. 대만영화는 자취를 감추기 전에 잠시 왕성해지다가, 휴면기에 들어간다. 살육과 폭력으로 점철된 피비린내 나는 스토리는 관객을 압도하며 높은 수익을 보장한다. 권선징악의 소재는 교육과 즐거움이 병존한다. 그러나 기대와 반대로 흘러간다. 피를 좋아하는 상어들이 먹이를 나누는 것처럼, 제작회사들은 이전투구의 양상을 띤다. 마치 한 무리의 벌떼들이 몰려다니는 형국이다. 영화제작 회사들은 영화배급사의 눈치를 보며 비위를 맞추거나 혹은 배급사의 요구에 따라 해당 영화 상영 시기를 위탁하기도 한다. 예컨대, 배급사는 10% 혹은 15%의 배급 비용을 가져간다. 심지어 배급사의 횡포로 인해 대만의 독립영화들의 제작은 위축된다. 이것은 1970년대 후반기에 영화 제작업계들이 급속도로 쇠퇴하는 주요 원인이 된다.[243] 영화 상영 시즌을 먼저 선점하기 위해, 대충 만들어 일을 하다 보니 관람제한의 영화들이 대량으로 상영된다. 그 이유는 극장상영 이후, 비디오시장에서 높은 가격으로 팔기 위해서이다. 최고 인기 작품인 경요(瓊瑤) 영화도 설날 상영 시즌을 선점하기 위해 2편이 동시에 상영하여 경쟁하는 등 시장규칙을 완전히 무시한다. 예컨대, 1982년에 〈각상심두〉(卻上心頭)와 〈연소파！화조〉(燃燒吧！火鳥)가 동시에 상영되어 경쟁력이 떨어진다. 1983년에 이르러 경요(瓊瑤)의 왕국은 끝이 난다. 비록 위에서

---

243 황인·왕유, 『대만전영백년사화』(상), 대만:중화영평인협회, 2004:407~410(黃仁·王唯, 『台灣電影百年史話』(上), 台灣:中華影評人協會, 2004:407~410).

기술된 내용들이 주요 원인은 아니지만, '얼음이 석 자 두께로 언 것은 하루 추위에 어는 것은 아니다'는 말처럼, 상영 시기도 신중하게 접근해야 한다. 협소한 대만시장에서, 눈앞의 이익만 쫓는 행위는 지난날의 빛나는 시기를 막다른 골목으로 밀어 넣는다.

조사 연구에 따르면, 1970년대 영화제작 분야는 성행하여, 2,150편의 상업 영화가 제작·상영된다. 하지만 3개의 정부 소속인 공영 TV방송국에서 연이어 방송을 시작하면서 대중의 영화관람이 분산되기 시작한다. 편리하고 작은 스크린이 가정으로 들어오면서, 1인당 영화관람 횟수가 원래 매년 10회 정도에서 손가락을 꼽을 수 있을 정도로 감소한다.

2. 나라 밖의 환란

1970년대는 사회변혁의 전환점이다. 한편으론 중국을 수복한다는 희망이 없다는 점을 깨닫게 되는 시점이다. 이에 국민당 정부는 적극적으로 시장경제에 매달려 건설과 내수를 늘린다. 1973년에 10개 경제 건설을 시작하고, 수출을 발전시킨다. 다른 한편으론 국제정세의 변화로 대만의 지위가 위태로운 시기이다. 특히 1971년에 유엔 내 상임 이사국 지위와 의석이 박탈되면서, 1954년에 대만과 미국이 맺은 '중미공동방위조례'도 암울한 어둠이 깔린다. 외교는 한 국가가 생존하는 길인데, 국제사회에서 비주류로 물러나기 시작하면서 대만 정부와 국민은 모두 불안감에 휩싸인다.

상황이 급격하게 변화하고 있음에도, 이전의 화려한 시기에 도취된 영화 제작사들은 여전히 시대의 외침을 감지하지 못하고 혁신창작이 아닌 여전히 통속적인 유형의 영화를 계속해서 제작한다. 중영(中影)에서 〈매화〉(梅花, 1976), 〈견교영열전〉(筧橋英烈傳, 1977), 〈원향인〉(原鄉人, 1979), 〈용적전인〉(龍的傳人, 1981)[244]을 제작하고, 민영회사에서는 〈벽혈황화〉(碧血黃花,

1980) 등의 영화를 통해 애국의 민족의식을 고취시킨다. 대중은 '국난' 시기에 쿵후영화, 무협 영화, 코미디영화, 문예애정영화 등에 유혹되어, 마치 마취제를 찾으려고 한다. 영화 제작방향과 대중 심리 간에 처음으로 균열의 틈이 발생한다.

대만영화의 해외시장 개척은 국제적인 냉전관계 및 중국과의 대립으로 인해 다소 어려움에 처하게 되고, 대만, 홍콩, 싱가포르/말레이시아 세 영역에서 배급 및 상영이 이뤄진다. 홍콩과 싱가포르/말레이시아는 모두 중국과 교류하고 있었기에, 중국에 불리한 어떠한 영화도 상영하지 못하는 형국이었다. 예컨대, 1951년 〈악몽초성〉(惡夢初醒)이 해외로 판권을 팔지 못하면서, 비로소 해외 영화시장에 대해 경각심을 가지게 된다. 이 영화는 중국 본토의 인물들을 추악하고 융통성이 없는 사람들로 묘사해 '공산당을 반대하는 오래된 연출 방식'의 풍자 형식을 띠고 있다.[245] 대만영화는 국세의 중요성을 인지하고, 해외시장도 참고하며 제작 촬영방식을 재검토한다. 당시의 영화 황금기를 돌이켜 보면, 국제적인 문제의 소지를 미리 차단하고, 영화시장을 안정시킨 효과가 있었다. 다만, 눈앞의 이익에만 급급한 몇몇 회사들은 당시의 이러한 국제적 상영 기회를 무시하고, 관객의 감상능력도 낮게 평가하며, 비디오테이프 개념으로 영화를 제작하는 등 생산과잉을 초래한다. 결국은 상영할 수 없을 정도가 되며, 자금 회전의 어려움으로 더 이상 영화제작을 할

---

[244] 중영(中影)이 제작하고, 이행(李行)이 감독을 맡은 〈용적전인〉(龍的傳人)은 대만 민요를 스토리에 녹여내며, 시대적 의미를 띤 영화이다. 후덕건(侯德建)과 이건부(李建復)와 같은 스타들이 대거 참여한다. 특히, 대만과 미국 간의 외교 단교했을 때 대만 사회 각 계층의 반응, 즉 청년세대의 공동의 적에 대한 적개심을 갖고 적을 증오하여 민족의 존엄을 쟁취하는 민심을 분기시키는 작품이다. 주제곡 〈용적전인〉 및 몇몇 민요들은 오늘날까지 부르고 있다.

[245] 황인, 『전영여정치선전』, 대만:만상도서, 1994:9(黃仁, 『電影與政治宣傳』, 台灣: 萬象圖書, 1994:9).

수 없게 되는 악순환을 겪게 된다. 당시 영화제작자들은 제작비를 자신의 힘으로 해결할 수 없었다. 영화산업 시스템이 안정화되지 못해서, 정부 담당 부서나 은행 혹은 기업의 투자가 없으면 자금 문제가 해결되지 못하는 실정이었다. 1970년대 말기에 재정의 도움을 받지 못해 촬영을 접은 영화 제작사들도 상당수에 이른다.

황매조(黃梅調)의 〈강산미인〉(江山美人)

내우외환에다 영화 분야의 홀대로 인해, 대만영화는 깊은 수렁 속으로 빠져든다. 영화는 더 이상 관객을 끌어오지 못하고, 흥행수익도 저조해진다. 특히, 1979년에 홍콩 영화의 '새로운 열풍'은 설상가상으로 대만영화에 타격을 입힌다. 홍콩과 대만영화는 늘 밀접하게 교류한다. 예컨대, 대만영화인들이 회사등록을 홍콩에 하면 다양한 영화업무적 혜택을 누릴 수 있었다. 또한, 대만의 특유한 문학 분위기는 홍콩인들에게 관심을 끌며 합작을 유도한다. 예를 들면, 이한상(李翰祥)과 나란(羅蘭)이 합작하여 〈동난〉(冬暖, 1969)을 제작한다. 특히 우수한 컬러영화 촬영기술은 대만과 홍콩의 합작을 배가시킨다. 예를 들어, 컬러 3D 입체 쿵후영화 〈천도만리추〉(千刀萬裏追, 1977)이다. 이 영화는 대만과 홍콩 자금이 투입되고, 촬영기사 진수영(陳樹榮)이 3D 입체영화를 완성한다. 그가 참여한 영화로는 〈동난〉(冬暖), 〈양자강풍운〉(揚子江風雲), 〈희노애락〉(喜怒哀樂) 등이 있다. 홍콩의 황매조(黃梅調) 영화와 이소룡(李小龍)의 쿵후영화는 영화 열풍을 더욱 가속시키며, 대만 감독 작품은 홍콩에서 한껏 찬사를 받는다. 예를 들면, 호금전(胡金銓)의 〈용문객잔〉(龍門客棧, 1968)은 홍콩에 수출된 후 최고 관객 수를 기록하며, 곽남굉(郭南宏)의 〈일대검왕〉(一代劍王, 1968)은 높은 흥행수입을 거둔다. 이 두 편의 무협 영화 흥행 덕분에, 홍콩 영화인들은 대만에 와서 투자하고 영화를 제작하게 된다. 이처럼 1960년대 대만의 영화제작 환경은 좋았다. 이전에 대만영화인들이 홍콩에 투자하던 상황과는 완전히 역전된다. 홍콩 영화인들이 서로 대만에 와서 투자하고, 홍콩 자금이 투자된 대만영화를 제작한다. 예컨대, 국련(國聯)회사는 대만으로 아예 이전하여 영화를 제작한다. 홍콩 독립영화 제작사들이 대만에 상주하면서 투자한 사례는 9회가 넘는다. 예컨대, 신화(新華), 자유(自由), 만성(萬聲), 화교(華橋), 마씨(馬氏)기업 등의 영화 제작사가 있다. 그 당시 대만영화의 흥행 실적은 이전의 최고 흥행했던 그 어떤 서양영화나 홍콩 영화보다 훨씬 좋았다. 또한, 홍콩에서 관객을 제일 많이 점유했다는 서양 영화와 홍콩 영화를 압도한다.[246] 1969년 홍콩과 대만영화의 제작

---

[246] 황인·왕유, 『대만전영백년사화』(상), 대만:중화영평인협회, 2004:284(黃仁·王唯, 『台灣電影百年史話』(上), 台灣:中華影評人協會, 2004:284).

편수를 비교해보면, 대만영화는 119편, 홍콩 영화는 72편이다. 이는 당시의 대만 영화의 흥성을 잘 알 수 있는 수치이다.

1960년대 대만은 영화관이 추가로 늘어난다. 1970년 대북 시에는 극장 826개가, 민영영화 제작사는 129개로 늘어나고, 정부가 운영하는 곳은 여전히 3개였다. 1960~1970년대 대만영화의 상황을 보면, 홍콩인 투자가 대부분을 점하고, 홍콩과 대만영화 양측 모두 이익을 얻는 상황이 형성된다. 그렇지만, 유감스럽게도 좋은 상황은 오래가지 못한다. 1970년대 말기에 중국 대륙이 개방되고 홍콩이 1997년에 반환되면서, 대만영화 제작의 우월적 지위를 잃는다. 홍콩에서의 영화제작이 효율성이 높고 해외 판로 개척도 수월해진다. 이에 따라 대만에서 영화를 찍던 홍콩 영화인들은 다시 홍콩으로 돌아가서 영화를 제작한다.[247] 상황은 돌고 도는 것이다. 홍콩 영화인들은 유럽과 미국의 우수한 영화기술을 습득하여 새로운 스타일의 홍콩 영화를 선보이며, 대만시장을 휩쓴다. 영화시장은 그대로 무너져 내리며 막아낼 힘이 역부족이었다. 1983년 홍콩 영화가 유행할 때, 여전히 736개의 극장이 있었다. 그 후 대만 본토 영화는 불황기에 접어들며 점차 쇠락해진다.[248]

홍콩 영화의 흥행 이외에 미국 영화도 호시탐탐 대만영화시장을 노린다. 미국 영화는 1920년대에 대만에 소개되고, 2차 세계대전 이후에는 유럽 영화를 대체하고 전 세계를 독점한다. 엄청난 양의 제작 편수는 외화를 벌어드리는 주요 수단이 된다. 1980년대에 할리우드 영화산업은 중대한 변혁이 발생한다. 영화 제작사의 8대 메이저 회사 중 4개를 외국인이 매수하는데, 그중 3개의 매수자는 일본인이다. 흥행수익은 여전히 우세를 지속한다. 영화수입제도의 변화에 따라, 미국영화는 직접 배급하게 된다. 좋은 할리우드 영화를

---

[247] 『통신』, 향항:전영수거관, 2010(51)(『通訊』, 香港:電影數據館, 2010(51)).

[248] 섭룡언, 『대만노희원』, 대만:원족문화출판사, 1993:113(葉龍彦, 『台灣老戲院』, 台灣:遠足文化出版社, 1993:113).

수입하려면, 이전에 규정한 정책을 반드시 따라야 할 필요가 없어진다. 예를 들면, 이전 규정은 메인극장에서 좋은 시간 때에, 30%의 광고비, 할리우드 B급 영화 10편을 방영하여야 한다는 것이다.[249] 당시 미국영화의 공세는 기세가 등등하여 막아 낼 수 없었다. 첫 번째로, 미국은 영화산업의 매력을 일찌감치 간파하고, 오래전부터 다른 나라의 문화적 침투를 시도해왔다. 두 번째로, 전 세계는 모두 영화의 위세와 놀라운 수익을 과소평가했다. 일본은 2차 세계대전에서 패한 뒤 경제 재생을 위해 이전의 인위적인 약탈 대신에 소프트파워인 영화를 통해 세계를 조종하려 든다. 그래서 몇몇 할리우드 회사를 매입하여 영화적 지형을 나누려 한다. 이처럼 일본은 대만에서의 식민 문화의 영향과 최면적인 영화의 위력을 잘 알고 있다. 1970~1980년대 초까지 대만 당국은 영화의 위력을 여전히 의식하지 못하고, 단지 반공영화, 군사교육영화, 오락영화에만 신경 쓴다. 반면에, 유럽, 미국, 일본은 영화를 하나의 예술 높은 문화 사업으로 바라본다. 그제야 대만 정부도 이를 지각하기 시작한다. 대만 정부는 1980년대 들어서 영화를 '문화'에 포함시키지만, 아이러니하게도 영화의 암흑기가 조용히 다가온다.

소결

영화의 영혼은 초당 24프레임의 필름에 제한되어 있는 것이 아니다. 하지만 연속되는 필름은 관객을 이끌며 마음과 사고 속에서 끊임없이 무언가가 떠오르게 한다. 국제적 상황이 복잡한 시기의 세대에게, 영화의 생명은 종잡을 수 없는 정말로 허황된 그림자와 같다.

---

[249] 진유수, 『대만신전영적역사문화경험』, 대만:만상도서, 1993:150(陳儒修, 『台灣新電影的歷史文化經驗』, 台灣:萬象圖書, 1993:150).

반공영화만 제작하던 시기에서부터 황금기의 대만 본토 영화 시기에 이르기까지, 대만영화는 의외로 찬란한 세상을 걸었다. 국민당 정부 수립 이후, 물론 대만방언 영화와 표준 중국어 영화가 서로 중첩되는 시기도 있었다. 이후, 계엄으로부터 계엄 해제의 시대적 굴렁쇠는 겨울이 가고 봄이 오는 것과 같이 현실과 아픈 기억을 투영하고 있다. 계엄 시기의 대만영화는 대중을 떨게 하는 스산한 기운이 감돌지만, 감미롭고 온화한 분위기도 은연중에 내포하고 있다. 대중들은 정치 홍보영화의 홍수 속에서도 다양한 유형의 오락 영화, 예컨대 유가문화 영화, 무협 영화, 괴기 영화 등을 선택하며 영화적 열풍을 선도한다.

약 30년의 세월 속에서, 대만 본토 영화는 허약한 체질에서 건장한 모습으로 성장한다. 시간의 단련은 대만의 정치 운명과 긴밀하게 연결되어 있다. 중국과 대만 양안의 긴장된 대치 국면인 시대적 격변의 흐름 속에서, 예술은 여전히 약해 빠져 바람만 불어도 쓰러질 것 같은 독무 연기자와도 같았다. 영화인들은 괴상하고 변덕스러운 환경 속에서 정치와 문학 주위를 맴돌면서, 금기와 법규를 넘어서지 않는 선에서 조용하지만 뜨거운 마음으로 남이 걸으면 걷고 뛰면 같이 뛰면서 대만영화를 위해 분투한다. 어깨에 메고 있는 문화적 책임감은 설령 한 모금의 숨이 남아있더라도 타락과 부패를 허용할 수 없었다. 민족 영혼의 창문이기도 한 대만 문학에는 '시인이 없는 나라는 슬프다!' 혹은 '민족이 굳은 의지가 없으면 슬프다!'라는 말이 있다. 국민의 마음을 다스리고, 백 년 대계의 역사 문화를 세워 인재를 양성하는 과정은 지속되어야 한다.

만약 대만영화의 그림자가 점점 더 기울어져 미국영화의 문화식민지로 전락하면, 그것은 말로 설명할 수 없는 비참한 상황이 될 것이다.

하늘이 보이지 않는 고통인 흑암의 틈새에서 산소를 들어 마시며 앞으로 나가는 동력이 계속되길 희망한다. 소리 없이 자취를 감추고 있는 대만영화에서, 이전의 번영과 광명을 찾을 수 없다. 대만방언 영화나 표준 중국어 영화 모두 이미 그 아름다운 영광의 뒤안길로 사라져 버린다. 이제 대만에서 영화적 색채는 퇴색되며, 외국영화만 득세한다.

옛 시대의 영화인들은 비록 점점 시들어 떠나고 있지만, 이 노쇠한 선구자들의 웅장한 뜻은 여전히 무거운 짐을 벗어놓지 못하고 있다. 바통을 전달하고 계승할만한 젊은 영화인들에게 물려주며, 앞날에 다시 빛이 나기를 기대하고 있다. 산 정상에 올라서서 비장한 영웅처럼 탄식하며 지나온 흐릿한 발자국을 되돌아보지만, 그 길은 이미 없어진 지 오래이다. 잔존하는 진귀한 사진 속에서, 과거의 찬란했던 전성기를 음미할 수밖에 없다.

시대는 기회를 주고, 영웅은 세대를 창조한다. 비바람이 오기 전의 짙게 깔린 먹구름 앞에서 놀라지 않고 두려워하지 않아야 한다. 바람이 부드러워지고 구름이 걷히는 여명이 오기를 조용히 기다려야 한다. 이러한 결의를 다지는 대만영화인들은 가시나무가 무성한 산속의 길을 헤치며, 다음 세대의 영화의 길로 당당하게 나서야 한다.

제4장 유럽 및 미국 영화의 문화적 충격에서 벗어나는 대만의 '신영화(新電影)'

제1절 영화적 정체와 획기적인 혁신

1. '문화'라는 이름의 영화

서방 문물의 영화는 초기에 오락 위주였으나, 그 이후에 점차 문화적 영향력을 가지며, 반세기가 되기도 전에 발전을 거듭하면서 영화이론까지 등장하게 된다. 예를 들면, 프랑스의 루이 델뤽(Louis Delluc)의 『포토제니』(1920), 러시아의 푸도프킨(Pudovkin)의 『영화기교와 영화공연』(1920), 독일의 크라카우어(Kracauer)의 『선전과 나치전쟁영화』(1942) 등의 저서들은 후대까지 지대한 영향을 끼친다. 서방국가들은 영화를 문화산업으로 인식하며 정치적 비판의 도구로 삼는다. 하지만 대만 정부는 이 산업을 중요하게 인식하지 못하고, 그저 정치선전의 도구로 여긴다. 정부 주도의 중영(中影), 중제창(中製廠), 대제창(台製廠)의 설립은 상급기관의 정책을 홍보하는 기관이다. 초기에 대중은 반공 정책에 순응하나 시간이 지나면서 반공보다는 오락적인 측면이 더 부각되며, 영화 자체를 진지하게 '문화적'250 측면에서 바라보지 못한다.

　이런 측면에서 영화 종사자들은 생존의 갈림길에 서게 되며, 대만영화 발전은 더더욱 어려워진다. 국내외 시장에서 영화의 흥행 실적은 매우 저조했다. 시장이 위축되고 투자비 절감 등 열악한 제작 환경으로 영화 수준은 더욱 낮아지면서, 관객의 발길도 뜸해지기 시작한다. 이러다 보니 시장 상황은 더더욱 어려워진다. 정부 측 중영(中影)회사는 긴축재정을 시행하며 투자를 꺼리게 되고, 중제창(中製廠)과 대제창(台製廠)은 스토리 영화제작 업무를 주력으로 하지 않았기에 악순환은 거듭된다.[251] 대만영화의 황금 시기는 이제 저물어가고 있으며, 불경기 시기와 맞물려 영화 분야는 더 이상 가망이 없는 것처럼 보인다. 영화의 사회적 영향력을 간파한, 당시 신문국장이었던 송초유(宋楚瑜)는 이런 상황을 타개할 방법을 찾고 영화의 경쟁력을 높이려고 한다. 오랜 노력 끝에, 1983년 11월 입법원에서 영화업을 문화산업으로 정하고, 전문화/예술화/국제화를 주목적으로 하는 '영화법'이 통과된다. 그리고 정부는 상업과 예술이 적절히 겸비한 영화를 제작·지원하여 국제영화제 참여를 유도한다. 심의 및 인증을 통과한 영화는 문화의 전당에 오른다. '신영화(新電影)'의 열풍 이후, 영화 심사제도는 변경된다. 예컨대, 대본 심사 제도에서 영화를 완성하여 인증하는 제도로 변경된다. 이처럼 제도의 변화는 대만영화를 이끌고 밀어주는 효과를 일으킨다.[252]

---

[250] 1871년에 에드워드 텔러(Edward Teller)는 『문화의 정의』(2008.01.30)에서 문화라는 단어를 제시한다. 1920년대 영어사전에 문화라는 단어가 등장하고, 문화의 정의는 한 개의 복잡한 체계, 즉 지식, 신앙, 예술, 법률, 도덕, 풍속 및 기타 사회의 일원인 인류 모두를 포함하며, 사회에서 얻은 여러 가지 능력과 습관을 말한다.

[251] 양량, 『전영적일대』, 대만:지문출판사, 1988:96(梁良, 『電影的一代』, 台灣:志文出版社, 1988:96).

[252] 진비보, 『대만전영사화』, 북경:중국전영출판사, 2008:264(陳飛寶, 『台灣電影史

영화의 황금기 시절 말기에, '사회실사 영화'가 더 이상 주목을 받지 못하고 있음에도 불구하고, 관련 영화인들은 모래 위에 성을 쌓는 것처럼 여전히 당시 상황을 제대로 인식하지 못한다. 1970~1980년대 대만 정부가 건설업을 중심으로 경제를 부흥시키려고 할 때, 대만 정부는 관례적으로 미국/일본과 교류를 진행하지만 외교적 단절로 인해 커다란 우산 보호막을 잃게 된다. 이에 대만 정부와 대만인들은 이러한 국제적 어려움을 인지하고, 일심 단결하여 이 상황을 타개하고자 한다. 그리하여 경제 기적을 만들어내며, 당당히 '아시아의 네 마리 작은 용'의 위치를 공고히 한다. 특히, 수많은 대만인들은 뜨거운 열정을 토대로 시위·행진하면서 국제사회에 항의하기 시작한다. 음악 분야에서는 대만 본토민요 창작 열풍253을 일으켜 젊은이들의 마음을 소

話』, 北京:中國電影出版社, 2008:264). (1) 우선 영화사업 발전기금회를 설립하고 정부 차원에서 대만영화산업에 도움을 준다. 신문국은 극본부터 먼저 심사하는 제도를 폐지하고, 영화제작이 끝나면 검토 받는 것으로 바꾸어 영화 등급제를 제정한다. (2) 1983년부터 금마장 시상식 형식을 바꾸어 정치를 선전하는 데에 중점을 두는 것이 아니라, 영화의 예술성과를 강조한다. 학자 및 전문가를 초빙하여 평가 심의위원을 맡게 하고 정부관원은 더 이상 겸임하지 않는다. (3) 국제영화제를 촉진하여 창작의 시야를 개척한다. 대만 본토 영화에 대학생들의 참여를 밀어주고 '학교영화제'를 추진한다. (4) 신문국장은 금마장의 영화내용을 강조하고, 예술적 성과를 중요하게 여긴다. 단순한 정치 선전이 아니어야한다. 학자 및 전문가를 초빙하여 평가심의위원을 맡게 하고, 외국영화에 대한 견학을 추진하고 외국에서 상을 받은 작품들을 수입하여 학교에서 상영하는 컴퍼스 영화제를 진행한다.

253 1970년대에 대만의 국제적 위상이 하락하자, 젊은 청년들은 스스로를 반성하자는 목소리가 점점 높아지며, 유행하는 음악과 서양가요에 대한 사랑도 식는다. 가요창작하는 양현(楊弦)은 여광중(余光中)의 시 「향수사운」(鄕愁四韻)을 바탕으로 작곡과 작사를 한다. 1975년 6월 6일에 대만 중산당에서 「현대민요창작연창회」(現代民謠創作演唱會)를 발표한 후 첫 앨범 「중국현대민가집」(中國現代民歌集)에 넣어 첫 번째 '민가'(民歌) 앨범으로 인정받는다. 이 덕분에 양현은 '현대민가지부'(現代民歌之父)라고 불린다.

리로 대신해 준다. 유행가가 대부분이었던 시기에 공개된 나대우의 흑색시대[254]는 새로운 바람을 불러일으킨다. 이러한 새로운 흐름에서, 문예계는 『현대 시론전』, 무용 분야에는 『운문무집』[255], 정치계에는 『당외잡지』 등이 있다. 아쉽게도 유독 영화 분야에서만 상업영화가 성행한다. 예컨대, 춤추는 검술만 난무하는 무협 영화, 기이한 신음만 나는 문예 애정영화, 폭력으로 점철된 사회실사영화 등이다. 이때 중영(中影)은 다시 한번 정치선전 영화, 즉 자아선언 및 민족 정서에 위로제 역할을 한다. 예를 들어, 〈황포군혼〉(黃埔軍魂), 〈가여아시진적〉(假如我是眞的), 〈말리화〉(茉莉花), 〈원〉(源), 〈황천후토〉(皇天后土), 〈신해쌍십〉(辛亥雙十), 〈배국기적인〉(背國旗的人) 등의 시대적 기록물이다. 이 영화들은 이전의 정치색이 옅어지고, 민족의 슬픔을 담아낸다. 민간과 독립영화 제작회사는 여전히 세 갈래 부류로 나뉘어 각자 자기 파벌을 앞세우고 각각 자기중심적 일을 한다.[256] 이는 급변하는 환경 변화와 대중의 심리를 간과하는 결과를 초래한다.

---

[254] 나대우(羅大佑)의 창작은 1970년대의 시대적 흐름에 어울렸고, 대만 사람들의 분노의 소리를 노래한다. 총 4장의 음반을 발행하며, 〈지호야자〉(之乎也者), 〈미래적주인옹〉(未來的主人翁), 〈가〉(家), 〈청춘무곡〉(青春舞曲)은 흑색시대의 회오리를 자아낸다.

[255] 소야, 『일종운동적개시』, 대만:시보문화출판사, 1986:240(小野, 『一種運動的開始』, 台灣:時報文化出版社, 1986:240). 1973년 봄에 임회민(林懷民)과 젊은 무용가는 25평 크기의 방에서 첫 번째 현대무용단을 만들어 대만의 독특한 문화의 새로운 시작점에 불을 지핀다.

[256] 진비보, 『대만전영사화』, 북경:중국전영출판사, 2008:329(陳飛寶, 『台灣電影史話』, 北京:中國電影出版社, 2008:329). 그 당시에는 용상(龍祥), 신선(新船), 화양(樺梁), 학자(學者), 군룡(群龍), 비등(飛騰), 몽태기(蒙太奇), 제일(第一), 영승(永升), 삼일육악공사(三一育樂公司), 향항신예성(香港新藝城) 등이 있다.

2. 영화제에서의 수상실패 및 홍콩 영화의 새로운 열풍

국제적인 영화 열풍과 함께, '신영화(新電影)'는 대만영화의 새로운 절정의 시기를 가져다준다. 최대공로자는 중영(中影)이다. 1982년 9월에 쿠알라룸푸르에서 제27회 아시아 태평양 영화전시회가 개최되는데, 이때 중영(中影)의 총 책임자는 58개 대표단과 〈소호로〉(小葫蘆), 〈대호영렬〉(大湖英烈), 〈아적야야〉(我的爺爺), 〈원향인〉(原鄕人), 〈신해쌍십〉(辛亥雙十) 5편의 영화와 함께 전시회에 참여한다. 하지만 결과적으로 수상에는 실패한다.[257] 국제영화제에서의 수상 여부는 중영(中影)을 운영하는 주요 지표인데, 수상실패로 아주 큰 타격을 입는다. 영화제에 출품된 영화 모두 금마장(金馬獎)에서 수상한 영화임에도 불구하고, 아시아 태평양 배심위원들의 주목을 받지 못했다는 것은 대만영화의 수준을 적나라하게 보여준 사건이다.[258]

1979년 홍콩에서는 새로운 영화 열풍이, 예컨대 낡은 것을 버리고 새 것을 창조하려는 기세가 드높다. 장국명(章國明)의 〈점지병병〉(點指兵兵, 1979), 서극(徐克)의 〈접변〉(蝶變, 1979), 허안화(許鞍華)의 〈풍겁〉(瘋劫, 1979), 여윤항(余允杭)의 〈산구〉(山狗, 1980), 서극(徐克)의 〈지옥무문〉(地獄無門, 1980), 유성한(劉成漢)의 〈욕화분금〉(慾火焚琴, 1980), 방육평(方育平)의 〈부자정〉(父子情, 1981), 구정평(區丁平)의 〈화성〉(花城, 1983), 관금붕(關錦鵬)의 〈지하정〉(地下情, 1986) 등 영화가 1980년대 말에 대만에서 연달아 상영된다. 또한, 홍콩의 신인 감독 7명은 강연 및 연구·토론·회의를 개최하는데,

---

257 진비보, 『대만전영사화』 북경:중국전영출판사, 2008:319(陳飛寶, 『台灣電影史話』北京:中國電影出版社, 2008:319).

258 《간전영》 잡지, 사천:아미전영제편창, 2009년 2월(《看電影》, 四川:峨眉電影製片廠, 2009.02). 1968년, 대만에서는 영화 230편을 제작한다. 그중 채색 표준 중국어 영화 20편, 흑백 대만어 영화 117편이며, 그해 세계 제2위에 오른다. 제1위는 일본, 제3위는 인도, 제4위는 미국이다.

참신한 촬영기술과 탄탄한 이야기 구조를 통해 의욕만 충만한 대만영화인들에게 신선한 자극을 준다. 대만 영화인들은 깃발을 내리고 북을 멈추어야할 지경에 임박했다는 점을 몸소 피부로 느낀다.

이러한 시대적 변화에도 불구하고, 대만영화는 여전히 정치 선전 영화 혹은 상업영화를 제작하고, 예전 영화적 관습을 그대로 답습하며, 국제적 흐름을 따라가질 못한다. 예컨대, 보수적인 영화인들은 국제적인 영화계 흐름을 이해하지 못하고, 개개인의 역량 부족으로 치부하곤 한다. 당시 중영(中影)에서 기획부장을 맡았던 소야(小野)는 다음과 같이 술회한다. "정부산하기관인 중영은 예술영화 같은 작품을 추구할 필요가, 심지어 상업영화를 제작하라는 요구도 없었다. 하지만 기관 운영을 위해 상업영화는 반드시 해야만 했다. 따라서 중영은 국제적 변화의 바람이 불어 닥쳐도 두 부류의 영화를 제작해야만 했다. 하나는 흥행 실적과 관계없이 정책영화를 제작하는 것이고, 다른 하나는 상업영화 제작이다. 당시 중영은 다수의 영화를 제작할 여력이 없었다."259 이런 식의 중영의 모호한 제작 형태는 방법을 찾지 못하고 갈팡질팡하며 제자리에서 맴도는 상황이다. 이러한 환경 속에서 어떻게 민간제작사들이 혁신적인 사고를 하고 영화제작에 임할 수 있겠는가? 대만영화인들은 그저 홍콩 영화나 외국영화에서 배울 뿐이다. 영화적 가치를 높이고 흥행할 수 있는 최상의 방법은 야외 이동 촬영을 추구하고, 앞다투어 선진화된 촬영기술을 모방하는 것이다.

영화평론인 황건업(黃建業)은 당시 영화계의 상황을 다음과 같이 분석한다. "사실상의 문제는 영화산업에서 영화 예술 창작분야를 소홀히 다뤘다는 점이다. 대만영화가 발전을 한 지금에도, 여전히 가내수공업식의 제작형태

---

259 소야, 『일종운동적개시』, 대만:시보문화출판사, 1986:268(小野, 『一種運動的開始』, 台灣:時報文化出版社, 1986:268).

에 머물러 있고, 지원 기준도 매우 모호하다. 그뿐만 아니라, 영화 제작의 분업화 및 영화 마케팅 개념이 부족하다. 심지어는 영화제작자가 영화 자체를 이해하지 못하고, 어떻게 관객의 취향을 존중해야 하는지도 모른다는 점이다. 국제적 열풍에 휩쓸려 뒤질세라 앞다투어 제작은 하지만, 다양성이 부족하다. 이는 자살형 영화산업 모델이라 말할 수 있다."[260] 그러나 국제적 수상 실패에 크게 자극을 받은 중영(中影)은 마치 사지에서 다시 살아나는 기적을 행하듯이, 환골탈태의 준비를 한다. 이제는 심각한 관료주의 체제와 경직된 이념을 포기하고, 소야(小野)나 오념진(吳念眞)의 새로운 기획 및 주제를 수용하며, 자연과 인간이 어우러지는 모든 기회와 인연을 이용한다. 개혁의 발 걸음은 적절한 타이밍에 다가온다. 대만영화계는 선두격인 중영(中影)의 제작방향을 개혁하며, 신영화(新電影)의 빠른 도래를 촉발한다.

3. 불법 비디오테이프의 성행

시장의 소비심리에 따라, 불법 비디오테이프가 시장에서 은밀하게 등장하면서 해적판이 도처에서 판치게 된다. 그 결과, 영화인들의 심혈을 기울인 창작 의지뿐만 아니라 제작자들의 투자 의지까지 꺾이게 된다. 만약 이런 환경이 지속된다면 대만영화는 더 이상 설 자리를 잃고, 타국 문화의 식민자로 전락할 것이다. 눈앞의 이익에만 급급한 해적판이 지속적으로 시장을 교란한다면, 대만영화는 발전하기 힘들 것이다.

대만에서 배급사를 운영한 경력이 많은 진기웅(陳紀雄)은 "비디오테이프 현상은 일본 '소니'와 '파나소닉'에서 받은 영향이라고" 이야기한다. 당시 대

---

[260] 초웅병, 『대만신전영』, 대만:시보문화출판사, 1988:62(焦雄屛, 『台灣新電影』, 台灣:時報文化出版社, 1988:62).

만인들은 독특한 레슬링 형식인 일본의 스모를 선호했다. 그래서 불법 배급 사들은 녹화된 스모 테이프를 가져다가 대만에서 배급하였다. 이로 인해 대량의 공백 테이프가 대만에 들어온다. 처음에는 BETA 방식의 작은 테이프가 열풍을 끌며, 뒤이어 파나소닉에서 VHS 방식의 큰 테이프를 소비시장에 선보이지만, 소니 BETA CAM(오리지널 테이프) 기술이 완승을 거두며, 대만뿐만 아니라 전 세계 영화계에서도 이 비디오테이프를 사용한다. 이런 상황은 새로운 기술인 DVD, VCD가, 이후 HD고화질, 블루레이 디스크(Bluray Disc)가 등장하면서 자취를 감춘다. 1990년대 초기를 돌이켜 보면, 중국의 오락업은 일본의 LD로부터 시작한다. 당시 LD를 읽는 기술판권이 네덜란드 필립스에 50년 속해 있었다. 그해 전 중국에 (가난한 산간 벽촌, 소도시를 위주로) 약 1,700만 개 레이저 홀이 있었는데, 푯값이 2원이면 종일 봐도 되었다고 한다. 이는 대만의 불법 비디오테이프 현상과 유사하며, 중국의 대중도 이런 과정을 거쳐 서양문화를 접하게 된 것이다. 이때 극장에서 방영하는 필름은 35미리 필름이어서 극장의 매표 수입에도 영향을 준다.

불법 비디오테이프 문화는 대만 사람들의 오락형태를 변화시킨다. 또한, 아이러니하게도, 이런 상황 속에서 훗날 영화계와 텔레비전 분야에 강력한 영향력을 행사하는 거물이 출현한다. 더욱이 유선 TV가 설립되면서 그런 경향은 더욱 강해진다. 예를 들면, 텔레비전 방송국 구복생(邱復生), 삼립 텔레비전 방송국 임곤래(林昆海), 장영화(張榮華) 등이다. 그들은 이러한 광풍 덕분에 엄청난 부를 쌓는다.

대만의 오락형태는 법적인 제도가 정비되기도 전에 급속도로 다양하게 발전한다. 불법에서 합법화 과정에 놓인 비디오테이프 판매점은 고개만 들어도 보일 정도로 많았다. 하지만 업주들은 법의 테두리 내에서 호응하는 척하는 영업방식을 취한다. 예컨대, 시장에서 해적판이 은밀하게 활개를 치며, 아주 저렴하게 신대만 위엔으로 20~30원이면 미개봉된 중국영화 및 홍콩 영화를 손쉽게 볼 수 있었다. 합법화 이후의 비디오테이프 판매점은 모든 방법과 수단을 써가며 해적판을 거래한다. 즉, 구석구석에 숨겨 놓아 잡아내기가 어려웠다. 이러한 상황은 관객이 극장에 가서 영화를 보는 방식을 완전히 바꿔 놓는다.

시장규모가 작은 대만영화산업은 안팎의 어려움에 직면한다. 외부로는 각국 영화들이 시장을 점령하고, 내부로는 편이성이 강점인 텔레비전 방송국(TTV, CTV, CTS)과 경쟁이 형성되며, 관객 수가 급감한다. 농업에서 공업사회로 전환되는 시점에, 과학기술 발전 덕분에 대중의 오락적 형태는 시야가 넓어지면서 다양해진다. 예컨대, 방송극, 야외 가설무대의 연극 및 서커스, 절 옆에 있는 임시 시장, 변화하는 노천영화관 등이다. 당시 영화와 TV는 경쟁 구도에 있었기에 정책적인 연합 같은 마케팅 개념이 부족했다. 그리고 영화수입은 예상 관객 수에 따르고, TV 광고는 시청률에 따라 결정된다. 반면, TV 프로그램과 같이 집에서 편하게 관람할 수 있는 불법 비디오테이프는 해적판이 난무했다. 양자는 서로의 이익만을 위해 관객이라는 먹이를 가지고 다투는 형국이었다. 불법 비디오테이프의 다양화와 편이성으로 인해, 구시대의 영화는 제자리걸음을 하며 관객은 급감한다. 또한, 정부는 불법 비디오테이프를 단속할 여력도 없었다. 그래서 당시 대만영화는 더할 수 없이 위태로운 지경에 처한다.

4. 드디어 모습을 드러낸 대만 '신영화(新電影)'

연속적인 몇 편의 정치 선전 영화의 제작으로 말미암아, 중영(中影)은 적자가 산더미처럼 늘어난다. 정부가 긴축재정을 실시할 때, 당시 중영의 사장인 명기(明驥)는 1982년에 500만 신대만 위엔이라는 최소의 자본으로 〈광음적고사〉(光陰的故事)를 제작한다. 4개의 에피소드로 구성된 영화는 도덕진

(陶德辰), 양덕창(楊德昌), 가일정(柯一正), 장의(張毅) 감독이 참여한다. 실험 영화 형식을 띤 이 영화는 전통적인 스토리 중심인 예전 영화와는 다르게, 보고 듣는 것이 새로웠다. 상영 전에 홍보마케팅뿐만 아니라 영화평론가 초청 등 세심한 노력을 다했다. 영화 포스터에는 '중화민국 20년 이래 처음으로 중영에서 상영하는 예술영화이다'라고 쓰여 있었다. 실질적으로 실험성이 짙은 예술적인 영화는 상업적 요소인 유명한 감독 및 배우, 웅장한 스케일의 장면, 화려한 편집기법 등이 배제된 모두 정태적인 심리서사의 내용을 담고 있다. 모든 사람의 우려를, 심지어 제작사도 아직 검증되지 않은 4명의 신인 감독들이 연출을 잘할 수 있을까 하는 의구심을 표명한다. 그러나 영화가 개봉된 후 반응이 매우 좋았으며, 흥행 실적도 깜짝 놀랄 정도였다. 판타지의 꿈은 현실로 이루어졌다. 근심 걱정에 빠져 헤어나지 못하던 중영(中影) 및 영화계 인사들은 놀라지 않을 수 없었다. 목숨을 부지하는 지푸라기라도 잡았다고 말할 수 있었다.

1982년은 옛 영화와 단절하는 이정표인 '신영화(新電影)'의 원년이라고 할 수 있다. 이는 예전의 영화적 관습이나 미학을 부정하는 것이 아니라, 신세대 감독들의 창작이 돋보이는 전환기이다. 평균 30세 전후의 젊은 감독들이 서로를 지지하며 당시 주류 영화와는 다른 형식과 내용으로 영화를 제작한다.[261] 영화적 재능이 우수한 인적 자원이 배출되는, 즉 신구 세대가 총성을 울리고 배턴(baton)을 넘겨주는 시기였다.

1982년 〈광음적고사〉(光陰的故事)와 〈소필적고사〉(小畢的故事) 이후, 영화적 표현방식은 질적으로 변하기 시작한다. 실제적 상황에 기초하고 자연스러우며 심리 서사적인 문학적 특징을 가진 '신영화(新電影)'가 급속도로

---

[261] 초웅병, 『대만신전영』, 대만:시보문화출판사, 1988:21(焦雄屏, 『台灣新電影』, 台灣:時報文化出版社, 1988:21).

퍼져나간다. 1983년 중영은 황춘명(黃春明)의 소설 『아자적대완우』(兒子的大玩偶)를 각색하여, 후효현(侯孝賢), 증장상(曾壯祥), 만인(萬仁) 감독으로 내세워 〈아자적대완우〉(兒子的大玩偶), 〈소기적나정모자〉(小琪的那頂帽子), 〈빈과적자미〉(蘋果的滋味)를 제작한다. 당시 비판적 성격을 띤 이행(李行)의 '건강실사 영화(健康寫實片)'과는 아주 다른 부류의 영화이다. 영화 평론가들은 대만 사회를 반성케 하는 "첫 번째 영화이다."라고 극찬한다. 연이어 몇 편의 영화들이 흥행 성공을 거두면서, 대만영화사에 '신영화(新電影)'라는 신조어가 탄생한다. 영국 영화 평론가인 클레멘트 애틀리(Clement Attlee)는 5월 14일에 출판한 국제 영화 잡지에서 「대만영화가 달라졌다」라는 사설을 발표한다. 주요 내용을 살펴보면 다음과 같다. "최근 몇 달간 대만 영화제작자들은 1970년대 전통적인 사랑 이야기의 부드럽고 느끼하며 낭만적인 스타일에서 벗어나려는 모습이 여러 작품에서 나타난다. 대만의 전도유망한 감독들은 유럽이 아닌 미국에서 제작 경험을 얻었고, 홍콩 감독들과 다른 점이 있다면 문화적 우월성을 내세우거나 우쭐대는 병에 걸리지 않았다는 점이다."[262]

---

[262] 「외국영평인안중국편점성기후」, (민생보)(1983.07.27), 『몽환기사~양사기기념집』, 대만:연합보출판, 1983:45(「外國影評人眼中國片漸成氣候」, (民生報)(1983.07.27), 『夢幻騎士~楊士琪紀念集』, 台灣:聯合報出版, 1983:45).

제2절 신세대 영화인의 철학과 창작

1. '신영화(新電影)'의 훈풍과 결실

대만에서 사회운동은 계엄 해제 이후 활발해진다. 철권통치에서 민주로, 다당제로, 입법의원 제도 개혁으로, 야당 집권으로 등 20여 년 분투해온 민주화는 38년(1949.5.17~1987.7.15)이란 긴 세월 동안 닦아온 길이다. 계엄 해제 후 새로운 체제의 신문, 정당, TV매체가 줄줄이 등장한다. 사회운동 및 시위/집회 행진도 허용되고, 사람들은 자유롭게 정치단체에 참여하고 선거 활동을 할 수 있게 된다. 1996년에 정부는 드디어 국민의 손으로 직접 총통을 뽑는 직접 선거를 선포한다. 이러한 결정은 민주의 신기원이 된다. 보기에는 하늘에서 떨어진 자유 민주 같지만, 실은 대만 사람들이 300여 년 동안 피땀으로 만든 성과이다.

대만영화의 국제노선을 개척한 참신한 스타일의 신영화(新電影)

'대만에는 돈이 많아서 땅에 널린 돈이 발목까지 잠긴다.'라는 거센 물결 속에서, 신세대 영화인들은 방향을 잃지 않고, 자성과 깨달음을 토대로 이 대지에서 살아온 평범한 사람들의 있는 그대로의 모습을 촬영한다. 그들은 지난날의 기억과 감회를 기반으로 문화적 혹은 신분적 차이를 드러내며, 소원했던 인간관계를 해석하고 회복한다. 총체적으로 말하자면, 대만 경제성장의 경험을 지켜본 그들은 각자의 철학과 신념을 토대로 새로운 영화적 지형인 '신영화(新電影)'을 정착시킨다.

1982~1987년은 대만영화의 획기적 시기이다. 국제 영화제도 대만영화에 관심을 가지며, 이런 영향력은 2000년대까지 지속된다. 그들은 최소한의 자본으로 제작에 임하는데, 열정적이며 성실한 태도와 담담한 영상으로 대만 사람들을 감동시키며, 국제적인 공감을 불러일으킨다. 비록 '신영화(新電影)'가 제작 편수도 적고 기간도 짧았지만 많은 젊은 감독들이 뒤를 이어 뛰어들며, 실무적인 혁신 정신은 대중에게 지대한 영향을 끼친다. 예를 들면, 진곤후(陳坤厚)의 〈소필적고사〉(小畢的故事), 〈결혼〉(結婚), 〈계화항〉(桂花巷), 〈소파파적천공〉(小爸爸的天空), 후효현(侯孝賢)의 〈아자적대완우〉(兒子的大玩偶), 〈풍궤래적인〉(風櫃來的人), 〈동년왕사〉(童年往事), 〈연연풍진〉(戀戀風塵), 〈동동적가기〉(冬冬的假期), 양덕창(楊德昌)의 〈해탄적일천〉(海灘的一天), 〈청매죽마〉(青梅竹馬), 〈공포분자〉(恐怖分子), 장의(張毅)의 〈옥경수〉(玉卿嫂), 〈아저양과료일생〉(我這樣過了一生), 왕동(王童)의 〈간해적일자〉(看海的日子), 〈책마입림〉(策馬入林), 가일정(柯一正)의 〈아문도시저양장대적〉(我們都是這樣長大的), 증장성(曾壯祥)의 〈살부〉(殺夫), 만인(萬仁)의 〈유마채자〉(油麻菜籽), 〈초급공민〉(超級公民), 양립국(楊立國)의 〈고량지리대맥숙〉(高粱地裡大麥熟), 〈흑피여백아〉(黑皮與白牙) 등이 있다. 영화 평론가들은 이런 열풍을 긍정적으로 격려한다. 예컨대, 전통적인 영화적 관습에서 벗어나 예술적인 영화적 표현으로 끌어올리며, 새로운 의미를 부여한다고 인정한다. 대중도 '신영화(新電影)'를 매우 흡족해하며 지지한다. 이러한 확실한 증거는 바로 신영화의 흥행수익이다.

대만영화는 이전의 카메라 사용을 답습하면서도, 다양한 장르로 좋은 성적을 만들어낸다. 예컨대, 1970년대의 클로즈업, 미디엄 숏, 줌인/줌아웃, 핸드 핸드 카메라 촬영, 이동 촬영, 가속 촬영, 달리(dolly) 촬영 등을 사용한다. '신영화(新電影)'의 선구자인 진곤후(陳坤厚) 감독[263]은 다음과 같이 일갈한다. "영화는 시장에 호소하는 물건이다. 그래서 반드시 유행하는 새로운 시각의 전환 및 이야기 방식이 있어야 한다. 드디어 우리에게 그런 기회가 왔다. 대중이 이전의 영화적 시각이 진부하다고 느끼고 있는데도, 영화계 선배들은 어떠한 변화도 가하지 않으며 여전히 자리만 차지하고 있었다. 결국, 시장이 몰락해야만 변화의 기회가 주어진다. 새로운 영화를 위해 우리는 오래동안 준비해왔다. 갑자기 출현된 것이 아니다. 새로운 시각이 만들어지는 환경이 조성되었고, 우리도 때를 기다렸다. 그 전에는 허황된 경요(瓊瑤)식의 영화가 다수였다. 하지만 우리는 자신의 성장 경험을 돌이켜 보거나 다가올 미래를 내다보는 주제를 다루면서, 시장에 뿌리내릴 수 있도록 노력하였다." 따라서, 혁신적인 신영화의 공헌은 영화 형식을 예술의 중심으로 끌어온 것이다. 다양한 장르는 오히려 관심 대상이 아니다.

---

[263] 1963년에 중영(中影)은 건강실사주의(健康寫實主義) 영화 〈가녀〉(蚵女), 〈양압인가〉(養鴨人家)를 제작하는데, 뇌성영(賴成英)은 촬영을 담당하고 진곤후(陳坤厚)는 제3보좌를 맡는다. 1965년 이행(李行)이 〈아녀정심〉(啞女情深) 감독을 맡았을 때 진곤후는 제1촬영보좌로 진급하며, 이후부터 이행 촬영팀의 중요 멤버가 된다. 1960년대의 저명한 감독과 합작한 적이 있다. 예를 들어, 송존수(宋存壽), 백경서(白景瑞), 서진량(徐進良), 장영상(張永祥), 진요기(陳耀圻) 등이 있다. 첫 번째로 감독을 한 작품은 1980년 〈아답랑이래〉(我踏浪而來)이다. 이 영화는 실사의 새로운 뜻을 창의하며, 독특한 사실 그대로를 기록한 촬영미학은 영화적 혁신에 지대한 공헌을 한다. '신영화'시기에도 16편의 영화작품이 있는데, 지금까지도 여전히 창작을 게을리 하지 않고 있다. 2008년에는 작품 〈해자적천공〉(孩子的天空), 2011년에는 작품 〈삼각지〉(三角地)가 있다.

신영화(新電影)의 선두자: 〈광음적고사〉(光陰的故事) 감독들 : (좌측으로부터)
장의(張毅), 가일정(柯一正), 도덕진(陶德辰), 양덕창(楊德昌)

※ 자료: 《간전영》(看電影) 잡지.

영화는 복잡한 종합예술이며, 한 개인이 성취할 수 있는 일이 아니다. 오랜 시간 동안 지속되어 온 영화가 진부해질 무렵에, 새로운 세대의 감독들이 등장한다. 그들은 '집단창작'을 통해 공동으로 새로운 국면을 창조하고, 예전의 대만영화의 아름다움을 되찾는다. 비록 가야 할 길이 멀고 험난했지만, 정의를 위해 뒤돌아보지 않고 담대하게 나아간다. 이는 하나의 사명과 영예이기에 자기 책임은 남에게 전가할 수 없다. 역사의 오랜 기간을 거쳐 만조가 되고, 이후 간조가 되던 '신영화(新電影)'를 돌이켜 보면, 영화 내용, 소재, 창의가 매체의 칭찬, 논쟁, 비난을 불러일으켰다. 그러나 주목해야 할 사항은 최고 지점 시기의 파도라는 점이다.

영화 문화는 국가의 이미지를 대변한다. 따라서 영화 문화는 신영화를 통하여 새롭고 독특한 영화 스타일과 대만 본토에 대한 배려를 드러낸다. 따라서 당시의 우수한 작품을 분석하고 전통 영화와의 차이를 검토해보자.

〈광음적고사〉　　　　〈지망〉(指望)　　　〈도와〉(跳蛙)　　　〈보상명래〉(報上名來)
(光陰的故事) 포스터

대만 신영화의 기초가 된 〈광음적고사〉(光陰的故事, 1982) 옴니버스 4부작
감독 : 도덕진(陶德辰)의 〈소용두〉(小龍頭), 양덕창(楊德昌)의 〈지망〉(指望),
가일정(柯一正)의 〈도와〉(跳蛙), 장의(張毅)의 〈보상명래〉(報上名來)

〈소용두〉(小龍頭)

1950년대 대만의 시골 생활은 소박하고, 오락은 단순하다. 예컨대, TV를 보거나 야구경기를 라디오 방송으로 듣는 것이 제일 즐거운 일이다. 규율이 엄격한 집은 대체로 부모와 자식 간의 사이가 좋지 못하다. 남자어린이가 정신적으로 의지하는 것은 할아버지가 선물한 공룡인형이다. 어느 날 아버지가 작은 용머리를 버리게 되는데, 머지않아 미국으로 이민 떠나는 이웃집 여자아이에게 주려던 아들은 괴로워한다. 그래서 '용 찾기'는 어린아이의 비밀임무가 되며, 두 아이가 짝이 되어 쓰레기장에 가서 어둠 속을 더듬으며 작은 용머리를 찾아낸다. 영화 마지막 장면에는 낙서 된 종이에 여자아이가 작은 용머리를 잡고 있는 화면이 그려져 있다. 이별을 앞두고 위험한 사건을 겪는 것은 어린 시절의 달콤한 기억일 수도 있다.

영화는 오프닝 시퀀스에서 시공간의 장면전환을 통해 사건의 연속성을 보여준다. 꿈속에서 공룡 인형이 동물원으로 변화하고, 고릴라 무리가 악단으로 변하여 제복을 입고 악기를 연주한다. 남자아이와 학우들은 장난치며 떠들어 대며, 이성에 대한 호기심을 보인다. 이처럼 영화는 무언의 눈빛 및 동작, 음악 등으로 장면을 구성한다. 감독은 어린 아동의 환상과 성인의 현실을 대비하는 세계를 조성한다.

〈지망〉(指望)

홀어머니(유명(劉明) 역)는 대학시험을 다시 치르는 언니(장영진(張盈眞) 역)와 고등학교를 다니는 소분(小芬)(석안니(石安妮) 역), 딸 둘을 홀로 키운다. 언니는 활발하고 외향적인 성격을 지니고, 대학시험을 다시 보아 어머니의 기대를 겨우 만족시키지만, 늘 몰래 밤늦게까지 놀기를 좋아한다. 소분은 성장통을 겪는 소녀이다. 모녀 세 사람의 생활은 오로지 방세를 받아 유지하는 것이 전부다. 남자 세입자(손아동(孫亞東) 역)가 입주하면서, 이 가정에는 변화가 생긴다. 소분은 처음으로 이성에 호기심을 가지게 되고, 가끔은 상상도 해보지만, 감정 컨트롤을 어떻게 해야 하는지 모른다. 한번은 용기를 내어 그 남자에게 접근하는데, 의외로 언니가 그 남자와 호감을 느끼고 있다는 사실을 알게 된다. 놀란 소분은 외롭게 골목길을 거닐다가 자전거 타는 남자 동창을 만난다. 소분은 짝사랑한 것을 잊어보고자 하는 생각에 갑자기 뭔가를 깨달은 듯 자전거 타기 연습을 시작한다. 순식간에 즐거운 얼굴을 찾으며, 그렇게 그녀는 성장한다.

감독은 롱 테이크 기법과 화면의 여백을 적절히 활용하여 한 가정의 소박한 일상을 담담하게 그려내며, 소녀의 심경을 내레이션으로 대변한다. 영화는 섬세하면서도 냉정하며 독특한 스타일을 선보인다.

〈도와〉(跳蛙)

대학생인 두시련(杜時聯)(이국수(李國修) 역)은 국제 동창 친목 활동에서 개최하는 수영대회에 출전하고자 한다. 출전하는 과정에 여러 우여곡절이 있지만 고집스럽게 밀고 나간다. 그런데 학교에서 출전 인원의 선발 시합에서, 그는 2등을 해서 출전권을 얻지 못한다. 하지만 시합 당일 선발된 자가 발을 다쳐서 출전이 어려워지자, 그가 대신 출전하게 된다. 그는 필사적으로 수영하여 결국 1등을 거머쥔다. 영화는 두시련(杜時聯)의 일상생활, 감정, 부자관계, 집주인, 동창 등과 연관된 주인공 캐릭터를 구축한다. 그런데 그가 하소연을 하는 대상은 뜻밖에도 한 쌍의 청개구리였다. 이는 사람의 마음이 연약하고 공허하다는 점을 부각시킨다. 감독이 시사하는 바는 개인의 의지를 탐색하는 것이다. 시합 과정에서 주연배우의 심리를 대변하는 청개구리와 대화하는 장면은 관객으로 하여금 주인공의 심정을 이해하게끔 한다.

〈보상명래〉(報上名來)

영화는 한 부부가 이사한 후 다음날에 발생한 해프닝을 그린다. 이른 아침 부인(장애가(張艾嘉) 역)은 출근하고, 남편(이립군(李立群) 역)은 계단을 내려가 신문을 가지고 다시 계단을 올라가는데, 집 문이 잠기어 버린다. 집에 들어가지 못해 몇몇 이웃집에 도움을 청하지만 별 도움을 얻지 못하고, 다른 방법이 없어서 돈을 빌려 공중전화로 아내에게 전화를 한다. 때마침 아내도 사원증을 지참하지 않아서 회사에 들어가지 못하고 회사경비원과 실랑이를 벌이고 있다. 부부는 각자 골치 아픈 일에 빠져든다. 남편은 배수관을 타고 4층 자기 집으로 올라가려는데 개들이 짖어대고, 이웃집 사람은 도둑으로 오인해 몽둥이로 호되게 때리기도 한다. 결국 비명과 함께 남편은 아래로 떨어진다. 많은 사람이 남편 주위를 에워싸고 구경할 때 아내가 돌아온다. 땅에 쓰러진 남편은 "열쇠 가져왔어요?" 힘없이 묻는다.

장의(張毅)는 신구 사회의 변화를 관통하는 감독이다. 새로운 사회는 사람 간의 신뢰나 믿음이 매우 부족하다. 예컨대, 아파트 빌딩의 문과 창문은 굳게 닫히고, 서로 왕래하지 않는다. 1980년대 대만 도시의 번화가에는 사람으로 붐비지만, 실제로는 서로 냉담하다.

광음적고사(光陰的故事)에서 네 부분으로의 구분은 시대적 의미를 띤다. 1950년대는 동년, 1960년대는 소년, 1970년대는 청년, 1980년대는 성년으로 대만 사회의 발전 역사과정을 나타낸다. 도와(跳蛙)는 은유이다. 1970년대 대만은 국제적으로 고립된다. 두시련(杜時聯)은 수영 경기에서 여위고 허약한 체격으로 체구가 크고 훤칠한 외국인과의 경쟁을 통해 필사적으로 노력하여 1등을 한다. 도와(跳蛙)는 정신적인 격려의 상징이다.

〈아자적대완우〉(兒子 的大玩偶) 포스터　〈아자적대완우〉(兒子的大玩偶)　〈소기적나정모자〉(小琪的那頂帽子)　〈빈과적자미〉(蘋果的滋味)

식민시대 대만을 그린 〈아자적대완우〉(兒子的大玩偶, 1983) 옴니버스 3부작
감독 : 후효현(侯孝賢), 증장상(曾壯祥), 만인(萬仁)
원작 : 황춘명(黃春明)
극본 : 오념진(吳念真)

〈아자적대완우〉(兒子的大玩偶)

1962년 가의(嘉義) 현 죽기(竹崎)에 소재한 교회에서, 사람들은 줄지어 밀가루를 받아 간다. 피에로 의상과 얼굴로 분장한 곤수(坤樹)는 가녀(蚵女) 영화 간판을 걸고 사람들의 무리 속에서 홍보한다. 곤수(坤樹)는 집에 돌아와 아내 아주(阿珠)에게 "교회에서 밀가루를 나누어 주는 데 받으러 안 가나?"라고 말한다. 이 장면은 대만 경제의 어려움으로 미국 원조를 받는 현실을 극명하게 드러낸다. 일자리가 마땅치 않아 생활고에 시달리는 부부는 둘째 아이를 가질 형편이 못 된다. 곤수(坤樹)는 피에로 분장을 하고 큰 거리와 골목

을 종횡무진하며 극장을 위해 호객행위를 한다. 그러다가 어린애들의 짓궂은 장난뿐만 아니라 이웃들의 눈총을 받기도 한다. 하물며, 친구들도 그를 하찮게 여긴다. 곤수(坤樹)는 형편이 다소 나아지면서, 차림새도 단정하게 하고 출근하기 시작한다. 그러자 자신의 아이가 곤수(坤樹)의 얼굴을 알아보지 못하고 겁에 질려 앙앙 울어대어, 곤수(坤樹)는 다시 피에로 분장을 하게 된다. 그런 그의 모습은 아들에게 큰 인형처럼 되어버린다.

후효현(侯孝賢)은 롱 테이크 기법을 통해 동작, 대화, 사건을 하나의 장면 속에서 컨트롤하며 경치/사건 그리고 인물심리/이야기 줄거리의 상호작용을 잘 보여준다. 이 영화는 무질서하고 비정상적인 사회적 분위기를 코믹하게 풍자하며, 인간적 배려를 드러낸다.

〈소기적나정모자〉(小琪的那頂帽子)

영화는 두 젊은이가 농촌에서 일하면서 일본 압력솥을 판매하는 에피소드를 그린다. 왕무웅(王武雄)은 압력솥의 안정성을 의심하지만, 임재발(林再發)은 부지런히 판매에 열중한다. 그렇지만 두 사람은 하나도 팔지 못한다. 그런 와중에, 왕무웅(王武雄)은 황색 모자를 쓴 여자아이 소기(小琪)를 만나게 되고, 하루는 그들이 서로 역할을 바꿔 일을 하기도 한다. 왕무웅(王武雄)은 소기(小琪)에게 돼지족발에 있는 털을 제거하라고 시키며, 무의식중에 소기(小琪)의 모자를 벗기는데 바로 후회를 한다. 소기는 까까머리였다. 임재발(林再發)은 이웃촌에서 현장 조리하면서 압력솥 판촉행사를 진행한다. 많은 사람들이 족발 조리를 기다리는데, 그 순간에 증기가 치솟으며 압력솥이 폭발한다. 끓는 물과 파편이 여기저기로 튀고, 사람들은 비명을 지르며 이리저리 도망친다. 중상을 입은 임재발(林再發)은 피를 많이 흘려 곧바로 병원으로 호송된다. 진료소에 도착한 왕무웅(王武雄)은 생사의 갈림길에 선 친구를 보면서 울분을 참지 못하고, 벽에 붙은 압력솥 포스터를 찢어버리고 해변으로 걸어간다.

영화 속의 인물들은 대체로 교류도 없고, 조용하며 고민이 많다. 증장상(曾壯祥) 감독은 비극적이고 광풍에 휘말리는 주인공들을 3자의 시선으로 바라본다. 영화는 비교적 평온한 이야기체로 구성되며, 어려움에 빠진 사람들의 심리를 대변한다.

〈빈과적자미〉(蘋果的滋味)

미국대사관에서 일하는 군관은 노동자 강아발(江阿發)(탁승리(卓勝利) 역)를 자동차로 치게 된다. 그는 외사경찰과 함께 빈민굴에서 강가네 집을 찾아 가족과 같이 병원으로 향한다. 아내(강하(江霞) 역)와 다섯아이들은 자동차를 타고 병원으로 가는 도중 아들의 친구들 옆을 지나가는데, 자기가 자동차에 탄 모습을 친구들 앞에서 우쭐해한다. 왜냐하면, 학교비용도 내지 못하는 자신 마음속의 자괴감 때문이다. 아내와 아들은 시설이 좋은 병원을 놀라운 눈으로 바라보며, 강아발(江阿發)의 다리가 부러져 생활하기 곤란하다는 점을 알게 된다. 군관은 다과를 내놓으며, 생활비 및 교육비를 준다. 외사 경찰은 "이번에 당신이 운이 좋은 거요. 그레이 대령의 차에 다쳤으니 말이지, 만일 다른 차에 치었더라면 혹시 지금도 길 옆에 누워있을지도 몰라요."라고 말한다. 부부 둘 다 그 군관에게 "감사합니다. 미안합니다."라고 말한다. 강아발(江阿發)은 처와 아들에게 사과를 먹으라고 하면서, "사과 한 알이면 쌀 4근을 바꿀 수 있다."라고 말한다. 온 가족은 입을 크게 벌려 사과를 베어 먹으며 만족스러워하며, 부러진 다리의 고통을 저 멀리 날려 버린다.

이 영화는 통제와 관리에 익숙한 서민들의 우매한 운명을 이야기하며, 미국의 원조를 투시한다. 만인(萬仁) 감독은 흑백의 명암대비를 통해 주제를 부각한다. 특히, 역광 및 빛을 노출하는 기술을 통해 교통사고의 전과 후 그리고 현실과 환상의 심리적 변화를 잘 담아낸다. 영화는 다양한 풍자적 의미를 드러낸다. 예를 들면, 공간(백색 병원, 흑색 빈민굴), 신분(미국 군관, 노동자), 금전(학교 비용, 거액 배상금), 물질(자동차, 사과), 언어(영어, 중국어, 대만 방언, 수화) 등 문명과 야만의 차이를 극명하게 대비시키며, 관객으로 하여금 당시 대만의 빈부격차 및 지정학적 위치를 인지하게끔 한다. 이 코미디는 관객 스스로 반성하고 성찰하는 기회를 부여한다.

〈해탄적일천〉(海灘的一天) 포스터 및 스틸사진
눈물 흘리고 웃으며 말하는 청춘 이야기를 그린 〈해탄적일천〉(海灘的一天, 1983)
감독 : 양덕창(楊德昌)
극본 : 양덕창(楊德昌), 오념진(吳念眞)

양덕창(楊德昌)의 〈해탄적일천〉(海灘的一天)

담위청(譚蔚菁)과 임가리(林佳莉)(호인몽(胡因夢)과 장애가(張艾嘉) 역) 두 여인이 만나서 대화를 나누는 장면으로 시작하는 영화는 관객을 1940년대 대만으로 인도하며, 내레이션을 이용하여 사랑 및 이별 등 지난날의 이야기를 하나하나씩 읊조린다. 영화는 회상에 들어가 또 다른 시절을 회상하는 독특한 스타일을 선보이며, 과거와 현실을 교차시킨다. 이러한 격자구조는 농촌에서 도시로, 학교에서 사회로, 개인에서 가정으로, 이전세대에서 후세대로, 전통에서 현대로, 일본교육에서 국민교육으로, 지정혼약에서 자유연애로, 기성세대에서 신세대로, 등의 속에서 성장하고 변화하는 유구하고 변하지 않는 진실을 담담하게 그려낸다. 영화는 여성주인공을 통해 마치 관객

자신의 일처럼 느끼게 하며, 절망이 아닌 또 다른 희망으로 인도한다.

정교하고 담담한 화면은 정적인 정물화처럼 여백의 미를 잘 살린다. 지난 날의 다양한 이야기 소재는 다소 철학적이지만, 결코 2시간 40분이라는 러닝 타임이 길게 느껴지지 않을 정도로 뛰어난 작품이다.

마음에 잠복한 시한폭탄 〈공포분자〉(恐怖分子, 1986)
감독 : 양덕창(楊德昌)
극본 : 양덕창(楊德昌), 소야(小野)

양덕창(楊德昌)의 〈공포분자〉(恐怖分子, 1986)

〈공포분자〉(恐怖分子)는 세 개의 주요 이야기가 서로 평행하면서 교차한 다. 서로 뒤얽히고 뜻밖의 놀라움으로 점철되면서, 불안은 조용히 일상을 깨 우며 의미 있는 결말에 도달한다. 영화의 각 인물은 감정이 억제되고 고독하 며 우울하다. 1980년대 대북시의 모습은 부부간의 불화, 외도, 별거, 미인계, 승진압력, 자살, 강도, 도적, 도박, 애로 등 산업사회의 부정적인 산물로 가득하다. 가치관의 급작스러운 변화는 어쩔 수 없이 모두를 당황하게 만든다. 배반과 실의는 당시 대만인의 나약한 생명이 풀 수 없는 매듭이다.

감독은 중산계급의 행동에 따른 개인적 혹은 공적인 성향을 분석한다. 보기에는 일반적으로 스쳐 지나가는 장면인 것 같지만, 실제로는 여러 가지 의미가 내포되어 있다. 예를 들면, 창문 닦는 노동자, 구름다리 위에서 오가는 행인, 곧게 뻗어 나간 전화선, 서민주택 골목, 거대한 가스통, 저녁의 시먼딩 등은 모두가 정교하게 연출된 영화언어이다. 감독은 인공조명 대신 자연광을 사용하여, 참혹한 진실을 시적인 정취와 그림 같은 아름다움으로 공간을 정교하게 꾸민다. 예를 들면, 병원의 실험실, 소설가의 서재, 촬영기사의 암실, 신문사 사무실, 경찰 숙소, 대부자 집 거실, 아파트, 층집, 여관, 모두가 보기에는 조용한 대북시의 일부 같지만, 모두 불안을 자아내는 공포분자이다.

감독은 사운드와 이미지가 중첩되지 않게 하는 기법(예를 들면, 자살하여 병원으로 옮겨지는 여인, 내레이션으로 '나는 살기 싫다.'라고 표현하고, 다음 장면에서는 소녀가 전화에 대고 말하고 있다), 물질 매개체(문자서술과 분할 사진), 진실과 허구가 교차하는(결말 부분의 충격과 자살) 방식을 취한다. 영화는 신영화의 새로운 미학 형식을 보여주며, 그 누구도 무기력한 도시의 소용돌이에서 빠져나오지 못함을 극단적으로 보여준다.

진곤후(陳坤厚)의 〈결혼〉(結婚)

영화는 1957년 대만 남부의 한 작은 마을에서 가난한 청년 나운랑(羅雲郎)(양경황(楊慶煌) 역)과 부잣집 딸 증미하(曾美霞)(양결매(楊潔玫) 역)가 자유연애를 하는 이야기이다. 농업에서 산업으로 변화하는 시기에, 보수적인 청년들은 전통적인 관습에서 벗어나 행복을 추구하는 탱고와 같은 서구문명에 호기심을 가진다. 낡은 이데올로기에 사로잡힌 기성세대는 춤을 퇴폐적이라고 여긴다. 예컨대, 박자나 운율은 단지 애정의 온도를 올려줄 뿐이며, 청춘을 환락에 빠지게 한다. 주인공 남녀 양가의 반대로, 애정의 눈물은 하염없이 흐르고, 춤의 스텝도 더는 즐겁지 않으며, 삶의 의미도 없어진다. 하지만 결국 혼사를 치르게 된다. 꽃가마가 논밭 옆을 지나고 호수를 지나건만 그녀는 보이지 않는다. 운랑(雲郞)과 결혼한 사람은 미하(美霞)의 명패이다.

영화는 소박하고 꾸밈없이 애정과 가문의 현실적 문제를 이야기한다. 처음엔 음울함이 밝아지지만, 곧 먹구름이 비로 변하여 쏟아진다. 가문 간에는 각자의 입장이 있기에, 두 집의 어머님의 태도는 냉정하다. 또한, 영화는 서정적인 전원, 복고적인 맥락, 문학적인 숨결이 충만하다. 시나리오 작가 허숙진(許淑眞)은 "혼례와 장례와 관련된 내용은 모두 대만 풍속을 따랐다."라고 말한다. 그런 점에서 영화는 순박한 대만 본토 문화의 특색을 잘 보여준다.

대만 여성의 숙명과 반항 〈유마채자〉(油麻菜籽)
감독 : 만인(萬仁)
원작 : 요휘영(廖輝英)
각색 : 요휘영(廖輝英), 후효현(侯孝賢)

만인(萬仁)의 〈유마채자〉(油麻菜籽, 1984)

영화는 전과 후 두 개의 부분으로, 전자 부분은 어머니(진추연(陳秋燕) 역)의 생활을 중심으로, 후자 부분은 딸(소명명(蘇明明) 역)의 감정을 위주로 다룬다. 우선, 영화는 일본 식민문화의 잔재가 매우 심각하다는 점을 부각시킨다. 예컨대, 일식집 처마 밑에서 부부와 부녀간의 말다툼 소리가 난무하는 가부장적인 부권사회를 보여준다. 감독은 딸의 시각에서 어머니가 결혼생활에서 겪게 되는 질곡과 고통을 직시한다. 사회에 발을 내디딘 후, 딸은 어머니와 같은 삶을 원치 않으며, 애정 행위를 피하게 된다. 이 때문에 모녀간의 충돌이 자주 일어난다. 구시대 부인들은 주관적인 여성의 정체성을 확립하기 힘들다. 그래서 여성들은 가정의 무사와 화목을 위해 자신을 뜻을 굽힌다. 딸은 어머니의 이런 전철을 밟고 싶어 하지 않는다. 이로 인해 가족의 화목은 와해되지만, 이후 어머니는 시대적 변화를 수용하며 딸의 선택을 받아들인다.

전자 부분의 주요 배경은 일식가옥이다. 감독은 시골마을에 일식가옥을 배치하여 사회와 사람 무리와 동떨어진 고독한 분위기를 의도적으로, 예컨대 유럽과 일본의 잔재 문화를 음울한 분위기로 연출한다. 촬영은 간결하고, 몸과 눈빛만으로 이야기를 전달하기에 인물 간의 대화는 극히 적으며, 감정은 극도로 억제된다. 동서의 문화적 요소를 융합한 〈유마채자〉(油麻菜籽)는 독특한 스타일로 찬사를 받는다.

진곤후(陳坤厚)의 〈소필적고사〉(小畢的故事, 1983)

온순하고 긍정적인 수영(秀英)(장순방(張純芳) 역)은 사생아 임초가(林楚佳)(유승택(鈕承澤) 역)를 데리고 나이 많은 다른 성의 공무원 필대순(畢大順)(최복생(崔福生) 역)과 재혼을 한다. 이에 따라, 임초가는 필초가(畢楚佳)로 성을 바꾼다. 그는 워낙 활달하고 다혈질이라서 조용히 있지 못하는 성격이다. 그는 다른 사람들과 자주 문제를 일으켜서 퇴학당할 위기에 처하게 된

신영화의 금메달 〈소필적고사〉(小畢的故事)
감독 : 진곤후(陳坤厚)
원작 : 주천문(朱天文)
극본 : 주천문(朱天文), 후효현(侯孝賢)

다. 그러다가 친구가 피를 너무 많이 흘려 병원으로 급하게 이송되어 응급처치하는 상황이 발생한다. 급한 마음에, 필초가(畢楚佳)은 집에 돈을 훔치며, 이 일로 어머니에게 호된 매를 맞는다. 필대순(畢大順)이 나서서 해결하려 하지만 오히려 충돌을 야기하고 수영의 자살로 분쟁이 끝난다. 어리석은 필초가(畢楚佳)는 그제야 정신이 차리고, 인생의 새로운 방향을 선택한다.

영화는 제3자의 내레이션 서술방식을 취하며, 아버지 필초가(畢楚佳)의 어리석은 행동, 친자 및 가족 관계, 어설픈 연애, 여성의 권리 등을 이야기한다. 영화 속의 장면은 있는 그대로의 진실을 담아내며, 차분하게 감정의 변화를 표현한다. 예를 들면, 아버지는 아들인 필대가(畢楚佳)가 군사훈련을 잘 하도록 가르치며, 가사노동에 전념하는 어머니는 이른 아침에 도시락을 준비한다. 어린아이는 아직 깊은 잠에서 깨지 않았고, 모두가 차분하고 조용한 분위기이다. 초저녁에 집에 들어온 필초가(畢楚佳)는 집 주변에 많은 사람이 모여 있는 모습을 보고, 어머니에게 문제가 생겼음을 직감한다. 화면에서는 선풍기만 돌아가고 있을 뿐이다. 그리고 사람들은 함께 뒷일을 처리하기 위해 바삐 움직인다. 영화는 전체적으로 희극적인 정서를 줄이고, 애절한 슬픔을 담담하게 그린다. 다소 부족한 점이 있다면, 음악이 너무 통속적이라 이미지와 잘 맞지 않는다.

신사실 무협 영화 〈책마입림〉(策馬入林)
감독 : 왕동(王童)
원작 : 진우항(陳雨航)
각색 : 채명량(蔡明亮), 오념진(吳念眞)

왕동(王童)의 〈책마입림〉(策馬入林, 1984)

중국 당나라 말기에 몇 년간 연이은 흉년으로 인해 도적 떼가 들끓는다. 지역 도적 떼는 촌장의 딸 탄주(彈珠)(장영진(張盈眞) 역)를 잡아 인질로 삼고, 쌀로 교환하려 한다. 그러던 중에 군대에 포위되어 토벌을 당해, 큰형뿐만 아니라 대원 절반이 죽게 된다. 이로 인해, 도적 떼 내부에선 갈등이 일어나고, 결국 새로운 수장으로 하마(何馬)(마여풍(馬如風) 역)가 결정된다. 이후 하마(何馬)와 탄주(彈珠) 사이에 미묘한 감정이 생긴다. 궁지에 몰린 도적 떼는 말을 잡아 허기를 달래며, 비탄에 빠진 노래를 부른다. 하마(何馬)는 마지막으로 국록(國祿)을 빼앗은 후 헤어지자고 하는데, 결국 실패하고 전투 중에 탄주(彈珠)를 구하다가 비참하게 죽는다.

영화는 인물의 의상이나 주변 환경의 미술작업 등을 통해 독특한 장면을 만들어내며, 영화 속의 경치를 부각시킨다. 특히, 감독은 섬세한 인물캐릭터를 통해 감정을 적절하게 전달한다. 이 영화는 구로사와 아키라 형식과 중국 무협의 정수를 혼합하여, 자신만의 독특한 새로운 무협 영화 형식을 만들어낸다.

〈고량지리대맥숙〉(高粱地裡大麥熟)
감독 : 양립국(楊立國)
원작 : 백자우(白子于)
극본 : 소야(小野)

양립국(楊立國)의 〈고량지리대맥숙〉(高粱地裡大麥熟, 1984)

중화민국 초기에, 한 남자(왕도(王道) 역)와 그의 아내(장애가(張艾嘉) 역)는 하북(河北)인 고향을 떠나 동북(東北) 손가대(孫家台)로 향한다. 그곳에서 그는 짐꾼으로 일하며, 돈을 벌어 고향에 가 땅을 사려 한다. 2년 후 그들은 아기를 낳지만, 상황이 좋지 않다. 주인공 남자는 한 무리와의 싸움으로 크게 다치고, 가정은 절망에 빠지게 된다. 설상가상으로 아내를 기생집에 저당 잡히는 상황에 빠진다. 주인공인 남자는 빚을 갚고 이 문제를 해결하고자 하지만, 여전히 도박에서 헤어 나오지 못하고 파멸에 이른다. 또한, 그는 처자식의 생계를 위해 자신의 처를 경찰의 첩으로 인도하는 데 동의한다. 시달림을 맛볼 대로 맛본 부부는 더 이상 방법이 없자, 돗자리를 옆구리에 끼고 수수밭에 들어가 이전의 아름다움을 회상한다. 감독은 대륙 동북의 광활한 풍경을 보여주면서 황량한 분위기를 강조하며, 사회 빈곤층에 속한 부부가 사회적 압박 속에서 견뎌내는 심리적 전환을 인간적으로 그려낸다. 영화의 마지막 장면은 부부가 수수밭으로 걸어가는 모습을 롱 숏으로 처리하면서, 지독한 쓸쓸함을 강조한다.

2. '신영화(新電影)'의 효과와 영향

원작의 각색 혹은 창작: 문학에 기반한 시나리오 각색

원로급 시나리오 작가인 장영상(張永祥)은 "대만영화의 낮은 질적 수준은 시나리오가 원인이다."라고 말한 바가 있다. 시나리오는 영화의 기초이다. 기초가 완벽하지 못할 경우, 두 배로 공을 들여도 여전히 미흡하다. 감독의 권위와 스타를 중하게 여기는 대만에서, 시나리오는 감독이 시장을 지배하거나 인기배우를 위한 일종의 상품이다. 그래서 시나리오 작가의 역할은 위축되며, 절대로 원작에서 독립적인 사유의 창작이 되지 못하고 있는 실정이다. 만약 유럽이나 미국 영화가 백여 가지의 주제를 그리고 홍콩 영화가 50가지 주제를 활용한다면, 대만영화는 기껏해야 5가지 정도의 주제를 선택한다. 사실상 당시 인기 있는 주제는 2~3개 정도이다. 대부분 애정영화 혹은 무술영화이거나, 그 외는 귀신, 괴물, 신선, 부처가 등장하는 영화, 기타 전쟁영화, 터무니없이 법석을 떠는 영화 등 식사 뒤에 먹는 디저트와 같은 소프트한 영화이다.[264] 이처럼 대만영화는 극도로 기형적으로 발전해 왔기에, 개혁은 피할 수 없는 물결이다.

'신영화(新電影)'는 원작에 기초한 각색이나 창작의 시대적 의의와 현실적 가치를 추구해야 한다고 강조한다. 그래서 신영화의 시나리오들은 대만 본토의 운명과 심리적 변화에 관해 관심을 가지기 시작한다. 영화평론가인 황건업(黃建業)은 '신영화(新電影)'의 의의는 "대만 현대문학과 향토문학의 우수한 성과를 전면적으로 흡수하고, 그 기회를 통해 이전의 상품화 경향이나 저속화한 창작 흐름을 180도로 바로 잡아 주며, 순수예술을 지향하는 것이다. 이는 현실적 문제를 적극적이며 주도적으로 그리고 다각도로 바라보며 멀리 내다보는 새로운 출발점이라고 말할 수 있다. 또한, 이전 상업영화에 예술성을 부여하여, 질적인 표현형식을 풍부하게 만드는 시도이다."라고 말한다.[265] 〈아자적대완우〉(兒子的大玩偶) 영화의 성공은 이러한 각색 열풍을 주도하는 계기가 된다. 예컨대, 일본식민 말기의 황춘명(黃春明)이나 종조정(鍾肇政)같은 제2대 향토문학 유파가 주도적으로 활동한다. 그동안 대만영화는 좋은 시나리오의 결핍으로 수차례 어려움과 흥행 실패를 겪었기에, 많

---

264 양량, 『전영적일대』, 대만:지문출판사, 1988:77(梁良, 『電影的一代』, 台灣:志文出版社, 1988:77).

265 황건업, 「1983연태만전영회고」, 초웅병, 『대만신전영』, 대만:시보문화출판사,1988:54(黃建業, 「1983年台灣電影回顧」, 焦雄屏, 『台灣新電影』, 台灣:時報文化出版社,1988:54).

은 영화 제작사들은 소설 원작 판권을 구입할 때 아예 원작가에게 시나리오 각색을 맡겼다.[266] 따라서 황춘명(黃春明)의 〈간해적일자〉(看海的日子), 양청축(楊青矗)의 〈재실녀〉(在室女), 와정화(王禎和)의 〈가장일우차〉(嫁妝一牛車), 이앙(李昂)의 〈살부〉(殺夫), 요휘영(廖輝英)의 〈불귀로〉(不歸路), 백선용(白先勇)의 〈김대반적최후일야〉(金大班的最後一夜), 왕분호(汪笨湖)의 〈낙산풍〉(落山風), 종조정(鍾肇政)의 〈노빙화〉(魯冰花) 등 문학소설이 영화로 각색되는 열풍이 성행한다. 하지만 그것은 아주 잠깐 느끼는 영예의 순간이다.

이후의 영화 제작사들은 '신영화(新電影)'라는 깃발을 높이 들지만, 문학적 각색은 가죽만 있고 뼈대가 없는 현상이 나타난다. 예컨대, '신영화(新電影)'라는 허울만 있고, 현실과는 거리가 먼 영화들이 난무한다. 대중의 구미에 맞추려고 원작의 정신을 왜곡하는 현상이 나타난다. 당시의 영화평론가들은 "〈김대반적최후일야〉(金大班的最後一夜)는 춤추는 무녀를 단순무식한 사람으로 그리거나, 〈불귀로〉(不歸路)는 여성억압의 표현을 위해 소녀들에게 무조건적 복종을 강요하며, 남자들이 여자와 정을 통하고도 책임지지 않는 것을 고무시키거나, 〈재실남〉(在室男)은 저속한 표현을 사용하는 등, 이런 영화들은 상업적인 웃음거리가 되어버린다. 또한, 〈가장일우차〉(嫁妝一牛車)는 뜬금없고 보기에도 민망한 영화이다."라고 혹평한다. 그리고 보면 문학을 영화로 각색하는 것은 어렵고 힘든 과정이다. 만약 주제와 의의가 명확하지 않거나 원작이나 사회도덕 규범에 벗어나게 되면, 현실적으로 관객의 심리와 멀어지며 흥행도 참패하게 될 것이다.

통상적으로 '신영화(新電影)'를 향토영화(鄕土電影)로 바라보는 것은 너

---

266 소야, 『일종운동적개시』, 대만:시보문화출판사, 1986:159(小野, 『一種運動的開始』, 台灣:時報文化出版社, 1986:159).

무 추상적이다. 예를 들어 후효현(侯孝賢)의 자아 성장 시리즈물, 양덕창(楊德昌)의 도시 시리즈물, 장의(張毅)의 고전 작품에 의거한 시리즈물, 왕동(王童)의 새로운 스타일의 무협 시리즈물, 양립국(楊立國)의 역사 시리즈물 등을 어떻게 대만 향토영화로 바라볼 수 있는가? '신영화(新電影)'는 다양한 소재와 유형으로 구분될 수 있다. 신영화는 모방이나 표절을 절대 하지 않고, 내적이고 심리적인 면을 표현하며, 새로운 시각과 창작 이념을 표방한다. 또한, 신영화는 문학 작가들과 함께 영화 제작에 참여하고, 향토문화 및 새로운 스타일을 탐구하며, 협소한 소재에서 탈피한다. 이처럼 소재가 다양화되고 넓어진다면, 감독들의 사고와 창작은 더욱 잘 발휘될 수 있을 것이다. 그렇지 않다면 천모(天母)에 위치한 혹은 양명산(陽明山)의 별장과 같이 영원히 담을 치고 차단된 것과 다름없다. 폭넓은 소재의 선택은 우리가 서 있는 토지와 분위기를 강하게 느끼게 할 뿐만 아니라 담 밖의 관객을 끌어들이는 요소이다. 그렇지 못하면 관객은 계속해서 환상에 빠진 속임수만을 받아들이게 된다.[267] 향토문화 혹은 현대문화이건 또는 각색이든 창작이든 관계없이, 진실하고 감동적인 좋은 영화는 문학과 영화가 결합된 예술작품이다. 사회적 비판과 서민의 목소리를 담고 있는 신영화는 정부나 대중이 스스로 시대적 병폐를 인지하고 개선하는 효과를 일으킨다. 이러한 힘은 다음 세대까지 지속된다. 이제 시작일 뿐이다.

영화 검열제도의 완화

1945~1949년 기간의 대만은 상해 영화 수입에 의존한다. 대중은 부드럽고 감미로운 오(吳) 방언에 도취된다. 또한, 반공이라는 미명하에 모든 영화는

---

[267] 소야, 『일종운동적개시』, 대만:시보문화출판사, 1986:37(小野, 『一種運動的開始』, 台灣:時報文化出版社, 1986:37).

검열을 받는다. 영화 제작사들은 단번에 통과하기 위해 문예 영화, 무협 영화, 귀신영화 등과 같은 상업영화만 제작한다. 100% 오락성에 치중하다 보니, 국제적인 영화적 감각은 점차 더뎌진다. 1970~80년대에도 영화 분야는 여전히 영화 검열제도가 강력하게 시행된다. 1977년에 문화 평론가들은 한목소리로 이 현상을 질타한다. 그들은 "잘못을 바로잡는다는 과도한 검열제도 상황 속에서, 애정 영화나 쿵후 영화가 어떤 사회적 책임을 지고 있는가? 또한, 대중에게 어떤 좋은 영향을 주는가?"[268]라고 한다. 정부의 검열제도로 인해 영화적 소재는 나날이 좁아진다. 정부의 지원을 받아, 중영(中影)에서 제작한 〈광음적고사〉(光陰的故事) 영화 역시 검열을 피하지는 못한다.

당시, 〈삭빈과사건〉(削蘋果事件)[269]과 〈옥경수〉(玉卿嫂)는 민감한 문제였다. 〈삭빈과사건〉(削蘋果事件)은 대만과 미국을 비교하며 자본사회의 빈부 격차를 심화시키는 문제가 있다고 여기저기서 투서가 날아오는 등 검열을 피할 수 없었다. 다행히 여론의 압력을 이겨내고, 검열도 무사히 통과한다. 〈옥경수〉(玉卿嫂) 영화는 베드신이 중국의 여성 이미지를 훼손시킨다고 비판받으며, 상영 제한에 걸린다. 터무니없고 주관적인 영화검열로 소재를 제한하면, 그만큼 영화 관객의 감상 권리를 박탈당할 뿐만 아니라 창작의 자유를 심대하게 제한하는 것이다.

검열에 대한 지속적인 항의 덕분에, 결국 정부는 '신영화(新電影)'의 힘을

---

268 양량, 『전영적일대』, 대만:지문출판사, 1988:77(梁良, 『電影的一代』, 台灣:志文出版社, 1988:77).

269 〈아자험사실거완우〉, (민생보)(1983.08.15), 『몽환기사~양사기기념집』, 대만:연합보출판, 1986:52(〈兒子險些失去玩偶〉, (民生報)(1983.08.15), 『夢幻騎士~楊士琪紀念集』, 台灣:聯合報出版, 1986:52). 황춘명(黃春明)은 "동일한 소재가 일본, 한국, 이탈리아, 미국 등 영화에서는 신선한 것이 아닌데, 왜 우리만 다루지 못하는지, 대만영화는 예능프로그램에서 웃고 떠드는 단계에만 머물러야 하는지"라고 문제를 제기한다.

인정하고, 드디어 사회 변두리 사람들을 이야기하는 〈초급시민〉(超級市民)이 영화검열을 통과한다. 이를 기점으로 정부는 사회의 어두운 면과 폐단을 파헤치는 창작자를 열린 마음으로 받아들인다.

다양한 영화 제작사의 설립

영화는 자본주의 산업이 고도로 발전시킨 여가의 산물이다. 높은 수익이 보장되는 영화시장에 진입하려면, 정부 아니면 재력이 강한 대그룹이어야 할 것이다. 그래서 정부 산하의 영화 제작사와 민간 제작소로 나눠진다. 영화 제작에는 막대한 자금이 필요하고, 스텝 구성 및 배급마케팅 등 개인 능력으로만 할 수 있는 일이 아니다. 영화 황금 시기에는 민간 제작사가 우후죽순처럼 설립된다. 하지만 1980년대 말에 이르러 영화는 해가 지는 산업이 되고, 불과 몇 개의 성공한 제작사만 남게 되며, 그 외에는 모두 그림자조차 찾지 못할 정도로 자취를 감춘다.

1970년대 민간 제작사를 살펴보면, 제작 성향이 모두 다른 다양한 제작사가 엄청나게 많이 활동한다. 예를 들면, 이한상(李翰祥)이 설립한 국련영화업회사, 사영봉(沙榮峰)의 연방영화업회사 및 국제영화업회사, 황탁한(黃卓漢)의 제일영화업회사, 뇌국재(賴國材)의 대련영화업회사, 주검광(周劍光)의 화국영화제작장 및 건화영화업회사, 강일승(江日升)의 영승영화업회사, 이행(李行)과 백경서(白景瑞)의 대중영화업회사, 호정성(胡鼎成)의 대성영화업회사, 경요(瓊瑤)의 거성영화업회사, 구명성(邱銘誠)의 가예영화업회사 등이다. 그들은 대만영화산업의 발전에 지대한 영향을 끼친다.

수공업 혹은 경공업에 머물던 대만이 산업화되면서, 대만영화도 발전하기 시작한다. 특히, 다수의 영화를 제작하는 독립영화 제작사들이 양산된다. 매년 200여 편을 넘어설 정도의 영화제작 편수는 세계적으로도 손꼽힐 정도이다. 제작된 영화의 수준이 다소 낮지만, 단순히 무시할만한 숫자가 아니다.[270]

이처럼 자유롭고 왕성한 제작 활동은 대만영화 최고의 시기를 만들어내고, 민간 제작사들은 중추적인 역할을 담당한다.

신영화(新電影)의 선두 제작자들은 상업성을 배제하고 창작의 자유를 위해 각각의 제작사를 설립하고 외부와 합작하는 방식을 취한다. 1982년에 만년청(萬年靑) 영화제작소는 진곤후(陳坤厚), 후효현(侯孝賢), 장화곤(張華坤), 허숙진(許淑眞)이, 1988년에 합작사(合作社) 영화회사는 연대(年代)회사에서 투자하고 첨굉지(詹宏志), 양덕창(楊德昌), 후효현(侯孝賢), 진국부(陳國富), 주천문(朱天文), 오념진(吳念眞), 장화곤(張華坤) 등이 설립한다. 그 후에 양덕창(楊德昌)이 양덕창(楊德昌)영화제작소를, 후효현(侯孝賢)이 효현(孝賢)영화제작소를, 장화곤(張華坤)이 만보로(萬寶路)영화제작소를, 양립국(楊立國)이 가원(家園)영화제작소를, 황옥산(黃玉珊)이 흑백옥(黑白屋)영화제작소를, 주연평(朱延平)이 주연평(朱延平)제작소를 각각 설립한다. 이처럼 독립제작소의 설립은 감독의 창작을 고양시키고, 자신의 사고에 부합하는 영화만 제작하는 것이다. 예를 들면 〈소필적고사〉(小畢的故事)는 바로 만년청(萬年靑)과 중영(中影)이 합작하여 제작한 영화이다.

신영화(新電影)의 기세는 당시 대단하였다. 그 덕분에 제작사 간의 합작은 우수한 영화를 만들어내며, 많은 감독이 지금까지도 활동하는 계기가 된다. 예를 들면, 시기를 잘 만난 진곤후(陳坤厚)와 후효현(侯孝賢)은 혁신적인 영화방식을 취하면서 1980년대 '신영화(新電影)' 창작의 대열에 참여한다. 즉, 그들은 세대 변화의 기회와 인연 덕분에 대만영화의 발전을 견인하며, 후대를 길이 남을만한 영화들을 제작한다.

---

270 양량, 『전영적일대』, 대만:지문출판사, 1988:104(梁良, 『電影的一代』, 台灣:志文出版社, 1988:104).

영화평론의 시작과 전문적 시각의 향상

영화평론이란 영화에 대한 새로운 형태의 문화적 관점이다. 일제 강점기에, 서구에서 건너온 영화평론은 몇몇 소개 문장 정도이지 체계적인 영화평론은 존재하지 않았다.

1957년에 출간된 《전영학보》(電影學報)는 대만 최초의 영화잡지이다. 1960년대 중반에 와서 대만영화 제작은 서서히 기지개를 피기 시작한다, 하지만 영화에 대한 인식은 여전히 보편화되지 못하였다. 1964년에 들어서, 대만영화평론인협회가 설립되면서, 영화평론이 체계화되기 시작한다. 즉, 영화를 감상 및 분석하고 홍보하며 해당 영화의 본질을 이해하려 한다. 1965년에 출간된 《극장》(劇場)은 참여한 작가 모두 1960년대 문화를 선도한다. 잡지는 대부분의 지면을 서구의 영화이론 및 평론에 할애하고, 당대의 인기 있는 영화와 작가들을 다루며, 대만에 소개한다. 총 9호를 출간한 《극장》(劇場)은 번역글이 95% 이상을 차지한다. 자국의 영화평론은 13편밖에 실리지 못하지만, 문화적 분석 및 충격을 잘 전달한다. 이후 출간되는 영화 간행물들은 다원화, 전문화, 심층화되는 방향으로 나아간다. [271]

1978년 이후, 대만영화평론은 전반적으로 극심하게 쇠퇴한다. 1950~1960년대의 활발한 평론과는 하늘과 땅 차이이다. 왜 그러한가? 그 이유는 영화평론이 사라지고, 스타 연예인들의 스캔들, 패션 그리고 외국 스타들에 대한 소개로 변질되었기 때문이다. 전문지식과 분석으로 점철되어야 할 영화평론이 사라진 것이다. 이러한 태도는 당시 문화지식인들이 영화를 경시하는 심리에서 기인한다.[272] 이런 상황이 지속되다가 '신영화(新電影)'가 출현하면

---

[271] 양량, 『전영적일대』, 대만:지문출판사, 1988:35~37(梁良, 『電影的一代』, 台灣:志文出版社, 1988: 35~37). 대만영화전문 간행물은 1966년의 『문학계간』(文學季刊), 1967년의 『설계가』(設計家), 1972년 『영향』(影響), 1977년의 정부 간행물 『영화평론』(電影評論)이 있다.

서 분위기가 호전된다. 이후, 다채로운 영화평론이 줄지어 쏟아진다. 때마침, 유럽과 미국의 영화이론 중 메츠(Metz)의 '기계적 체계'(戰爭機器)가 대만에 전해지고, 영화미학에 큰 영향을 미친다.[273] 새로운 감독들의 스타일과 감각 그리고 국제영화제가 대만에 소개된다. 이를 접한 대만영화평론가들은 새롭게 격동되며, 전문 논술을 고집하면서 영화작품을 소개하고 밀어준다. 예를 들면, 초웅병(焦雄屛), 황건업(黃建業), 소야(小野), 오념진(吳念眞), 첨굉지(詹宏志), 제융임(齊隆王), 이작도(李焯桃), 장창언(張昌彦), 뇌성우(賴聲羽), 진국부(陳國富), 왕장안(王長安), 나건명(羅健明), 유삼요(劉森堯), 주안자(周晏子) 등의 평론가들은 앞다투어 신영화의 도래와 의의를 알리며, 대중의 관심을 끈다.

1984년 새로운 감독들은 《진선미》(眞善美) 잡지와 더불어 『시조조』(始祖鳥)라는 간행물을 출간한다. 이 단체는 새로운 방식의 영화 제작을 선도하고, 참신한 시나리오 및 연출을 지지하며, 향후 나아가야 할 방향과 영화평론의 문제 등을 다루고자 한다.[274] 이런 상황 속에서 중요한 역할을 눈여겨봐야 할

---

272 양량, 『전영적일대』, 대만:지문출판사, 1988:27(梁良, 『電影的一代』, 台灣:志文出版社, 1988:27).

273 노비역, 『대만전영:정치, 경제, 미학(1949~1994)』, 대만:원유출판사, 2003:317(盧非易, 『台灣電影:整治, 經濟, 美學(1949~1994)』, 台灣:遠流出版社, 2003:317). 명칭을 '기계적 체계'(戰爭機器)로 정한 신영화 영화 평론가들은 유럽 및 미국 문화 비평이론를 수용한다. 대만의 영화평론 방법은 새로운 전환점이 생긴다. 메츠는 영화학을 외부와의 연관이론이라고 부르고, 영화비평에 개입하기 시작한다. 메츠는 당대 서방국가 영화의 연구를 영화비평, 영화사, 영화이론 및 영화학으로 구분한. 앞에 세 가지는 영화 자체의 언어 및 미학을 기반으로 하지만, 영화학은 정치학, 경제학, 심리학, 정신병학 등 영화 이외의 학과들과 연결하여 과학적인 연구가 필요하다고 주장한다.

274 소야, 『일종운동적개시』, 대만:시보문화출판사, 1986:95(小野, 『一種運動的開始』, 台灣:時報文化出版社, 1986:95). 초안에 참여한 자는 양덕창(楊德昌), 도덕진(陶德辰), 가일정(柯一正), 장의(張毅), 후효현(侯孝賢), 증장상(曾壯祥), 만인

사람은 연합신문사 기자 양사기(楊土琪) 여사이다. 영화평론가도 아니면서도, 신영화(新電影) 발전이 매우 중요하다고 판단한 그녀는 관료체제와 영화검열제도에 대항하면서 신영화의 상영을 독려한다. 예컨대, 소야(小野)는 다음과 같이 회상한다. "〈아자적대완우〉(兒子的大玩偶) 영화가 문제가 있다고 신고가 들어온다. 이로 인해 검열의 문제가 생기지만, 그녀는 일련의 옹호 및 지지 보도를 시작으로, 당시 강력한 여론 압력을 형성하여 이 영화가 공정한 평가를 받고 순조롭게 상영될 수 있는 여건을 조성하며, 향후 국제영화제에서 빛을 보게 되는 계기를 마련해준다."275 양덕창(楊德昌)의 〈공포분자〉(恐怖分子) 영화 서막에 "이 영화는 양사기(楊土琪)에게 헌사한다."라고 쓸 정도로, 그녀에게 오마주를 보낸다.276 이처럼 신영화의 성공은 영화평론가와 언론인의 도움에 기인하며, 소규모 영화 제작과 전문 촬영기술은 신영화의 발전에 기여한다.

　대만영화평론은 영화가 전문화 및 예술화됨에 따라 그 플랫폼이 변화한

　(萬仁), 진곤후(陳坤厚), 왕동(王童), 왕명찬(王銘燦), 오염진(吳念眞), 주천문(朱天文), 소야(小野)가 있는데, 아쉽게도 6개월 후에 영화시장의 불경기로 중지된다.
275　소야, 『일종운동적개시』, 대만:시보문화출판사, 1986:133(小野, 『一種運動的開始』, 台灣:時報文化出版社, 1986:133).
276　노비역, 『대만전영:정치, 경제, 미학(1949~1994)』, 대만:원유출판사, 2003:310(盧非易, 『台灣電影:整治, 經濟, 美學(1949~1994)』, 台灣:遠流出版社, 2003:310). 〈아자적대완우〉(兒子的大玩偶)가 상영되기 전에, 갑자기 사건이 터진다. 〈연합보〉(聯合報) 기자 양사기(楊土琪)는 신문에 익명으로 이 영상에 대만이 낙후된 모습이 담겼다고 고발하고, 중영(中影)에서는 문제가 생길까봐 이 영화를 편집했다고 보도한다. 이 소식이 알려지자 여론은 의견이 분분했다. 정부 측, 중영 및 영화평론가협회를 비판하는 소리가 끊이지 않았다. 〈아자적대완우〉는 편집 없이 제작한 그대로 상영했고, 〈삭빈과사건〉(削蘋果事件)은 비록 한두 장면을 삭제한 논쟁은 있었지만 영화 자유창작의 승리라고 볼 수 있고, 신영화를 위해 새로운 기반을 마련해준다.

다. 열성적인 마니아층을 위해, 이전의 신문 플랫폼을 넘어서 전문 정기 간행물 혹은 대학 출판물로 옮겨간다. 그로 인해 다소 대중과 멀어지게 된다. 영화평론은 점차 상당한 수준의 문장, 소통능력, 지식발언권이 요구된다. 이제 영화평론은 단순한 마니아층이나 관련자를 넘어서 대학 내의 전문가로 이전된다.[277]

감독의 창작의식과 새로운 스타일

신영화(新電影)가 '또 다른 영화'가 된다는 것은 전통적인 영화적 형태와 단절하는 것이다. 예전 영화는 기승전결을 따르는 드라마 구조이고, 스크린에 몰입시키는 관람형태를 띠고 있다. 장패성(張佩成)의 〈향야인〉(鄕野人)에서, 음향효과와 음악은 너무 뻔하고, 기계적이며 창의력이 없다. 권투시합 소리와 말발굽 소리는 모두 과장되어 진정성이 떨어진다. 이 영화는 "만약 대만영화가 음향효과를 개선하지 않고, 국제무대에 나서겠다는 생각은 하지도 마라"라는 혹평을 받는다.[278] 오랫동안 아무런 개선 의지도 없이 영화를 만드는 것 외에 다른 선택이 없었을까? 영화와 텔레비전의 분야는 단지 화면 크기가 다를 뿐이다. 영화는 표를 구매해야 하지만, 텔레비전은 어디에서든지 볼 수 있다. 혹시 영화 스크린의 음향 및 조명 효과가 TV의 작은 화면보다 더 우수할까? 만약에 서로 차이가 없다면 영화가 더 우수한가? 이러한 해답은 영화시장이 위축되는, 즉 영화관을 찾는 관객이 점점 줄어들고 있다는 점에서 찾아야만 한다.

신영화(新電影)의 새로운 창작 스타일을 살펴보면, 비내러티브 구조, 비전

---

277 노비역, 『대만전영:정치, 경제, 미학(1949~1994)』, 대만:원유출판사, 2003:319(盧非易, 『台灣電影:整治, 經濟, 美學(1949~1994)』, 台灣:遠流出版社, 2003:319).

278 소야, 『일종운동적개시』, 대만:시보문화출판사, 1986:6(小野, 『一種運動的開始』, 台灣:時報文化出版社, 1986:6).

문적인 배우, 자연조명, 비연속적인 커팅, 더빙 없음 등을 선호한다. 예컨대, 내레이션 삽입, 결말을 먼저 서술하고 발단과 전개 과정을 차후에 기술하는 비내러티브 구조, 열려있는 결말을 추구한다. 또한, 상징, 은유, 의식의 흐름을 선호하며, 화면 밖의 소리(보이스 오버), 동시녹음, 롱 테이크 촬영279, 교차편집, 롱 숏 등을 자주 활용한다. 이러한 새로운 요소를 활용하여, 신영화는 현실을 있는 그대로 담아내고자 한다. 그간 수동적이던 관객은 시각적인 자극을 사유하면서 능동적인 참여자로서 답을 찾아야만 한다.

신영화 감독 중에는 미국 유학파와 본토에서 자수성가한 감독들로 구분된다. 이전 영화와는 달리, 〈광음적고사〉(光陰的故事)는 4명의 신진감독이 옴니버스 형식으로 제작함으로써 관객의 시험대에 오른다. 총 4막으로 구성된 영화는 전체적으로 주인공들이 나이를 먹어가면서 현실과 직면한 문제를 담담하게 풀어놓는다.280 4명의 감독과 시나리오는 기존의 상업영화의 철로를 이탈하기에 영화가 더욱더 당당해 보인다. 신영화(新電影)가 지나간 지 20여 년이 흘렀지만, 이 영화들은 지금도 사람의 심금을 울리고, 대만영화사에 큰 발자취를 남기며, 여전히 우리의 그림자가 그 속에 투영되어 있다.

---

279 롱 테이크는 생활의 '시공연속성'을 유지하는 데에 있으며, 정서를 중단시키지 않으면서 비교적 긴 단락에서 화면의 율동적 반응행위를 일으킬 수 있다.

280 (역자 주) 1막에서는 우울한 나날을 보내는 유년기의 아이를, 2막에서는 사춘기를 겪는 아이들을, 3막에서는 현실과 꿈의 간극 속에서 삶에 대해 고뇌하는 대학생을, 4막에서는 도시의 삶과 현실이 어떻게 변화하는지 몸소 보여주는 부부를 그린다.

제3절 '신영화(新電影)'의 사명: 새로움의 승계

1. 대만영화 예술창작의 이정표인 신영화(新電影)

구시대의 영화에서 '신영화(新電影)'로 넘어오는 과정에서, 새로운 영화는 영화적 관습의 달콤한 갑옷을 벗어 던진다. 신영화는 정부 혹은 상업적인 색채를 없애고, 기존 영화적 체계를 존중하지 않는다. 또한, 사람을 감동하게 하는 노래로 애정을 찬미하지도, 꽃미남과 꽃미녀로 청춘 남녀 간의 애틋한 정을 묘사하지도 않는다, 게다가 이데올로기를 주입하지도 않는다. 신진 영화인들은 지나치게 구속하는 관습과 규정을 버리고, 카메라를 무기 삼아 누추한 거리와 골목을 배회한다. 또한, 노동자들을 주요 주제로 삼으며, 자연광의 경치를 통해 진정한 사회의 모습을 담아내려 한다. '신영화(新電影)' 현상은 대중영화와 작가영화 간의 논쟁을 유발하며,[281] 영화가 오락적인 영화적 가치를 넘어서 감독의 개인적이고 철학적인 관점과 예술적인 문화적 특질을 부여할 수 있음을 보여준다.

이윽고, 신영화(新電影)는 국제영화 무대에 초대를 받는다. 이는 대단한 사건이다. 당시 프랑스의 《카이에 뒤 시네마》 영화잡지의 평론가인 올리비에 아사야스(Olivier Assayas)가 기획차 홍콩에 왔다가, 대만의 신영화(新電影)라는 소리를 듣고 직접 대만에 와서 〈광음적고사〉(光陰的故事)와 〈풍궤래적인〉(風櫃來的人)을 감상하게 된다. 그런데 이를 보고 깜짝 놀라며, 대만

---

281 노비역, 『대만전영:정치, 경제, 미학(1949~1994)』, 대만:원유출판사, 2003:40~46(盧非易, 『台灣電影:整治, 經濟, 美學(1949~1994)』, 台灣:遠流出版社, 2003:40~46). '관객영화' 영화평론은 관객의 입맛인 대중소비를 평론의 지침으로 한다. '작가영화' 영화평론은 주로 감독의 사고에 방점을 두며 전문적인 영화 용어를 사용한다.

의 영화 수준을 크게 칭송한다.[282] 옴니버스 형식에 참여한 새로운 감독들은 이제 각자 자신의 영화를 제작할 기회를 얻는다. 예를 들면, 도덕진(陶德辰)은 〈단차여아〉(單車與我)를, 양덕창(楊德昌)은 〈해탄적일천〉(海灘的一天)을, 가일정(柯一正)은 〈대검적소해〉(帶劍的小孩)를, 장의(張毅)는 〈야작고비〉(野雀高飛)를 연출한다. 이러한 파죽지세의 기세는 소야(小野)의 언급처럼 대만 젊은 세대의 감독들이 일으킨 거대한 파도가 홍콩의 새로운 열풍을 덮어 버릴 만한 정도이다. 금마장(金馬獎)과 아시아태평양영화제에서, 대만 영화는 외국영화평론가들로부터 찬사를 받는다. 대만영화는 이제 중요한 전환점에 서 있다. 이 전환점에서 제일 중요한 점은 인문정신으로부터의 새 출발, 현실에 대한 자각, 새로운 스타일의 창작형식이다.[283]

그렇다고 모든 신영화(新電影)의 길이 순탄한 것은 아니었다. 예컨대, 크랭크인 기회도 잡기 전에 노사 간의 생각이 다름으로 혹은 예산 초과 등의 문제로 제작이 중지되는 사건이 더러 발생한다. 〈아저양과료일생〉(我這樣過了一生)의 경우, 영화는 영화계의 질투와 사회적 질문이 쏟아지면서, 신영화에 내재된 위기를 드러낸다. 특히 자금 유입이 힘들고, 대중성과 예술성 간의 경계의 문제가 부각된다. 당시 여론은 거의 일방적으로 이 영화를 열광적으로

---

282 소야, 『일종운동적개시』, 대만:시보문화출판사, 1986:149(小野, 『一種運動的開始』, 台灣:時報文化出版社, 1986:149). 올리비에 아사야스는 프랑스로 돌아간 후, 1984년 12월에 프랑스 《까이에 뒤 시네마》(電影筆記) 잡지에서, 세계 영화산업의 변방의 대만영화에 대해서 보고 들은 것을 7페이지로 대만 '신영화'를 소개한다. 내용을 살펴보면, 양덕창(楊德昌), 후효현(侯孝賢), 만인(萬仁)의 영화를 언급하며, 프랑스 새로운 붐인 트뤼포(Truffaut)와 고다르(Godard) 등을 바로 따라갈 수 있을 거라고 칭찬한다. 또한, 〈해탄적일천〉(海灘的一天)은 1984년 칸영화제에서 영화길이와 정치적 문제로 상영하지 못하지만 좋은 이미지를 남겨 성공을 했다고 볼 수 있다.

283 소야, 『일종운동적개시』, 대만:시보문화출판사, 1986:138(小野, 『一種運動的開始』, 台灣:時報文化出版社, 1986:138).

지지하지만, 이 영화는 영화시장에서 겨우 목숨을 부지하는 결과를 낳는다. 투자자들은 신인 감독들이 항상 예술만 추구한다고 볼멘소리를 한다. 또한, 새로운 감독들이 더 이상 참신하지 못할 때 수시로 여론의 희생자로 전락한다.[284] 상업영화와 성룡/홍금보 영화의 협공 하에서도 신영화(新電影)들은 창작의지를 불태우며, 낮은 자세로 조금씩 전진하여 금마장(金馬獎)에서 연속으로 수상을 하거나 국제 영화 무대에 등단한다. 1983년은 신영화(新電影) 승리의 해이다. 〈소필적고사〉(小畢的故事)는 금마장(金馬獎)의 최우수 작품상, 최우수 감독상, 최우수 각색상을 휩쓴다. 최우수 남자 주연상은 〈탑착차〉(搭錯車) 영화의 손월(孫越)이, 최우수 여자 주연상은 〈간해적일자〉(看海的日子) 영화의 육소분(陸小芬)이 수상한다. 1984년에는 금마장 최우수 영화로 〈노막적제이개춘천〉(老莫的第二個春天)이, 1985년에는 금마장 최우수 영화로 〈아저양과료일생〉(我這樣過了一生)이, 최우수 감독상은 〈아저양과료일생〉(我這樣過了一生)의 장의(張毅) 감독이, 최우수 여자 주연상은 〈아저양과료일생〉(我這樣過了一生)의 양혜산(楊惠珊)이. 1986년에는 금마장(金馬獎) 최우수 영화로 〈공포분자〉(恐怖分子)가, 1987년에는 금마장(金馬獎) 최우수 영화로 〈도초인〉(稻草人)이, 최우수 감독상은 〈도초인〉(稻草人)의 왕동(王童) 감독이 수상한다.

신영화(新電影)의 성공 이유는 신예 감독들이 통속적이고 관습적인 영화 형식을 탈피하고 현실적인 소재를 선택하였기 때문이다. 또한, 대만 광복 이후의 성장 배경을 가진 그들은 신·구의 역사를 종합적으로 바라보는 시각을 갖추고 있었다. 2000년대 들어서, 대만영화는 신영화의 창작 요소가 여전히 잠재하고 있지만, 확대되지 못하고 점차 그 모습을 잃어가고 있다.

---

[284] 소야, 『일종운동적개시』, 대만:시보문화출판사, 1986:226(小野, 『一種運動的開始』, 台灣:時報文化出版社, 1986:226).

전체적으로 말하자면 다음과 같이 나누어진다. 하나는 대만 본토의 생활 소재를 활용한다. 예컨대, 풍개(馮凱)의 〈진두〉(陣頭, 2012)는 대만 본토 문화의 친화력을 잘 보여준다. 두 번째는 고향을 떠난 늙은 병사의 향수를 담아내는 것이다. 이우녕(李祐寧)이 감독한 〈면인자〉麵引子, 2011)는 늙은 병사의 모습을 통해 흐릿해진 기억을 다시 불러일으킨다. 점차 쇠잔해진 늙은 병사는 중국과 대만에 껴있는 사람들의 고민을 끌어내며, 여전히 역사의 원죄를 등에 지고 있는 은은한 아픔을 느끼게 해준다. 황건량(黃建亮)의 〈연소파! 구길상〉(燃燒吧！毆吉桑, 2011)은 다소 감상적이며 코믹하지만, 풍자가 잘 담겨 있다. 영화는 현대판 정글 게임처럼 전쟁에 공헌한 한 무리의 늙은 병사들을 위한 추모곡인 동시에 시대적 증거로서 작용한다. 세 번째는 대만에 거주하는 외성인 마음에 엉킨 매듭을 풀어준다. 조서원(曹瑞原)의 〈음식남녀 - 호원우호근〉(飲食男女~好遠又好近, 2012)은 서로 다른 세대의 애정을 서술한다. 중국과 대만 양안의 연예인들의 모호한 성장 배경을 토대로 애정의 관점을 음식 문화로 은유한다. 이처럼 지나온 과정을 돌이켜 보면, 신영화는 대만영화 예술창작의 이정표이다.

1980년대 말부터 신영화(新電影)는 관객의 무관심과 제작투자의 미비 등으로 정체기에 접어들며, 일어서려 하여도 기력이 부족하다. 그래서 유명한 국제영화제에서 먼저 인정을 받고, 후에 대만에서 상영하는 역현상도 나타난다. 이처럼 신영화(新電影)는 막을 내리지만, 1980년대를 풍미한 한 시대의 정의이며 대만영화를 국제적으로 알린 주춧돌이다. 1994년부터 2000년대에 이르기까지, 대만영화는 외국영화, 홍콩 영화, 중국영화의 공세에 파묻혀, 더 이상 금마장(金馬獎) 최우수 영화의 수상을 받지 못한다.

2. 여전히 잔잔히 흐르고 있는 신영화의 물결

역사적·정치적 문제로, 국민당의 스피커 역할을 하는 '중영'은 사회적 문제를 다루는 영화, 즉 현실을 직시하고 반성과 자각을 표현하는 영화는 절대 제작할 수 없었다. 하지만 '신영화(新電影)' 성공 이후 탄력을 받은 '중영'은 새로운 감독을 양성하는 요람이 된다. 첫 번째는 신영화의 경험과 방식에 따라 1990년대 말부터 21세기 초까지 매 5년을 하나의 주기로 삼아, 새로운 감독들을 양성하여 개개인의 특색 있는 스타일에 기반한 영화제작의 기회를 제공한다. 이 기간에 양성된 감독들은 약 50여 명에 이른다.

배출된 감독과 영화로는 다음과 같다. 요경송(廖慶松)의 〈기대니장대〉(期待你長大), 〈해수정람〉(海水正藍), 황옥산(黃玉珊)의 〈낙산풍〉(落山風), 하평(何平)의 〈감은세월〉(感恩歲月), 이안(李安)의 〈추수〉(推手), 〈희연〉(喜宴), 〈음식남녀〉(飲食男女), 채명량(蔡明亮)의 〈청소년나타〉(青少年哪吒), 〈하류〉(河流), 〈동〉(洞), 진국부(陳國富)의 〈아적미려여애수〉(我的美麗與哀愁), 〈징혼계사〉(徵婚啓事), 역지언(易智言)의 〈적막방심구락부〉(寂寞芳心俱樂部), 임정성(林正盛)의 〈춘화몽로〉(春花夢露), 〈미려재창가〉(美麗在唱歌), 유이명(劉怡明)의 〈대서남인〉(袋鼠男人), 이강(李崗)의 〈조자아불랍〉(條子阿不拉), 진이문(陳以文)의 〈상사진현재〉(想死趁現在), 장혜란(蔣蕙蘭)의 〈소백무금기〉(小百無禁忌), 양순청(楊順清)의 〈대북이일〉(台北二一) 등이다.

지난 세기의 대만영화는 손발이 묶이고, 여전히 가시덤불을 헤치며, 우여곡절을 겪으면서 비틀거리며 나아갔다. 예술성이 강한 신영화의 등장으로 상업적인 시장이 위축되면서 감독뿐만 아니라 관객들도 이제 어느 방향으로 가야 할지 갈피를 못 잡는다. 흥행에 성공한 상업영화를 제작한 경험이 있는 후효현(侯孝賢)은 영화제작자들로부터 투자 및 제작의뢰를 받지만, 당시에 다음과 같이 이야기한다. 그는 "상황이 변했다. 지금 나의 영화는 흥행과는 무관하다. 하지만 나는 영화가 무엇인지 알게 되었다." 그는 자신의 영화가 관객들이 이해하기 힘들다는 점을 인정하면서도, 여전히 예술적 측면을 고수해야 한다고 생각한다. 외국영화평론가들은 후효현의 〈동년왕사〉(童年往事, 1985)를 독창성이나 미학적 측면에서 대단한 영화라고 찬사를 보내면서, 진개가(陳凱歌, 첸 카이거)의 〈황토지〉(黃土地, 1984)와 같은 중국영화와 견주어도 절대 뒤지지 않는다고 평한다.[285] 당시 대만 관객이 이러한 신영화의 선구자적인 발걸음을 따라가질 못하는 상황에서, 양국의 영화를 비교할 정도면 감개무량하다. 홍콩 감독 서극(徐克) 역시 다음과 같이 이야기한다. "대만영화의 성과를 마주하면, 3년 전 홍콩 신열풍이 대만을 풍미하던 상황이 기억난다. 이제는 홍콩 영화제작자들이 부러워하는데, 제일 큰 실패는 홍콩영화가 열정과 진심이 부족한 것이고, 흥행 실적에만 매달렸다는 점이다.[286]

신영화(新電影)는 등장과 함께 국제적 인정을 받는다. 신영화는 상업영화의 독단을 타파하고 영화평론계를 장악하며, 그 자리에 예술영화가 꽃피게 한다, 이처럼 신영화(新電影)가 문화적 사명을 드높이지만, 영화시장에는 걱정거리를 안겨준다. 새로운 감독들의 향후 영화 제작의 명줄을 쥐고 있는 것

---

[285] 「시여청」(Sight and Sound, from Tony Rayns), 초웅병, 『대만신전영』, 대만:시보 문화출판사, 1988:421(「視與聽」(Sight and Sound, from Tony Rayns), 焦雄屛, 『台灣新電影』, 台灣:時報文化出版社, 1988:421). 후효현(侯孝賢)의 〈동년왕사〉 (童年往事)는 1987년에 하와이 영화제에서 심사위원 특별상을 받는다.

[286] 「향항인대대만전영적반응」(1984.04.02), 『몽환기사 ~양사기기념집』, 대만:연합 보출판, 1983:132~134(「香港人對台灣電影的反應」(1984.04.02), 『夢幻騎士 ~楊士琪紀念集』, 台灣:聯合報, 1983:132~134). 1984년 3월 18일 〈대만신전영선〉(台灣新電影選)은 홍콩예술센터에서 7일간 진행된다. 7일 동안 극장에는 빈자리가 없었고, 극장 외의 행사도 떠들썩했다. 그 중 학생들의 반응이 가장 솔직하고 감동적이었다. 홍콩의 새로운 기운을 품고 있는 감독들은 처음엔 열정적으로 자신의 이상을 영화 속에 더했지만, 그 후 투자자는 높은 이익을 요구하고, 제작자들은 영화에 대한 인식이 부족해지면서, 상호 간에 점점 타협을 하게 된다. 맹목적으로 외국의 시스템을 모방해서 흥행 수입이 보장되는 영화를 제작하다가 심지어 피해를 많이 보기도 했다. 대만과 홍콩은 서로 다른 사회적 환경과 문화배경 그리고 가치관을 가지고 있어 서로 다른 영화제작의 형태를 띤다.

은 다름 아닌 매표소의 실적이다. 상업적인 상품성이 의심을 받게 되면 투자자들은 투자를 꺼리게 되며, 이런 상황은 감독 입장에서 연이은 영화 제작을 어렵게 만든다. 이러한 영화시장 앞에서 신영화 운명은 갑자기 등장했다가 순식간에 사라진다. 따라서 감독들은 창작에 신경 써야 할 뿐만 아니라 흥행도 고려해야만 했다. 예컨대, 마음만 급한 감독들은 어쩔 수 없이 상업영화에 헌신하고, 타협을 원하지 않는 감독들은 자리를 굳게 지키며 기회를 기다린다. 아름다운 월계관을 쓴 것처럼 영화는 마침내 문화산업으로 입법화되지만, 정부의 관련 부서는 여전히 방향을 모색하며 정해진 법규 내에서 영화산업을 진흥시키려 한다. 신영화(新電影)의 깃발을 든 영화인들은 열악한 지원 환경과 흥행의 압력 하에서 어디로/어떻게 가야 할지를 모르고 갈팡질팡하게 된다.

당시의 감독, 시나리오 작가, 촬영감독, 영화평론가, 예술창작자, 문학가, 소설가, 연기자, 가수 등 총 53명은 위기에 빠진 대만영화를 위해 '1987년 대만영화 선언'을 주도한다. 이 선언문을 대표 집필한 첨꿍지(詹宏志)는 영화정책, 대중 매체, 평론시스템 등에 대해 질문을 던지며, 향후 방향에 대한 기대와 결심을 드러낸다. "최근 2년 동안 대만영화 환경에서 뚜렷하게 나타나는 흔적을 볼 때 우리는 부득이하게 몇 가지 엄중한 우려를 제기할 수밖에 없다. 다소 한쪽으로 치우친 관념 혹은 강압적인 비정상적인 힘이 창작과 상업 간에 혹은 정책과 평론 간에 존재한다. 그 결과 대만에서 4년간 발전시켜온 '또 다른 영화'의 미약한 생기는 지금 이 시각 생명이 위독하다."[287] 이러한 진단처럼 만약 당시 상황이 그렇게 열악하여 영화인들이 어찌할 도리가 없더라도, 있는 힘을 다해 버텨내어야 했다. 하지만 이러한 선언 이후, 약 5년

---

287 진유수, 『대만신전영적역사문화경험』, 대만:만상도서, 1993:113(陳儒修, 『台灣新電影的歷史文化經驗』, 台灣:萬象圖書, 1993:113).

정도의 '신영화(新電影)' 열풍은 복잡한 속세 속으로 사그라진다.

소결

1980년대 '신영화(新電影)' 출현은 세계적으로 명성을 얻는 감독들을 배출하고, 국제영화계에 중국 및 홍콩 영화 외에 대만영화의 존재감을 부각시킨다.

1989년 후효현(侯孝賢)의 〈비정성시〉(悲情城市)의 베니스영화제 황금사자상 수상은 대만영화의 위상을 한껏 드높이며, 대중이 신영화(新電影)의 위력을 직시하게 되는 계기가 된다. 또한, 신구의 논쟁을,[288] 예컨대 상업영화와 예술영화 간의 논쟁이 공개적으로 수면 위로 부상한다. 본래 '예술'이라는 혈액은 순수하며, 공감하고 지지자가 많을수록 더더욱 가치가 높아진다. 흥행 실적과 직결된 영화시장과 제작업자들의 이해관계가 맞아떨어지면서 영화가 상업화되는데, 신영화의 영화적 표현은 예술성에 방점을 두기에 관객들이 접근하기 쉽지 않다. 특히, 신영화(新電影)로 분류된 〈비〉〈悲〉 영화가 국제영화제 대상을 받은 뒤, 자연적으로 영화 속성에 대한 논쟁이 재차 촉발한다. '예술'에는 본래 파별이 없지만 지지자들이 추구하는 특정한 노선에

---

[288] 노비역, 『대만전영:정치, 경제, 미학(1949~1994)』, 대만:원유출판사, 2003:313(盧非易, 『台灣電影:整治, 經濟, 美學(1949~1994)』, 台灣:遠流出版社, 2003:313). 〈비정성시〉의 국제적 수상은 신구평론의 논쟁을 일으켰다. '신영화(新電影)'가 평론을 지지하여 한숨 돌렸고, 구파를 대표하는 '관중전영'(觀衆電影) 영화평론은 영화가 대중을 즐겁게 해줄 수 있는 기능을 중요하게 생각하였다. 늘 현장에 없는 관중을 증인으로 생각해야 하고, 영화가 상업적 의미가 있어야한다는 것을 강조한다. 새로운 시대의 영화평론은 영화의 미학적 표현과 사회적 의식을 직접적으로 다루어야만 한다고 강조한다. 또한, 이러한 미학의 기준이 흥행 수입과 뒤섞어 같이 논의되는 사실을 부정한다.

따라 영화인들의 유파도 구분할 수 있다. 이는 예술의 역사 진화를 통해 잘 알 수 있다. 영역을 필히 구분하여 살펴보려는 연유는 창작자가 어떤 유형에 속하며, 그 속성에 따라 관객의 접근성이 용이한 시장 유형을 알 수 있기 때문이다.

'신영화(新電影)', 새로운 물결의 등장은 때맞춰 내리는 단비와 같이 대지를 촉촉하게 적시며 비옥한 창작의 땅을 만든다. 하지만 동시에 창작에만 몰두한 나머지 관객의 외면도 같이 불러온다. 영화적 열기는 통상 5년을 한 주기로 내용이 바뀐다. '신영화(新電影)'도 이러한 패턴 주기와 같은 쇠퇴의 길을 걷는다. 소수의 사람이 힘을 합친 땔감의 거센 불꽃처럼, '신영화(新電影)'는 대만 본토 매력을 펼치고 국제영화제에서도 잘 나가는 주류 영화로 우뚝 올라서지만, 동시에 대만영화산업의 약점을 뚜렷하게 드러낸다. 당시에 오랫동안 쌓여온 병폐가 한꺼번에 모두 분출된다. 예컨대, 정부 정책, 사회 환경, 매체 구조의 변화 등 모두는 신영화의 시대적인 운명론을 보여준다.

1987년 '신영화(新電影)'의 종결 시기는 때마침 정치적 계엄이 해제하는 시기와 맞물린다. 정부의 체제나 제도를 미화하지 않는 신영화는 사실적인 스타일을 통해 시대적 정치의 잘못을 지적하고 시정하도록 유도하는 영화 내용을 추구하지만, 이제 '영화로 정부를 비판'하는 효과는 소멸된다.

대만영화산업은 체계적인 산업구조를 갖추고 있지 못하다. 그래서 홍콩 영화처럼 다양한 상업유형의 영화를, 또한 중국처럼 방대한 인구 소비 기준 수와 정책에 근거한 전국적인 영화배급망을 가지지 못한다. 대만영화의 우월성은 한문화를 계승한 인문학적 사유에 근거한다. 따라서 이러한 조건을 충분히 활용할 줄 알아야만 창조적인 영화를 제작할 수 있다. 목이 말라 더 걸을 수 없을 만큼 걸어온 대만영화는 인재도, 재원도 부족하다. 또한, 외국 영화에 자리를 내주고 있다. 시장이 협소하고, 창작은 자신에게 도취되어 있으며, 영화에 대한 관객의 이해 부족 등의 문제들로 발전이 더디지만, 시대적인 흐름의 요청에 따라 재능 있는 신인 감독들은 대만영화의 성찰을 토대로 하나로 뭉치게 된다. 당시 개혁이 숙명인지 결론 내리기 힘들지만, 분명한 점은 신영화(新電影)가 없었더라면 대만영화는 자취를 감추었을 것이다. 자신을 사지에 두어야만 비로소 결사적으로 살길을 찾는다는 이치와 일맥상통한다. 불을 향해 돌진하지 않는 나방이 어찌 봉황이 되어 다시 태어날 기세가 있을 수 있으랴.

후효현(侯孝賢)은 국제영화제 석상에서 "내가 트로피를 들고 있는 모습이 마치 대만 오이를 키우는 농민이 농산물을 판매하고 있는 모습과 똑같다."라고 일갈하면서 자신을 한탄한다. 호금전 감독의 〈협녀〉(俠女, 1969)는 한참 후인 1975년에 칸영화제의 경쟁부문에 출품되며, 세계적 찬사를 받는다. 이 영화의 중요한 의의는 대만영화 발전에 대한 확신을 깊이 심어주었다는 점이다. 그렇지만 새로운 세기에 들어선 노장 후효현(侯孝賢)은 이러한 성취에 머물지 않고, 영화적 명제를 깊이 연구하며 개인적인 작품 활동 및 또 다른 새로운 물결의 창조를 통해 대만 후배 영화인들을 이끌고 있다. 예컨대, 준비에서 촬영 완료까지 7년이나 걸린 〈자객섭은낭〉(刺客聶隱娘, 2015)은 줄거리가 새롭고 독특하며, 스타배우들이 운집한 영화이다. 또한, 후효현(侯孝賢)만의 영화적인 매력이 돋보인다. 다시 중원의 강호에 나와 재차 풍운을 일으킨다. 이 영화는 제68회(2015년) 칸영화제에서 최우수 감독상을 수상하며, 대만영화의 위상을 재차 드높인다.

이제 '신영화(新電影)'는 역사이다, 미래를 마주할 영화인들은 앞으로 나아가야 한다. 지난 과거의 기억을 잘 되새겨보면, 무리를 이루어 단결해야 비로소 어려움을 극복하고 이길 수 있는 국면을 창조할 수 있다. 침전된 에너지가 새로운 세기로 계속 전달되면서, 여전히 강력하게 발효 중이다.

'신영화(新電影)' 열풍은 비록 침전되어 정체되어 있지만, 보이지 않는 물결이 여전히 흐르고 있다.

제5장 20세기 말 대만영화에 투영된 빛과 그림자

제1절 신(新)영화 후광 뒤의 숙명적인 운명

1. 20세기 말 혼돈의 대만

20세기 말의 대만은 불길한 예언과 세기말의 징조가 만연하고, 묵시론적인 분위기가 팽배하여 무질서한 혼돈의 사회적 상황에 처한다.

1) 신의 계시: 『성경·계시록』에 따라, 사람들은 종말이 오는 것을 두려워한다.[289]

2) 과장된 매스컴: 영화 〈세계 말일〉(世界末日)은 인류가 멸망할 시기를 명시한다.[290]

---

[289] 이 말은 '보라 내가 속히 오리니 내가 줄 상이 내게 있어 각 사람에게 그의 일한 대로 갚아 주리라'이다. 성경 「계시록」 제22장 12절이며, 이러한 예언들은 기독교 2천여 년 문화의 원천이다.

[290] 1998년의 「세계말일」은 우주인이 지구를 구하는 이야기이다. 특수효과로는 농구공과 차 크기 정도의 우주먼지(Cosmic Dust)가 지구에 떨어진 장면과 정밀한 무기, 버튼, 영상 및 스크린 등 첨단 기술 장면이 있다.

3) 유명인의 예언: 과학기술계에서 가장 영향력 있는 아이작 뉴턴(Issac Newton) 사후 출판된 『다니엘 예언서』와 『성 요한 계시록에 대한 논평』에서 세계의 종말을 예언한다.

4) 불안정한 정치: 정치와 경제가 좋지 않은 대만 정세는 혼란스럽고, 신분의 불안정으로 인한 혼돈과 초초함이 만연하다. 예컨대, 1999년 7월 9일 이등휘(李登輝) 총통은 '독일의 목소리'와의 특집 인터뷰에서 중국과 대만 양안을 '특수한 나라와 나라 간의 관계'라고 표현하며, 정국의 긴장감을 야기한다.

5) 기이한 천재지변: 1999년 대만에 921 대지진이 발생하여, 막대한 피해를 입는다.[291]

6) 홍콩반환에 대한 걱정: 1997년 홍콩이 중국으로 반환되면서 다수의 사람들이 홍콩을 떠나게 되는데, 이런 불안함은 대만 사람들을 자극한다.

대자연의 변화는 되돌릴 수 없다. 또한, 중국과 대만 양안에 드리워진 불안한 그림자인 정치적 갈등이 재연될 조짐이 보인다. 1949년 국민당과 공산당의 내전 이후 반세기 동안의 안정은 세기말에 끝나고, 새로운 파란이 시작될 일촉즉발의 형국이다.

대만은 일본 식민 시기, 세계대전, 국민당과 공산당 내전, 국민당의 대만 이주 등을 거치며, 민주주의 국가로 성장한다. 이러한 흐름 속에서 단지 백년 동안, 영화는 상해영화, 홍콩 영화, 하문영화, 대만 방언영화, 영화 황금기, 신영화(新電影) 열풍을 거쳐 20세기 말에 이른다. 세월은 역사처럼 흐르면서 영화에 영양분을 공급해 주고, 또한 시대의 흔적과 대만 성장의 역사는 영화

---

[291] (역자 주) 20세기 대만에서 일어난 7.3 강도의 가장 큰 지진이다.(1999.09.21) 921 대지진(九二一大地震) 혹은 대만 대지진(台灣大地震)이라고도 한다. 남투현(南投縣)은 지진 중심지이며, 2,400여명이 사망하고, 8,500명이 넘는 부상자가 발생했다.

속에 흐르고 있다.

20세기 말 대만영화는 상황이 급변하게 된다. 영화시장에 빨간 불이 켜지지만, 국제영화계의 지위는 상승한다. 마치 '동쪽에서 잃어버린 것을 서쪽에서 찾는다.'는 말과 같다. 예컨대, 1990년에 영화관객수가 50만 명이 줄어들지만, 대만에서 흥행 실패한 〈마마재애아일차〉(媽媽再愛我一次)[292]가 같은 해 8월 중국에서 상영되어 5억의 관객을 동원한다. 1억 2천만이라는 인민폐 흥행 수입(약 6억 대만의 화폐)을 거두며, 그해 중국영화사의 흥행 기록을 경신한다. 이런 천양지차의 상반된 현상은 중국과 대만 양안 간의 향후 상관관계를 암시한다. 예컨대, 대만영화가 암흑시기에 처해 있지만, 중국의 영화시장은 폭발적인 잠재성이 있다는 강력한 메시지를 전달한다.

태생적인 한계와 불안한 정세로 인해, 대만영화는 여전히 낙후된 제작기술에 머물며, 다소 지엽적인 문화적 현상이나 사회적 전망을 반영한다. 영화 평론가인 초웅병(焦雄屏)은 암흑시기의 대만영화에 대해 다음과 같이 평한다. "영화계는 제대로 된 정책도 제도도 없고, 상업적 마인드도 부족하며, 언론도 문제이다."[293] 비록 '신영화(新電影)'의 등장으로 위축된 시장을 잠시 진정시키지만, 오랫동안 쌓여온 영화적 병폐로 여전히 대만영화의 장래는 어두운 형세이다. 세기말에 놓인 대만 사회의 무질서한 이상은 사람들에게 단기적인 폭리를 거두는 즐거움만 줄 뿐이다. 이로 인해 집값이 폭등하고, 주식시세가 올라가고, 여유자금이 흘러넘치면서, 사람들은 일시적인 오락을

---

292 대만영화 〈마마재애아일차〉의 감독은 진주황(陳朱煌)이며, 대만 부상공사(富祥公司)가 1988년에 제작한 비극 장르이다. 스토리는 대만 민간이야기 '풍여십팔년'(瘋女十八年)에 기초하며, 이 영화는 가장 전형적이 가정 윤리의 대비극을 다룬다. 중국에서는 동일한 소재로 2002년에 〈마마재애아일차〉(媽媽再愛我一次)를 다시 제작하고, 2006년에 다시 드라마로 만든다.

293 초웅병, 『대만신전영』, 대만:시보문화출판사, 1988:75(焦雄屏, 『台灣新電影』, 台灣:時報文化出版社, 1988:75).

즐기며, 정적인 영화, 즉 '문화'에 속한 영화를 멀리한다. 다소 의외의 현상은 주연평(朱延平)의 〈전영수〉(電影秀) 영화가 높은 흥행 실적을 거둔다는 점이다.[294] 실재 현실에 기초하여 하층민의 고충을 반영한 이 영화는 정적이고 예술적인 영화임에도 불구하고, 통속적인 오락과 연계 가능하다는 점을 방증한다.

기록에 따르면, 1980년대 말부터 1990년대에는 영화제작 및 배급 등 영화시장이 얼어붙을 정도로 열기가 식는다. 1985년 1월 대만 성 희극공회 통계에 의하면, 성 전체의 400여 개 영화관 중 50개가 휴업한다. 1986년 12월 신문국은 오래 동안 영화 제작을 하지 않은 600개의 유령 회사를, 1987년 1월에는 백여 개의 공매도 발행회사를 추가로 정리하고, 1989년 7월 문을 닫은 영화관은 199개로 늘어난다.[295] 그리고 1988년엔 영화 등급 제도가 실시되고, 시장에서는 3급영화(미성년자 관람불가인 영화)와 비디오테이프가 흥행하기 시작한다. 이는 초반에 영화계의 구세주가 된다. 최대한의 이윤을 얻기 위해 신속하게 촬영하고 상영한 후, 상영이 끝나면 곧바로 비디오테이프로 출시하여 고가의 이득을 거둬들인다. 초기에는 가격이 저렴한 비디오테이프로 판매하고, 그 후엔 유·무선 TV의 영화채널이 생기게 되면서 비디오테이프 판매점의 수요량이 커지면서 가치가 상승한다. 하지만 단기간 내에 제작된 조잡한 영화가 시장을 교란하면서, 소규모의 영화 제작사들은 깊은 수렁으로 빠져든다. 이러한 악순환의 구조를 통해 이득을 얻는 방법은 대만영화

---

[294] 요준(廖峻)과 팽팽(澎澎)이 주역을 맡은 이 영화는 대만 공연장 토크쇼, 잰말 놀이, 종합예능을 결합하여, 계엄 해제 이전의 복잡한 사회 및 사람들의 심리상태를 그린다. 영화는 북부, 중부, 남부 지역 관객의 호응 얻으며, 그 당시 좋지 않았던 영화시장에 큰 볼거리를 제공한다.

[295] 노비역, 『대만전영:정치, 경제, 미학(1949~1994)』, 대만:원유출판사, 2003:322(盧非易, 『台灣電影:整治, 經濟, 美學(1949~1994)』, 台灣:遠流出版社, 2003:322).

를 막다른 골목으로 몰아간다.

여전히 외국영화와 홍콩 영화의 강세로 세기말에 교착상태에 빠진 대만영화는 아이러니하게도 중국시장에 눈을 돌리는 계기를 만든다. 이는 영화 분야뿐만 아니라 다른 분야로도 확산되며, 각각의 분야에 대해 다양한 시도가 이뤄진다. 예컨대 중국과 대만 양안 간의 정치적 상황으로 대만영화투자자들은 제3국으로 우회하여 중국시장에 투자를 시도한다. 영화산업은 정치와 경제의 뒷받침이 필요하며, 나아가 산업체제로서의 구조를 따라야만 한다. 하지만 대만시장은 상업적인 마인드도, 산업체계도 미흡했다. 이러한 가혹한 현실에 내몰린 대만영화업자들은 마치 물과 풀을 따라 이동하는 유목민과 같다. 유목민들은 정치적 상황에 눈치를 보며, 최적의 생존 위치를 찾으려고 애쓴다.

〈양광찬란적일자〉(陽光燦爛的日子, 햇빛이 찬란한 날)에서
양광찬란(陽光燦爛, 햇빛이 찬란하다)은 중국영화가 대만에 들어온
것을 비유적으로 말한 것이다.

시대적 변화에 적응하기 위해 대만 정부는 한 걸음 한 걸음 내딛는 합작전략을 취한다. 예를 들면, 1995년 '행정원대륙위원회(行政院陸委會)'는 중국과 대만 양안의 대중매체 사업에 대해 완화 조치를 내린다. 이에 따라 대만의 지역 대중매체들은 중국사람, 법인, 단체기구와 공동 인터뷰, 촬영, 프로그램 제작 및 배급 등을 할 수 있게 된다. 그 외에도 중국에서 제작한 대만영화는 국제영화제를 거치지 않고 대만에서 상영할 수 있게 된다. 중국 프로그램의 방송 시간이 매일 20시간을 초과하지 못한다는 규정도 해제한다. 그래서 중국영화 〈양광찬란적일자〉(陽光燦爛的日子)는 1996년에 최초로 대만에서 상영되고, 금마장(金馬獎) 영화제에도 참가한다. 이런 상황은 개방의 시기가 이제 멀지 않았음을 보여주는 것이다. 이처럼 양안 간의 정치적 영향력은 약해지고, 새로운 유형의 예술 장르와 수많은 다양한 직업군이 형성된다.

20세기 말 이상기후 현상이나 정치를 막론하고, 이러한 화해무드는 모든 사람의 마음에 영향을 끼친다. 다시 말해, 도피할 수 없는 이상기후 현상과 단지 전쟁의 종식만을 바라는 인류의 염원처럼, 평화적인 분위기가 조성된다. 이러한 새로운 시대적 흐름은 대만의 각종 직업군에 영향을 준다. 중국영화 수입에 촉각을 곤두세운 영화투자자들은 관망세를 유지하면서 상업적 투자기회를 노린다. 이에 반해, 순수 영화인들은 '신영화(新電影)'의 전통을 이어받으면서 창작에 힘쓴다. 방향이 어떻든 간에 각자의 방식대로 투지를 품으며, 세기 말의 바통을 이어받는다.

2. 오락의 주요 흐름인 MTV시청센터, 제4방송(第四台), 유선TV

바다와 땅을 놓고 다투는 대만 섬사람들은 무리를 지으며, 창의적이고 생존적인 투지가 넘친다. '위에 정책이 있으면 아래에는 대책이 있다.'는 말이 있다. 대만영화가 막다른 궁지에 내몰리고, 비디오 시장이 점점 주류가 되는 상황에서, 투자자들은 영화관을 MTV시청센터로 전환하여 경영하기 시작한다. 이는 특별석이 갖춰지고 서비스가 향상된 고급 영화관을 지향하며, 질 높은 우수한 영화가 다수 상영되는 계기가 된다. 따라서 관객들은 유럽 및 미국 영화 또는 대가들의 작품을 볼 수 있게 된다. 이런 상황은 영화적 시야를 넓히고 수준이 높은 관객을 양성할 기회가 되지만, 악영향은 흥행에 대한 심각한 경쟁이 촉발된다는 점이다. 특히 문제는 외국영화에 대한 지나친 의존도이다.

MTV 사업 분야가 갑자기 나타난 것은 아니다. 1980년대 중반부터 변칙적으로 경영되다가, 1990년대에 들어서면서 60%는 사회 인사, 40%는 학생으로 구성된 체계적인 회원제의 상업구조로 운영된다. 이에 따라 MTV 사업은 대만 전체에 신속하게 거점이 확산되며. 성장 속도가 빨라서 연간 매출액도 놀라운 정도로 증가한다. 불법 영업 운영이 극에 달하자, 영화 배급 및 투자자들은 '해적판 반대 모임'을 만들고, 정부의 신문국에 공식적으로 항의한다. 정부는 MTV 방송이 공식방송인지 아니면 비디오테이프 임대업인지 여전히 판단을 내리지 못하는 모호한 입장을 취하기에, 공정한 결정을 기대하기 힘든 상황이다. 이를 틈타 8대 미국회사는 자신의 수익을 위해 정부를 압박한다. 1988년, 중국과 미국 쌍방이 지식재산권을 협상할 때, 미국 측은 자신들의 저작권 보호를 위해 MTV의 경영형식이 '공식방송'임을 강력하게 요구한다. 1992년 5월 대만은 미국이 종합무역법 특별 301 조항을 내세워 무역보복을 할 수 있다는 위협에 굴복하여, 시청각 오락상품 권리를 포기하는 대대적인 저작권법 수정안을 신속히 통과시키며, MTV의 설립 및 운영조건을 엄격히 제한한다. 결국, 전국 각지의 MTV 센터는 거의 하룻밤 사이에 모두 와해된다.[296] 과학기술의 발전은 아이러니하게도 영화산업에서 저작권을 위

---

[296] 노비역, 『대만전영:정치, 경제, 미학(1949~1994)』, 대만:원유출판사, 2003:374(盧

반하는 불법적인 사례를 촉발하는데, 당장 해결할 수 있는 능력이 없는 정부는 제3자의 판단과 결정에 의지한다. 다소 황당하게, 저작권 문제로 골머리를 앓는 대만 정부는 외부의 힘을 빌려서 겨우 '지식재산권'의 보호조례를 제정한다. MTV처럼 새로운 시대에 다양한 파열음을 일으킨 분야에 대해 대만 정부는 상황을 조정할 방법을 모색한다.

우후죽순처럼 퍼져나간 불법적인 '제4방송(第四台)'이 1993년에 합법적으로 '유선방송국'이 되면서, 영화산업 생태계도 새롭게 재조정된다. 예컨대, 관영 영화기구와 텔레비전 방송국(태시(台視):성 정부 소유, 중시(中視): 국민당 소유, 화시(華視):국방부 소유)은 화질이 깨끗하고 가격이 저렴한 '케이블방송국'에 거의 해체될 정도로 큰 타격을 받는다. 2010년까지 대만에서 방송허가를 신청한 '케이블방송국'은 약 116개의 채널이 있었다.

1970년대 대만 정부는 산악지대의 수신 주파수 개선을 위해 공동 수신기와 방영 시스템을 구축하려고 노력한다. 하지만 1979년 기륭(基隆) 지역에서 발생한 일을 보도한 언론에 따르면, 업자들은 각자 불법적으로 촬영·제작한 프로그램을 케이블을 통해 은밀하게 유통시킨다. 이것이 바로 제4방송(第四台)이라고 불리는 새로운 전파형태이다.[297] 이름 그대로 '제4방송(第四台)이'란 바로 체제를 벗어난 가짜 방송국 형태이다. 그들은 각양각색의 프로그램을 제작하는데, 분야도 다양하고, 통속적이며, 재미 위주여서 대중으로부터 환영을 받는다. 더군다나 시청률을 올리기 위해 채널을 늘리고 온종일 영화를 방영한다. 일반적으로 일본드라마, 일본 영화, 에로영화, 홍콩드라마, 레스토랑 쇼 등을 방영하는데, 이는 모두 해적판 영화이다. 정부는 풀기 힘든 난감한 문제에 봉착하게 되고, 합법적인 영화업자와 비디오테이프 사업가들

非易, 『台灣電影:整治, 經濟, 美學(1949~1994)』, 台灣:遠流出版社, 2003:374).

[297] 노비역, 『대만전영:정치, 경제, 미학(1949~1994)』, 대만:원유출판사, 2003:375(盧非易, 『台灣電影:整治, 經濟, 美學(1949~1994)』, 台灣:遠流出版社, 2003:375).

은 연합으로 거리에 나서서 항의 성명을 발표하는 상황에 이른다.

이에 따라, 정부의 신문국은 1983년부터 대대적으로 방송채널 감축계획을 수립하여 집행한다. 1979~1988년간 송신국 약 261건을 수사하지만, 뚜렷한 성과를 거두지 못한다. 그 이유는 이윤이 엄청나게 발생하는 '제4방송(第四台)'의 기세가 마치 들판을 태울 불길처럼 번져갔기에 더 많은 불법사업자들이 양성되었기 때문이다. 게다가 정기 구독자도 배로 늘어나면서, 결국에는 조폭들까지 개입되는 난장판이 된다. 이러한 복잡한 정세에 굴복한 신문국은 결국 1988년에 작은 귀형태의 소형 위성 수신기 개방을 선포하면서 사실상 '제4방송(第四台)'을 방치하는 결과를 초래한다. 새로운 매체와 영화 간의 상호 견제 및 경쟁으로 인해, 1990년에는 비디오테이프 가게가 2,400개, 위성방송이 31만 가구, 유선TV가 54만 가구, 극장이 370개, 대만영화 제작 편수가 76편에 이른다. 1994년에는 비디오테이프 가게가 1,750개로 줄어들고, 유선TV는 205만 가구로 늘어나며, 영화관은 255개로 명맥을 유지한다. 하지만 대만영화 제작 편수는 28편으로 급감한다.[298] 이처럼 대만영화는 신구 매체전환 시기의 상황에서 형편이 날로 악화된다.

상업영화의 흥행을 이끈 중하층의 대중이 이제 유선TV 방송 시청자로 전환된다. 영화제작 및 투자자들은 강산이 이미 흘러간 것을 보고 아예 유선TV 방송으로 방향을 바꾼다. 즉, '제4방송(第四台)'에 투자하여 영화 채널을 만들어 신흥시장을 장악하려 한다. 이러한 급격한 흐름에 반기를 든 영화계 선배들로는 연대(年代)의 구복생(邱復生), 학자(學者)의 채송림(蔡松林), 용상(龍祥)의 왕응상(王應祥), 신봉(新峰)의 양등괴(楊登魁) 등이 있다. 하지만 마치 산과 바다를 뒤집어엎을 듯한 기세에 억눌린다. 정부인 국민당은 이제

---

298 노비역,『대만전영:정치, 경제, 미학(1949~1994)』, 대만:원유출판사, 2003:377(盧非易,『台灣電影:整治, 經濟, 美學(1949~1994)』, 台灣:遠流出版社, 2003:377).

258 대만영화 백년사

중영(中影)의 영화산업을 등한시하면서, 유선 케이블 공사인 박신(博新)회사를 설립하여 유선산업에 지대한 관심을 기울인다.

영화산업의 열악한 환경은 1999년에 제작된 영화가 불과 16편이라는 점에서 방증 된다. 통계에 따르면 1991~2000년까지 10년간 대만영화의 총 제작 편수는 361편이다. 이것은 대만영화의 황금기 때 연간 제작 편수와 동일하다.

제2절 단절이 생긴 대만영화 및 중국영화의 부상

대만과 중국 간의 긴밀한 관계는 역사와 인문, 이민 민족의 무리, 풍속습관 등에서 살펴볼 수 있다. 설령 일본 식민 시기라 할지라도, 대만 사람들의 마음은 여전히 중국을 향하고 있었다. 1930년대 상해는 대만 사람들의 슬픔과 고통스러운 마음을 촉촉이 적셔주며, 영화문화의 발전에도 기여한다. 60여 년 동안 격리된 대만영화가 거의 빈사 상태에 빠질 때, 중국영화가 시기적절하게 도움의 손길을 내밀며, 중국영화의 미래의 별이 된다. 다음의 내용은 양자 간의 세기말에 대한 비교와 발전에 관한 것이다.

1. 대만영화계의 자금 유출

대만영화계는 자국 영화의 흥행 실적 저조와 해외로의 자금유출이 문제로 대두된다. 1946년에 대만과 미국이 쌍방 우호조약을 체결한 후, 미국 8대 영화 배급사는 대만에 직접 영화를 배급하기 시작한다.[299] 초기에 할리우드 영화는 시장의 50%를, 홍콩 영화와 일본 영화는 35%를, 대만영화는 15%를 차지한다. 이런 시장점유율은 지속되며, 언제나 대만영화가 낮은 비율을 차지

---

[299] 재조정된 8대 영화업의 상호에 변동이 생긴다. 두 가지로 말할 수 있는데, 초기의 8대는 Universal(環球), Paramount(派拉蒙), Metro~Goldwyn~Mayer(米高梅), United Artists Corporation(聯美), Radio~Keith~Orpheum Pictures(雷電華), Warner Bros(華納), Jason Fuchs(福斯), Columbia(哥倫比亞) 이다. 그러나 Radio~Keith~Orpheum Pictures가 부도난 후, Metro~Goldwyn~Mayer와 United Artists Corporation의 합병으로 최초의 8대는 이름만 남은 상태이다. 또 다른 의견으로는 Warner Bros, Columbia, 20th Century FOX, Paramount, Universal, United Artist, MGM(Metro Goldwyn Mayer), Walt Disney이다. 또한, 신력(新力), Miramax Films 2곳의 외국영화의 새로운 세력도 있었다.

한다. 할리우드 영화의 영향으로 미국 문화가 유입된다. 예컨대 인스턴트 식품, 의류, 팝, 오락적인 스타일, 의식적 가치 등 다방 면에서 대만 사람들의 생활 스타일을 바꾸어 놓는다. 1984년에 신문국은 고사 직전의 대만 배급사들의 활로를 보장하기 위해 외국영화 수입규칙을 새롭게 제정한다. 8대 미국 배급사의 영화시장 독점을 타파하기 위해, 신문국은 할리우드 주요 영화 제작사들의 영화 수입 쿼터를 낮추고, 대만 배급사들의 미국 독립영화 수입의 기회를 증가시킨다.[300] 구상은 좋았다. 하지만 약탕만 살짝 바꾸고 약은 바꾸지 않는 격이 된다. 예컨대, 독립영화의 기회만 늘어났을 뿐 외국영화의 비율은 예전 그대로이다. 미국 영화의 영웅적인 줄거리, 현란한 특수효과, 걸출한 스타 등의 비즈니스 요소들은 이미 여러 해에 걸쳐 대만 관객의 입맛을 길들여 놓는다.

20세기 대만 계엄이 해제된 후 중국과 대만이 합작한 영화들

미국영화/중국영화와의 교류 이전에, 일찍이 대만영화는 정치와 세무문제 해결을 위해 홍콩과 밀접하게 상호작용한다. 새로운 변화를 추구하는 현실 앞에서, 홍콩과 대만 사업가들은 지속적인 협조를 촉진하며 다양한 방식으

---

300 노비역, 『대만전영:정치, 경제, 미학(1949~1994)』, 대만:원유출판사, 2003:258(盧非易, 『台灣電影:整治, 經濟, 美學(1949~1994)』, 台灣:遠流出版社, 2003:258).

로 협력한다.

1) 홍콩은 대만에서 직접 투자하고 영화를 제작한다. 예를 들면, 1960년대 이한상(李翰祥)의 국련(國聯)회사이다.

2) 홍콩 회사가 대만에 자회사를 설립한다. 예를 들면, 1980년대 초기의 신예성(新藝城) 대만 지사에서 〈대상대하〉(台上台下), 〈탑착차〉(搭錯車) 등을 제작한다.

3) 대만과 홍콩 양측은 합작 투자하여 공동 제작하는데, 대만이 영화제작 업무를 담당한다. 예를 들면, 1980년대 중엽에 중영(中影)과 가화(嘉禾)가 합작하여 〈공포분자〉(恐怖分子)를 제작한다.

4) 대만과 홍콩 양측은 합작 투자하여 공동 제작하는데, 홍콩이 영화제작 업무를 담당한다. 채송림(蔡松林)과 증지위(曾志偉)가 합작투자한 학자영화 제작사(學者電影公司)는 홍콩제작사인 호붕우(好朋友) 회사와 공동 제작한다. 또한, 홍콩 영성(永盛)제작사와도 합작하기도 한다. 예컨대, 학자영화 제작사는 1991년에 홍콩 영화 〈흑의부대—수족정심〉(黑衣部隊—手足情深)에 투자하는데, 이런 형태는 대만 자본에 홍콩 제작이라는 새로운 협력 형태인 4번째 유형의 기틀을 마련한다.[301]

이런 상생 형태는 영화제작, 배급, 상영 전 분야에 걸쳐 이뤄진다. 그 후 홍콩은 중국과 대만의 연결고리가 되어, 대만 자본 중국제작(중국에서 촬영), 혹은 대만 자본 대만 제작(중국에서 촬영)의 합작 형식을 파생한다. 중국 입국금지 시기에 대만영화투자자들은 단지 출자만 하고 제작의 권리를 가질 수 없었다. 이러한 형태 때문에 대만의 자금이 줄줄이 빠져나감에 따라, 대만

---

301 노비역, 『대만전영:정치, 경제, 미학(1949~1994)』, 대만:원유출판사, 2003:333(盧非易, 『台灣電影:整治, 經濟, 美學(1949~1994)』, 台灣:遠流出版社, 2003:333).

영화 제작은 더욱 힘들어진다. 결국, 인원 감축, 휴업, 업종 변경 등 대만영화 산업의 전체적인 생명력은 급속도로 떨어지게 된다. 하지만 홍콩은 영화 제작의 기회가 증가하며, 홍콩 영화의 대만시장 독점 능력을 강화한다.[302] 계엄령이 해제되고, 중국의 친척 방문을 심사 비준하면서, 인재와 자금 유실은 더욱 가속화된다.

영화 촬영을 위해 중국으로 가려면 제작자들은 홍콩이나 제3지역을 거쳐야만 한다. 하지만 현실은 달랐다. 대만 정부의 각종 규제로 인해, 영화인들은 마치 뜨거운 솥 위의 개미와도 같았다. 아무런 대책이 없었다. 중국과 대만 양안 정세가 완화되어야만 진정한 교류가 가능했다. 1989년 5월 대만 행정원은 '반공 이데올로기가 심어진 대만영화 검열방식의 폐지'를 공표하여 중국에 대한 정책의 기본 문제를 해결한다. 이어서 신문국에서는 '영화사업, TV방송사업, TV 방송프로그램 공급 사업을 중국에서 촬영, 프로그램 제작, 등록 신고도 가능한 법령을 공포한다. 중국에서 영화촬영 프로젝트가 마침내 1989년에 실현된다. 정부와 영화 제작사들이 장기간 조율하고 합의한 결과이다. 중국 공산당 정부도 이에 화답한다. 중국은 1992년 10월 중국 공산당 14대 인민대회를 통해 중국영화 체제를 개혁한다. 이러한 조치의 목적은 영화 제작 및 배급의 중앙집권식 형태를 탈피하는 영화산업을 시작하는 것이다.[303] 그리하여, 중국과 대만 양안에 드디어 영화의 길이 활짝 열린다.

문자와 인종이 동일한 장점과 사고에도 불구하고, 문호 개방 이후에도 합

---

302 노비역, 『대만전영:정치, 경제, 미학(1949~1994)』, 대만:원유출판사, 2003:333(盧非易, 『台灣電影:整治, 經濟, 美學(1949~1994)』, 台灣:遠流出版社, 2003:333).

303 낙사전, 『랑래료:호래오여중국전영시장1994년~2000년』, 〈전구화여중국영시적 명운〉, 북경:북경광파학원출판사, 2002:337(駱思典, 『狼來了:好萊塢與中國電影市場1994至~2000年』, 〈全球化與中國影視的命運〉, 北京:北京廣播學院出版社, 2002:337).

작영화가 그리 순조롭지만은 않았다. 이후 경제문화의 충격, 제도적 소통, 육사분란(六四紛亂, 천안문사건)을 거치면서, 다시 한번 적절한 기회를 찾는다. 당시 중국영화 제작사들은 사회 인플레이션의 위기로 관객 수 감소와 흥행참패를 거듭 겪으면서, 해외 융자와 합작전략이 절실히 필요했다. 이에 대만 투자자들은 신뢰를 바탕으로 자금을 투자하여 공동 제작영화가 국제적 경쟁력을 갖추도록 도모한다. 중국과 대만 간의 공감의 길은 태생적으로 양안 간의 복잡한 정치문제를 해결하려는 방편이지만, 차라리 순수한 영화 문화를 추구하는 것이 답일 수도 있다. 그래서 여러 편의 우수한 영화를 함께 제작한다. 예를 들면, 탕신(湯臣) 투자사는 엄호(嚴浩)의 〈곤곤홍진〉(磙磙紅塵, 1990), 섭홍위(葉鴻偉)의 〈오개여자여일근승자〉(五個女子與一根繩子, 1991), 진개가(陳凱歌)의 〈패왕별희〉(霸王別姬, 1993)와 〈풍월〉(風月, 1996)에 투자한다. 연대(年代) 투자사는 장예모(張藝謀)의 〈대홍등롱고고괘〉(大紅燈籠高高掛, 1991)에 투자한다. 명위(名威) 투자사는 양립국(楊立國)의 〈웅묘소태양〉(熊貓小太陽, 1993)에 투자한다. 협화(協和) 투자사는 강문(姜文)의 〈양광찬란적일자〉(陽光燦爛的日子, 1994)에, 용상(龍祥) 투자사는 황건신(黃建新)의 〈험신〉(驗身, 1994), 오자우(吳子牛)의 〈남경1937〉(南京一九三七, 1995) 등에 투자한다. 이런 현상에 대해 토니 레인즈(Tony Rayns)는 1993년 9월 26일자 런던《독립신문》에 다음과 같이 서술한다. "북경과 상해의 대형 영화 제작사들은 홍콩과 대만이 제작비를 출자하고 중국에서 촬영하는 데 큰 기대를 하고 있다."[304] 이는 당시 중국과 대만 양안 영화산업의 교류가 밀접했음을 방증한다.

---

304 낙사전, 『랑래료:호래오여중국전영시장1994년~2000년』, 〈전구화여중국영시적 명운〉, 북경:북경광파학원출판사, 2002:338(駱思典, 『狼來了:好萊塢與中國電影市場1994至~2000年』, 〈全球化與中國影視的命運〉, 北京:北京廣播學院出版社, 2002:338).

합작 열풍에 힘입은 대만영화인들은 시대적 흐름을 주도하며, 중영(中影)의 지지 하에 중국과 대만 간의 공통소재를 발굴하고 현실을 반영한 작품을 제작한다. 계엄 해제 이후 중국과 대만 양안이 구름 및 바람 한 점 없는 것처럼 보이지만, 실상은 어두운 물결이 용솟음치고 있는 형국이다. 양측 정부는 마치 경계선에 서서 온 힘을 다해 밧줄 하나를 서로 잡아당기는 줄다리기를 하는 것과 같다. 우감평(虞戡平)의 〈중국과 대만 양안 해협〉(海峽兩岸, 1988)은 1949년 이후 어려운 시기를 살아온 한 세대 사람들의 희비를 잘 그려내고 있다. 영화의 정경은 국민이 중국과 대만 양안의 시공간에서 어쩔 수 없이 살아야만 하는 상황을 있는 그대로 담아낸다. 새로운 세대의 자손들은 수많은 풍운에 따라 탈색된 슬픔과 처량함을 어떻게 겪고 감수했는지, 그 먼 시절을 영원히 이해하지 못할 것이다.

예술 문화가 선행해야 한다는 공감대 속에서, 대만 자본이 중국으로 이동한 후 우수한 합작영화는 국제사회에서 명성을 떨친다. 세기말에 중국과 대만 양안의 교류는 합작이라는 보호망을 통해 새로운 소재를 발굴하고, 잠시 정차할 자리를 찾는다. 다만 양안 간의 정치적 불안감은 시한폭탄과 같아 조금이라도 조심하지 않으면 언제든지 불이 붙을 수 있는 위험이 도사린다.

2. 세기말부터 신세기 초까지 거물급 스타과 신세대 아이돌의 공백

반세기를 걸어온 대만영화는 어느 시기이든지 모두 아이돌 트렌드와 스타 배우를 양산해낸다. 1950년대는 장미요(張美瑤), 백난(白蘭), 진운경(陳雲卿), 홍일봉(洪一峰), 진양(陳揚) 등, 1960년대는 탕란화(湯蘭花), 당보운(唐寶雲), 왕막수(王莫愁), 가준웅(柯俊雄), 구위(歐威), 1970년대는 견진(甄珍), 임청하(林靑霞), 임봉교(林鳳嬌), 등광영(鄧光榮), 진한(秦漢), 진상림(秦祥林), 1980년대는 양혜산(楊惠珊), 허불료(許不了) 등이다. 모두 매력적인 은

| 왕막수(王莫愁) | 가준웅(柯俊雄) | 견진(甄珍) | 등광영(鄧光榮) |
| 임봉교(林鳳嬌) | 진상림(秦祥林) | 임청하(林靑霞) | 진한(秦漢) |

막의 대스타로 성장한다. '스타'라는 배우 시스템은 대중이 숭배하거나 대중의 감정이입을 유도하는 심리로 활용되면서, 상업적 요소와 사회적 효과가 서서히 부각되기 시작한다. 시장의 논리에 따라, 상업 대작 영화가 왜 스타를 기용하는지를 잘 보여준다. 1980년대 들어서 실생활에 기반한 사실적인 신영화(新電影)가 득세하면서, 영화 전문배우가 아닌 비전문적인 배우가 기용된다. 이에 따라, 기존의 아이돌이나 전문배우들은 들러리로 전락하고, 점차 은막에서 사라지는 결과를 초래한다.

사실성에 기초한 예술영화는 흥행과 거리가 멀기에, 아이돌이나 스타 시스템과는 맞지 않았다. 신영화(新電影)의 연기자 매방(梅芳), 진박정(陳博正), 양려음(楊麗音) 등의 연기가 아무리 생동감 있어도 흥행의 보증수표가 될 수 없었다. 또한, 대만영화의 퇴보로 인해, 신작은 계속해서 제작이 지체된다. 비록 중국과 대만이 합작영화를 시도하지만, 기회는 여전히 멀다.[305] 다

---

[305] 예를 들어, 1988년 신문국장 소옥명(邵玉銘)은 서풍(徐楓)과 임청하(林靑霞)를 만나서 도리와 정의를 이해하고 완곡하게 중국의 초청을 거절한 점에 대해 격려한다. 또한, 전체적으로 개방하는 데에는 어려운 점이 있어서, 중국 관련 일들은

시 말해, 스타 배우들이 연기를 펼칠 수 있는 무대를 잃고, 기다림 속에서 청춘을 보내게 되면서, 수많은 배우가 우왕좌왕하는 궁지에 몰리게 된다. 그래서 배우들이 자리를 옮기거나 은퇴를 한다. 예컨대, 진상림(秦祥林)은 미국으로 이민을 떠나고, 양혜산(楊惠珊)은 직업을 바꿔 유리가공 작업장을 세운다. 임청하(林青霞)는 홍콩으로 자리를, 소명명(蘇明明)은 대만 TV방송국의 드라마로 옮겨간다. 나뭇잎이 가지에서 떨어지는 것과 같은 어쩔 수 없는 상황이 연속된다. 이처럼 대만영화는 스타들의 유출을 막아내지 못한다.

세기말부터 신세기 초반까지 스타는 단절된다. 아름다운 노래, 정겨운 풍경, 미녀 및 꽃미남의 환상적인 조합은 더 이상 스크린에 나타나지 않는다. 1980년대 들어서 라이프 실사영화와 스타일리시한 영화가 우선하는 영화산업 형태로 전환된다. 이에 따라 전통적 구조와 흥행 요소가 점차 와해되고, 대중도 점점 흥미를 잃게 되면서, 더 이상 영화 붐을 일으킬 수 없게 된다. 주연평(朱延平) 감독이 연출하는 거물급 스타들의 상업영화는 이제 맥이 끊긴다.[306]

3. 일터를 굳게 지키는 베테랑 영화인들

대만영화는 몇 세대에 걸친 영화인에 의지하고 있다. 물밑에서 서로 의지하며 비범한 성적을 남긴다. 20세기 말기에 1970년대의 감독들은 대부분 일찍 영화계를 떠난다. 1980년대에 성과를 올린 감독들은 현재 한창 왕성하게

진도에 따라 여러 번 나눠서 진행할 필요가 있다고 언급한다.

[306] 홍콩 영화에 맞서기 위해 대만은 관객의 호응을 끌어낼 만한 장르를, 즉 에로, 폭력 등 다양한 영화를 제작한다. 예를 들어, 〈홍분병단〉(紅粉兵團), 〈홍분대대결〉(紅粉大對決), 〈칠척호리〉(七隻狐狸), 〈칠필랑〉(七匹狼), 〈대두병〉(大頭兵) 등이 있다. 최고 스타들의 참여로 높은 흥행수익을 올린다.

활동하는 장년기이다. 예를 들면, 후효현(侯孝賢), 양덕창(楊德昌), 진곤후
(陳坤厚), 양립국(楊立國), 주연평(朱延平), 만인(萬仁), 왕동(王童) 등이다.
그들은 여전히 성실하게 메마른 대만 땅을 지키고 있다. '신영화(新電影)'시
기를 거친 그들은 상업영화와 예술영화의 영역에 무관하게 각자 자신만의
스타일을 더욱 공고히 한다. 영화제 출품에 목적을 둔 감독들은 일본, 프랑스
등 세계 여러 곳에서 제작비 지원을 받는다. 상업성에 목적을 둔 감독들은 여
전히 대만영화투자자들에게 안정적으로 지원을 받아 영화를 계속 제작한다.

유형이 다양한 세기말 영화의 베테랑 작품들

총괄적으로 말해서, 대만영화를 반평생 옆에서 지켜보았던 베테랑 영화인
들은 사람이 가고 남은 빈집을 마주한 슬픔과 괴로움을 이겨내며, 포기하지
않는 의지를 보여준다. 1990년대의 대만영화는 비록 사면초가에 놓여 있지
만 우수한 작품을 선보인다. 예를 들면, 〈연지〉(胭脂, 1991), 〈고령가소년살
인사건〉(牯嶺街少年殺人事件, 1991), 〈초콜릿전쟁〉(巧克力戰爭, 1992), 〈희
몽인생〉(戲夢人生, 1993), 〈신오룡원〉(新烏龍院, 1994), 〈중국용〉(中國龍,
1995), 〈홍시자〉(紅柿子, 1996), 〈독립시대〉(獨立時代, 1996), 〈해상화〉(海上
花, 1998), 〈일일〉(一一, 2000) 등이다. 이 영화들은 대만의 역사 및 사회 현
실을 반영하며, 흥행뿐만 아니라 국제영화제에서도 두각을 나타낸다. 이는
세기말 대만영화의 지반을 지탱한다.

4. 신인 영화감독과 새로운 생명력

　세기말 감독들은 결코 갑자기 명성을 얻은 것은 아니다. 대다수는 은막 뒤에서 오랫동안 칼을 갈며 손을 쓸 기회가 오기만을 기다린 것이다. 예를 들면, 이안(李安)은 미국에서 10여 년 동안 묵묵히 있었고, 채명량(蔡明亮)은 장기간에 걸쳐 영화 시나리오에 참여하고, 오념진(吳念眞)은 시나리오 각색의 경험이 풍부하고, 진국부(陳國富)는 영화 평론가에서 감독으로 자리를 옮기고, 장작기(張作驥)는 여러 편의 영화 조감독을 맡는다. 그리고 역지언(易智言)은 광고의 시나리오 및 감독을 맡았고, 영화 스태프 출신인 임정성(林正盛) 등이 있다. 이를 종합해보면, 당시의 영화인들은 오랫동안 경험을 쌓고 에너지를 축적해 향후 큰 소리를 낼 수 있는 기반을 만든다. 이후 여기저기서 두각을 드러낸 신진감독들은 세기말의 우수한 작품을 내놓고, 현실을 반영한 영화의 문화적 전망을 주도하며, 실제로 대만영화의 위상을 드높인다. 영화인 역지언(易智言)은 다음과 같이 술회한다. "내가 영화 촬영을 시작할 때 기본적으로 대만 지역에는 상업영화 모델이 없었고, 1990년대에 들어서는 어떤 영화가 흥행할지 판단 기준이 모호해서 상업시장은 혼란에 빠진다. 1992년 대북시에서 흥행한 10대 영화는 전부 홍콩 영화의 차지였다. 1994년에 대만에서 제작하여 상영된 대만 본토 영화는 겨우 29편이다. 그 무렵 홍콩 영화는 무려 137편이나 된다."[307] 이런 곤경은 대만영화인들을 더욱 어렵게 만든다. 이런 현격한 차이로 인해 대만영화는 흥행결과보다는 국제영화제에 치중한다. 국제영화제에 진출하는 신인감독들의 새로운 수혈은 대만영화가 지탱하는 버팀목을 역할을 한다.

---

[307] 황인·왕유, 『대만전영백년사화』(하), 대만:중화영평인협회, 2004:470(黃仁·王唯, 『台灣電影百年史話』(下), 台灣:中華影評人協會, 2004:470).

역지언(易智言)의 〈남색대문〉(藍色大門)

　신문국이 1989년 제1회 영화 보조금을 시행하면서, 예술과 상업영화는 균형을 찾기가 더욱 어려워진다. 우수한 영화의 판단 기준은 영화제작자와 관계없이 신문국에서 보조금을 받았는지 혹은 못 받았는지로 구분된다. 예를 들어 신문국의 보조금을 받은 영화 제작사는 영화감독들이 협력을 가장 기대하는 베이스캠프인 중영(中影)에서 영화를 제작한다. 왜냐하면, 중영(中影)은 표준화된 시스템, 안정적인 영화 예산, 영화 제작 후 필름의 현상과 인화, 상영관의 설비까지 지원해주기 때문이다. 또한, 상업과 예술영화를 모두 중시하고, 국제영화제에 출품할 수 있는 환경을 제공하며, 배급체계도 지원한다. 이런 환경 속에서, 신진감독들은 창작에만 전념할 수 있었다. 이처럼 중영의 주요한 역할은 세기말에 신인 감독들을 배출하고, 영화 제작 편수도 늘리며, 국제적인 배급망을 확대하는 것이다.

　신인 감독들은 전적으로 정부의 지원금으로 양성된다. 그들의 독특한 영화적 미학과 예술적 스타일의 창작은 국제영화제에서 환호를 받는다. 그들은 비록 어쩔 수 없는 보조금 환경 속에서 활동하지만, 이 보조금 덕분에 국제적인 환호를 받는 계기가 된다.

5. 영화 전문 인력의 이탈과 이직

스크린의 화려함과 영광은 스크린 뒤에서 묵묵히 일하는 영웅들의 땀의 결실이다. 대만영화가 휘황찬란할 때, 영화 스태프들은 영화 상영 날짜를 맞추기 위해 밤낮으로 서둘러 촬영한다. 하지만 시장 침체로 생산량이 감소하면서 대만영화는 암흑기에 접어든다. 영화산업이 쇠퇴한 근본적인 이유는 전문 인력의 유실 아니면 이직이다. 정부의 공식 영화기구는 전문적인 인력 양성체계를 갖추고 있지만, 대다수의 민영제작사는 그렇지 못했다. 예컨대, 민영제작사들은 새로운 영화를 촬영할 때 일반적으로 통상 3개월 기한으로 계약 채용제 혹은 임시직으로 스태프를 고용한다.

물론 민영제작사의 규모나 역량에 따라 전문인력 양성 형태는 다르지만, 전반적으로 스태프 육성 환경은 열악하다. 예로부터, 입과 귀로만 전수해온 스승~제자 간의 도제식 교육도 어려워진다. 영화제작 분야에서 감독의 현장 장악과 이념 표현, 촬영기사의 카메라 조정, 조명기사의 빛 처리, 미술 디자이너의 미장센, 그 이외도 의상, 음향, 스틸리스트, 전기 기술자 등은 모두 중요한 부분이다. 이것 모두는 시간을 들여 연습해야만 전문적인 수준에 다다를 수 있다.

현장 경험은 학교에서 배울 수 없는 체험이다. 예술대학의 초기 졸업생들은 영화계에 들어가 일할 때 스승~제자 제도 혹은 팀을 찾아서만 비로소 한 자리를 차지할 수 있었다. 이러한 루트를 통해 많은 감독은 연출부 및 조감독을 거쳐 감독 자리에 오르는 것이다. 후효현(侯孝賢), 주연평(朱延平), 양립국(楊立國) 등이 그러하다.

1980년 중엽에 영화산업이 쇠퇴하면서 취직 기회는 급감하고, 겨우 취직을 해도 기본적인 노동 보호 조례가 없어 종사자의 생존 자체가 어려웠다. 1990년대 들어서 해외로 대만자금이 유실되고 영화제작이 어려워지자, 영화 단기 스태프들은 속속 직업을 바꾼다. 예컨대, 그들은 TV방송국 혹은 제4방송(第四台)로 이직하거나, 홍콩 혹은 중국으로 넘어간다. 또한, 영화시장 불황과 인재의 유실로 인해, 스승~제자 제도도 아무도 계승할 사람이 없게 된다. 가끔, 새로운 영화를 촬영하게 될 때면 신인팀을 겨우 억지로 끌어모아 자질구레한 제작진의 일을 대신한다. 오념진(吳念眞)은 1996년 〈태평천국〉(太平天國) 촬영할 때의 일을 다음과 같이 회상한다. "대만영화산업은 거의 전멸 수준이다. 전문 인력이 부족하여 대다수 스태프는 신인으로 구성된다. 예컨대, 경력이 매우 짧거나 처음 영화제작에 참여하는 경우가 태반이다. 내가 의존하는 '전문' 인력은 촬영기사와 녹음기사뿐이다. 기자재가 부족하거나 예산의 한정으로 필요한 관련 기자재를 북부에서 남하시킬 방법이 없을 때에는 가장 간단하게 촬영하는 방법을 찾아야만 했다."[308] 지금 이 순간, 영화를 제작한다는 것은 예술인이 지키고 유지하고 싶은 이상일 뿐이다. 서양의 선진 영화산업을 경험한 이안 감독은 다음과 같이 이야기한다. "대만영화는 기본적으로 여전히 빈곤하고 주제도 제한적이며, 영화산업은 그다지 견실하지 않아 추진동력이 필요하다. 대만은 사실 많은 것을 가지고 있다. 그러나 영화산업 체계가 미흡하여 마치 모래판 같아 전수와 계승을 할 수 없다." 주지하다시피 영화제작에 있어서 촬영, 조명, 후시녹음, 현상, 편집 등 전문가의 손길이 없이, 어떻게 우수한 영화가 탄생할 수 있겠는가? 대만영화는 옷깃을 여미니 팔꿈치가 나와 버리는 퇴조처럼 거대한 강의 물결 속으로 세차게 흘러가며, 영화 창작자들은 스스로 살 길을 도모한다.

---

308 초웅병, 『台灣電影90신신낭조』, 대만:맥전출판사, 2002:134(焦雄屏, 『台灣電影90新新浪潮』, 台灣:麥田出版社, 2002:134).

6. 동방의 빨간 깃발을 휘날리며 : 중국영화의 비상

홍콩 뉴웨이브, 대만 신영화(新電影)에 이어 오랫동안 잠자던 중국영화가
마침내 긴 숨을 몰아 내쉰다. 대륙 제5대 영화감독들이 대대적으로 출격하여
영화가 봇물 터지듯 넘치고, 국제영화제에서도 비상한 관심을 끈다. 신비한
동방의 '그'의 출현은 세인의 시선을 사로잡는다. 이 폐쇄적인 옛 국가는 오
직 영화 세계를 통해서만 천년의 변화와 맥박을 느끼게 한다. '그'의 핏줄은
역사가 유구하고, 중국과 대만 양안의 영화계가 긴밀하게 고리를 이어준다.
그 후, 그 길은 갈수록 넓어졌다. 심지어 21세기에 이르러서도 '그'의 도약과
활기로 만들어낸 영향력은 국제영화계 모두가 우러러볼 정도이다.

'문화대혁명' 이후의 중국영화는 시련을 겪은 후 지고 있던 짐을 벗기 시
작한다. 진개가(陳凱歌)의 〈황토지〉(黃土地, 1984)는 제5세대 '신시기' 영화
의 기초를 다진다. 이어서 장예모(張藝謀), 오자우(吳子牛), 전장장(田壯壯),
황건신(黃健新) 등의 신인 감독들의 작품은 국제영화계를 놀라게 한다. 신세
기 제7대 영화 인재 배출에 이르기까지, 그들의 영화는 이미 상업과 예술영
화의 국내외 영화계를 점유한다. 중국과 대만 양안의 영화 문화는 장기간 격
리되어 있던 탓에 예술 교류가 매우 활발하게 이뤄진다. 중국과 대만 양안에
묶여있던 정책이 일부분 개방되고, 영화와 TV합작도 이뤄진다. 동일한 방향
성과 예술 이념의 추구 아래 중국과 대만의 감독들은 영화의 새로운 페이지
를 함께 창조한다. 중국의 개방 초기를 돌아보면, 사회 산업이 한창 전환기에
처해있을 때 국가정책 개혁에 심혈을 기울이는 단계였다. 국영 기구가 스스
로 손익을 책임지는 민영회사로 전환되어 큰 솥 밥의 낡은 체제를 탈피하면
서 더는 공산체제에 의존하지 않고 '사회주의 시장경제'의 원대한 목표로 자
본주의 세계를 향해 거침없이 나아간다.

땅이 넓고 물자가 풍부한 중국은 영화업계에 상당한 장점을 가져다준다.

특유의 동양적 정경, 아름다운 경치, 풍부한 인재, 노동자들이 군집하고 있는 등의 조건은 영화산업을 더욱 흥성하게 하고, 저비용 고수익의 전망성이 높은 산업이 되게 만든다. 미국에서 영화의 평균 원가는 최근 몇 년 동안 이미 7천만 달러 이상에 이른다. 반면 중국영화 평균 제작비는 약 4백만 위엔이다. 이는 할리우드 영화의 1%에도 못 미치는 수준이다.[309] 중국영화는 경제발전과 국민의 연평균 수익 성장과 더불어 빠른 상승 추세를 보인다. 국가정책으로 영화문화를 보호하고, 금기의 소재를 피하면 손쉽게 수천만 위엔이나 억대의 인민폐의 흥행을 거둘 수 있는 계기가 만들어진다. 이는 대만영화 시장의 개념을 훨씬 능가하는 것이다.

실제로, '그'의 그림자는 큰 도량을 드러내는 데 한 번도 인색하지 않았다. '그'의 내적인 정신을 완벽하게 발휘할 수만 있다면, 예술의 전당에 이르게 하고 민족문화로 펼칠 수 있다. 가난한 집 고운 딸에서 대갓집 규수로 전향하는 과정에서, 영화인들은 서로에게 의지하고, 미력하나마 힘을 모아서 곤경을 헤쳐 나아가며, 상호 협력하여 기회를 틀어쥐고 새로운 시대에서 좋은 성적을 거둔다.

2002년쯤에, 중국영화는 중국식 예복을 벗고 서양식 예복으로 갈아입는다. 예컨대, 장예모(張藝謀)는 〈영웅〉(英雄)을 통해 사극의 새로운 시도를 선보이는데, 놀라운 점은 흥행에도 성공을 거둔다. 이때부터 상업영화 시대가, 즉 블록버스터 영화 제작이 시작된다. 엄청난 투자, 거대한 스케일의 스펙터클, 유명한 대스타 등의 할리우드 패턴이 중국으로 이식된다. 타문화의 이식은 자연스럽게 오히려 경쟁적으로 이뤄진다. 이 영화는 전 세계 1억 7700만

---

309 윤홍·소지위, 『호래오적전구화책약여중국전영적발전』, 〈전구화여중국영시적명운〉, 북경:북경광파학원출판사, 2002:129(尹鴻·蕭志偉, 『好萊塢的全球化策略與中國電影的發展』, 〈全球化與中國影視的命運〉, 北京:北京廣播學院出版社, 2002:129).

달러의 흥행수익으로 체면뿐만 아니라 투자수익도 모두 챙기는 쾌거를 이뤄낸다. 선례가 없었던 시장에 갑자기 등장한 블록버스터급 〈영웅〉은 전통에 혁신적인 표현형식을 입히며, '그'의 시대적 가치를 확실하게 세운다.

성공 사례가 시작되자 뒤이어 추종자들이 따른다. 이때부터, 본래 산 정상에 서 있던 5대째의 감독 진개가(陳凱歌), 풍소강(馮小剛) 등이 잇달아 대작 영화를 선보이며 시장에 파란을 일으킨다. 신선함과 선택의 여지가 없이, 관객들은 충실한 신자가 된다. 상업적인 풍향구인 '시장'은 흥행뿐만 아니라 투자수익 배당률도 높아진다. 또한, 이후 스크린 수가 매년 35%씩 증가한다. 엄청난 흥행 실적은 상업영화의 촉매제가 된다.

바람과 비를 부르는 기세는 중국영화 투자자들을 점점 블록버스터의 소용돌이 속으로 몰아가지만 부작용도 만만치 않았다. 예컨대, 중규모 혹은 소규모의 영화들은 점차 설 자리를 잃게 된다. 이어지는 거의 10년 동안, 〈천지영웅〉(天地英雄), 〈황금갑〉(黃金甲), 〈야연〉(夜宴), 〈무극〉(無極) 등의 영화가 줄을 지어 모두 〈영웅〉(英雄)의 패턴을 복제한다.

당시 소재의 제한으로 인한 대작 사극 제작에 충실한 현상은 중국영화가 정책 규범 하에 있다는 것을 설명한다. 가보지 않은 길을 걷는다는 것은 대단한 모험이다. 또한, 중국영화도 블록버스터를 제작할 수 있는 환경과 실력을 갖추고 있다는 것을 증명한다. 이런 흐름은 자연스럽게 홍콩 및 대만영화 투자자들의 관심을 끈다. 조용히 관망하는 자세를 취하다가 돌을 던져 길을 묻는다는 것은 이전의 보수적 투자에서 접촉이 더욱 빈번해지고 모두가 합작의 입구를 열어 협력할 가능성을 찾고 있다는 방증이다.

세기말의 중국과 대만영화는 정치·경제의 조화로운 관계에 따라 약속이나 한 듯이 접목되고, 순응하며 살아가는 생존의 기회로 삼는다. 대만영화인들의 문화적 아이디어와 마케팅 개념은 중국영화에 자극을 준다. 중국의 깊은 역사 문화와 광활한 영토는 대만영화인들의 시야를 열어준다. 대만영화가 돛을 올리고 항해하는 것은 중국 문화를 대표하는 돌을 던져 길을 묻는 것이며, 새로운 변방을 개척하는 희망과 책임을 수반한다. 성공과 실패를 논하기 어렵지만, 서로 다른 체제도 추세에 따라 타협이 필요하다. 기대하지 않았던 영화인들이 마침 날아오르는 중국영화와 접목한다. 이는 예술의 높은 성취에 대한 추구를 얻을 수 있는 발전의 계기가 된다.

제3절 온 힘을 다하는 대만영화인의 노력들

1. 신문국(新聞局)의 영화 보조금의 지원

1970년대 〈협녀〉(俠女)가 처음으로 국제영화제에 진출하고, 1980년대 신영화(新電影)를 거치면서, 국제적 관심은 대만영화계에 다시 눈길을 돌린다. 1989년 〈비정성시〉(悲情城市)는 대만의 명성을 드높인다. 이는 대만 정부가 예상하지 못한 현상이다. 이 영화는 비용이 적게 들고 고수익을 가져다준 효자 역할을 한다. 국제영화제는 영화계의 중요한 외교 행사이다. 중국 정부의 강력한 지원 하에, 국제영화제에 출품한 중국영화는 편수도 많고, 홍보도 엄청났었다. 반대로 중영(中影)이나 민간제작회사의 제한된 편수로 인해, 대만영화는 진창 속에서 고군분투하는 실정이다. 신영화(新電影)는 예술의 품격이 높지만 적은 편수가 제작되기에, 그중에서 국제영화제에 참가할 수 있는 영화 혹은 해외교포의 마음을 응집시킬 수 있는 영화를 고르기란 어려운 일이었다. 그래서 대만 정부는 자국의 영화산업에 급 관심을 보이며, 중국의 전략을 따라 하기 시작한다.

1989년부터 신문국은 매년 새로운 신대만 위엔으로 삼천만 원의 예산을 영화계에 지원한다. 이는 대만영화산업의 부진을 만회하고, 국제영화제에 활용하며, 중국영화의 통일전선 공세에 대항하기 위함이다.[310] 대만 당국이 겉만 화려한 보조금 정책을 세웠지만 실제로 영화 예술을 진정으로 존중하는 것은 아니다. 당시 중국과 대만 양안은 개방되었지만, 모든 사회적 제도는

---

[310] 「국편제작보도금열명」, 『중화민국전영연감1991』, 대만:중화민국전영사업발전기금회, 1991:21(「國片製作輔導金說明」, 『中華民國電影年鑑1991』, 台灣:中華民國電影事業發展基金會, 1991:21).

여전히 제한적이었다. 대만 정부는 여전히 국제영화제에 영합하는 오락적인 기능의 영화를 지원할 뿐이다.

보조금 지원의 의미를 차차 논하겠지만, 결국은 정부가 원하는 방향의 정책이다. 초기에는 신청 제한이 많고 규정도 자주 바뀌어서, 많은 제작자가 크게 관심을 가지질 못했기에 성과는 별무신통이었다. 제3회 이안(李安)의 〈추수〉(推手), 양덕창(楊德昌)의 〈고령가소년살인사건〉(牯嶺街少年殺人事件), 제4회 이안(李安)의 〈희연〉(喜宴), 후효현(侯孝賢)의 〈희몽인생〉(戱夢人生), 제5회 이안(李安)의 〈음식남녀〉(飮食男女), 채명량(蔡明亮)의 〈애정만세〉(愛情萬歲) 등 영화들이 잇따라 국제영화제에서 수상하면서, 비로소 대만영화가 흥성한다. 이는 대만 정부가 원한 정치선전의 취지에 도달하였다고 볼 수 있다. 이후 대만영화에 보조금이 더 많이 지원되지만, 제작 편수는 여전히 증가하지 않는다. 주요 원인은 이미 선정된 영화도 보조금이 충분치 않아서 일부 자금을 계속 조달해야 하기 때문이다. 만약 투자의 도움을 받지 못한다면 촬영도 제시간에 시작할 수 없다. 또 다른 저해 요소도 해소되지 않는다. 예를 들면, 대만에 대량으로 유입되는 외국영화 및 홍콩 영화 그리고 유선영화 채널 개방 등이다. 쥐꼬리만 한 보조금으로, 예컨대 동쪽 벽을 허물어 서쪽 벽을 메우는 궁색함은 대만영화를 더욱 궁지로 몰아넣는다. 즉, 대만영화는 빈번하게 국제영화제에서 상을 받으나, 이해하기 어려운 관중은 멀리에서 지켜보기만 한다. 흥행수익이 낮아 보조금 도움이 없으면, 제작자들은 쉽게 자국 영화에 투자하지 못하는 형국이다. 따라서 대만 투자자들은 '투자 위험을 될수록 낮추자'라는 보수적인 심리로 보조금에 대한 의존성이 심하게 왜곡되어 비정상적인 상태가 된다.[311] 그래서 영화가 상을 많이 받을수록 관

---

311 황인·왕유, 『대만전영백년사화』(하), 대만:중화영평인협회, 2004:470(黃仁·王唯, 『台灣電影百年史話』(下), 台灣:中華影評人協會出版, 2004:470).

객의 수가 줄어드는 기이한 현상이 벌어진다.

정치선전을 목표로 내세운 신문국이 단기간에 특효약을 투입하여 대만영화의 제작 편수를 급격하게 높이지 못한 점은 못내 아쉽다. 본래 3년 계획이었는데, 이미 2011년에 와 있으니, 22년이란 세월이 흘렀음에도 여전히 성과는 좋지 않다. 정치경제의 문제 및 치솟은 제작 단가 등은 영화제작을 더욱 어렵게 만든다. 새로운 신대만 위엔 3천만 원에서 거의 3억 원에까지 올라간다.(2010년에는 신대만 위엔 2억 7천 3백만 원이다). 신문국이 우려할 정도로, 대만제작사들은 정부 돈으로 영화를 제작하는 어처구니없는 상황에 부닥친다. 국민의 의사가 높아진 정치 환경으로 인해, 신문국은 창작을 중시하던 기조에서 단순 대행 업무를 처리하는 기관으로 전락한다.[312] 다시 말해 신문국은 지위가 높은 관리가 주도하는 행정 기관으로 바뀌며, 심사 위원으로는 영화전문가보다는 행정적인 전문가로 대체된다. 그래서 바라보는 관점의 차이로 인한 평가 기준의 모호함은 보조금 선정에 있어서 간혹 보석 같은 작품을 놓치는 우를 범하기도 한다. 신세대 감독들의 참여를 더욱 독려하기 위해, 이미 국제 감독이 된 후효현(侯孝賢)은 이미 1997년 말에 열린 보조금 회의에서 이제부터 보조금을 신청하지 않겠다고 공언한다.[313] 그만큼 경쟁이 치열하다는 것을 알 수 있다.

신영화(新電影) 이후, 영화시장에 투자를 꺼리던 투자자들은 상업영화와 예술영화를 명확히 구분하고, 관객의 관심과 동향을 살핀다. 또한, 대중평론의 균형을 잡기 위해 1997년 제9회 보조금부터는 신청 카테고리를 '상업영화류'와 '예술영화류'로 구분하여 모호한 경계를 없앤다. 새로운 세기까지의

---

[312] 황인·왕유, 『대만전영백년사화』(하), 대만:중화영평인협회, 2004:471(黃仁·王唯, 『台灣電影百年史話』(下), 台灣:中華影評人協會出版, 2004:471).

[313] 황인·왕유, 『대만전영백년사화』(하), 대만:중화영평인협회, 2004:479(黃仁·王唯, 『台灣電影百年史話』(下), 台灣:中華影評人協會出版, 2004:479).

보조금 체제와 규모는 다년간의 수정과 개혁을 통해 점점 완벽한 형태로 개선되고 있다.

하지만 장기간 국제영화제만 중시하고, 관객의 요구를 고려하지 않은 현상은 이미 상업과 예술의 불균형을 초래하고, 그 결과 신문국은 크게 고민하게 되며, 영화투자자 및 제작자들도 고개를 가로저으며 한숨을 쉬게 된다. 정부 산하 3대 영화제작 기관이 잇달아 생산을 중단한 후로는 정부 차원의 영화제작 생산기지도 모두 잃게 된다. 예컨대, 대제창(台製廠) 영화제작소는 1988년에 민영 이전을 계획하는데 불행히도 큰 지진으로 만나게 된다. 그로 인해, 해당 지역 정부 기관이 축소될 뿐만 아니라 더불어서 대제창도 활동을 멈추게 된다. 중제창(中製廠) 영화제작소는 1995년부터 인사 감축에 들어가고, 국방부 예공총대에 합병되어 역사 속으로 사라진다. 2006년 2월 28일 중영(中影) 영화제작소는 가동 중단을 선포한다. 과거에 대만영화의 영광을 지원하던 영화제작소들의 중단은 대만영화의 뿌리를 단절시킨 것과 같다. 대들보 지지대가 무너짐에 따라 보조금의 중요성이 더욱 심화되고, 영화업자 및 창작자의 유일한 생명의 샘이 된다. 시간이 걸리겠지만 지금 더욱 중요한 임무는 관객을 다시 영화관으로 불러오는 것이다.

영화는 문화와 오락을 겸비한 산업이다. 따라서 예술영화나 상업영화는 기획안, 시나리오, 촬영 대본 등에서 기본적으로 동일하나, 연출 및 배우 명단에서 스타일을 대략적으로 구분할 수 있다. 또한, 신문국의 보조금은 해마다 지원 성격이 조금씩 다르다. 예를 들면, 1979년도에는 '문화와 감상을 겸비한 대만영화 제작 장려', 1980년도에는 '높은 수준급의 대만영화 제작 장려', 1981년도와 1990년도에는 '우수한 대만영화 제작지원', 1991년도와 1992년도에는 '영화산업 발전을 추진하고, 영화 제작을 돕자', 1993년도에는 '영화산업 발전을 추진하고, 대만영화 제작을 돕자'이다. 이처럼, 보조금 선정은 개방 상태를 유지하고, 그 대상을 상업성 혹은 예술성이든지 어떤 장르로도 국한하지 않는다. 우수 기획안이라면 예술적이든 상업적이든 모두 선정될 가능성을 열어놓는다.

보조금이 실시되지만, 대만영화는 여전히 미약한 상태로 사회에 큰 이슈를 만들어내지 못한다. 원인은 뛰어난 감독 및 우수한 작품이 여전히 관객이나 시장의 호응을 얻지 못했기 때문이다. 우연히 국제영화제에서 대상 수상은 대중에게 '그들'이 살아있으며, 대만영화의 숨결을 이어가고 있다는 정도로 여긴다. 또한, 한 무리 영화인들이 척박한 밭을 힘껏 갈고 있음을 일깨워주는 것과 같다. 신구 감독의 작품 제목을 뒤져 보면, 여전히 민족 감정의 발현에 온 마음을 쏟거나 자신이 성장한 삶의 압박에 짓눌려져 있다. 이러한 정치·경제 및 사회적인 성찰적 소재는 국제영화제에 부합하고, 일반 대중에게는 외면당한다. 하지만 생각해 보라. 대만영화에 만약 보조금이 지원되지 않았더라면. 이안(李安), 채명량(蔡明亮) 등과 같은 국제적인 감독들이 배출되지 못할 수도 있으며, 세기말 대만영화의 전설을 써 내려 갈 수도 없었을 것이다.

2. 세기말 감독들의 창작 유형과 이념

사양 산업으로 간주되던 대만영화에는 여전히 자리를 지키는 용사들이 있으며, 최초로 그 자리를 차지한 감독들은 작품으로 말한다. 10년간의 영화 제작은 그리 많지 않았지만, 모두 영화적 품격을 보여주는 작품이다. 더 이상 과거의 영화를 따라서 촬영하거나, 표절도 없다. 세기말에 영화제작비용이 궁핍하였기에 기회를 더욱 소중히 여겨 오히려 백발백중의 영화의 기적을 만들어내며, 국제적으로 빈번하게 인정을 받는다.

베테랑 영화인들이 길을 인도하는 것 외에 '대만영화 보조금 세대'로 불리는 신예 부대는 사막화된 영화시장에서 두각을 나타내며, 대만 문화에 내포된 생명력을 보여준다. 영화의 특질을 요약하면 다음과 같다.

실사인문 영화(寫實人文電影)

공맹사상을 이어받은 대만 사회의 예법과 도덕 문화는 인문이념에 기초한다. 이에 따라 훈육하고 교화하는 영화는 자연스럽게 주류 장르영화의 기본적인 자양분이 된다. 20세기 말까지 이 힘을 가장 투철하게 발휘한 사람은 이안(李安) 감독밖에 없다. 그는 〈가정삼부곡〉(家庭三部曲)인 〈추수〉(推手, 1991), 〈희연〉(喜宴, 1993), 〈음식남녀〉(飮食男女, 1994)를 제작하고, 〈와호장룡〉(臥虎藏龍, 2000)으로 아카데미 외국어영화상을 수상하며, 〈단비산〉(斷臂山, 2006)으로 아카데미 감독상을 수상하는 등 걸음마다 바람을 일으키며 영화 인생의 정점을 찍는다. 그의 영화 언어는 중국과 외국의 공감을 불러일으킨다. 동서양의 소재는 유가의 사상을 은연중에 내포하며 새로운 시대의 전환 속에서 남녀정욕과 전통 윤리 가치 간의 충돌을 탐구한다. 창작 스타일의 특질을 이야기하자면, 그는 "대만영화의 경지를 높이려면, 과거의 낡고 정해진 양식의 관습을 버려야 한다. 새로운 방법은 대사와 인물의 관계 속에 서양의 요소를 혼합하는 것이다."라고 말한다.

이안(李安)은 원작소설을 각색한 일반적인 소재를 자주 사용한다. 그는 예술적 관점으로 이야기를 풀어나가고, 상업적 요소를 덧붙여 연출한다. 그는 "영화는 사람에게 보여주는 것이기에, 창작자는 관객과 소통해야 한다. 천마가 하늘을 날아다니고, 특이한 개인적인 스타일은 다른 사람들이 쉽게 이해하기가 어렵다. 관객들이 벽을 쳐버리면, 모든 정성스러운 설계와 숨겨진 메시지들을 찾기 힘들다. 할리우드 블록버스터 혹은 독립 제작영화들 모두 당신이 원하는 관객을 찾아 자신의 흥행요소와 입소문을 만들어야 영화의 가치가 비로소 서서히 드러나게 된다."[314]라고 언급한다. 국제적인 거장의 반열에 올라선 이안(李安)은 여전히 꾸준하게 자신만의 스타일을 고집하며, 영화

대만영화의 특징인 인문 소재를 다룬 영화들

홍행의 기복에도 불구하고 예술과 상업의 균형점을 찾고 있다. 그는 〈색·계〉(色·戒, 2007), 〈호사탁풍파〉(胡士托風波, 2009)를 이어, 2011년에 3D 입체영화 〈소년파적기환표류〉(少年派的奇幻漂流, Life of Pi) 제작하는데 75% 배경을 대만 수남 공항 및 간척지를 활용한다. 특히, 일행 150명의 해외 톱 영화인들이 대만에 와서 영화 기술과 문화 교류를 촉진한다. 따라서 신문국은 '기함계획(旗艦計畫)'을 대대적으로 추진한다. 즉, 대만 자원으로 전문 팀을 만들려고 노력하고, 대만영화를 국제적으로 연결시키려고 한다. 이 영화는 1966년 〈성보라포정〉(聖保羅炮艇)에 이어서, 다시 대만을 배경으로 하는 할리우드 영화이다.

2013년 이안(李安)의 〈소년파적기환표류〉는 제85회 아카데미 최우수 감독상, 최우수 촬영상, 최우수 음악상, 최우수 시각 효과상, 4개의 대상을 수상

---

314 대만, 『자유시보』, 2009.10.12(台灣, 『自由時報』, 2009.10.12).

한다. 소식이 전해지자, 전 세계의 중국사람들은 최고의 영예와 기쁨을 공유한다. 이 영화는 캐나다 작가인 얀 마텔(Yann Martel)의 드라마 판타지 소설을 각색한 작품이다. 내용은 한 소년이 배에서 조난 당해 혼자서 227일 동안 바다에서 표류하면서 같은 배를 타고 있던 벵갈 호랑이와의 우정을 그리고 있다. 잔혹한 현실의 곤경과 죽음의 문턱에 선 파이(Pi)는 충격을 겪은 기적의 이야기를 서술한다. 제작비로 1억 2천만 미국 달러가 들었지만, 전 세계 누계 흥행 6억여 달러를 만들어낸다. 그중에 중국 흥행이 인민폐 5억 7천만 원이며, 대만은 신대만 위엔 5억여 원을 벌어들인다.

영화의 주된 생명이라는 주제는 시각적인 특수효과(SFX)를 통해 눈부신 화려함을 펼쳐 놓는다. 그러나 이야기가 전개되면서 점차 신앙과 종교를 인간과 연결시킨다. 전체적으로, 영화는 인간 존재에 초점을 두고 있다. 따라서 영화는 열린 결말을 추구하며 다양한 해석을 야기한다. 이안(李安)의 말에 따르면, "이 영화는 단순히 표류하는 바다에서 살아남은 이야기가 아니라, 어쩌면 인생에 대한 은유일지도 모른다. 여정은 추상적인 것이다. 결말의 반전은 다채로운 사유와 해석을 낳는다. 이 점이 바로 영화의 주제라 볼 수 있다. 나는 영화나 책의 주제가 종교에 있다고 생각하지 않는다. 더욱 중요한 것은 마음의 추구이다." 동양 감독은 인문학적 사유를 기반으로 서양의 철학적 의제를 해석한다. 즉, 그만의 독특한 영화 언어로 이야기를 풀어 가는데, 이는 서방 국가 관객들도 똑같이 이해할 수 있는 핵심 가치이다.

신영화(新電影)의 숨결을 이어받은 임정성(林正盛)은 인물의 삶에 초점을 둔다. 그는 누추하고 음침하며 난잡한 환경 속에 놓인 인물을 롱테이크로 담아내며, 즉흥적인 정서를 보완하고 심초화면(深焦鏡頭)으로 다층적인 공간을 보여준다. 해당 지역 배우들의 대만 방언 말투는 토박이의 모습을 잘 보여주며, 대만 방언영화의 복고 정서를 재현한다. 〈춘화몽로〉(春花夢露, 1995)는 밑바닥 생활하는 인물의 비애와 남녀 간의 애정을 담담히 그린다. 〈미려재창가〉(美麗在唱歌, 1996)는 두 소녀의 동성애적 방황과 막연함을 묘사한다. 〈방랑〉(放浪, 1998)은 누나와 남동생의 금지된 사랑에 대한 영화이다. 영화는 누나와 여자 친구 사이에서 배회하는 변두리 청년의 감정적인 발악과 억눌린 무기력감을 서술한다.

장작기(張作驥)의 〈흑암시광〉(黑暗時光, 1998)은 깡패, 맹인 마사지, 도박장 등을 보여주며 변두리 사람들이 낡은 아파트에서 힘들게 살고 있는 모습을 심도 있게 그려낸다. '캉이'는 여름 방학 동안 짧은 연애와 아버지의 사망으로 일탈된 생활을 하면서 부질없는 청춘을 보내고 있다. 캉이와 지적 장애 동생과의 혈육 간의 정 그리고 평범한 사람들의 생활양식 등은 자연스럽고 감동적이다. 영화는 세상의 냉혹함과 따뜻함을 동시에 드러내며, 판타지와 사실적인 영화 언어로 생명의 강인함을 보여준다. 장작기(張作驥)는 밑바닥에서 사는 사람들일수록 더욱 질긴 생명력을 가질 것으로 생각하고, 진지하게 감정을 다룬다. 그는 영화를 통해 '인생은 항상 광명과 음영이 교차된다'는 생각을 관객에게 전달한다.

그 밖에도, 정승부(鄭勝夫)의 〈실성화미〉(失聲畫眉, 1992), 왕동(王童)의 〈무언적산구〉(無言的山丘, 1992), 뇌성천(賴聲川)의 〈암련도화원〉(暗戀桃花源, 1992), 진옥훈(陳玉勳)의 〈열대어〉(熱帶魚, 1995), 진국부(陳國富)의 〈아적미려여애수〉(我的美麗與哀愁, 1995), 장애가(張艾嘉)의 〈소녀소어〉(少女小漁, 1995), 왕소체(王小棣)의 〈비천〉(飛天, 1996), 진옥훈(陳玉勳)의 〈애정래료〉(愛情來了, 1997), 장지용(張志勇)의 〈일척조자효추추〉(一隻鳥仔哮啾啾, 1997), 장지용(張志勇)의 〈사하비가〉(沙河悲歌, 2000) 등의 영화가 있다.

정치영화

대만영화는 언제나 4백 년의 세월로 중화민족 5천 년 탯줄의 역사를 되돌아본다. 따라서 혼란스러운 심경 및 모습은 영화의 시대적 소재가 된다. 예전의 역사적 사건을 현재화하여 이야기하는 정치 영화는 대만 국민의 애국심을 고취시킨다. 계엄 시절 정국의 상황은 일상에서 벗어나고 싶은 도피주의적 오락 영화 혹은 정부의 공적과 은덕을 찬양하는 정치 선전 영화가 주를 이룬다. 계엄이 해제된 이후에, 대중의 정치적 열망은 마치 홍수처럼 제방을 무너뜨린다. 금기시된 이슈에 도전한 〈비정성시〉(悲情城市)는 최초로 국제영화제에서 대상을 수상한 대만영화가 된다. 이후 이 영화는 상영 금지나 삭제를 당하지 않고, 정치 영화의 유행을 이끌기도 한다. 세기말 스크린에는 기쁨과 슬픈 심경이 동시에 그려진다. 국민당에서 민진당으로 정권이 바뀐 이후에는 더더욱 대만 본토 의식을 공개적으로 드러내고, 예전의 정치적 상처 혹은 역사적 의제는 사회적 화두로 급부상한다. 그리고 영화는 그 마음의 언어를 서술한다. 감독들은 각자 스타일로 대만의 지난 일의 흔적을 더듬는다.

대만 사람들의 특수한 정치적 감정을 영화언어로 표현한 영화들

오념진(吳念眞)의 〈다상〉(多桑, 1994)과 〈태평천국〉(太平天國, 1996)은 일제식민지 및 미국문화로 침식된 대만을 묘사한 작품이다. 〈다상〉(多桑)은 유년기 시절의 부자의 정을 추억하며, 1인칭 시점으로 아버지의 극적인 일생을 이야기한다. 일본식민지가 끝난 후, 아버지는 새로운 정부에 적응하지 못한다. 예전의 낡은 감정에 사로잡힌 그는 새로운 변화 뒤로 숨어서 일탈을 일삼으며 가정불화를 조성한다. 영화는 금광에서 탄광에 이르기까지, 부친이 늙어서 돌아가시는 여정과 경제 흥성을 오버랩시킨다. 광부라는 직업병의

저주는 피할 수 없는 여한이 되며, 부자의 정은 짙은 감상 속에 묶여있다.

〈태평천국〉(太平天國)은 1950년대에 미군이 남대만에서 군사 연습하는 모습을 토대로 한다. 군사훈련으로 인해, 마을 사람들은 토지와 민가를 비워두고 교실로 옮겨 텐트를 치고 단체생활을 한다. 이처럼 미군은 마을 사람들의 일과휴식 생활 규칙을 바꾸어 놓는다. 낮에는 쾅쾅거리며 전차 연습을 하고, 저녁엔 미군들이 네온이 반짝이는 술집에서 시간을 보낸다. 마을의 어른과 아이들 모두는 미국문화에 푹 빠져있다. 하지만 미국 전차는 날마다 주택가로 진입하여 전원을 깔아뭉개고 먼지를 일으킨다. 마을 사람들은 보상을 기다릴 수 없어, 집단적으로 미군 물자를 훔쳐 생활한다. 마을 할머니는 하루종일 대나무를 휘두르며 전차를 쫓아내며 터전을 지킨다. 훈련이 끝난 후, 마을은 질서를 회복하지만 마치 악몽처럼 멀리 방송에서 미국 팝송이 흘러나온다. 〈태평천국〉(太平天國)은 특수한 시공간에서 일어난 사건을 다룬다. 시대적 허무함을 반어적으로 풍자하며, 미군과 마을사람들 간의 충돌을 희극적으로 그려낸다.

두 영화는 사실적인 묘사와 수법으로 지난날 미국과 일본 문화가 끼친 대만의 모습을 담담하게 그려낸다.

후효현(侯孝賢)의 〈호남호녀〉(好男好女, 1995)는 실제 인물과 사건을 소재로, 역사 과도기의 정치 이야기를 다룬다. 중국과 대만 간의 긴장된 정국 속에서, 한 무리의 청년들이 대만을 위해 분투하는 이야기이다. 배경은 일제강점기에서 광복, 한국전쟁이 발발했을 때의 대만의 입장, 1940년대의 항일, 1950년대의 백색테러를 모두 포함한다. 영화에서 종호동(鍾浩東)과 장벽옥(蔣碧玉)은 연애와 혁명이 분리할 수 없는 생명체임을 보여준다. 한 무리의 일본유학 대학생들은 대만에서의 일본 통치를 벗어나기 위해, 광동(廣東)의 혜양(惠陽)에 가서 항일에 참가한다. 부차적으로, 영화 속 여배우의 굴곡진 삶을 다룬다(마치 죽은 남자 친구와 연극 연습을 생각하는 것처럼...). 현대와 역사 혁명은 교차 편집되어 보여진다. 영화는 연극 속의 연극, 현실, 과거를 번갈아 가면서 이야기하고, 대만 국민들의 국가에 대한 공헌과 자아를 추적한다.

감독은 현대의 산뜻하고 아름다운 컬러 장면을 짙은 회색빛 화면으로 대체하고, 민족혁명의 감정과 남녀 애정을 대비시키며, 당시의 여성이 직면한 감정에 대한 신념과 용감함을 대비시킨다. 세 단락으로 꾸며진 이야기는 서로 시대가 다르고, 심리상태도 다르다. 카메라는 다뤄지는 역사에 시적인 운율을 가미한다.

왕동(王童)의 〈홍시자〉(紅柿子, 1996)는 1949년 국민당과 공산당의 내전을 서술하는데, 국민당 사령관(석준(石雋) 역)의 어머니(도술(陶述) 역)와 부인(왕현(王玥) 역)이 10명의 아이를 데리고 바다를 건너 대만에 건너가는 역경을 그린다. 언어, 문화, 관습의 차이와 경제 불황으로 인해, 그들의 집안 살림은 곤궁에 빠지는데, 영화는 객관적인 시점으로 이민의 생존과 몸부림을 보여주며 반공 게릴라의 이야기를 삽입한다. 감독은 사실성을 바탕으로 정치적 비정을 그려내며, 중국과 대만 양안의 풍운 하에서의 이민 붐과 바다 건너 낯선 땅에 발을 담은 향수와 인간적인 어려움을 담아낸다.

〈초급대국민〉(超級大國民)은 228참사(二二八慘案) 중의 한 이야기를 서술한다. 허의생(許毅生, 임양(林揚) 역)은 1950년대에 정치 독서회에 참여했다가 무기징역을 선고받은 노인이다. 그 해에, 그의 밀고로 인해 친한 친구 진정일(陳政一)이 총살을 당한다. 허의생(許毅生)은 만 16년의 감옥살이를 한 후 출소하지만, 양심의 가책으로 10여 년 동안 스스로를 양로원에 감금시킨다. 이후 그는 딸 수금(秀琴)의 집에 기거하면서 당시 어려움을 같이한 친구들을 일일이 찾아다니기 시작한다. 이때, 수금(秀琴)의 남편은 부정선거로 구금되어 면회를 금지당한다. 마침내, 수금(秀琴)의 감정은 폭발하고 만다. 부친이 정치로 종신형을 선고받아 어머니와 이혼하게 되고, 그로 인해 어머니가 자살에 이르게 되며, 수금이 어릴 적부터 의지할 데 없이 외롭게 살아온 일을 토로한다. 허 씨는 딸의 비난에 말문이 막힌다. 그 후 허 씨는 진 씨의 묘지를 찾아 무릎을 꿇고 용서를 구한다. 이후 집에 돌아올 때는 이미 정신적으로나 육체적으로 모두 극도로 지쳐서 집에 들어서자마자 땅에 쓰러진다. 수금(秀琴)은 늙은 아버지를 부축하여 방에 들어갔다가 무심코 책상 위의 일기장을 뒤져보면서 아버지가 다년간 옛 친구 그리고 아내와 딸에 대한 부끄러움과 미안함 속에서 살아왔음을 느낀다. 그녀는 침대에서 숨을 헐떡거리는 늙은 아버지를 지그시 바라본다.

〈초급대국민〉(超級大國民)은 새롭게 급부상한 영화인 만인(萬仁)이 1990년대 중반에 찍은 작품이며 '시민3부곡(公民三部曲)'의 한 편이다. 만인(萬仁)은 대만 사회 발전의 병폐와 인간성의 변천을 직시하며, 매우 침울한 어조로 대만 사람들이 억압에 시달리며 고향을 그리워하는 콤플렉스를 담담하게 그려낸다. 영화는 정치적 콤플렉스를 띠지만 스타일과 이데올로기가 훌륭한 작품이다. 배우 임양(林揚)은 이 영화로 32회(1995년) 금마장 최우수 남자주인공상을 수상한다.

여성영화

영화 속에서 여주인공 배역은 절대적이지는 않지만 필요한 요소이다. 기록에 의하면, 진문천(陳文泉)의 흑백영화 〈천금남편〉(千金丈夫, 1954)은 대만 여성영화의 시초이지만, 여성의 존재는 사랑과 가족에 대한 무력감 속에서 미미하게 그려진다. 전통적인 숙명에 저항하는 여성영화는 응당 대만 신영화(新電影) 이후부터이다. 비록 대만문학에 빚을 지고 있지만, 이때부터 여성의 정체성과 권리를 탐구하는 여성영화가 붐을 이룬다. 이런 영화는 가부장적 체계에 갇힌 여자 혹은 버림받은 조강지처의 운명에서 벗어나 주체적인 여성상을 그려낸다.

1980년대 여성영화는 〈유마채자〉(油麻菜仔, 1983), 〈간해적일자〉(看海的
日子, 1983), 〈옥경수〉(玉卿嫂, 1984), 〈아저양과료일생〉(我這樣過了一生,
1985), 〈살부〉(殺夫, 1986), 〈계화항〉(桂花巷, 1987), 〈불귀로〉(不歸路,
1987), 〈쌍탁〉(雙鐲, 1989), 〈원녀〉(怨女, 1990) 등이 있다.

1990년대 여성들은 가정을 책임지며 적극적으로 사회에 참여하면서 자기
정체성을 분명하게 드러낸다. 예를 들면, 역지언(易智言)의 〈적막방심구락
부〉(寂寞芳心俱樂部, 1995)는 조롱 섞인 블랙 유머로 현대 여성들의 가정과
직장의 양립 문제를 탐구하며, 결혼과 정신 사이에서 심적인 균형을 찾는다.
장애가(張艾嘉)의 〈소녀소어〉(少女小漁, 1995)는 중국 남녀 청년들이 그린
카드를 얻기 위해 미국 백인사회에서 분투하는 이야기를 그린다. 그 외에 임
정성(林正盛)의 〈미려재창가〉(美麗在唱歌, 1996), 진국부(陳國富)의 〈징혼
계사〉(徵婚啓事, 1998) 등의 영화가 있다. 여성의식이 드높아질 뿐만 아니라
여성영화도 동시에 성장한다.

여성의 특징과 마음의 성장을 표현한 각각 다른 시기의 여성영화들

전위(前衛)적인 영화

세기말 대만영화의 선봉적인 역할은 말레이시아 교포 학생 채명량(蔡明
亮)이 으뜸이다. 그는 우선 〈소도범〉(小逃犯)과 〈책마입림〉(策馬入林)의 각
색 작업에 참여한다. 그 외에도 다큐멘터리, 장치 예술 등의 창작에도 참여하

며, 인간관계 속에서 진실과 개인성을 진정성 있게 다룬다. 줄거리보다는 사유의 이미지가 넘쳐흐르는 전위적인 영화이다. 그의 영화에는 대만의 슬픈 경험도, 중국과 대만의 역사의 부담도 없다. 영화는 항상 현대 도시를 배경으로 한다. 그는 각양각색의 기괴한 서로 다른 음조를 뒤섞으며, 인간성의 어두운 면을 펼쳐 놓는다. 그의 영화를 보고 나면 무겁고 이해하지 못하고 경악하고 놀라게 되지만, 사람들의 훔쳐보고 싶은 욕망에 만족을 준다.

그는 "보통 영화가 사람에게 주는 감각은 마치 현실에서 도피하는 것 같으며 위로만 줄 뿐 진실을 밝히지 않는다. 그러나 나를 뒤흔든 영화는 모두 진실을 폭로하는 것이다. 나는 내 영화를 잔혹하게 만들고 싶다. 그러나 내가 아무리 잔혹해도 현실보다 더 잔혹할 수 없다."[315]라고 말한다. 세기말에 등장한 채명량(蔡明亮)은 창작력이 넘치며 항상 국제영화제에서 대상을 받는다. 그의 영화들은 대만에서 화제를 불러일으키고, 유럽에서도 인정을 받는다. 그는 "영화를 일종의 공산품으로 간주하여 상업성과 흥행에 관련짓는데, 배후에는 엄청난 자금을 쏟아야 한다. 영화의 상업적 기능을 잘 알고 있지만, 영화의 본질은 그렇지 않다. 영화가 백 년 동안 발전한 후 갑자기 그저 이야기만 하는 도구로 변질되었다. 왜 '이해된다 아니면 모른다.'가 영화에 개입해야 하는가? 우리는 마땅히 이 문제를 벗어나야 한다."[316]라고 말한다. 비록 스타일이 논란되지만, 그는 여전히 원작을 고집하며 바깥세상에 따라 춤을 추지 않는다. 그는 현재 칸, 베니스, 베를린 3대 영화제에서 상을 받은 감독이

---

315 임문기·왕옥연, 『대만전영적성음:방영주보vs대만영인』, 대만:서림출판사, 2010:169(林文淇·王玉燕, 『台灣電影的聲音:放映週報vs台灣影人』, 台灣:書林出版社, 2010:169).

316 임문기·왕옥연, 『대만전영적성음:방영주보vs대만영인』, 대만:서림출판사, 2010:166(林文淇·王玉燕, 『台灣電影的聲音:放映週報vs台灣影人』, 台灣:書林出版社, 2010:166).

다. 2013년 〈교유〉(郊遊)로 제50회 금마장 최우수감독상도 받았다. 영화는 주로 번영의 이면에 가려진 사람들 마음의 공허함과 황폐함을 시각적으로 보여준다. 또한, 도시와 사람의 심경을 묘사하며, 도시인들의 구속받지 않는 느낌을 애써 찾으려고 한다.

〈청소년나타〉(青少年哪吒, 1992)는 일그러진 청소년의 목소리를 대변하는 그의 첫 장편데뷔작이다. 1990년대 청년들은 종일 정신이 산만하고, 행실이 방탕하며, 시먼딩(西門町)의 전화교우센터, 빙궁(冰宮), 학원과 번화한 거리를 배회한다. 제3자의 시선을 견지한 감독은 주인공들을 갈등의 구렁텅이로 몰아간다. 실의에 빠진 주인공들은 막연한 내일에 어떠한 기대감도 없고 오로지 물질과 육체의 향연에 빠진다. "내 영화는 상징을 즐기며, 신화적 개념으로 현실적 모습을 보여준다. 나타(哪吒)는 반항기의 청소년을 상징하고, 인물의 만남과 사건의 충돌을 통해 다시 사고하게끔 만드는 사유적 이미지로 진실감을 만들어낸다." 세미다큐 형식은 즉흥적인 정서를 포착하고 실질적인 공감대를 끌어낸다.

〈애정만세〉(愛情萬歲, 1994)는 부동산 중개직원인 한 여성과 빈집을 떠돌며 생활하는 두 청년을 통해 현대인의 소외를 포착하며, 그들의 거짓된 이성과 냉랭한 공허함을 그려낸다. 감독은 관객이 순차적으로 세 인물의 심리 속으로 들어가게 하며, 절제된 롱테이크를 통해 대도시의 마천루들과 공허한 현대인의 내면을 담아낸다.

〈하류〉(河流, 1996)는 원인 모를 통증에 시달리는 청년을 추적한다. 영화는 어두운 사우나에서 부자간의 성적 행위, 저항할 수 없는 운명의 지배 등 하천이라는 상징을 통해 사람들의 무절제한 방종과 숙명적인 운명론을 그린다.

〈동〉(洞, 1998)은 인간의 고립과 단절을 구멍이라는 공간을 통해 해석한다. 온통 물바다가 된 아파트 아래층엔 여자 그리고 위층엔 남자가 사는데,

거실 바닥에 낸 구멍은 그들의 유일한 소통공간이다. 감독은 뮤지컬과 같은 컬러와 가무를 빌려 희망의 환상을 심어준다. 얼룩진 벽면, 폐허에 가까운 아파트, 흘러 떨어지는 물방울, 이러한 은유적 음울함은 현실적인 절망과 파괴된 희망을 상징적으로 보여준다.

채명량의 22분짜리 단편영화 〈천교부견료〉(天橋不見了, 2002)는 〈니나변기점〉(你那邊幾點, 2001)의 연장편이다. 대북 기차역의 육교가 철거된다. 시대의 급속한 변화는 사람들의 생활방식을 바꾸도록 강요한다. 생존을 위해 몸을 팔려면, 반드시 존엄을 버려야 한다. 화면 속에 담긴 언어는 가혹한 삶과 복잡하고 초점 없는 눈과 같다.

채명량의 〈흑안권〉(黑眼圈, 2006)에서, 소강(小康)은 쿠알라룸푸르 거리를 거닐다가 사기꾼에게 호되게 얻어맞고 상처를 입지만 해외근로자인 라왕(拉旺)에게 구조된다. 다방에서 일하는 기기(琪琪)는 식물인간이 된 주인아주머니의 아들을 돌보고 있는데, 소강을 만나 사랑의 싹을 틔운다. 원기 회복된 소강(小康)은 라왕(拉旺), 기기(琪琪), 주인아주머니 사이에서 맴돌면서, 동성애, 이성애, 모자애가 교차한다. 인도네시아 삼림의 큰불로 연기와 먼지가 급증하여 세계의 종말이 온 것처럼 도시를 점령한다. 버려진 건물은 금융폭풍 후에 계속 건설할 자금이 없어 시멘트로 우거진 숲이 되어버리고, 외국인 근로자들의 서식지로 활용된다. 소강(小康)과 기기(琪琪)는 낡은 이불에 휘감겨 있다. 짙은 연기는 숨이 막힐 정도여서 그들의 얼굴에는 각각 플라스틱 봉지와 그릇을 방독면처럼 쓰고, 절망스러운 현실 속에서 서로 기대고 있다.

영화 전반의 대화는 간결할 뿐만 아니라, 화면, 동작, 장면, 음악, 얼굴 등을 통해 소외된 인간상을 그린다. 특히, 도시인의 냉담함과 무정함을 대비시키면서, 인간애를 불어넣어 생명의 의의를 깊이 탐구한다. 명장면은 잠시나마 따뜻한 꿈을 꾸게 만드는, 즉 두 남자와 한 여자가 물 위에 떠다니는 침대

위에 누워 천천히 움직이는 장면이다.

채명량(蔡明亮)은 "나는 정치와 사회적 의제의 영화를 찍을 생각은 없고, 신체만 찍고 싶다. 힘들고, 아프고, 외롭고, 피곤하고, 외롭고, 떠돌아다니며 날마다 늙어가나 갈망이 넘치는 신체를."이라고 말한다. 〈흑안권〉(黑眼圈)은 평범한 줄거리 속에서 애정과 우정이 민족과 성별을 초월하게 만든다. 이 영화는 홍콩국제영화제에서 인정받는다.

채명량(蔡明亮)의 〈검〉(臉, 2009)은 프랑스 루브르궁전 박물관의 첫 번째 진귀한 영화 소장품으로 40여만 점의 예술품과 같이 영구 소장된다. 영화는 신대만 위엔 2억 원이 투자되고, 4개국의 영화 스텝들이 연합하여 만들어낸다. 이 영화는 인생의 무상함과 시련을 반영하며, 다양한 토론을 유발한다. 장면마다 예술적 아름다움과 프랑스적 무드가 가득하여, 역사 및 문화적 무게를 더한다. 유명모델 래티시아(Laetitia)는 〈사락미지무〉(莎樂美之舞)에 출연하면서, "채명량(蔡明亮) 감독님은 유일하게 제 몸을 똑바로 보면서 성적 욕망이 조금도 없이 마치 예술 창작을 하는 한 명의 예술가이다."라고 말한다. 채명량(蔡明亮)의 예전 작품도 성(性)과 인간관계 간의 의제에 과감하게 도전하며, 배우가 카메라 앞에서 자연스럽게 '해방'되도록 유도한다. 채명량(蔡明亮)은 "이 영화는 단연코 영화사에 논란의 소지도 많지만 모든 팬을 감동시킨 화제작이다."라고 말한다.

채명량(蔡明亮)은 인터뷰에서 영화 스타일에 대해 논의하면서, "영화가 어떤 영화로도 분류되지 않으면서 특별한 형식과 스타일을 가질 수 있고 또한 시장에 받아들여져서 가치를 인정받는 것은 기쁜 일이다. 대만영화가 일종의 영화 운동처럼 발전하여, 확실히 대만만의 색깔을 지닌 영화로 정착되는 것은 일종의 기적이다. 슬픈 감정이나 분노의 소재는 흔히 볼 수 있는 발산행위이다."라고 말한다. 제1편 〈청소년나타〉(靑少年哪吒)부터 〈검〉(臉)까지, 채명량(蔡明亮)은 익숙한 배우로 캐릭터를 해석하고, 관객들을 끊임없이 사고하게끔 만든다. 그는 "영화는 잔혹한 진실이다. 그는 풋풋함을 그리고 늙어가는 것도 기록한다. 그래서 배우들이 나의 영화 속에서 영원히 끊임없이 살아갈 수 있다."라고 말한다. 그리고 영화는 카메라가 '말'하는 이야기에만 의존하는 것이 아니라, 사유하며 이야기를 '보기'를 원한다. 이야기와 기억은 시간을 두고 떠오르게 해야 한다. 그래서 롱테이크와 같은 화면을 사용하여 경직된 '관습화된 보기'의 습관을 바꾸어 준다. '오래 보아야 볼 수 있다'가 필요한 것이다. 따라서 채명량(蔡明亮)의 영화는 천천히 섬세하고 정밀하게 작업하는 자화상이다. 관객들은 그의 영화를 '볼' 때, 세심하게 느낄 수 있는 마음이 필요하다.

"나는 지금까지 특수효과 렌즈를 사용한 적이 없다. 아주 특별하게 보이는 장면은 사실 모두 기다림에서 나온 것이다. 예를 들어, 한 송이 채색 구름의 변화, 나비 한 마리의 날갯짓 등 기다리는 과정이 매우 길지만, 기다려서 생성하는 그런 생명력은 감동적이다."라고 말한다. 이처럼 기다리는 생명력은 감동적이다. 어쩌면 그의 확고함과 집착이 이러한 유일무이한 영화를 만들어 내는 원동력이다.

차가운 색조의 전위 영화, 인간성의 어두운 면을 깊이 파고든다

오락적인 상업영화

유럽 및 미국 영화인들은 제2차 세계대전의 폐해와 고통을 직시하면서, 새로운 사실주의 영화를 선보인다. 새로운 영화 언어의 스타일은 영화 비평가들의 찬사를 받는다. 영화문화는 예술의 금자탑을 이룰 정도이지만, 영화의 시각적 자극에 익숙한 관객은 이런 부류의 영화와 대화하기 어렵다. 그래서 내재된 오락영화의 힘이 드러나고, 그 힘은 사회적 압력을 완화하고 조정하는 기능을 가진다. 그러므로 상업영화는 반드시 존재 가치가 있다.

경력과 자격이 풍부한 곽남굉(郭南宏) 감독이 활동했던 1960년대에는 예술영화라는 개념이 전혀 없었다. 영화란 바로 시장 혹은 관객과 동일한 단어이며, 시장이윤이 있어야만 성장해서 운영할 수 있다고 생각하던 시기이다. 그러나 대만영화는 한계에 봉착한다. 1995년 이후 대만영화는 지속적으로 불황에 처하고, 민영회사들은 잇달아 유선TV로 업종을 바꾸어 경영하며, 영화 부분은 일부 회사만 제외하고 대부분 거의 제작을 중단하는 지경에 이른다. 예를 들면, 주연평(朱延平)과 보조금을 받은 회사는 여전히 영화를 제작하려고 고집을 부리지만, 흥행에 모두 실패한다.[317]

대중들의 환영을 받고 몸과 마음이 즐거워지는 오락영화들

317 노비역,『대만전영:정치, 경제, 미학(1949~1994)』, 대만:원유출판사, 2003:386(盧非易,『台灣電影:整治, 經濟, 美學(1949~1994)』, 台灣:遠流出版社, 2003:386).

시장 논리를 굳건히 믿는 주연평(朱延平)은 신영화(新電影)가 천지개벽하는 5년 동안에도 여전히 상업영화를 제작한다. 〈소축〉(小丑, 1980)부터 〈대소강호〉(大笑江湖, 2010)까지 신구세기에 걸쳐 꾸준하게 흥행에 성공하며 상업영화를 지속적으로 제작한다. 특히, 1980~1995년 사이에 시장에는 외국영화 및 홍콩 영화 붐이 넘치지만, 주연평(朱延平) 영화만이 완강하게 버티며, 10여 년간 연속으로 대북시 10대 흥행 대열에 올라 대만영화의 버팀목 역할을 한다. 신영화(新電影)는 1983년에 〈소필적고사〉(小畢的故事), 1984년에 〈노막적제이개춘천〉(老莫的第二個春天), 1985년에 〈아저양과료일생〉(我這樣過了一生)만 흥행 순위에 오르고, 그 후에는 거품처럼 사라진다.[318] 당시엔 모두들 예술영화만 지지하고, 상업영화는 비난만 받는다. 하지만 주연평 같은 감독이 없었더라면, 상업영화시장은 무너졌을 것이다. 거의 20년 동안 줄곧 예술영화만 찬사를 받는다. 정부에서 주는 보조금뿐만 아니라 영화 평론가, 모두 예술영화만 고집한다. 이는 관객의 취향과는 반대의 방향으로 가게 되는 결과를 초래한다. 너무 많은 감독이 후효현(侯孝賢)이 되고 싶어 하나, 이것은 알 수 없는 모험이다. 후효현(侯孝賢)을 어찌하든 복제할 수 없다.

주연평(朱延平) 영화와 대만 상업영화는 동일선상에 있다. 1980년대부터 1990년대까지 이들의 영화들은 폭넓은 시장에서 소비된다. 예를 들면 〈호소자〉(好小子, 1986)는 대만에서의 흥행 이외에도, 일본 및 동남아 등에서도 높은 흥행수익을 올린다. 1987년엔 '연평(延平)영화업유한회사'를 설립하여, 다양한 소재를 토대로 군사교육 영화, 여성 액션 영화, 문예 비극영화, 예술영화 등을 제작한다. 주연평(朱延平)은 스타의 위력을 잘 알고 있기에, 그들을 출연시켜 많은 아이돌 영화를 제작하다. 예를 들면, 〈홍분병단〉(紅粉兵團,

---

[318] 이천탁, 『대만전영, 사회여역사』, 대만:아태도서출판사, 1997:264~268(李天鐸, 『台灣電影, 社會與歷史』, 台灣:亞太圖書出版社, 1997:264~268).

1982), 〈소축여천아〉(小丑與天鵝, 1985), 〈대두병〉(大頭兵, 1987), 〈칠필랑七匹狼〉(1989), 〈이역〉(異域, 1990) 등의 영화이다. 아울러 신인의 잠재성을 발굴하고 활용하여 영화시장을 주도한다. 예를 들면, 석소룡(釋小龍)/학소(郝邵)의 아동 쿵후영화 〈신오룡원〉(新烏龍院, 1994)은 그해 대북시의 10대 대만영화 2위에 오르며, 대만 전역에서의 흥행수익이 신대만 위엔 2억 원을 돌파한다. 그 후 석소룡(釋小龍)은 〈중국룡〉(中國龍, 1995)의 주연을 맡으며, 좋은 성적을 올린다.

비즈니스 측면에서, 주연평(朱延平)은 부동의 흥행감독으로 자리매김한다. 중국과 대만 양안이 개방된 후, 그는 선구적으로 1989년에 중국으로 가서 〈사룡출해〉(傻龍出海)를 제작한다. 그 후 합작 촬영의 대세에 힘입어, 〈공부관람〉(功夫灌籃, 2008), 〈자릉〉(刺陵, 2009), 〈대소강호〉(大笑江湖, 2010) 등의 영화를 제작하는데, 매번 좋은 성적을 올린다. 하지만 흥행이 저조했던 적도 있다. 예를 들면, 〈인부시아살적〉(人不是我殺的, 2004)은 대북시의 총 흥행 최저 신기록인 2,280원을 기록한다. 푯값을 환산하면, 겨우 10명밖에 관람하지 않은 수치이다. 〈일석이조〉(一石二鳥, 2005)의 제작 경험은 주연평(朱延平)을 놀랍고 이상한 느낌에 빠지게 한다. 즉, 대북시 첫 주의 흥행 기록은 신대만 위엔 13,830원에 불과해, 푯값을 환산하면 58명만 관람한 것이다. 그러나 중국에서는 의외로 신대만 위엔으로 환산하여 6천만 원의 높은 흥행 성적을 얻는다. 이에 따라 주연평(朱延平)은 중국시장의 잠재력과 깊이에 놀라움을 표한다. 그는 "대만의 미래는 코믹영화가 독보적인 지위를 차지할 것이다. 〈십전구미〉(十全九美, 2007) 영화처럼, 중국에서 코믹영화의 잠재력은 거대하다. 코믹영화는 완성도가 높아야 하며, 예전의 신예성(新藝城) 배급사가 마치 맥가(麥嘉)가 활동하던 때의 날아다니는 차와 요트가 등장하는 것처럼 포장하여 홍보한다."라고 말한다.

〈공부관람〉(功夫灌籃)의 흥행은 인민폐 억대의 수익을 올린다. 그러나

〈자릉〉(刺陵)은 7천만 위엔밖에 안 되서 흥행 차이가 매우 크다. 인터뷰할 때 주연평은 웃으면서 "후자의 영화는 '짝퉁 외국영화'다. 좋은 효과를 내지 못할 것을 알면서도 억지로 찍었다. 나중에 상영 타이밍을 조정한 후, 시장 진입을 다시 고려할 것이다. 그는 가장 토속적인 〈대소강호〉(大笑江湖) 제작을 기획하고, 소심양(小瀋陽) 배우로 하여금 대만의 찰리 채플린으로 불리는 허불료(許不了)의 길을 걷게 한다. 좋은 마케팅 전략이다. 중국시장은 여전히 코믹한 영화가 시장을 잡고 있으며, 사람들은 즐거운 생활을 필요로 한다. 이 것은 나에게 도전이지만 계속 이 방향으로 나아갈 것이다."라고 말한다. 그의 투지는 중국과 대만 양안 문화의 차이에서 비롯된 것임을 알 수 있다. 그는 더 폭넓은 시장에서 자극받고 도전한다. 자료에 따르면, 〈대소강호〉(大笑江湖)는 2010년 12월 3일에 중국에서 개봉되어, 첫 주 수익이 인민폐로 6,043만 위엔으로 흥행 1위에 오르고, 2011년 1월엔 1억8000만 위엔(신대만 위엔 8억 원)에 이른다. 이러한 흥행수익은 그의 후속 영화 작품에 지대한 영향을 끼친다. 〈신천생일대〉(新天生一對, 2012)의 전체 대만 흥행수익은 신대만 위엔 약 3천 8백만 원인데, 이는 대만 전체 2백만 신대만 위엔의 수익을 올린 〈대소강호〉(大笑江湖)와 비교해볼 때, 큰 폭으로 흥행에 성공한 케이스이다. 〈신천생일대〉(新天生一對, 2012)는 중국에서 설맞이로 상영되어 신대만 위엔 1억 5천만 원의 매출을 올린다. 양국 간의 문화적 차이를 줄이는 전략을 취하며, 양측 모두에게서 이익을 얻는다.

중국영화는 '상흔으로 가득한 영화'를 넘어서 '시장경제'의 단계에 들어선다. 대중의 취향에 걸맞게, 풍소강(馮小剛)의 신년특집 영화는 인기를 끌게 되며, 한 편 한 편의 설 특집영화는 상업영화의 초석이 된다. 생각해 보면, 대중오락의 입맛을 만족시키는 것이다. 반대로 대만의 상업영화의 선도자를 돌이켜 보면, 30년 동안 영화를 제작한 주연평(朱延平)은 그의 영화의 저속함과 모방에 대한 비판을 두려워하지 않으며, 여전히 새롭고 신선한 소재에 손을 뻗는다. 아무런 상도 받지 못하더라도, 주목할 만한 점은 대만영화에 상업영화가 없었더라면, 아마도 크게 실망했을 것 같다.

　　예술영화는 화이트 계급을 대상으로 하고, 오락영화는 서민의 마음을 위로한다. 주연평(朱延平)은 이미 영화업자와 관객의 인정을 받았으며, 지금은 더욱 대중화 시장을 주도하고 있다. 주연평(朱延平)은 자신만의 스타일로 중국 관객과 소통하고, 풍소강(馮小剛) 영화와 상호 교류하며, 대만영화를 위해 빛나는 한 페이지를 장식하고 있다.

제4절 세기말의 우울한 그림자: 임계점에서의 우아한 몸놀림

1. 혼란스러운 대만 정치

활로를 찾는 것은 대만 제작사의 중요한 임무이다. 대만영화계는 결코 활동을 멈추지 않는다. 적극적으로 제작 편수를 늘리고, 해외의 차이나타운이나 아시아 시장에서 상영하려고 노력한다. 다시 말해 중국영화의 영향력하에서 중요한 지위를 점유하고자 한다.

〈위인민복무〉(為人民服務) 포스터 및 스틸 사진   〈국도봉폐〉(國道封閉)은
세기말의 말도 안 되는
상황을 잘 보여준다.

자신을 돌본 후, 다른 사람을 구한다. 자신을 돌볼 줄 알거나 아무리 재주가 뛰어나다 할지라도, 쌀이 없으면 밥을 지을 수 없다. 세기말의 10년의 모습은 바로 이와 같은 처지이다. 마치 역지언(易智言) 감독의 〈남색대문〉(藍色大門, 2002) 영화처럼, 당시의 대만영화를 설명할 길이 없을 정도이다. 역지언 감독은 다음과 같이 말한다. "대만 사람들은 당시 자국 영화를 보지 않는다. 대북 최고의 극장도 대만영화를 상영하지 않고, 모두 비교적 외진 극장

에서 상영한다. 왜냐하면, 그들은 손실을 보는 영화라고 여겨서, 아무도 보지 않을 것으로 생각하기 때문이다." 대만영화가 이런 취급을 받다 보니, 투자자들도 본전도 건지지 못할 거로 생각하고 관망하는 자세를 취한다. 투자를 받기 어려우므로 영화를 찍을 기회가 매우 적어진다. 역지언 감독의 두 편의 영화도 7년이란 간격을 두고 제작된다. 그렇다면 다른 감독들은 아직도 기회를 기다리고 있을까? 여전히 열정을 가지고 있을까? 어떤 업종이든 여러 해 동안 시달리면, 원점에서 맴돌기 일쑤이다. 결국, 꿈은 허공에서 맴돈다. 당시의 감독들이 후회하고 있는지 되묻고 싶은 심정이다. 지난날은 찬란하게 빛나고, 큰 강물이 동쪽으로 흐르고 있는데, 어느 길로 가야 하는가? 이는 대만영화의 피곤한 노정을 설명한다. 예전에는 시나리오, 감독, 배우의 창작 단체와 인문에 기초한 대만영화가 중국영화에서 중요한 위치를 차지하였는데, 한 세대 영화인들이 시들어가고 세기말에 다시 쇠퇴의 길을 걷는다. 정말 대만영화가 노쇠해졌단 말인가? 예술가와 관객의 입장에서 볼 때, 아쉽게도 만약 대만영화가 이대로 사라진다면, 어찌 부끄럽지 않겠는가?

세기말의 대만 정치는 혼란스러운 상황에 처한다. 일본 식민지와 국민당의 교체 등의 시대적 혼돈의 정세를 거쳐, 지금 이 순간 '민주' 대만의 사람들은 변혁을 염두에 두고 주권을 장악하는 것을 생각한다. 1988년 장경국(蔣經國)이 사망하여, 극장은 3일간 휴업하고 추모대열에 동참한다. 뒤이어 이등휘가 총통을 인계받는다. 중국에 대한 정책은 크게 변화하며, 대만 본토화 의식이 주류로 떠오른다. 이제 중국의 중원은 오히려 가장자리가 되고, 대만은 또 다른 새로운 국면으로 나아가기 시작한다.[319] 이등휘의 '양국론(兩國論)'은 중국과 대만 양안의 긴장감을 유발한다. 대만 인구 및 자금이 유실되는데,

319 노비역, 『대만전영:정치, 경제, 미학(1949~1994)』, 대만:원유출판사, 2003:299(盧非易, 『台灣電影:整治, 經濟, 美學(1949~1994)』, 台灣:遠流出版社, 2003:299).

대만 본토인들은 오히려 결사항전을 외치며 섬 전체가 계엄 해제 후 정치적 폭풍에 휘말린다. 국민당과 민진당은 권력 쟁탈을 재개하고, 외성인/내성인의 갈등을 다시 일으킨다. 해묵은 '228사건(二二八事件)'이 백색테러를 토벌하는 깃발이 된다.

대만 사람들은 세기말의 두려움보다도 정국 불안의 위협감을 더 느낀다. 평범한 민중뿐만 아니라 '신(新) 대만 사람'들은 카오스와 같은 정치 상태에 빠진다, 중남부는 특히 심각했다. 진수편(陳水扁)은 2,000년 대선에 출마하며 '새로운 중간노선(新中間路線)' 구호를 내세운다. 대만의 정치역사를 볼 때, 거의 4백 년 동안 처음으로 대만 사람이 총통 선거에 직접선거하는 상황이다 보니, 대만 섬 안의 분열은 매우 심했다. 국민당과 공산당 내전에 참전했던 아미족(阿美族)의 원주민인 늙은 전사는 다음과 같이 회상한다. "일본이 혹은 국민당이 대만을 통치하던 시절, 모두 매한가지다. 모두 우리를 사람으로 안 본다." 그래서 장기간에 걸쳐 누적된 우울한 의식의 해방은 정치적 의미보다 컸다. 민중은 맹목적이거나 자신의 의지와는 관계없이, 이러한 정치 풍조에 휘말려 들었다. 국민당이 상대방을 얕잡아보고 스스로 분열되어, 진수편(陳水扁)은 아주 손쉽게 신세기 대선에 승리를 거둔다.

2000년 진수편(陳水扁) 총통은 취임연설에서 "대만은 일어나서 위를 향하여 올라가는 신시대를 맞이하자."라는 취지로 '전 국민의 정부, 맑게 흐르는 물 같이 함께 다스리자.'라는 슬로건을 제시한다. 중국과 대만 양안 관계는 '사불일몰유(四不一沒有)'[320]를 유지한다. 어쩌면 대만에 재앙이 온다고 운

---

[320] (역자 주) 사불일몰유(四不一沒有, 중국어: 四不一沒有)는 천수이볜(陳水扁) 전 중화민국 총통이 2000년 5월 20일에 열린 중화민국 총통 취임 기념 연설에서 밝힌 대만과 중국과의 관계에 관한 정책이다. 원문은 다음과 같다. "중국 공산당(중화인민공화국)이 대만에 무력을 행사하지 않으면 자신의 임기 안에 독립을 선언하거나 국호를 변경하지 않으며, 대만의 독립을 위해 헌법을 개정하거나 통일과

명으로 정해져 있는가 보다. 민진당은 집권한 후 완전히 단독 파벌 의식에 사로잡힌다. 중국과 대만 양안의 정치와 경제는 격리되고, 이미 합의한 조항마저 파기된다. 거래 제한은 대만 경제를 뒷걸음치게 하고, 실업률은 상승한다. 이미 치러진 민주적 선거는 소모적 정치로 전락하며, 되돌릴 수 없다. 대만영화는 항상 정치의 부속물이었다. 신영화(新電影)에 이르러서야 비로소 쇠사슬에서 벗어나 큰 소리로 말할 수 있었으나, 여전히 정치 환경에 의해 통제된다. 그래서 세기말 중기의 대만영화는 대만 본토 의식이 높아지면서 원래부터 협소한 영화 소재의 범위가 더욱 제한을 받게 된다. 정부 기관의 풍부한 지원금도 바닥나고, 영화산업은 점점 쇠퇴한다. 하평(何平) 감독의 〈국도봉폐〉(國道封閉, 1997)는 시대의 쓰라린 심경과 고민을 로드무비(roadmovie)의 스타일로 보여주며, 정국 불안에 대한 대중의 성난 목소리를 대변한다. 풍광원(馮光遠) 감독의 〈위인민복무〉(爲人民服務, 1999)는 대통령 선거를 비판하며 사회적 혼란과 환경에 대해 직시한다.

영화는 소리 없는 장치가 평론 및 비평 가능한 발성기 장치로 전환되는 것처럼 정치 선전의 도구에서 사회적 현안에 목소리를 내기 시작한다. 100년의 세월을 지나온 대만영화의 이 순간은 안에서 밖으로 나가는 대반전의 기회이다.

계엄 해제 후 대만 민주사회는 오히려 혼란에 빠진다. 기력이 쇠한 대만영화는 중영(中影)과 신문국의 보조금 자원밖에 살길이 없다. 섬사람들이 혼란스러운 정치에만 매몰되기에, 영화시장은 침체한다. 유일한 길은 국제적인 크고 작은 영화제로 갈 수밖에 없다. 의아하게도 대만영화는 섬 내에서 처지

독립에 관한 국민투표를 실시하지 않으며, 국가통일강령과 국가통일위원회의 폐지에 관한 문제도 없다."(只要中共無意對臺動武, 本人保證在任期之內, 不會宣佈獨立, 不會更改國號, 不會推動兩國論入憲, 不會推動改變現狀的統獨公投, 也沒有廢除國統綱領與國統會的問題)

가 좋지 못하지만, 국제적인 흥행에 성공하며 상을 받는다. 예를 들면, 유럽 3대 영화영화제(베를린, 베니스, 칸) 및 미국 아카데미영화제 외에도 캐나다, 네덜란드, 호주, 벨기에, 스페인, 포르투갈, 이탈리아, 스위스, 일본, 영국, 노르웨이, 체코, 모스크바, 스웨덴과 같은 나라의 영화제에서 모두 참가하라는 초청을 받는다. 대만영화는 진정한 실력을 갖추고 국제적으로 나아가는데, 이는 민주가 비약하는 질서가 없는 혼란한 상태 속에서 기회를 얻는 것이다.

1950년대에 들어서 급속도로 발전한 대만영화가 반세기 만에 드디어 국제적으로 빛을 발한다. 하지만 대만영화의 이러한 영광 뒤에 짙게 깔린 어두운 그림자는 무엇일까? 국제영화제 대상을 받아도, 섬 안의 관객은 오히려 외면하는 현실이다. 창작자 입장에서는 주먹을 불끈 쥘 일이 아닐 수 없다. 채명량(蔡明亮)은 "한 비평가는 내 영화가 20명에게만 보여주면 충분하다"라고 말한다. 분명한 것은 영화인이 창작의 자유를 선택할 것인가 아니면 시장에 영합할 것인가는 감독에게 달려있다는 점이다. 영화 투자에 대한 수익 고려는 당연한 일이다. 대만 예술영화의 흥행은 〈비정성시〉(悲情城市)가 최고이다. 금기시한 '228사건(二二八事件)'을 다룬 이 영화는 '황금사자상(金獅獎)'을 수상하며, 1989년 대북 흥행 2위에 오른다. 양립국(楊立國)의 〈노빙화〉(魯冰花, 1989)는 대만 본토의 시골을 배경으로 순수한 학교선생님과 어린아이를 통해 평온한 시절을 그린다. 이 영화는 제40회 베를린 영화제에서 '인도정신특별상'을 수상하며, 캐나다 국제 어린이영화제를 비롯한 수많은 국제영화제에서 긍정적인 평가를 받는다. 또한, 해외 수상의 기세에 힘입어, 대만에서도 흥행에 성공한다. 이안(李安)의 〈희연〉(喜宴)은 미국의 『예능주보』(綜藝週報)에서 1993년 전 세계에서 투자 대비 수익률이 가장 높은 영화라고 찬사를 받는다. 엄격한 심사로 결정된 좋은 영화는 흥행으로만 결정되는 것이 아닐 것이다. 예술영화는 시간의 검증이 필요하다. 또한, 대만영화 체제가 유럽과 미국 영화보다 탄탄하지 못하기에, 대만 관객의 심미적인 안목을 높이는 데에는 일정 기한의 배양시간이 필요하다.

대만은 정치 광풍에 휩싸여, 각각의 업종이 시장의 변방에서 계속 배회한다. 사람들의 소비는 의식주 행위가 우선이고, 나머지는 여러 사항을 고려한다. 대만영화가 어떻게 탈바꿈하고, 국제적인 품격을 유지하려고 애쓰던지 혹은 상업영화의 판로와 예술영화의 창작에 대해 어떻게 생각하는지 등, 이런 논의는 모두 정치와 경제의 작은 재채기의 소용돌이 속으로 빨려 들어간다. 대만영화는 말 그대로 일엽지추처럼 가을의 나무처럼 흔들리며 추락한다.

백색테러의 슬픈 감정을 서술한
〈비정성시〉(悲情城市)

대만 본토 문학을 소재로 한
〈노빙화〉(魯冰花)

2. 대만영화계의 자립자강의 대변신

세기말의 회고는 사람을 한숨 쉬게 하지만 놀라게도 한다. 방송, TV, 영화 등 미디어의 보급화는 인류에게 큰 영향을 미치며, 20세기의 과학기술 발전은 하루에 천리를 간다. 현란한 영화 기술은 전 세계적으로 훌륭한 영화를 만든다. 인터넷 네트워크는 지구촌이라는 형태를 만들고, 컴퓨터는 사회 영역으로 들어가 전통 생활 및 기업 생산의 면모를 바꾼다.

이때, 전 세계는 전쟁이 인류에게 남긴 잔혹한 참상을 논의하기 시작한다. 강력한 정권의 확장이 극에 달했을 때, 각종 주의(主義)가 잇달아 득세한다. 예를 들면, 일본 군국주의가 중국과 아시아 국가들에 대한 침략으로 약 2천만 명의 사망자를 낸다. 자본주의는 경제를 수정하도록 부추기고, 식민주의 국가에는 날개를 달아준 것과 같은 효과가 있다. 공산주의의 왕성한 기운은 자본주의와의 대립을 초래하여, 미국과 소련 간의 냉전시대를 열어놓는다, 유럽 민족주의는 아시아, 아프리카, 대양주까지 전이되어 집단의 의식을 고양시킨다. 테러리즘은 종교적 및 정치적 요소가 뒤섞여 전 세계 도처에서 발발하며, 인터넷 매체를 통해 신세기 초에 공포의 그림자를 씌운다.

대만의 정치체계는 유럽과 미국의 영향을 받아 그동안 억눌린 자유 민주체제로 발걸음을 내디딘다. 대만 예술인들은 기본적으로 창작행위를 사랑한다. 채명량(蔡明亮)의 언급처럼, "대만은 착실하게 민주주의를 준비하였다. 비록 그동안 영화에는 검열이 있었지만, 탄탄한 문화적 소양에 기초한 영화는 문화적 창작 자유를 자양분으로 삼는다." 그래서 영화는 자유로운 창작환경이 가능한 예술영화에 적합하다. 이제 모든 준비가 되었는데, 다만 봄바람이 부족할 뿐이다. 이 봄바람은 바로 영화산업의 통합시스템이다. 현재 창작하고자 하는 인재만 있을 뿐, 좋은 지원과 활로가 없다. 탁상행정은 오랫동안 영화계 발전의 발목을 잡는다. 예컨대, 낮은 보조금, 허술한 인맥 네트워크 관리 등이다. 세기말까지 여러 차례 국제상을 수상한 이후, 비로소 대만 정부는 영화산업을 직시한다. '소 잃고 외양간 고친다'라는 속담처럼, 이미 때는 많이 늦었다. 1990년대에 들어서 대만영화 제작 편수는 줄어든다. 1991년엔 대만영화 81편, 홍콩 167편, 외국영화 260편, 1999년엔 대만영화 16편. 홍콩영화 121편, 외국영화 327편, 중국영화 8편으로, 대만영화 제작 편수는 1960

년 이래 최저를 기록한다. 이 수치는 대만영화가 이미 처참하게 나락으로 떨어졌음을 시사한다. 대만영화가 국제영화제 대상에 도취되는 사이에, 시장은 이미 외국영화, 홍콩 영화, 중국영화로 점령된다. 1995년 미국 《전영인》 (電影人) 잡지에 따르면, 대만은 이미 싱가포르와 한국을 넘어서 유럽과 미국 영화투자자들이 아시아인들의 영화 취향을 테스트하는 지표가 된다. 그런데 이 잡지가 대만영화가 대상을 여러 차례 받은 주제 및 소재에 관한 관심인지 아니면 수상 이후 자국시장 경쟁력이 약화된 현상을 이야기하는 것인지 다소 모호하다. 만약 전자의 경우라면 국제영화제에서의 영예와 월계관을 이야기하는 것이지만, 후자의 경우라면 반대로 대만 본토 시장의 피드백을 등한시한 결과를 이야기하는 것이다.

대만에서 외국영화 시장점유는 1997년에 31억 위엔이란 최고점을 찍은 이후, 점차 내리막길을 걷기 시작한다. 1999년 대만은 '921 대지진'을 겪으면서 정치와 경제가 불균형을 이루며, 1998년에 비교하면 약 6억 위엔이 하락한다. 2000년 이후 대만 사회는 정당 교체로 인한 불안정으로 경기 침체가 지속되면서 소비성 지출이 격감한다. 이러한 객관적인 조건은 영화시장이 쇠퇴하는 결과를 초래하는 원인이다. 대만영화 제작 편수가 감소하며, 영화 생태계에 변화가 생긴다. 배우, 영화제작자, 배급사, 영화관, 관객, 모두 정체된다. 특이한 현상은 외국영화의 수익에 손실이 발생하는데도, 관객 수는 계속 증가한다는 점이다. 조사 연구 결과, 원인은 그동안 시장을 독점한 미국영화가 대만영화, 홍콩 영화, 기타 영화에 자리를 내주었기 때문이다. 자료에 따르면, 배급사의 총수는 해마다 점차 감소하여, 100여 개에서 42개까지 줄어든다. 불황은 가속화된다. 1980년대에 수익을 올린 배급사는 단지 중국과 외국의 영화 배급사이다. 그러나 1993년 이후에는 모두 외국 배급사이다. 영화관의 매출 수익은 해마다 높아지는데, 약 42%에서 63%로 상승한다. 멀티플렉스 영화관은 단관 극장보다 더 인기를 끈다. 예를 들어, 대만의 멀티플렉스관인 비쇼 시네마(VIESHOW CINEMAS)는 대만 연간 총 수익의 4분의 1을 차지한다. 이후 대만영화의 관객 수가 줄어들면서, 수익률이 2%에서 0.5%로 떨어지는데, 이는 이전보다 약 40배 가까이 감소한 수치이다. 홍콩영화의 경우는 수익률이 5배 감소하고, 시장점유율은 약 3.5%를 차지한다. 외국영화는 시장점유율이 6.2%에서 9.5%로 늘어난다. 홍콩 및 대만영화와 비교하면, 외국영화의 한 편당 평균 수익이 가장 높고, 그 비율도 날로 증가하고 있다. 대만과 홍콩 영화는 서로 우열을 가리기 힘들지만, 1994년을 기점으로 홍콩 영화의 점유율이 낮아지기 시작하며 이후 1997년에 들어서 거의 찾아보기 힘들 정도가 된다. 대만영화는 단편영화의 수익도 급감하고, 1995년 이후 해마다 내리막길을 걸으며, 흥행 영화도 거의 사라진다. 할리우드 영화는 해마다 증가하는 추세를 보이며, 시장점유율을 거의 완전히 독점한다. 일본 영화, 유럽 영화, 홍콩 영화는 대동소이하고, 대만영화는 지속해서 침체한다.[321]

대만영화시장에서 대만영화의 수익이 전혀 없었던 것은 아니다. 다만, 대만 토종 영화의 수익이 하락하며, 그로 인해 다른 영화들이 혜택을 봤다는 점이다. 8개의 메이저 영화 제작사만 높은 수익을 올리고, 대만 토종 영화 제작사와 영화관만 고생스럽게 버틴다. 1991년 대만 본토 영화 제작사들도 외국영화를 겸업하는 추세를 보이며, 외국영화 상영횟수를 늘린다. 1995년 영화통계에 따르면, 대만 본토 영화시장은 8월까지 이미 4억 위엔의 손실이 나며, 전체 대만영화관의 수는 1970년대보다 4분의 3이 적어지며 246개관만 남는다. 잔혹한 생존 경쟁은 영화 관련자들로 하여금 개혁을 고려하게 하고, 서양

---

321 노비역, 『대만전영관중관영모식여전영영연시장연구:1980~1999』, 대만:대만전영자료고, 2007.09. 12.(盧非易, 『台灣電影觀衆觀影模式與電影映演市場研究: 1980~1999』, 台灣:台灣電影資料庫, 2007.09. 12).

의 경험을 배워 영화관을 전면적으로 개선한다. 1979년에 대북시에 멀티플렉스 영화관이 생기기 시작하면서, 단관 개봉하던 극장은 경영상의 압박을 심하게 받게 된다. 도시, 마을, 군단위의 지역 위치에 따라 영화관의 경영 형태와 방식이 각각 다르지만, 이러한 트렌드를 따라가지 못한 영화관은 수익이 급감하여 결국 문을 닫는다. 예를 들면, 1997년에 〈아마데우스〉, 〈악어선생〉 등을 배급한 선봉영화산업(先鋒影業) 배급사도 결국 문을 닫게 된다.

1996년 들어서, 멀티플렉스 영화관은 대세가 된다. 중영(中影)은 1997년에 일본식민지가 남겨 놓은 대세계희원(大世界戲院) 옛터를 신대만 위엔 십삼억원으로 팔고, 중국식 극장으로 건축한다. 또한, 천모(天母), 내호(內湖), 사림(士林) 등의 지역에서도 새로운 영화관을 건설할 장소를 찾는다. 미국의 워너사도 대만에 멀티플렉스 영화관을 설립한다고 발표한다. 최초의 멀티플렉스 영화관은 워너와 춘휘(春暉), 삼교(三僑)가 합작하여 건설한다. 비쇼 시네마(VIESHOW CINEMAS)는 1998년 대북 신의구(信義區)에서 개관한다. 미국식 복합 멀티플렉스를 지향하며, 최대 17관을 개관한다. 호화로운 현대식 시설과 하이테크 영사기 덕분에, 관객과 돈이 몰려왔다. 2004년까지 고웅(高雄), 대중(台中), 대남(台南), 도원(桃園), 신죽(新竹), 판교(板橋) 등의 지역에 9개의 멀티플렉스 영화관이 개관한다. 전통적인 단관개봉 극장은 더 이상 설 자리를 잃게 된다.

영화관의 변화는 외관뿐만 아니라 내부시설도 이뤄진다. 1993년 여름휴가 동안, 대북시의 각 극장은 잇달아 음향과 극장 내부를 개조하여 좌석의 간격을 넓힌다. 여러 극장이 약속이나 한 듯이 동남아 최초로 돌비 오디오 시스템을 사용한다고 홍보한다. 이에 따라 관객은 더욱 편안한 감흥을 느낄 수 있게 된다.[322] 소규모 영화관은 이런 변화의 흐름을 따라갈 수가 없다. 또한, 영

---

[322] 섭룡언, 『대만노희원』, 대만:원족문화출판사, 1993:121(葉龍彦, 『台灣老戲院』,

화 제작사들은 긴축재정을 하면서 기타 장비보다도 영화의 품질에만 몰두한다. 예를 들면, 후효현(侯孝賢)이 감독이 제작한 〈소년야, 안라〉(少年吔, 安啦！)가 그 첫발을 내디딘다. 그는 일본에 건너가 돌비 음향으로 제작하여, 대만 본토 영화에 선진적인 음향효과를 선보이며 국제적인 수준에 도달하도록 한다. 각 영화관이 새로운 기계의 수입으로 관객을 끌게 되며, 연쇄적인 상업적 효과를 보게 된다. 예를 들면, 1999년에 시먼딩에 있는 대신극장은 전국 최초의 SDDS 입체음향을 도입하고, 게다가 일본 수입 프로젝션 영사기도 갖춘다.[323] 극장은 심혈을 기울여 변화하고, 전통적인 영화관은 이제 역사의 뒤안길로 사라진다. 신구 영화관의 교체는 세기말 대만영화의 흐름이다.

신세기의 대만영화관은 디지털 기술의 발전에 힘입어, 3D 영화관, 디지털 영화관, 일반 영화관 등으로 관람형태가 나누어진다. 3D 텔레비전을 안경 없이 보는 기술이 개발되었으니, 머지않은 미래에 분명히 새로운 영화 상영 형태가 등장할 것이다.

대만영화제작 환경이 장기적인 부진에서 허덕이자. 신문국은 적극적인 태도로 전환하여, 대내외적으로 새로운 방침과 지원책을 내놓는다. 1990년대 초기에 최우수 영화를 선정할 때 대만에서 제작된 영화만 지원할 수 있도록 제한한다. 영화 보조금은 대만 스태프만 적용하는 동시에 해외 판매시장의 중요성을 고려하여 신대만 위엔 3백만 원을 출자하여 칸 국제영화제 필름마켓에서 다섯 편의 대만영화를 홍보한다. 중영(中影)은 홍콩 중개회사를 통해 자발적으로 중국시장을 개척하고 〈가재대북〉(家在台北) 영화로 여론의 동향을 살핀다. 주목할 만한 사항은 〈마마재애아일차〉(媽媽再愛我一次, 1988)의

台灣:遠足文化出版社, 1993:121).

[323] 섭룡언, 『대만노희원』, 대만:원족문화출판사, 1993:122(葉龍彦, 『台灣老戲院』, 台灣:遠足文化出版社, 1993:122). 일반적으로 관객 뒤에서 영사하는 방식과는 다르게, 스크린 뒤에서 영사하는 방식이다.

흥행 기적이 대만영화계를 뒤흔들고, 중국행 진출 열풍을 이끌었다는 점이다. 진주황(陳朱煌) 감독의 속편 〈세상지유마마호〉(世上只有媽媽好, 1991)는 촬영이 채 완성되지 않았는데도 중국에서 판권을 사들인다. 이는 대만영화계의 지속적인 침체 속에서 서광을 비추는 한 줄기 빛과 같다. 비록 이 영화가 흥행에 실패하지만, 대만영화인들은 중국시장을 염두에 두고 영화를 제작하게 된다.

1980, 1990년대 중국시장에 진입한 단 2편의 대만영화: 대중의 눈물을 훔쳐 한 시기를 풍미한 영화들

　　예술 문화의 교류를 증진하고, 중국과 대만 양안의 영화 장벽을 없애기 위하여, 1992년 제1회 '중국과 대만 양안 및 홍콩 감독 세미나(海峽兩岸暨香港導演研討會)'가 홍콩에서 열린다. 이 역사적인 회의는 앞으로도 영화관계자들의 교류를 정기적으로 열기로 합의한다. 따라서 세미나를 1년에 한 번씩 홍콩, 중국, 대만을 번갈아 가면서 개최하기로 한다. 한편 중국과 대만 양안 영화계에서 모두의 관심거리를 끄는 화제는 대만영화인 주령강(周舲剛)이 중국영화 시장의 잠재력에 거액을 투자하고, 1996년에 북경에 '비등극장(飛騰影城)'을 건립한다는 점이다. 이러한 움직임은 중국과 대만 양안의 영화계

교류가 단순히 탁상공론에 머물지 않으며, 이후 합작영화로 발전한다는 점이다. 당시 대북 외곽 쌍계(雙溪)에 중영(中影)문화타운 촬영장을 제공한다. 대만영화인들의 적극적인 투자로 건립된 '비등극장(飛騰影城)'은 미래 중국과 대만 그리고 홍콩의 영화·텔레비전 매체의 협력을 위한 토대가 된다.

대만 산하 정부 기관이나 민영회사가 어떤 정책을 취하든 간에, 이 모든 행위는 정체된 대만영화의 출구를 찾는 것이고, 적극적인 대안으로 해외 진출를 도모하며 신생 기지를 구축하는 것이다.

소결

세기말의 대만영화는 암흑천지 속에서 두 손으로 구불구불한 길을 더듬는 형국이다. 등의 가시는 계속해서 허약한 체질을 손상시킨다. 다행히도 신세대 영화인들이 몇 편의 작품을 통해 정체된 시간을 안정시킨다. 민주정치로 가는 길목에서 다소 흔들리는 대만영화는 대만 본토 소재가 이전보다 더 넓어지는 긍정적인 측면도 있지만, 제작투자가 갈수록 궁색해지는 양극 현상이 벌어진다. 영화 한 편을 제작하기란 매우 힘들어지고, 자신감도 없어진다. 여전히 최종 판결 선고자인 정부의 눈치를 봐야 한다. 영화제작의 선순환 구조를 살펴보면, 보조금 ⇒ 제작사 ⇒ 창작자 ⇒ 촬영 ⇒ 상영업자 ⇒ 영화관 ⇒ 관객 ⇒ 소비세금 ⇒ 정부체제 ⇒ 보조금 순이다. 대만영화체계의 허약한 체질을 개선하려면 정부가 근본적으로 영화정책을 재조정해야만 비로소 대만영화에게 진정한 출로를 만들어 줄 수 있다.

세기말의 사회 현실 측면에서, 모든 대만영화 관련자들은 개혁을 외치지만 외국영화의 시장 장악에 속수무책이다. 영화 시즌에 설령 대만 토종영화가 상영된다 할지라도 흥행이 안 되면 즉시 철수하고 인기를 끄는 홍콩 영화나 외국영화로 대체된다. 영화 배급사들은 한 손에 대만영화, 홍콩 영화, 외국영화를 쥐고 영화정책이 어떻게 변하든 간에 수익창출에만 관심을 보인다. 예컨대, 배급사들은 세계시장의 블록버스터 영화를 수급하여, 배급 기회를 노려 이윤을 얻는다. 이러한 현상은 대만영화에 이롭지 못한 현실이다. 결국은 시장을 주도하는 것이 최상이고, 영화 제작사 및 투자자는 생존을 위해 유리한 영화배급을 조정한다. 결국, 영화수입사들은 해외의 블록버스터 영화를 사들일 것이다. 세기말의 영화관계자들이 개혁을 외치고 영화관이 개선되지만, 미국 블록버스터 영화를 가지고 있는 영화 배급사야말로 최종 이익 취득자가 된다.

민주정치로의 급회전 하에서, 중국시장 및 중국영화 등장은 균형을 잡지 못하는 여러 문제가 대두된다. 예를 들면, 두 지역은 정비례하지 않는 땅의 면적 및 인구를 가지고 있다. 대만 정부가 취한 영화적 처방이 대만영화의 마지막 구원의 지푸라기가 될 수 있을까? 혹시 무형의 문화적 파고를 만들어낼 수 있을까? 양안 간의 경제협력에 대한 수많은 의혹과 양안의 문화적 차이가 존재하는데도 사업 기회가 과연 있을까? 중국과 대만 양안의 급랭한 정치가 대만영화에 가져온 새로운 영향을 보면, 또 어떤 국면이 펼쳐질지….

만약 현 단계에서 외국영화의 압박을 받는 상황을 뒤집을 수 없다면, 대만영화의 허약한 체질을 근본적으로 강화하며 시장 수출을 모색할 수밖에 없다. 민주정치로 인한 여야 정당들의 이전투구 그리고 중국인의 민주 모범이라고 불리는 대만에서 살아남으려면, 영화인들은 중국과 대만 양안의 민감한 정치를 건드리지 않는 선에서 전략을 세워야 한다. 다시 말해, 식량과 탄환이 부족한 곤경 속에서 태어난 대만영화는 역사의 풍운과 종족 간의 경쟁을 이겨내는 슬기로운 지혜를 발휘하여, 스스로 강하고 장기적인 책략을 마련해야 한다.

대만시장의 협소함, 특수효과 기술 부족, 정부의 미흡한 정책 등의 상황 속에서, 비록 어렵지만 존경할 만한 대만영화인들은 여전히 돈키호테식의 두려움 없는 정신을 가지고 혹은 외길을 혼자 걷거나 앞장서 적진에 돌진한다. 앉아서 말하는 것은 일어서 나가는 것보다 못하다. 이렇게 용감하게 앞으로 나아가고 몸과 마음을 다 바치는 것은 다른 것이 아니다. 단지 대만영화만을 위하여 우아한 U턴의 탈출구를 만들기 위해서이다.

제6장 신세대 대만영화의 정신상태 및 문화언어 환경

제1절 신구 세대에서 대만영화의 상징적 의미

한족뿐만 아니라 서구 열강의 문화식민지를 겪은 대만은 개조, 맞춤, 변화, 재생 등의 과정을, 즉 식민지 시기별 맞춤형 문화의 속박과 이별을 거쳐 대만만이 공감하는 자신감을 찾아 신세기 대만 정신을 만들어낸다. 숱한 역경을 거친 대만의 정치체계 역사는 세계적으로도 드물다. 군인의 권력이 들끓던 구세대를 돌아보면, 대만영화는 정치적 사명과 역사적 책임을 다하려 한다. 새로운 세대의 출발은 남다른 의미를 지닌다. 대만 방언 영화와 표준 중국어 영화의 그림자는 중국 중원 의식의 뜨거운 피를 널리 알리는 동시에 식민지의 슬픔도 뒤섞여 있다. 정치선전 및 통속적인 영화의 소재와 내용은 주체 혹은 객체의 입장에서 시기별 상황과 변화에 따라가며, 정치체제의 전환과 대만이 성장하는 과정을 충실하게 기록한다.

'동방주의' 의제는 아시아 국가에 대한 유럽과 미국의 주목을 다시 한번 촉발한다. 신비한 동양문화는 의심할 여지 없이 훌륭한 보물이다. 그러나 그

이면에는 광범위한 경제시장을 노린다. 제국주의는 과학기술이라는 포탄을 무기로, 오늘날 전쟁의 불길이 잠잠한 것 같으나 평화로 포장되어, 이를 아무런 자의식이 없이 수용하게 만든다. 대개 의식주와 교통과 같은 상황을 보면, 그 속에 침투된 문화를 알 수 있고, 본래의 전통은 닳아서 사라진다. 미국의 포스트 현대학자인 프레드릭 제임슨(Fredric Jameson)의 견해에 따르면, 포스트 식민시대에 경제적 의존은 문화적 의존의 형태로 나타난다. 제3세계는 경제가 상대적으로 낙후되어 있어서, 자국 문화는 중심에서 변방으로 밀려난다. 제1세계는 강대한 경제력과 과학기술력으로 문화 수출의 주도권을 쥐며, 대중 매체를 통해 자국의 가치관과 이데올로기를 강제적으로 제3세계에 주입한다. 변두리에 위치한 제3세계는 수동적으로 받아들일 수밖에 없다. 그들의 문화적 전통은 위협에 직면하고, 모국어가 유실되며, 문화의 가치가 소멸된다. 그렇게 그들의 가치관은 혼란스러워진다.[324] 신구 세기가 교체되는 국제정세 속에서, 아시아에 위치한 중국, 대만, 동남아시아 등은 모두 일찍이 문화 식민지로 전락한다. 하지만 기억해야 할 사항은 제3세계가 이러한 환경 속에서도 허약한 몸으로 완강하게 숨을 몰아쉰다는 점이다.

　백 년을 거친 시기별 대만영화는 각각의 역사적 문화의 특징을 보여준다. 종합해서 말하면, 외국영화의 잠식 국면은 지속되며, 대만영화의 '문예부흥'의 새로운 세기까지도 여전히 그 악몽에서 헤어나지 못한다. 백 년의 회고와 전망 속에서, 안타깝게도 세기말 대만영화는 찬란하지 않으며, 심지어 어두운 잿빛 얼굴을 띠고 있다. 오히려 외국영화의 상영에 의지하여 대만영화산업이 유지된다. 영화업자들의 자금이 빠져나가고, 영화관이 감축되며, 옛날

---

[324] 팽길상, 「전구화어경하적중화민족영시예술」, 『전구화여중국영시적명운』, 북경 광파학원출판사, 2002:3(彭吉象, 「全球化語境下的中華民族影視藝術」, 『全球化與中國影視的命運』, 北京廣播學院出版社, 2002:3).

의 휘황찬란한 시먼딩(西門町)에 찾아오는 고객이 점점 줄어 문 앞에 그물로 새를 잡을 정도로 한산하게 된다. 또한, 골동품급 극장은 철거 또는 매매를 앞두고 있다. 상업이나 예술영화관을 불문하고, 전망은 어둡다. 피할 수 없는 참혹한 현실은 중영(中影)의 직영 극장도 경매에 들어갔다는 점이다. 1997년 이후 대만의 영화제작업계는 전면 쇠락에 직면하여, 중영(中影) 경영진은 더 지원할 여력도 없어진다. 더는 1980년대 대만 '신영화(新電影)'의 물결을 이끌 기수도 없다. 1990년대 이안(李安)와 채명량(蔡明亮) 등 국제적인 명감독을 배출한 그 기세를 이어갈 힘도 없다. 심지어 대만영화업자들을 조율하여 단체의 중지를 모을 힘도 없다.[325] 상황이 이 지경에 이르렀으니, 어찌 감당할 수 있겠는가.

대만영화의 국제적 진출은 대만 정부 영화정책의 일환이다. 그러나 상을 받은 영화는 관객 또는 시장에 부응하지 못한다. 신세기까지 20년 넘게 평행선을 달려온 대만영화는 이제 국제영화제에도 진출하지 못하고 있다. 관객이 영화관에 오도록 아무리 호소하여도 단시간 내에 효과를 보기 어려우며, 이제 토종 영화사들은 점차 사라지 있다. 진퇴양난에 빠진 대만영화의 전망은 근심 걱정이 가득한 태산과 같다.

신세기의 정치와 경제적 혼란으로 인해, 가정 소득도 갈수록 양극화되고 있다. 보도에 따르면, 2008년 최상위층 5%의 평균소득은 4백 5십만여 위엔이고, 최하위층 5%의 평균소득은 6만 8천여 위엔에 불과하다. 양자의 차이는 66배로, 최고의 격차를 보인다. 통계청의 가정 수익과 지출 조사에 따르면, 11년 동안(1998~2008년) 전체 가정 가처분소득(可支配所得) 성장이 4.6%이고, 5등분으로 볼 때 가장 부유한 20%의 가처분소득이 7% 증가한다

---

325 『중화민국95년대만전영월감』, 대만:전영자료관, 2006(『中華民國95年台灣電影月鑑』, 台灣:電影資料館, 2006).

면, 전체 평균보다 높지만 가장 가난한 20%의 소득은 2%로 감소한다. 11년
동안, 밑바닥의 가난한 사람들의 소득은 증가하기는커녕 더욱 감소한다. 이
러한 추세는 부자가 더 부유해지고, 가난한 사람이 더 가난해지는 것을 보여
준다.[326] 이런 현상에 기대어 영화 위기를 논의해보면, 오락업의 경쟁은 갈수
록 치열해지고 있다. 고가의 영화표는 대중이 소비를 선택할 때 신중하게 고
려하게끔 만든다. 그래서 예술영화와 상업영화 간의 대결은 양극화된 소비
반응도 없고, 영화산업은 여전히 바닥권에 처해있다. 신세기 초의 중국영화
를 돌이켜 본다면, 그 광대한 시장에서도 예술영화와 상업영화에 대한 논란
이 존재한다. 예를 들면, 북경 사범대학 주성(周星) 교수의 말에 따르면, "영
화예술에 있어서, 상업이 중심이 되는 현상은 시대의 진보처럼 보인다. 장기
적으로 보면, 오히려 실제로는 득보다 실이 클 가능성이 높다. 2000년의 중국
영화시장은 이상적이지 않지만, 영화가 시장 논리에 좌우된다는 사실은 어
찌할 수가 없다. 무자비한 상업 시장은 창작부터 상영까지의 모든 과정을 통
제하고 있다."[327] 그만큼 오락영화는 중국과 대만 양안 사람들의 소비의 대세
가 된다. 1915년 때 미국 법원은 '영화'의 정의를 '영화 상영은 순수하고도
명확한 상업의 생산품이다. 그 목적은 이윤을 남기기 위해서이다.'라고 판결
한다. 할리우드의 상업영화는 관객의 취향에 맞는 영화 유형을 명확하게 선
택할 수 있도록 체계적이고 공통적인 장르 제작방식을 선호한다. 재미있는
코미디 혹은 기이한 공상과학영화 등으로 포장되어 있지만, 고전예술의 문
학전통과 통속적인 오락의 보편성을 담아 미국정신과 가치관에 전파하며 전
세계를 석권한다. 1920년에서 1950년대에 할리우드영화는 전 세계에 퍼져

---

[326] 대만:중국시보, 2010.08.20.(台灣:中國時報, 2010.08.20).
[327] 주성, 「과세기중국전영예술여상업관념변석」, 『전구화여중국영시적명운』, 북경:
북경광파학원출판사, 2002:183(周星, 「跨世紀中國電影藝術與商業觀念辨析」,
『全球化與中國影視的命運』, 北京:北京廣播學院出版社, 2002:183).

나가 지금까지 거의 독점하고 있으며, 예술영화에 방점을 둔 유럽영화를 국제시장에서 멀리 떨구어 놓고 있다. 대체로, 유럽과 미국 영화는 예술영화와 상업영화를 대변한다. 이는 뤼미에르(Lumière) 형제와 에디슨(Edison)의 영화 스타일과 유사하다. 100년이 지난 후에도, 그들의 스타일은 여전히 대만영화의 흐름과 발전에 깊은 영향을 끼친다.

신세대의 대만영화는 마치 갓난아기와 같아서, 세상에 대한 호기심과 탐구로 가득 차 있으며, 자신만의 언어로 세상과의 교류를 시도한다. 소위 '자아'란 프로이트(Freud) 심리학에 따르면, "개체는 현실에서 수요의 충족을 어떻게 얻을 수 있는지 배운다. 인간성을 결정하는 자아를 지배하는 것은 현실의 원칙(reality principle)이다."[328]라고 한다. 정부의 홀대로, 정부 측 영화기구의 가동은 중단되고, 영화관의 부동산 주인도 바뀐다. 장강의 강물이 동쪽으로 흐르면서 약해지는 것처럼 완전히 쇠퇴해 간다. 어느 곳이나 다 내리는 단비는 아니다. 극히 일부분의 영화인들만 보조금에만 의지하여 일하는 상황이 벌어진다. 정부의 정책지원 또한 결코 만능이 아니다. 몇몇 사람은 어쩔 수 없이 자력으로 돈을 빌려 영화를 제작한다. 다행스럽게도 위덕성(魏德聖) 감독의 〈해각7호〉(海角七號, 2008)는 어떠한 지원도 없이 흥행을 만들어 낸다. 드디어 대만영화에 따뜻한 봄날이 오고, 관객도 영화관을 다시 찾는다. 이후 연속으로 여러 편의 영화가 놀라운 흥행성적을 보여주며, 영화평론가들도 대만영화를 위해 목소리를 높이기 시작한다. '대만영화 신고조(台片新高潮)', '대만영화의 문예부흥(台灣電影文藝復興)', 이러한 칭송은 그동안 침체된 무기력함에서 벗어나 팔을 뻗어 휘두르며 높이 외치는 것과 같다.

과연 대만영화가 진짜 환골탈태하였는가? 관객은 정말 신세대 대만영화

---

[328] 장춘흥, 『현대심리학』, 대만:동화서국, 1991:454(張春興, 『現代心理學』, 台灣:東華書局, 1991:454).

를 받아들인 것인가? 현 단계에서 답을 내리기에는 다소 이른 것 같다. 오늘날 대만영화는 여전히 봄누에가 실을 빼내듯이 아주 작고 연약하며 절박하다. 영화산업은 정해지지 않은 형태의 기계적 생산으로, 여전히 사람의 창작과 수작업으로 제작해야 한다. 대만영화 시대의 유행을 선도했던 메이저 제작사들은 이제 사람들이 떠나 빈 건물만 남아 영화제작을 임시 중단하고 있는 실정이다. 그래서 학자(學者) 영화 제작사나 용상(龍祥) 제작사 등은 영화 수입업뿐만 아니라 배급업을 겸업한다. 수많은 신생 제작사들은 자금이 투자되기도 전에 제작이 중단되는 등, 거의 20년간 대만영화는 정체기에 머문다. 옛 전통도 거의 사라지고, 첨단촬영기술, 전문성, 창의성 등이 그 자리를 대신 메운다.

베테랑급 영화인 석준(石雋)은 스승 호금전(胡金銓)에 대해 다음과 같이 언급한다. "호금전(胡金銓) 감독은 신인에 대해 상당히 엄격하다. 왜냐하면, 그는 스승의 신분으로 제자들을 이끌고 일하고 있다고 생각하기 때문에 실수를 절대 용납하지 않는다." 다큐멘터리 감독 탕상죽(湯湘竹)이 영화계에 입문했을 때를 다음과 같이 회상한다. "그 당시에 스승과 제자 제도는 최고의 제도였다. 사부는 말 안 하는 것과 욕하는 것, 이 두 가지만 한다. 그러면서 스승과 일할 때 그 속에서 제자는 주의를 기울여 관찰해야 하고 그 속의 도리가 무엇인가 이해해야 한다." 전통적인 도제 방식은 시간의 흐름에 따라 변화하며 이제 현실적인 의의를 잃는다. 그러나 후효현(侯孝賢)이 이행(李行)의 조감독과 극본을 맡고, 장작기(張作驥)가 후효현(侯孝賢)의 〈비정성시〉(悲情城市)의 조감독을 맡았을 때를 돌이켜보면, 도제 방식을 명확하게 밝히지 않지만, 미력한 힘을 서로 합쳐 도와주며 곤경을 이겨내는 전승을 언행에서 느낄 수 있다. 선후배의 관계는 윤리·도덕의 아름다움을 상징하듯이 대만영화가 앞으로 나갈 수 있는 원동력이 된다.

2000년부터 신세대 영화인들은 다양한 직업군에서 영화계로 계속해서 뛰어들며, 더는 전통적인 사제제도를 따르지 않는다. 예컨대, TV에서 영화 분야로 전향한 양아철(楊雅喆)의 〈경남해〉(囧男孩), 촬영기사에서 감독으로 전향한 진회은(陳懷恩) 〈연습곡〉(練習曲), 시나리오 작가에서 감독으로 전향한 임서우(林書宇)의 〈구강풍〉(九降風), 배우에서 감독으로 전향한 유승택(鈕承澤)의 〈맹갑〉(艋舺)과 대립인(戴立忍)의 〈불능몰유니〉(不能沒有你), 다큐멘터리에서 감독으로 전향한 주미령(周美玲)의 〈자청〉(刺靑) 등이 있다. 그들의 본업은 영화가 아니지만, 다년간 광고, 다큐멘터리, 단편영화 및 MTV에서의 풍부한 경험을 토대로 영화에 입봉한다. 또한, 고학력자 혹은 국내외 영화연구소를 졸업한 이들도 적지 않다. 유럽과 미국영화에서 문화 및 학문을 장기적으로 흡수한 새로운 인물의 등장은 낡은 사고의 부담을 완전히 제거하며 순수한 자신만의 이야기를 풀어간다. 그래서 이 세대의 영화인들은 대만의 역사, 문화, 사회 현상보다는 현대 도시의 번영과 퇴락을 카메라에 담아내며 도시인의 소외와 단절을 직접 다룬다. 예를 들면, 〈해각칠호〉(海角七號)의 아가(阿嘉)는 직업을 잃은 후 항춘(恆春)으로 돌아가 우체부 일을 한다. 이는 2008년 금융위기에서 모든 업종이 불황에 빠진 것과 때를 같이 한다. 주미령(周美玲)의 〈자청〉(刺靑)은 인터넷 친구와의 가상의 사랑을 다룬다. 〈연습곡〉(練習曲)은 사회의 다원성과 보물섬인 대만의 아름다움을 보여준다. 신인 감독들은 컷이 없는 카메라 움직임을 통해 사회적으로 배제된 현대인의 자화상을 그려내며, 오락적 의미를 부여한다.

대만영화가 부활할 기미를 보여주는 근거는 2010년 금마장(金馬獎) 생방송이다. 이날 밤 약 240만 명이 시청하고 시청률은 6% 이상을 기록하며, 지난 몇 해 중에서 신기록을 세운다. 대만영화 상영 자료를 살펴보면, 2009년은 28편, 2010년은 38편으로 연간 영화 제작 평균 9편의 최저기록에 비해, 시장이 서서히 회복되고 있다는 점을 보여준다. 대만 '후신영화(後新電影)'는 젊어지고 국제화 추세를 띤다. 예를 들면, 2010년 금마장(金馬獎) 최우수 다큐멘터리 수상자는 소철현(蘇哲賢)의 〈가무광조〉(街舞狂潮)이다. 이 영화는 힙합 춤을 추는 젊은이 문화와 무용인 간의 내적갈등을 탐구한다. 2010년 금마장(金馬獎)에서, '최고 신인감독'은 말레이시아 국적의 화교 하위정(何蔚庭)의 〈대북성기천〉(台北星期天)이다.[329] 이 영화는 대만에서의 외국인 노동자 주제를 다룬다. 익살스러운 기조를 통해 노동자들의 슬픈 이미지를 없애고, 다원화된 국제적 모습을 보여준다.

대만영화의 각 시기별 새로울 '신(新)'은 시대별 구조 안에서 각각의 의미가 있다. 그것은 '신(新)'과 '구(舊)'의 분열이 아니라 시대별 정신과 문화의 맥락을 전수·계승하는 것이다. 옛 영화인들의 작품들은 조금씩 성격이 달라서 하나의 유파로 논할 수 없지만, 모두 그 시대의 가치를 담고 있다. 신세대의 영화는 짙은 문예적 기운이 풍긴다. 예전의 경요(瓊瑤) 영화와 이행(李行)의 사실주의 영화는 인간적인 성찰을 토대로 서로 다른 삶을 다루지만, 예술영화와 상업영화 간의 균형과 시장의 안정을 도모한다.

오늘날 주요한 현상은 대만의 민의가 부쩍 높아지면서, 자신의 뿌리와 신분의 인정을 더욱 중요시한다는 점이다. 일제 식민지, 청나라, 국민당 정부를 불문하고, 모든 지배자는 일찍이 원주민에게 한족의 성씨와 원주민 이름을 지어주었다. 지금의 이름 변경 운동은 대만사람들의 종족 집단 자산의 수호를 반영하며, 향토의 근원성을 되찾는 행동이다. 예를 들어, 일본식민 시기의 평포 원주민(平埔人)의 정명운동이다. 1956년 이후 이름 개칭을 등록한 적이 있었다. 그러나 외딴 산간 지역, 행정 부실, 정명 의식의 박약 등 여러 요인으로 전면 개정에 이르지 못한다. 당시에 평포 원주민은 정부에 정명을 신청하

---

[329] 2010년 금마장에선 최고 신인 감독상을 새로 추가하며, 많은 신예 감독들이 노미네이트된다. 순위권에 들은 영화는 〈대북성기천〉(台北星期天)의 하위정(何蔚庭), 〈결전찰마진〉(決戰刹馬鎭)의 이위연(李蔚然), 〈유일천〉(有一天)의 후계연(侯季然), 〈연인서어〉(戀人絮語)의 증국상(曾國祥)·윤지문(尹志文) 이다.

나, 그 소망이 현실로 이어지지 않는다. 그래서 평포 원주민 사람들은 유엔에 정부를 고소하고 마침내 승소한다. 또 다른 멸족을 당한 사키자야족 (Sakizaya)은 아미족(阿美族)으로 숨어 지내다, 현재는 종족의 이름을 개명한다.[330] 이런 사례를 살펴보면, 근원을 찾아 보존하려는 민속 명절, 풍년제 등과 같은 민족문화는 이제 대만 사람들의 간절한 소망이 된다.

따라서 대만의 정치적, 경제적, 사회적 현실의 모습은 영화인들에게 일종의 영감을 준다. 구세대의 억압에서 벗어난 영화는 뿌리를 찾는 흐름 속에서 잇달아 대만 본토의 감정과 회고를 담아낸다.

[330] 청나라는 서기 1878년에 대만 동부지역을 개척하기 시작한다. 카바란(Kavalan) 족은 사키자야(Sakizaya)족과 연합하여 청나라 군사에 대항하는 가리우완 (Galiauwan)사건을 일으킨다. 하지만 결국 족장은 능지처참을 당하고, 그의 아내 는 큰 등근 나무로 몸을 문질러버리는 극형을 받으며, 거의 멸족을 당한다. 이를 피해 살아남은 부족원들은 의지할 곳을 잃은 채 128년이란 긴 세월 동안 이름을 숨기면서 떠돌아다닌다. 일제 강점기에 일본은 대만 원주민을 민족에 따라 구분 하기 시작한다. 사키자야족은 또 다시 비극이 반복될까 봐 이름을 숨겨서 아미 (Amis)족으로 분류되며, 대대로 화연(花蓮)의 기래평원(奇萊平原)에서 거주한 다. 현재 단 500명이 남아있다. 1990년에 들어서 원래의 부족 이름을 신청하며, 17년간의 정명운동을 거쳐 드디어 2007년 1월 17일에 대만 정부에서 인증하는 제13번째의 원주민 민족이 된다.

제2절 대만영화의 문예부흥: 후신영화(後新電影)

   이등휘(李登輝)가 권력을 잡은 후, 대만의 사회의식은 물밑에서 변화가 불어오며, 대만 본토에 대한 의도를 적나라하게 드러낸다. 중국화를 철저하게 없애기 위해 집집이 대만 국적을 명확하게 정한다. 중국 이민자들은 숨겨진 사람이 되고, 후손들의 고향에 대한 기억은 점점 흐려진다. 그러나 겉으로는 대만 국적을 강요하며 중국 국적을 애써 지우려 하지만, 실상 본적에 대한 뜨거운 감정은 여전히 대만과 중국의 교류를 통해 지속된다. 혼란의 정치 및 신분의 전환 등에서, 국민은 언제나 터무니없는 시대극에 맞춰주는 배우일 뿐이다.

   혼란스러운 세기말을 뒤로하고 신기원에 희망을 걸었던 대만 사람들은 구세기의 개혁을 거치면서 격정적인 민주선거에서 정권을 교체한다. 2000년에 승리해 대만을 부강하고 안락의 경지로 이끈 지 몇 년 되지 않은 민진당은 스스로 좌절과 패배에 휩싸이며, 전체 대만을 검은 구름과 안개로 뒤덮이게 한다. 2001년 경제성장률이 처음으로 마이너스 성장(~2.17%)을 기록한 이후 수년째 정국 혼란과 외교적 압박에 계속 시달리게 된다. 깜짝 놀랄만한 사건이 잇따라 발생한다. 정치헌금, 주식투자, 매관, 금융 내장거래 등의 끔찍한 사건은 2천 3백만 명 사람의 시야와 마음을 어둡게 한다. 당시 대만 사람들은 대부분 초조해하며, 모두가 가장 궁금해하는 것은 '대만의 출구가 도대체 어디에 있는가?'이다.[331] 종족 집단의 대립, 정당 투쟁, 검은돈, 가치 실종, 사회 타락 등의 부정적 양상은 대만 사람과 오랫동안 쌓아온 국제적 이미지에 깊

---

[331] 양마리, 「대만정일년, 세계진십년」, 『원견』, 대만:천하원견출판고빈유한공사, 2006.07,(楊瑪莉, 「台灣停一年, 世界進十年」, 『遠見』, 台灣:天下遠見出版股份有限公司, 2006.07),

은 상처를 준다.

물론 대만의 정국은 변화무쌍해 낙관적인 전망보다는 경기가 크게 위축되고 실업률, 자살률, 이혼율, 범죄율이 월등히 높지만, 사회적 역량은 여전히 담벼락의 들풀처럼 힘차게 뿌리를 내리고 있다. 2002년의 스위스글로벌 세계경제포럼의 '글로벌 경쟁력 보고서'에 따르면, 대만의 '창조력'은 글로벌 순위에서 8위이고, 아시아에서 일본에 이어 두 번째다. 2004년 스위스 세계경제포럼 글로벌 경쟁력 순위는 대만이 '성장경쟁력'이 세계 4위, 아시아 1위로 꼽힌다.[332] 2010년 스위스 로잔 경영대학의 글로벌 경쟁력 보고서에는 대만이 이전 23위에서 8위로 상승한다. 이 자료가 보여주듯이, 민간 중소기업은 사회 생산성의 중심 기둥 역할을 한다.

2000~2008년에 경제력이 쇠퇴하면서, 민진당은 이전 정부와는 달리 대만영화를 공식적으로 혹은 상대적으로 통제하지 않으면서 새로운 상황으로 이끈다. 정책적으로 1996년에 '원주민위원회'[333]를 만들고 '원주민족방송국'[334]을 개설한다. 또한, 2001년에는 '객가위원회'[335]를 만들고, 이어 '객가방

---

332 양마리, 「대만정일년, 세계진십년」, 『원견』, 대만:천하원견출판고빈유한공사, 2006.07, 72~73쪽(楊瑪莉, 「台灣停一年, 世界進十年」, 『遠見』, 台灣:天下遠見出版股份有限公司, 2006.07. pp.72~73).

333 원주민들의 요구사항에 대응을 하고, 세계흐름에 순응하기 위해 행정원(行政院)은 1996년에 중앙부회급기관(中央部會級機關)을 개설한다. 이 기관은 원주민과 관련된 전문적인 사무만 담당하고, 조직조례 초안을 제정하며, 법을 시행하는 근거를 만든다. 그해 11월 1일에 입법원(立法院)에서 '행정원원주민위원회조직조례'(行政院原住民委員會組織條例)를 심사 통과하고, 행정원에서 1996년 12월 10일에 '행정원원주민위원회'(行政院原住民委員會)를 개설해 원주민에 관한 사무를 전문적으로 계획한다. 이는 민족정책의 역사에서 이정표가 되며, 원주민정책에 대한 정리, 수정 및 추진 그리고 원주민들이 신세계를 넘어 전면적으로 발전할 수 있게 이끌어준다.

334 2005년 7월 1일 '원민대'(原民台)가 정식으로 방송을 시작한다. 대시문화공사(台視文化公司)와 동삼전시(東森電視)에서 '원민대'를 대리 경영한다. 2007년 1월 1

송국'[336]을 설립한다.

새 정부는 이전 정부의 오만한 태도와는 달리, 소외 계층을 위한 목소리를 반영한다. 통계에 따르면, 대만의 인구가 2천 3백만 명으로 집계되는데, 이는 다음과 같이 분포되어 있다. 1천 7백만 명의 복건성 이민자, 3백만 명의 객가(客家) 이민자, 3백만 명의 다른 성 출신, 원주민 4십 9만 명이다. 새 정부는 인구 비율에 따라 종족 집단 균등을 선도하며, 대만 본토의 탯줄 역사를 다시 검토한다. 정치적 고려이긴 하지만, 관심 밖에 있었던 소수민족은 영화 기획의 새로운 소재가 되며, 원주민과 객가 영화가 스크린에 등장한다. 원주민 영화로는 정문당(鄭文堂)의 〈몽환부락〉(夢幻部落, 2002)[337]이 있고, 객가(客家) 영화로는 진곤후(陳坤厚)·홍지육(洪智育)의 〈일팔구오을미〉(一八九五乙未, 2008)[338]가 있다. 대만 방언영화는 더욱 많았다. 예를 들면, 〈해각칠호〉(海角

일, '원민대'는 '원주민족전시대'(原住民族電視台)로 명칭이 변경되고, 대만공공방송 TV그룹에 정식으로 가입되어 비상업적인 원주민공공 매체로 바뀐다.

[335] 객가(客家)위원회는 행정원(行政院)위원회 소속이며, 2001년 6월에 설립된다. 주된 목표는 사라진 객가문화와 근본을 되찾고, 객가 전통을 이어나가는 데에 있다.

[336] 객가방송국은 2003년 7월 1일에 정식으로 방송을 시작한다. 전 세계에서 최초로 객가 언어로(四縣腔, 海陸腔, 大埔腔, 詔安腔, 饒平腔) 방송하는 채널이며, 각종 프로그램을 세심하게 제작하여 객가 시청자 및 그 외의 시청자들이 객가 문화를 시청할 수 있게 한다. 2007년 1월 1일 '대만공공광파전시집단'(台灣公共廣播電視集團)에 가입한 후, 객가방송국은 민족언어채널, 소수언어채널 및 공공서비스 채널으로서 더욱 돋보인다.

[337] 〈몽환부락〉(夢幻部落)은 대만 원주민 생활에 대한 영화이며, 상영 당시 많은 호평을 받는다. 베니스영화제에서 심사위원 특별상을 수상한다. 수상 이유는 〈몽환부락〉 영화가 몽환 및 현실의 상황을 결합하여 전 세계에서 일어나고 있는 문화의 소실, 즉 근원이 사라진 문제를 쉬운 방식으로 접근하여 감동을 주었기 때문이다라고 말한다.

[338] 행정원객가위원회(行政院客家委員會) 및 청래(青睞)에서 공동으로 신대만 위엔 6천만 원을 투자하여 대만 최초의 대만 객가어를 주 언어로 사용하는 영화제작을 한다. 이교(李喬) 작가의 『정귀대지』(情歸大地)가 원작인 이 영화는 1895년 을미

七號), 〈당애래적시후〉(當愛來的時候), 〈부후칠일〉(父後七日) 등 영화가 있다. 비록 발전이 더딘 대만영화지만, 종족 집단 관련 영화의 출현은 각 종족의 언어적 관습을 표현하며 창의적 기쁨으로 넘쳐난다.

신세기 초의 대만영화를 돌이켜 보면, 영화산업 자체가 침체하여서 제작편수도 극히 드물었지만, 종종 승전보를 전해 왔다, 이안(李安)의 〈와호장룡〉(臥虎藏龍, 2001)은 아카데미 최우수 외국어영화상을, 〈단비산〉(斷臂山, 2006)은 최우수 아카데미 감독상을 수상한다. 〈소년파적기환표류〉(少年派的奇幻漂流, 2013)는 4개의 아카데미상 휩쓸며 국제적 위상을 드높인다. 양덕창(楊德昌)의 〈일일〉(一一, 2000)은 베를린영화제 감독상을 받는다. 하지만 영화시장은 한산하고, 투자업계는 여전히 꿈쩍 않는다. 그래서 영화인들은 1년에 한 번뿐인 보조금 선정에 목을 맨다. 심지어는 대만영화의 미래까지…

2008년 이후, 영화산업은 마치 어두운 구덩이에 가라앉은 기류와도 같았는데, 지금은 밑바닥에서 출렁이다 거대한 에너지로 갑자기 분출된다. 대만 본토 문화를 지향한 대만영화가 위축된 시장을 단번에 역공하고, 순식간에 우울한 현상을 거둬내며, 마치 예전의 대만 방언영화의 열풍을 재현하고 있다는 것 같다. 예를 들면, 2008년 〈해각칠호〉(海角七號)는 전 세계에서 6억 4000만 신대만 위엔의 흥행수익을 올리고, 2009년 〈불능몰유니〉(不能沒有你)는 20년을 잃어버린 금마장(金馬獎) 최우수 작품상과 아시아 태평양 영화제 대상을 차지한다. 2010년의 〈맹갑〉(艋舺)은 2억 7000만 신대만 위엔의 흥행수익을 세우고, 2011년의 〈계배영웅〉(雞排英雄)은 1억 신대만 위엔을 넘는 흥행수익을 올린다. 예전의 대만 방언영화는 대만영화의 출발점이었고, 지금의 '후신영화(後新電影)'은 그 불꽃의 재생으로 여겨진다. 2006년부터

전쟁에서 객가 마을의 정의를 지키려는 백성들이 항일운동에 대한 이야기를 다룬다.

대만 본토영화의 열풍이 본격적으로 밀려오기 시작한다. 예를 들면, 〈연습곡〉(練習曲, 2006), 〈성하광년〉(盛夏光年, 2006), 〈최요원적거리〉(最遙遠的距離, 2007), 〈유랑신구인〉(流浪神狗人, 2007), 〈묘묘〉(渺渺, 2008), 〈정차〉(停車, 2008), 〈구강풍〉(九降風, 2008), 〈경남해〉(囧男孩, 2008), 〈해각칠호〉(海角七號, 2008), 〈일팔구오을미〉(一八九五乙未, 2008), 〈불능몰유니〉(不能沒有你, 2009), 〈양양〉(陽陽, 2009), 〈청설〉(聽說, 2009), 〈맹갑〉(艋舺, 2010), 〈일엽대북〉(一頁台北, 2010), 〈부후칠일〉(父後七日, 2010), 〈제사장화〉(第四張畫, 2010), 〈당애래적시후〉(當愛來的時候, 2010), 〈계배영웅〉(雞排英雄, 2011), 〈진두〉(陣頭, 2012), 〈대미로만〉(大尾鱸鰻, 2013), 〈대도정〉(大稻埕, 2014), 〈대희임문〉(大喜臨門, 2015) 등 영화가 있다. 끊임없이 제작된 우수한 영화들은 대부분 보조금 운영으로 탄생된 '후신영화(後新電影)'이다.

학자들은 이 현상을 '대만영화 문예 부흥기'라고 부르며, 대만영화 문화의 재차 흥행을 주목한다.

2008년부터 2011년까지 대만영화의 매표수익 점유율 살펴보면, 12.09%에서 17.5%를 돌파하며, 10년 이래 최고치를 경신한다. 단지 수치만 보면, 대만영화가 마치 회춘한 것 같다. 이전 시기에 몰락한 영화시장 상황과 비교하면 조금은 위로가 된다. 그러나 이런 성적은 가파르게 상승하는 것이 아니라, 기복이 심한 곡선 상태이다. 이는 현재의 영화 상황이 여전히 다변적이고 불안정하다는 점을 의미한다. 대만영화 발전을 위해서는 전 세계의 중국인들이 거주하는 공간에 여전히 큰 노력을 기울여야 하며, 이 열기가 국내외에서 골고루 성과와 관심을 두게 해야 한다.

그 후, 이어지는 불가사의한 흥행 열기는 중국영화시장의 공략으로 이어지며, 중국 이외의 자금을 영화산업에 끌어들이는 데 성공한다. 예를 들면, 〈무지개 전사들〉(Warriors of the Rainbow : Seediq Bale)은 8억 1000만 신대만 위엔의 규모로 제작하고, 구파도(九把刀)의 〈나사년, 아문일기추적여해〉

(那些年, 我們一起追的女孩, 2011)는 4억 6000만 신대만 위엔의 수익을 올린다. 채악훈(蔡岳勳)의 〈비자영웅수부곡〉(痞子英雄首部曲, 2012)은 영광스럽게 억대를 돌파하고, 〈진두〉(陣頭, 2012)은 놀랍게도 3억 1200만 신대만 위엔을 번다. 유승택(鈕承澤)의 〈애〉(愛, 2012)는 중국과 대만 양안에서 신대만 위엔 8억 원의 흥행수익을 올린다. 이제 대만영화가 진짜 부흥하는가? 벌써부터 영화전문가들은 기대에 부풀고, 영화업자들은 그날을 손꼽아 기다린다. 영화관계자들은 "대만영화가 부흥하는 것처럼 보이지만, 아무도 모른다. 간절함이 넘치면서도 거품일까 두렵다."[339]고 한다. 이 언급은 영화의 부흥이 완전히 기적처럼 보이지만, 정상 상태로 여기지 않는다는 의미이다. 〈해각7호〉(海角七號)와 같은 행운을 가진 영화가 과연 몇 편이나 될까? 라고 묻고 싶다. 이 부흥의 열풍에 힘입어 갈채도 받고 관객도 영화관을 찾는다. 하지만 흥행작은 매우 드물고 귀하다. 대부분 영화는 미약하고 흥행에 실패한다. 그래서 이 기세는 앞으로 나아가거나 지체된 상태로 제자리를 맴돈다.

통계에 따르면, 2012년 대만영화 흥행수익은 약 10억 7천만 위엔이고, 전체 수익이 억대를 돌파한 대만영화는 4편에 이른다. 예컨대, 〈진두〉(陣頭), 〈비자영웅수부곡:전면개전〉(痞子英雄首部曲:全面開戰), 〈애〉(愛), 〈서리인처최종회:행복남·불난〉(犀利人妻最終回:幸福男·不難)이다. 대만 전체 수익이 4천 만 신대만 위엔을 돌파한 대만영화는 〈여붕우·남붕우〉(女朋友·男朋友), 〈BBS향민적정의〉(BBS鄉民的正義), 〈역광비상〉(逆光飛翔)이다. 그 외 다큐멘터리영화 〈불로기사:구두매환대일기〉(不老騎士:歐兜邁環台日記)는 대만 전체 흥행수익이 2천만 신대만 위엔을 돌파한다. 이러한 현상을 볼 때,

---

339 섭월유,「대만영화문예부흥」, 임문기 · 왕옥연,「대만영화의 소리」, 대만: 서림출판사, 2010:13.(葉月瑜,「台灣電影文藝復興」, 林文淇 · 王玉燕,「台灣電影的聲音」, 台灣: 書林出版社, 2010:13.

각 장르의 영화들은 모두 어느 정도의 성과를 얻는다. 2012년에 총 244편의 대만영화를 이끌고 국제필름마켓에 참가하며, 96편 대만영화가 국제영화제에 출품되어 35개상을 수상하는 등, 풍년의 한 해라고 말할 수 있다. 2013년 상반기에는 〈대미로만〉(大尾鱸鰻) 1편으로만 지탱하지만, 대만 전 지역 매표수익은 5억 신대만 위엔에 이른다. 직후 〈총포사〉(總鋪師)로 2013년 3억여 원 신대만 위엔의 흥행수익을 올리며, 2013년 대만 방언 영화 매표수익 1, 2위를 차지한다. 마지상(馬志翔)과 위덕성(魏德聖)이 합작한 작품인 〈카노〉(KANO, 2014)는 매표수익이 3억1천4백만 신대만 위엔으로, 2014년 대만 중국어영화의 매표수익 1위를 확고히 차지한다. 뒤이어 〈대도정〉(大稻埕)은 3억이 넘는 신대만 위엔의 흥행을 기록하고, 〈비자영웅수부곡〉(痞子英雄首部曲)과 〈비자영웅2:여명재기〉(痞子英雄2:黎明再起)은 대만 매표수익 1억 2천만 신대만 위엔(인민폐 약 2,608만 원), 중국 흥행도 역시 2억 위엔에 육박하며, 중국과 대만 양안 합작영화 흥행 기록을 경신한다. 10월에 개봉한 청춘문예영화 〈등일개인가배〉(等一個人咖啡)는 개봉 첫날에 1천 6백만 신대만 위엔 흥행 신기록을 세우고, 2014년 첫날 매표소 수익 1위에 오르며, 총 매표수익 신대만 위엔 2억여 원을 벌어들인다. 2015년 신년영화 〈대희임문〉(大喜臨門)은 신대만 위엔 억대 수익의 문턱을 성공적으로 넘는다. 또한, 정월 대보름 원소절(元宵節)에 중국시장에 투입되어, 중국시장의 수온을 탐사한다. '후신영화(後新電影)'의 부흥과 영화산업체제의 변화 속에서, 모든 영화가 흥행 성공에 이르지 못하지만 제작 편수는 증가한다. 즉, 다수의 제작 편수를 토대로 하나라도 성공할 확률을 증가시킨다.

주목할 만한 점은 다큐멘터리영화 〈간견대만〉(看見台灣, 2013)의 상영이 대중의 눈길을 끌며, 개봉한 지 66일이 되어 매표수익이 2억대 신대만 위엔을 초과한다. 온 국민의 열정이 이 영화의 원기를 북돋우며, 대만 방언 영화 중에서 2013년 흥행 3위를 점한다. 이 영화는 총 9천만 신대만 위엔이 투자되었는데, 대만 다큐멘터리영화사 이래 촬영 원가가 가장 높은 영화이다. 제백림(齊栢林) 감독은 거의 3년이란 시간 동안 제작하고, 400시간이 누적된 헬리콥터 촬영을 한다. 예컨대, 항공촬영을 통해 한 번도 가보지 못한 대만 구석구석을 스크린에 펼쳐 보이며, 깊고도 진실한 향토적 감정을 드러낸다. 이 영화는 2013년 제50회 금마장(金馬獎) 최우수 다큐멘터리 상을 수상한다.

2012~2013년 영화연감을 토대로, 영화평론가 초웅병(焦雄屏)은 『남방도시보』(南方都市報)에 다음과 같은 글을 기고한다. "대만영화와 전 세계 중국어 권역 간에는 재미와 품위 면에서 분명한 구분이 있는 것 같다." 후효현(侯孝賢)은 두 해 사이의 격차에 대해 "2012년 대만영화는 '약세' 상태였다"라고 말한다. '약세'의 원인은 아주 다양하다. 우선, 대만영화의 '지역성'이라는 소재의 한계에 있다. 섬이라는 대만의 지리적 요소 때문에, '지역성'은 너무나 산재되어 있다. 이로 인해 전체 대만의 공감을 끌어내기 어려울 뿐만 아니라 할리우드 블록버스터 영화에 맞서기도 힘들다. 다행히 대만의 젊은 세대 감독들은 창작을 우선시하면서도 영화시장의 논리에서 벗어나지 않는다. 학생 위주의 젊은 세대 감독들의 신인류 영화들이 보여주는 공통적 특징은 정치적, 사회적, 도덕적 틀에 얽매이지 않고 자기만의 감각을 신뢰한다는 점이다. 그들은 지난날의 회고적 정서에서 탈피하고, 역사적 역경 이야기에서 벗어나며, 현재의 현실적 감각에 집중한다. 이들은 후효현(侯孝賢)이나 양덕창(楊德昌)의 영화 시절과 고별하고, 신영화(新電影)에 대해서도 성찰하지 않으며, 모범적인 대화의 소통에도 신경 쓰지 않는다.[340] 억대 흥행을 이끈 유승택(鈕承澤) 감독은 "내가 찍고 싶은 것은 대중적인 취향에 속하는 영화이다. 스승님의 성향이나 기존의 수작업과는 관계없이 영화산업의 가치 사슬

---

340 노비역, 『대만전영:정치, 경제, 미학(1949~1994)』, 대만:원유출판사, 2003:346(盧非易, 『台灣電影:整治, 經濟, 美學(1949~1994)』, 台灣:遠流出版社, 2003:346).

을 존중하는 것이다. 그러나 나는 여전히 대만적인 요소를 중심적으로 다룬다. 왜냐하면, 나는 이 땅에 대해 애정이 매우 깊기 때문이다"라고 외친다. 신세대 영화인들은 서로 힘을 다해 입지를 공고히 하며, 그들의 간절한 마음과 표현은 대중의 공감을 최고조로 이끌어낸다.

베테랑급 영화인들은 여전히 창작에 게을리하지 않고 있으며, 신세대 영화인들은 침체한 영화시장의 바람에 맞서며 형세를 쫓아가는 형국이다. 4개의 방향으로 살펴볼 수 있다.

1. 후효현(侯孝賢)의 〈홍기구〉(紅氣球, 2007)는 해외 투자를 받아 프랑스 오르세 미술관과 관련된 영화를 제작한다. 채명량(蔡明亮)의 〈검〉(臉, 2009)은 다양한 나라의 해외 투자를 받아서 프랑스 루브르궁전을 주요 배경으로 한 영화를 제작한다.

2. 주연평(朱延平)의 〈자릉〉(刺陵, 2009)은 대만 장홍(長宏) 영화주식회사와 북경 중영(中影)그룹이 합작한 영화이다. 진국부(陳國富)의 〈풍성〉(風聲, 2009)은 중국에서 촬영하고, 북경 화의형제(華誼兄弟) 미디어투자에서 제작한 영화이다. 이우녕(李祐寧)의 〈면인자〉(麵引子, 2012)는 양안미아(兩岸美亞) 엔터테인먼트와 합작한 작품이다. 이 영화는 시대적 풍경과 감정을 실감나게 표현하기 위해 중국과 대만에서 촬영한다.

3. 장작기(張作驥)의 〈호접〉(蝴蝶, 2007)은 대만 본토 중환(中環)그룹과 합작하여 남방오어항(南方澳漁港)에서 촬영한다.

4. 만인(萬仁) 감독은 보조금 지원 외에 민간 투자를 받아서 〈과해도탐과〉(跨海跳探戈, 2013)를 제작한다.

이런 경향을 통해 대만영화산업이 지향하는 지점을 살펴보면 다음과 같다. 신구감독 모두는 보조금의 길을 걸지만 민간투자 및 해외 투자 플랫폼을 만들어낸다. 또한, 그들은 개인의 창작 스타일을 보장받고, 예술성과 상업성의 중간에 위치하지만 메이저 영화 제작사들의 지지를 얻는다. 베테랑급 영화인들은 흥행에 대한 걱정 없이 국제 투자를 받아 마음껏 예술영화를 창작한다. 상업영화 감독들은 중국과 대만 양안 합작을 통해 중국 주류시장을 적극 공략한다.

예전의 대만영화는 나르시시즘의 깊은 못에 빠져 허덕이었는데, 지금의 대만영화는 마치 봉황의 재생을 방불케 하듯이, 홍콩 영화와 마찬가지로 형식에 구애받지 않고 국경을 넘나들며 영화를 찍는 등 국제적인 추세로 치닫고 있다. 신구 영화인들의 노력으로 '후신영화(後新電影)'의 발언권은 기세가 등등하며, 대만의 매력을 확산시킨다. 용응대(龍應台)[341]에 따르면, '중국 꿈'의 의미는 '보지 못하는 책이 없고, 보지 못하는 영화가 없다.'[342]는 것을 말한다. 중국과 대만 양안이 정치적 대립에서 벗어나 온전히 영화 예술로 세계에 설 수 있다면, 중국 문화와 대만영화를 전 세계에 알릴 수 있을 것이다.

---

[341] (역자 주) 용응대(龍應台)는 대만의 대표적인 지성으로, 폭넓은 지식과 날카로운 시사적 감각, 촌철살인의 명쾌한 문장으로 수많은 독자들을 사로잡은 중화권 최고의 사회문화비평가이자 베스트셀러 작가다. 중화권에서 '지식인에게 가장 영향력 있는 50인'에 선정되었고, 2012년 5월 대만 문화부가 신설되면서 2014년 12월까지 초대 문화부 장관을 지냈다. 대표적인 저서로는 '응용대 인생 3부작'이라 불리며 출간된 지 십 년 가까이 독자들에게 스테디셀러로 읽혀온 『친애적안득열』(親愛的安德烈), 『해자니만만래』(孩子你慢慢來), 『목송』(目送) 외에 중화권에 응용대 돌풍을 일으킨 사회문화비평서 『야화집』(野火集)과 1949년 이후의 분단과 중국에서 건너온 대만 사람들의 디아스포라 같은 삶을 조명해 중화권에 일대 센세이션을 일으킨 『대강대해 1949』(大江大海一九四九) 등이 있다.

[342] 2010년 중국 〈남방주말〉(南方週末)은 북경대학교에서 '중국몽천행자치경전례'(中國夢踐行者致敬典禮)를 개최한다. 여기서 대만 작가 응용대는 세계에서 가장 영향력이 있는 중국인 중의 한 명으로 뽑힌다. 그는 8월 1일 북경대학교 백월강당(百月講堂)에서 '온유적역양:종향수도미려도'(溫柔的力量:從鄉愁到美麗島)라는 주제로 "중국과 대만 양안은 모두 성실한 용기가 있어야 하며, 역사를 함께 마주해야 한다. 또한, 중국과 대만 양안은 절대로 또 다른 전쟁에 빠져서는 안 된다."라고 강연한다.

제3절 대만 현대 인문의 특성: 영화문화의 새로운 언어 환경

1980년대 말 국제정치학의 대가 조지프 나이(Joseph S. Nye. Jr.)는 소프트 파워(soft power) 개념을 제시한다. 소프트 파워는 협박이나 징벌이 아닌 흡인력을 통해 원하는 것을 얻어내는 능력이다. 그것은 바로 한 나라의 문화, 정책, 정치사상에 대한 영향력이다. 조지프 나이에 따르면, 하드 파워는 막강한 군사력 및 경제력인 반면에, 소프트 파워는 '의제 설정 능력'을 갖춘 제도와 '흡인력'을 갖춘 가치, 문화, 정책이다. 이 이론은 전 세계적으로 공감대를 얻는다. 특히 동남아 각국은 소프트 파워에 대한 강력한 효과를 인식하며, 핵을 포기하고 본토 문화 및 관광자원을 개발한다.

피터 드러커(Peter Drucker)는 '사회문제 해결의 길은 바로 사회 안에 있다'라고 제시한다. 이 말은 사회적 영역(social sector)에 있는 비정부기구(NGO), 비영리조직(NPO), 국민부서와 지원부서, 제3의 단체 등의 역할을 강조하는 것이다. '제3의 단체'는 사회의 다양한 복지 의제를 가진 비영리단체들을 통칭한다. 대개 인권, 환경보호, 여성, 노동자 등의 의제를 다룬다. 대중의 기대와 언론의 입맛에 맞게 그리고 정부나 기업이 따라오게 만드는 의제를 쉽게 만들 수 있다.[343] 대만의 민간기업 입김은 강하며, 정부로 하여금 사회 복지에 더 큰 노력을 기울이도록 종용한다. 이 덕분에, 대만의 비영리단체들은 빠르게 성장하고, 50%가 넘는 재단이 계엄 해제 이후 10년 이내에 설립되며, 2005년에는 26,139개의 비영리단체가 등록된다.

대만 사회는 곳곳에 인간적 배려를 구현하며, 인문학적인 분위기를 조성

---

343 장경의, 「소국여하약상대무대」, 『원견』, 대만:천하원견출판고빈유한공사, 2006년 7월, 118~214(張經義, 「小國如何躍上大舞台」, 『遠見』, 台灣:天下遠見出版股份有限公司, 2006년 7월, 118~214).

한다. 영화 소재는 항상 사회 도처에서 끄집어내며, 그 시기의 문화적 특징을 영화에 반영한다. '후신영화(後新電影)'는 이러한 흐름 속에서 비롯된다.

1. 양질의 소프트파워 : 해박한 학문을 쉽게 드러내지 않는 대만 정신

1987년 정치적 해엄 이후, 「대만 연구」는 주류가 된다. 섬 문화는 상업적 판매 전략과 맞물리면서 대량으로 문예 창작품을 생산한다. 대만의 다원적 소프트 파워는 4백 년 동안 이어온 인문적 소양 그리고 식민 혹은 이민의 특성의 융합에서 기인한다. MIT(Made in Taiwan) 브랜드는 영화 문화를 포함하여 국제시장에서 놀랄만한 성과를 창출한다.

전통 유가사상

1949년 이후 국민당은 '중화문화의 부흥' 운동을 기조로, 요(堯), 순(舜), 우(禹), 탕(湯), 문(文), 무(武), 주공(周公)의 사상을 추진하며, 대만 국민에 '공맹'(孔孟)사상을 교육한다. '문화혁명' 이후 중국이 당당하게 우뚝 솟아나자 비로소 전 세계에 중국어 열풍이 서서히 일어나며, '공자학원'(孔子學院)을 통해 유교의 도덕 전통을 널리 전파한다. 미국의 『뉴스위크』(Newsweek)는 중국 문화의 변화를 특집으로 보도한다. 대만은 일찍이 중국 사람들이 숭배하는 유가 문화를 계승한다. 초기 중국어로 된 대만영화로부터 '후신영화(後新電影)'에 이르기까지, 모두 그 그림자가 드리워져 있다. 이안(李安)은 "대만의 고향에서 얻은 가장 중요한 자양분은 정통적인 유가교양으로서, 자신의 창작 원천이다."[344]라고 밝힌다. 그래서 그의 영화 작품에는 모두 유가

---

[344] 유상산, 「이안유가교양가이양전구주목」, 『원견』, 대만:천하원견출판고빈유한공사, 2006.07, 178쪽(游常山, 「李安儒家教養可以讓全球注目」, 『遠見』, 台灣:天下遠見出版股份有限公司, 2006.07, p.178).

문화적 색채가 배어 있다. 예컨대, 〈와호장룡〉(臥虎藏龍) 무협세계에는 도처에 삼강오륜의 이치가 숨어 있다. 말 그대로 중국이 중시하는 가장 기본적인 균형, 즉 인간과 자연의 관계를 조화시키는 것이다. 이는 온대 기후의 농업문화를 발전시킨 민족정신에서 비롯된다.

중시되는 본토 역사문화

대만의 독특한 인문적 분위기는 종교 신앙, 음식문화, 건축 스타일, 특유의 대만 억양을 포함한다. 중앙산맥은 대만을 동대만과 서대만으로, 탁수계(濁水溪)를 사이에 두고 북대만과 남대만으로 나눠진다. 손바닥만 한 작은 섬에는 풍부한 자원과 다문화가 담겨져 있어, 가는 곳마다 역사의 흔적을 찾아볼 수 있다. 예를 들면, 장화현 방원형 왕공촌은 겨우 200미터 시가지에 청나라 절, 일제 침략 시기의 파출소, 국민당 시기의 활동 센터, 시기별 3개 건축물이 있다. 대만은 비록 짧은 4백 년의 기록 역사가 있지만, 7천 년 전의 인류의 자취가 남아있다. 이런 유구한 발자취에 따라 사람들은 모두 환경보호와 대만 본토 문화 보존을 자신의 책무로 삼는다. 이처럼 정통 인문 및 소박하고 성실한 국민성은 가장 소중한 자산이다. 대만은 중국과 홍콩과 인접하여 변방에 있지만, 정치와 경제는 세계적으로 주목받는다. 2008년 영화 〈일팔구오을미〉(一八九五乙未)는 식민 역사를 기술하며, 당시의 고단한 세상사를 이해하게끔 한다.

자유 대만, 민주의 꽃

장경국 정권이 붕괴한 후, 1990년 이등휘(李登輝)가 8기 대통령으로 취임한다. 1995년 대북시 신 공원에 '228사건(二二八事件)' 추념비를 세우고, 정부는 피해자의 유족들에게 사과한다. 이는 대만 본토 정권 수립을 의미한다. 1996년 제1기 민주선거 총통이 탄생하고, 국민은 선거권을 행사하며 나라의 주인이 된다. 대통령은 국민의 공복이며, 민의는 대만의 열풍이 된다. 그 후, 전 국민은 단체법, 집회 시위 등 법규를 개정하며, 대만의 민주 소양과 이념을 구현한다. 그러나 지나친 민주 현상으로 대만 정치는 호적 갈등 등으로 혼탁해진다. 2개의 거대 정당 간의 경쟁뿐만 아니라 약 116개의 야당이 난립한다. 매번 선거는 민중의 정치적 지혜를 시험하고, 이를 통해 대만의 정치적 공감대와 사회적 가치를 응집한다.

대통령부, 입법원, 중정기념당, 인민광장, 케이다그란(Ketagalan, 凱達格蘭大道) 길은 이제 더 이상 권력의 금지 구역이 아니다. 지금은 국민이 함께 거니는 공원 지역이며, 정기적인 관람 외에도 국민청원 항의 성지이다. 또한, 2010년 개방과 글로벌 기업의 국제적 홍보 무대가 되고, 패션 발표회를 개최하여 경직된 이미지를 탈피한다. 영화 〈호접〉(蝴蝶)은 대만 식민의 후대 문제를 내비치고, 〈정차〉(停車)는 대만의 민주 배경을 토대로 국제적인 네트워크의 중요성을 이야기한다.

보물섬인 대만 신주민의 문화융합

대만 민족은 객가인(客家人), 민남인(閩南人), 원주민 그리고 중국 대륙에서 건너온 이민자들로 구성된다. 이처럼 다양한 본적을 가진 민족들은 늘 정치적으로 갈등을 가진다. 하지만 융합과 국제화 추세 덕분에, 본적에 대한 감정은 점차 약해진다. 대신 중국과 대만 양안 유동 인구, 외국 국적인, 동남아 신부, 중국 신부, 외국인 노동자 등 새로운 주민들과의 융합은 본토 문화와 외래문화가 뒤섞인 새로운 문화토양을 제공한다.

타문화의 자극은 대만의 정치, 경제, 교육, 교통, 민생 등 사회구조에 지대한 영향을 끼친다. 영화 〈연습곡〉(練習曲), 〈최요원적거리〉(最遙遠的距離), 〈대북성기천〉(台北星期天) 등은 대만의 신구 민족 집단들의 모습과 국제적인 새로운 주민의 문화 현상을 그린다.

인간적 관심과 배려

경제에 방점을 둔 이전의 대만은 '돈의 섬'으로 인문예술과 사회 이슈를 등한시하였다. 하지만 오늘날 대만 사회는 곳곳에 인간적 배려가 스며있다. 즉, 사람은 국가의 자산이며, 몸과 마음이 국가의 부강과 관련된다는 이데올로기이다. 사회정신과 물질의 만족은 국가 경제의 균형에서 온다. 양자가 균형을 잃으면 곧 사회문제가 생긴다. 그러한 문제는 정부가 온전히 모두 해결할 수 없기에 민간 차원의 '비영리단체'가 생겨난다, 이런 단체들은 민간팀과 전문 자원봉사단을 보유하고 있어서, 문제해결이 필요한 누구나 정치, 종교, 성별, 연령의 구애를 받지 않고 모두 해당 단체에 도움을 청할 수 있다.

'비영리단체'는 전 국민이 열망한 결과이고, 사회의 새로운 주류가 된다. 단체들은 효율적 관리를 통해 구체적인 성과를 거둔다. 예를 들어, 만청여성협회, 에덴사회복지재단, 햇살사회복지재단, 희천아 재단, 리신재단, 천주교효명재단, 창세재단, 대만동물협회 등이 있다. 이처럼 대만 사회는 동물에서 인간에 이르기까지 모두의 안정적인 생활에 도움을 주며, 사회적 약자를 배려한다.

미국 피츠버그 공과대학장 장신강(張信剛)은 '과학기술은 손의 연장과 뇌의 확장일 뿐이다. 과학기술은 반드시 인문과 결합해야 한다.'라고 강조한다. 영화 〈불능몰유니〉(不能沒有你)는 정치적 폐해와 사회적 약자의 변화를 인문학적으로 성찰하고 반어적으로 풍자하며, 사회개혁의 불씨를 댕긴다.

문화적 창의

전통과 혁신의 대만 문명은 국제적인 문화 창작 플랫폼 앞에 서 있다. 머나먼 아름다움은 부족의 근원이고, 새로운 세대의 창의는 대만이 앞으로 나가는 힘이다. 할리우드 영화가 거대한 비즈니스 기회를 창출하는 것을 보면, 먼저 해당 지역의 생활과 삶에 스며들고, 그다음에 자신의 이데올로기를 영화

상품으로 바꿔서 팔면서, 강력한 문화적 식민을 창조한다.

대만의 생활상은 독특한 도시적인 매력이 있다, 타 국가와 비교해보면, 중국보다 수준이 높고, 싱가포르보다 흥미로우며, 홍콩처럼 붐비는 것도 없다. 1970년대 대만에서 문예 붐이 일어나는데, 처음에는 놀라움을 야기하지만 큰 지지를 얻지 못한다. 이후 경제발전과 정신적 속박에서 벗어나자, 다양한 생활경험과 레저오락은 예술적 창의의 기초가 된다. 문예 창작 소프트파워는 사회 전 분야에 스며들며, '대만 제작'은 '창의적인 대만'과 같은 의미로 통한다. 운문무집(雲門舞集)단체[345] 와 같은 문예단체는 창의적인 문화 대표가 된다.

현재 대만 문예팀의 유형은 다원적이다. 대만 문화 전달자로써, 해외 공연을 자주하는 명화원가자희단(明華園歌仔戲團), 소서원목우희반(小西園木偶戲班), 역완연목우희반(亦宛然木偶戲班), 벽력목우희(霹靂木偶戲), 한당악부(漢唐樂府), 난릉극방(蘭陵劇坊), 당대전기극방(當代傳奇劇坊), 아음소집(雅音小集), 전음삼태자(電音三太子) 등이 있다. 또한, '성품서점(誠品書店)'은 처음으로 24시간 영업하는 문화타운으로 거듭난다.

이처럼, 다양한 창의적 문예의 힘은 당시 영화의 주요 소재가 되며, 기대 이상의 성과를 거둔다. 예를 들면, 〈경과〉(經過), 〈일엽대북〉(一頁台北)처럼 영상 음악의 매력으로 대만 문화의 특징을 펼쳐 놓는다.

대자연에 대한 친환경 의식

인류의 집은 단 하나, 바로 지구이다. 한때, 그는 만신창이가 되어버렸다. 오호라! 슬프도다. 2011년 3월 11일 일본의 대지진과 쓰나미는 전 세계를 더

---

[345] (역자 주) 몸 안의 내재된 기를 운용하여 몸으로 다양한 한문의 서체를 예술적 기교로 표현하는 극단을 말한다.

욱 두려움에 떨게 하였다. 이에 대만 사람들은 자연 생태계가 파괴되는 것을 목도하며, 에너지 절약과 탄소 삭감에 힘쓰며 유기 경작, 무독 가축 등의 방식을 선호하기 시작한다. 정부가 환경보호 조치를 적극 취하고, 전 국민은 이에 부응하여 쓰레기 분리수거 및 자원 재활용 등에 동참한다. 대만 경제부는 약 120만 개의 중소기업을 독려하여, 국제적인 녹색 친환경 기능에 맞는 제품을 생산하도록 유도하여 유럽과 미국 국가에 수출하고 세계적인 경쟁력을 배가시킨다. 그러나 대만의 석유화학공업 오염과 석유화학 공장 재건 계획은 국민과 정부 간의 격렬한 대립을 야기시킨다. 경제 발전과 생태 환경보호의 비중은 정부의 지혜를 시험케하고, 대만 사람들은 환경 감시자로 활동한다.

지구 온난화는 오존층을 파괴하고, 빙산은 급속도로 녹으며, 지구의 생태는 이미 위기상황이다. 세계의 종말이 이미 다가왔다고 해도 과언이 아니다. 다큐멘터리 〈정부2도C〉(正負2度C, 2010)의 개봉은 친환경에 대한 국민의 관심을 더욱 촉발시키며, 정부의 효과적인 공공조치 단속을 독려한다. 여러 편의 후신영화(後新電影)가 동대만 지역에서 촬영되는데, 이러한 영화들은 아름다운 풍경을 스크린의 화폭에 담아, 생태 의식을 더욱 고양시킨다. 신세기 이래, 대만의 환경 보호 효과는 상당히 고무적이다. 이는 영화계의 노력도 빼놓을 수 없다.

화합하여 공존하는 다양한 종교들

중국인은 집을 나서면 친구에게 의지한다고 말하지만, 하늘과 땅의 신에 의지한다. 대만의 이민문화는 종교를 흥성하게 한다. 특히 대만에 정착해 뿌리를 내린 복건(福建)의 종교는 동산도의 관공(關公), 미주도의 마조(媽祖)의 전통적인 신앙의 근원이다. 불교는 대만에 널리 퍼져있는 종묘문화이며, 4대 종파를, 즉 자제증엄종(慈濟證嚴宗), 중대선사(中台禪寺), 법고산성엄(法鼓山聖嚴), 불광산(佛光山)을 가지고 있다. 미국 원조 시기에 유럽과 미국의 천주교, 기독교, 장로교회가 대만에 유입된다. 그 외 일관도, 도교 등도 있다. 대만은 다양한 종교를 존중하여 각 종파가 조화롭게 공존하며, 대중도 신앙의 자유를 향유한다.

민간 묘우(廟宇)³⁴⁶와 재단법인 묘우로 나눠진 종교 활동은 삶의 힘을 강화하는 역할을 한다. 예컨대, 이러한 종교적 역량은 복과 혜의 마음을 가지고 사회에 적극적으로 참여하는 힘이 된다.

종교영화의 소재는 교화기능을 일으키며, 초기의 대만 방언 영화부터 신선 이야기들이 스크린에 펼쳐진다. 예를 들면, 관세음, 부처, 마조, 나타(那吒), 관공, 토지공(土地公), 팔선과해(八仙過海), 목련구모(目蓮救母) 등 형상은 이미 대중에 각인되어 있다. 새로운 세대의 영화는 더 이상 전통적인 신선 이야기에 빠져들지 않고, 오히려 종교 속에서 인생의 상대적 의미를 탐구한다. 예를 들면, 현실적 의미를 담은 〈유랑신구인〉(流浪神狗人) 등이다.

2. 신세기 대만영화 장르와 언어 환경

시대의 흔적을 담아내는 스타일의 대만 감독들은 지속적으로 배출된다. 신세대는 구세대의 사고와 가치관과 다른 새로움을 선보이며, 새로운 영화 환경을 조성한다. 예를 들면, 위덕성(魏德聖)는 "시대마다 모두 그 시대의 문제에서 해결해야 할 일들이 있다. 10년 더 있으면 한 세대인데, 환경이 완전히 다르다. 자신의 성장배경에 따라 이야기를 풀어가는 사고방식 등이다. 우리는 예전의 이야기하는 방식에서 벗어나 지난 세대의 정신을 이어간다."³⁴⁷

---

³⁴⁶ (역자 주) 신위를 모시는 집을 칭한다.
³⁴⁷ 임문기·왕옥연, 『대만전영적성음·방영주보VS대만영인』, 대만:서림출판사, 2010:103(林文淇·王玉燕, 『台灣電影的聲音:放映週報VS台灣影人』, 台灣:書林出版社, 2010:103).

고 언급한다. 신세대 영화 장르의 주요 작품은 다음과 같다.

인문 사실 영화

〈당애래적시후〉(當愛來的時候,
When Love Comes, 2010)
감독 : 장작기(張作驥)
극본 : 장작기(張作驥)

이 영화는 반항적인 성격의 내춘(來春)(이역첩(李亦捷) 역)을 중심으로 이야기가 펼쳐진다. 그녀와 아버지, 두 명의 어머니, 삼촌, 할아버지, 3대가 함께 모여 사는 가족은 은혜와 원한이 복잡하게 뒤엉켜있다. 그녀는 원치 않는 임신을 하는데, 연락이 끊긴 남자친구 때문에 좌절한다. 삼촌은 큰어머니의 관심과 사랑으로 첫사랑의 상처를 극복하며, 가족애를 느끼며 다시 삶을 이어간다. 서로 다른 세대의 모녀는 변화하기 어려운 숙명에 대립한다. 감독은 땔감, 쌀, 기름, 소금과 오고 가는 사람을 맞이하는 삶 속에서, 세대 간의 갈등이 치유되어가는 과정에 대해 깊은 관심을 드러낸다.

장작기(張作驥)는 처음으로 여자들의 애정, 성장, 숙명에 대해 탐구한다. 그는 세련되고 간결한 영상기법으로 세 여성을 형상화하여, 애정의 상처를 어루만진다. 향토적인 분위기를 물씬 풍기는 영화는 독특한 각색과 세세한 삶이 녹아있는 연극적인 분위기의 매력을 발산한다. 전통적인 가정에 문예적 요소를 가미하여, 대만 사회의 축소판인 가족이라는 대만의 냄새가 진하게 풍긴다.

〈경남해〉(囧男孩, ORZ Boyz, 2008)
감독 : 양아철(楊雅喆)
극본 : 양아철(楊雅喆)

영화는 아이들의 세계와 어른들의 세계, 즉 순수함과 거짓을 풍자적으로 대비시킨다. 두 명의 어린 소년은 장난감 카타르 천왕을 통해서 모험을 떠난다. 둘 다 불완전한 가정을 가진 아이들은 천진난만한 순수함을 지니지만, 그들의 굳건한 우정은 냉혹한 현실 앞에서 무너진다.

감독 양아철(楊雅喆)은 어린이 천국이나 공상과학 세계를 통해 아이들의 취미와 서민의 소박한 생활에 집중한다. 즉, 아이들의 세계에서 멀어진 어른들이 스트레스에서 벗어나 천진하고 거짓이 없는 마음을 되찾게 한다. 또한, 동심의 언어를 애니메이션 화면으로 표현하여 캐릭터에 즐거움을 더한다. 감독은 "그것은 우리가 처한 현실을 초월하는 영역을 대변한다."라고 한다. 영화음악은 은은하면서 무언가를 기대하게끔 하며, 두 어린 배우와 아마(阿嬤)의 연기는 매력적이다.

〈방방아, 애신〉 (幫幫我, 愛神, Help Me Eros, 2007)
감독 : 이강생(李康生)
극본 : 이강생(李康生)

브레히트(Brecht)의 '거리두기 효과'라는 연극 개념을 적용한 영화는 다양한 인간상을 통해 강렬한 사회적 은유를 내포한다. 세 개의 에피소드가 교차하여 진행되는데, 주된 줄기는 대만 경제 붕괴로 직업을 잃은 남자가 마리화나를 피우며 스트레스를 해소하며, 후에 건물에서 뛰어내려 실패한 인생을 종말 짓는다는 내용이다. 그는 어느 날 전화 핫라인의 자원봉사자 치이(Chyi)와의 통화를 통해 위로를 받고 그녀의 목소리에 매료된다. 그는 치이에게 만나자고 요구하다 거절당하자, 빈랑(檳榔) 열매를 파는 아가씨를 통해 성적으로 대리만족을 느낀다.

오프닝 카메라는 섹시한 미녀 이미지를 사물화한다. 정신을 못 차린 남자는 매일 노래방을 돌아다니며 게다가 물품을 저당 잡히면서 살아간다. 자살에 이르는 과정은 현실과 비현실적인 노래 장면이 교차하면서, 나체의 여자와 남자를 통해 성적인 장면을 판타지 하게 그려낸다. 빈랑(檳榔) 열매를 파는 여자는 남자가 정신적으로 의지하는 사람이다. 즉, 마약에 취한 사회의 변두리 사람들이 성적인 욕망을 통해 구원하는 상징적 대상으로 그려진다. '붉은 셔츠' 인파는 정치 분위기에 대한 풍자이고, '로또복권'은 실업에 대한 해석일 뿐만 아니라 가난한 사람들의 희망이다. 영화는 퇴폐적인 야경을 담은 카메라 렌즈를 통해 인물의 왜곡된 심리를 반영한다.

〈해각칠호〉(海角七號, Cape No. 7, 2008)
감독 : 위덕성(魏德聖)
극본 : 위덕성(魏德聖)

2차 세계대전 이후 일본군이 패망하면서, 그들은 대만 항춘(恆春)에서 철수한다. 한 일본인은 사랑하는 대만 여인을 항구에 두고 떠난다. 60년의 세월이 흐른 현재의 항춘(恆春)에서는 일본 톱스타 콘서트를 위해 아마추어 락밴드가 구성된다. 6명의 단원은 다양한 연령층으로 구성되고, 보컬 아가(阿嘉)만 경험이 있고 그 외에 다른 사람들은 전혀 무대에 올라본 경험이 없다. 아가(阿嘉)는 항춘(恆春)에서 임시 우편집배원으로 일하지만, 우편물을 배달하지 않고 방 안에 쌓아두기만 할 뿐이다. 그는 우편물 더미에서 일본어로 쓰인 '항춘군(恆春郡) 해각칠번지(海角七番地)'라고 적힌 오래된 편지를 발견한다. 러브레터임을 직감한 아가는 수취인을 찾는다. 그러나 60년의 세월이 흐른 탓에, 해각칠호(海角七號)는 더 이상 존재하지 않는다. 콘서트를 준비하는 과정에서, 아가는 행사를 돕는 일본 여성과 사랑에 빠지며, 같이 편지주인 주소를 찾는다. 콘서트가 열리게 되고, 여자는 일본 일자리의 러브콜도받는다. 악단 공연은 순조롭게 마치고, 아가도 편지를 배달하지만, 여자는 일자리와 사랑 중에서 선택을 해야 한다.

감독은 과거를 현재에 조응하며 멜로구조를 띠며, 희극적인 요소와 역동적인 노래로 성공적인 상업 장르를 창조한다. 영화는 거시적인 시대적 시야가부족하지만, 모든 남녀노소에게 다가갈 수 있는 작품이다. 위덕성(魏德聖)는 "어떤 소재인지에 따라 스타일이 결정된다. 어떤 영화든 관계없이 모두 감독스타일이 결정한다. 서로 다른 장르는 당연히 장르별 방식에 따라 치수를 재여 만들어야 몸에 맞을 거라고 생각한다."[348]라고 말한다. 이 영화는 대중의폭발적인 공감을 끌어내면서, 대만영화에서 전대미문의 흥행을 기록한다.

---

348 임문기·왕옥연,『대만전영적성음:방영주보VS대만영인』, 대만:서림출판사, 2010: 102(林文淇·王玉燕,『台灣電影的聲音:放映週報VS台灣影人』, 台灣:書林出版社, 2010:102).

〈부후칠일〉(父後七日,
Seven Days in Heaven, 2010)
감독 : 왕육린(王育麟), 유재결(劉梓潔)
극본 : 유재결(劉梓潔)

〈부후칠일〉(父後七日)은 아버지의 죽음으로 아매(阿梅)가 고향으로 돌아와 시골 마을의 인정과 미신을 다시 직면하고, 전통 장례의식을 경험하는 7일간의 여정을 그린 영화이다. 분주히 진행되는 종교의식 속에서, 아버지에 대한 추억과 그리움은 산발적으로만 드러난다. 이처럼 장례를 치르는 7일은 마치 황당한 여정과도 같다. 장례가 끝나고 아매(阿梅)는 아버지를 잃은 슬픔을 가슴 깊이 묻고 도시로 돌아온다. 홍콩 공항의 흡연실에서 아버지에 대한 그리움이 강렬하게 밀려든다. 자욱한 뿌연 연기 너머로, 아버지는 그녀 옆에 앉아 있고, 부녀는 함께 담배를 피운다. 아버지가 "감정을 추스르고 앞으로 나아가라"라고 마치 옆에서 속삭여 주는 듯하다.

영화는 애통하거나 선정적인 장면은 없고, 유대인 결혼식처럼 즐거운 노래로 코믹한 분위기를 자아낸다. 생전의 부친은 거침없고 멋스러운 심성을 보여준다. 또한, 부친의 별세로 삶의 현실은 달라지지 않는다. 영화는 대만 중남부에서 흔히 볼 수 있는 민속 의식을 토대로 민초의 종교 의식을 나열하고, 기괴하고 터무니없는 분위기를 연출해 관객이 영화와 대화하는 여유를 갖게 만든다. 〈부후칠일〉(父後七日)은 대만에서 약 3천7백만의 신대만 위엔을 벌어, 2010년 영화 총 순위 2위를 차지한다.

〈제사장화〉(第四張畫, The Fourth Portrait, 2010)
감독 : 종맹굉(鍾孟宏)
극본 : 종맹굉(鍾孟宏)

　　10살의 외로운 소상(小翔)(필효해(畢曉海) 역)은 어릴 적부터 그림에 감정을 담아 우울함을 달래는데, 그 그림마다 비밀이 숨겨져 있다. 아버지가 돌아가시고 하루 3끼 식사도 이어갈 수 없는 그는 나이 많은 학교 경비원과 함께 고물을 주워 생계를 이어간다. 이후 소상은 오랫동안 연락도 없이 지냈던 어머니(학뢰(郝蕾) 역)와 계부(대립인(戴立忍) 역)와 함께 살게 되는데, 예전에 어머니가 데려갔던 자신의 형을 수소문하지만 찾지 못한다. 외톨이인 그는 뚱보 형(납두(納豆) 역)을 만나게 되면서 세상의 이치를 깨닫게 되며, 잇따라 만나게 되는 친구들을 통해 점차 성장한다. 이렇게 한 장 한 장의 초상화가 그려진다. 하지만 네 번째 그림, 소상(小翔)은 어떤 모습을 그릴지... 〈제사장화〉(第四張畫)는 인간성에 깊이 파고들어 사회를 직시하는 작품이다. 또한, 가정 폭력 및 실종 아동 등의 의제를 사실적이고 세밀하게 스크린에 담아 관객에게 질문을 던진다. 감독은 어린아이들의 세계를 작은 우주로 그리며, 무한한 소우주를 탐색한다. 영화는 아담한 정취의 풍경과 유아적인 정신세계를 보여준다.

　　이외에 뛰어난 인문영화가 있다. 예를 들면, 대립인(戴立忍)의 〈불능몰유니〉(不能沒有你, 2008)는 흑백 영상으로 사회 밑바닥 생을 살아가는 소외자들의 권리 보호를 이야기한다. 신건종(辛建宗)의 〈아휘적여아〉(阿輝的女兒, 2010)는 시각장애인의 생활과 존재가치를 고양시킨 영화이다. 주인공 역으로는 시각장애인 임복생(林復生)이 출연하고, 소리와 몸짓만으로 소통한다.

비록 신체가 불편하지만 낙관적인 태도의 생명력을 보여준다. 루일안(樓一安)의 〈일석지지〉(一席之地, 2009)는 판타지 실사와 록 밴드 요소가 충만하다. 영화는 산 사람과 죽은 사람들이 편안하게 살아갈 한 줌의 땅을 놓고 이전투구하는 모습을 풍자적으로 묘사한다.

로드무비 〈연습곡〉(練習曲, Island Etude, 2006)
감독 : 진회은(陳懷恩)
극본 : 진회은(陳懷恩)

　"어떤 일은 지금 하지 않으면 평생 할 수 없을 거야." 청각장애인인 명상(明相)은 자전거를 타고 남쪽 대만에서 시작하여 6박 7일의 섬 일주를 떠난다. 가는 길에서 만나는 사람, 풍경, 사건 및 사물 등은 다양한 자연의 모습을 담고 있다. 그는 영상 종사자, 리투아니아 여자아이, 공장의 파산에 항의하는 엄마들을 만난다. 마지막으로, 외할아버지의 집에 머물며 혈육의 정을 나눈다. 여정이 끝난 후, 자전거 여행길의 우연한 만남은 머릿속에 깊게 각인되며, 소중한 생명의 가치를 터득한다. 명상(明相)은 기타로 잊지 못할 생명의 연습곡을 연주한다.

　영화는 산과 바다의 아름다운 풍경 속에 잔잔한 바람과 약간의 구름, 우연한 만남의 열정을 노래한다. 이 영화를 보고 나면, 현재를 소중히 여기고 미래를 위해 노력하는 감사한 마음이 저절로 우러러 나올 것이다.

　감독은 "로드(road) 무비의 의미는 신기한 우연과 맞닥트리는 것이다. 끝까지 가도 어떤 결과가 나올지는 아무도 모른다. 〈연습곡〉(練習曲)은 여행

영화이다. 100분 동안의 여행 중에 바다를 옆에 끼고 대만을 한 바퀴 돌아올 수 있다. 내가 줄곧 하고 싶었던 것은 대만을 2천 2백만 사람을 위해 2006년 한 해 대만에 대한 사실적인 기록을 남기자는 것이다. 어떠한 여행이든 모두 인생의 한 여정이다. 어디에서 시작하고, 다시 어디로 돌아가는... 줄거리와 경관 이외에, 나는 반드시 침묵하며, 자연을 감상하고 인생의 의미를 되짚는다."[349] 〈연습곡〉(練習曲)은 전통적인 극적 구조도 없고, 그 흔한 미남과 미녀 조합도 없으며, 단지 일반 소시민의 생활상과 사소한 일분이지만 관객의 열광적인 지지를 받는다. 대만 사람들에게 자전거 여행 풍조를 이끈 것은 순수한 감동이 작용한 것이다.

〈몽유하위이〉(夢遊夏威夷,
Holiday Dreaming, 2004)
감독 : 서보군(徐輔軍)
극본 : 서보군(徐輔軍)

퇴역을 앞둔 아주(阿洲)(양우녕 楊祐寧 역)는 여러 해 동안 만나지 못한 초등학교 동창인 진흔흔(陳欣欣)(장균녕(張鈞甯) 역)이 죽는 꿈을 자주 꾼다. 그는 줄곧 악몽에 시달리며, 꿈이 무언가를 암시한다고 생각한다. 부대 병사 곤하(昆河)가 탈영하자, 상급상사는 아주와 친구 소귀(小鬼)(황홍승黃鴻升

---

[349] 임문기·왕옥연, 『대만전영적성음:방영주보VS대만영인』, 대만:서림출판사, 2010:24~27(林文淇·王玉燕, 『台灣電影的聲音:放映週報VS台灣影人』, 台灣:書林出版社, 2010:24~27).

역)를 보내 곤하를 찾아오라 한다. 아주는 이 기회를 이용해 진흔흔를 찾는데, 뜻밖에 그녀는 진학 압력으로 정신병원에 입원하여 있다. 아주는 그냥 놔두지 못하고 진흔흔(陳欣欣)과 소귀(小鬼)와 함께 화련(花蓮)으로 향한다. 그들은 햇빛 가득한 해변을 거닐며 즐겁게 지내고 있는데, 갑자기 곤하와 마주친다. 그런데 정신이 이상한 곤하는 세 사람을 납치해 폭탄이 가득한 오두막에 가둔다. 모두 불의의 봉변을 당할 줄 알았는데, 뜻밖에도 순진한 즐거움으로 가득하다. 영화는 신선한 문예적 정취를 토대로 순수함과 험악함을 대비시킨다.

〈유랑신구인〉(流浪神狗人, God Man Dog, 2007)
감독 : 진심의(陈芯宜)
극본 : 진심의(陳芯宜)

영화는 세 가지 계급 신분인 '마음이 공허한 도시부부', '가난한 원주민 가족', '버려진 불상을 모으는 한 무리의 사람들'이 등장한다. 영화는 궁극적인 믿음과 구원의 대상인 종교가 이미지로만 남아있는 사회현실을 풍자하며, 계층마다 생활고에 시달리어 정신적 우울증을 자아내는 판타지한 작품이다.

손(手)만 모델로 활동하는 청청(靑靑)(소혜륜(蘇慧倫) 역)과 건축가 남편 아옹(阿雄)(장한(張翰) 역)의 결혼은 파국 직전에 이른다. 이종격투기의 명수 사비(두효한(杜曉寒) 역)는 술주정하는 아버지에 대한 분노를 샌드백을 치며 분출한다. 필용(必勇)은 알코올 중독으로 가정 재건의 희망이 거듭 좌절된다. 우각(牛角)(고첩(高捷) 역)은 여기저기서 불상을 주우며, 돈을 저축하여 새로운 삶을 영유하고자 한다. 떠돌아다니며 유랑 생활로 살아가는 아선(阿仙)(장양양(張洋洋) 역)은 부적을 모아 스스로 복을 구한다. 노인과 소년은 부적을 가지고 산림 사이를 누비는데 그 순간 귀신의 문이 열리며, 세 가지 이야기가 서로 충돌하면서 그들의 운명이 바뀐다.

이 영화는 다양한 종교적 표상과 이미지를 교차하며, 인간과 신의 대화를 시도한다. 감독은 민중과 종교를 연결 지으며, 인간에 의해 등급이 매겨지는 신을 이야기한다. 예를 들면, 버려진 불상, 불완전한 불상, 크고 작은 절의 불상이다. 진심의 감독은 '계층별 인간의 고민과 토속적인 종교 간의 관계를 표현한다. 대만 사람들은 일종의 콜라주의 습성과 특징을 가지고 콜라주를 통해 자신의 미적 감각이나 속물적인 것들을 창조한다. 어둑어둑한 곳에서 선명한 색채가 펼쳐진다. 이것이 바로 대만의 생명력이다.'[350]라고 언급한다.

동성애영화, 〈염광사사가무단〉(豔光四射歌舞團, Splendid Float, 2004)
감독 : 주미령(周美玲)
극본 : 주미령(周美玲)

아위(阿威)와 아양(阿陽)는 동성으로 서로 사랑하는 사이이다. 갑자기 익사한 아양 때문에, 아위는 고통에 빠져 밤낮으로 일만 한다. 낮에는 도교의

---

350 임문기·왕옥연, 『대만전영적성음:방영주보VS대만영인』, 대만:서림출판사, 2010:56~57(林文淇·王玉燕, 『台灣電影的聲音:放映週報VS台灣影人』, 台灣:書林出版社, 2010:56~57).

도사(道士)로, 밤에는 가무 걸을 한다. 아위는 영혼을 부르는 의식을 통해 아양의 영혼과 만나 실의를 달랜다.

괴이한 환상으로 가득한 영화는 대낮의 세차게 용솟음치는 바다 물결과 어두운 밤의 찬란한 불빛들이 끊임없이 교차한다. 인물과 장면은 단순하지만 트랜스젠더의 감정을 대입하여 동성애 심리상태와 사회적 반감을 투영한다. 〈염〉(豔)의 영어 제목인 〈Splendid Float〉처럼 말 한마디에 두 가지 의미가 있다. Float은 분장한 황후들이 공연하는 데 쓰이는 꽃마차인 동시에 사회적으로 소외된 동성애들의 떠도는 상태를 암시한다. 분장한 황후들이 화려하게 연기하고 있는 야간, 도로, 모래섬, 강가 등의 장면은 그녀 혹은 그들의 반짝이는 겉모양 이면의 싸늘함과 마음속의 불안을 드러낸다.[351]

꽃마차 공연은 흔들리는 도로를 따라 도처를 떠돌아다니며, 고정된 거주지가 없다. 비좁은 변장 분장실은 외로운 마음의 세계를 대변한다. 하지만 무대에서는 화려한 카니발을 뽐낸다. 이처럼 분장실은 트랜스젠더로 차별받는 자신만의 위로의 장소이며, 무대는 용감하게 자신을 드러내는 장소이다. 모래섬 무대를 둘러싸고 있는 어두운 밤은 사회적으로 거부당한 집단의 무리를 암시한다. 감독은 해변 어촌, 공동묘지의 화복, 불꽃, 꽃차, 가무 등의 소재를 통해 화장한 쓸쓸한 자태를 드러낸다.

351 조석언, 『염광사사가무단:종욕망화거간동지공간』, 대만:대만전영필기전란영평, 2004. 10.01(趙錫彦, 『豔光四射歌舞團:從慾望花車看同志空間』, 台灣:台灣電影筆記專欄影評, 2004.10.01).

〈비약정해〉(飛躍情海, Love Me, If You Can, 2003)
감독 : 왕육아(王毓雅)
극본 : 왕육아(王毓雅)

영화는 기륭(基隆) 항구를 배경으로, 현대판 양산백과 축영대의 로맨스[352]를 동성애로 풀어가는 작품이다. 남부지방 바닷가에서 살고 있는 소삼(小三)(왕육아(王毓雅) 역)은 일정한 일자리 없이 도처를 맴돈다. 점쟁이는 그녀가 양산백의 환생이라고 말하며, 현 세대에서 전생의 축영대와는 마지막 상봉이므로 놓치면 영원히 헤어지게 된다고 말한다. 외지의 외사촌 여동생인 소영(小英)(임의신(林依晨) 역)은 오랫동안 서로 만나지 못했는데, 어릴 적 서로 몇 번 왕래하며 다정하게 지냈다. 이후 소영을 만난 소삼은 이상한 감정을 눈치채지 못하고, 여러 번 오해와 우연한 일치로 우발적인 폭력 사건 휘말린다. 소영(小英)은 바닷속에 묻히고, 이번 생에서의 인연을 마감한다.

줄거리는 아이돌 드라마와 같은 구조를 띠며, 항구적 분위기를 물씬 풍긴다. 소삼과 소영의 열연은 눈부시며 연출과 배역의 조화도 뛰어나다.

이 영화는 배우가 즉흥적으로 연기하는데, 사전에 상황을 얘기하지 않고 순간적인 감정이 튀어나오도록 유도한다. 현장에서 동시 녹음한 항구 풍경

---

[352] (역자 주) 양산백과 축영대(梁山伯與祝英台)는 '중국판 로미오와 줄리엣'으로 축영대(祝英台)와 양산백(梁山伯)의 슬픈 사랑이야기이다. 항저우의 서호(西湖)의 장교(長橋)를 배경으로 하기 때문에 장교애련(長橋哀戀)이라고 한다. 이 다리는 연인이었던 축영대(祝英台)가 양산백(梁山伯)과 수없이 작별하던 곳이기도 하다.

은 그 속에 마치 있는 것 같은 느낌을 준다. 소영이 소삼에게 고백하는 장면은 애련하게 읊조리고, 격렬하고도 느릿느릿하며, 극적인 느낌이 가득하다. 소영이 소삼을 구하기 위해 조금도 주저함이 없이 나서는, 즉 사랑을 위하여 목숨을 희생하는 것은 사람들을 숨 막히게 한다.

사실주의적인 사회 영화는 낭만적이고 느릿느릿한 리듬을 띤다. 그러나 노래 형식과 영화 스타일은 여러 가지로 불편하다. 영화는 감독의 실험적인 정신이 녹아있다.

새로운 세대의 동성애 문제는 시대적 개방에 따라 점차 사회적으로 수용되고, 약자들의 슬픔과 고통이 짙게 깔린 인간의 심리상태를 투영한다. 1970년대의 〈얼자〉(孽子)와 1990년대의 〈하류〉(河流) 영화와는 다른 양상을 띤다. 이러한 소재의 청춘 이야기를 다룬 영화로는 진영용(陳映蓉)의 〈십칠세 적천공〉(十七歲的天空, Formula 17, 2004), 소셜 미디어 연정(戀情)인 주미령(周美玲)의 〈자청〉(刺靑, Spider Lilies, 2007)과 〈표랑청춘〉(漂浪靑春, Drifting Flowers, 2007) 등이 있다.

도시영화

〈일엽대북〉(一頁台北, Au Revoir Taipei, 2010)
감독 : 진준림(陳駿霖)
극본 : 진준림(陳駿霖)

소개(小凱)(요순요(姚淳耀) 역)는 항상 서점 한편에 쪼그리고 앉아 프랑스어 교재를 읽으며, 파리에 있는 여자 친구를 그리워하며 만남을 고대한다. 서

점직원 수지(곽채결(郭采潔) 역)는 그를 책장 앞에서 우연히 만나 이야기를 나누며 그에게 호기심을 느끼기 시작한다. 얼마 후 마음의 변화를 느낀 소개는 급히 돈을 모아 파리에 가서 사랑을 되찾으려 하고, 야시장에 나갔다가 수지를 우연히 만난다. 프랑스행 티켓 대가로 다른 사람으로부터 물건배달의 부탁을 받는데, 그 일로 인해 그들은 경찰과 암흑가 양쪽에게 쫓기는 신세가 된다. 소개는 수지의 손을 잡고, 깊은 밤 어둠 속에서 대북시 거리, 야시장, 고속 터미널, 삼림공원, 여관 등을 누비며 추적을 피한다. 우연히 빚어진 엇갈림과 만남이 있고 난 뒤, 소개와 수지는 다른 사람을 구하기 위해 또 다른 소용돌이에 빠진다. 날이 밝을 무렵에야 소개는 택시를 타고 공항으로 가는 도중에, 수지야말로 자신이 찾는 100% 여자 친구라는 것을 깨닫는다.

〈일엽대북〉(一頁台北)은 미국 국적의 대만계 감독 진준림(陳駿霖)의 첫 장편영화다. 그는 노인·중년·청소년을 대변하는 배우들을 조합하여 시너지 효과를 꾀하고, 해학적이고 낭만적인 줄거리를 통해 대북시의 모든 사회면을 적나라하게 보여주며, 대만 전역을 세계에 홍보한다. 〈일엽대북〉(一頁台北)은 약 3,000만의 신대만 위엔의 수익을 올리고, 2010년 영화 전체 순위 4위에 오른다.

〈제36개고사〉(第36個故事,
Taipei Exchanges, 2010)
감독 : 소아전(蕭雅全)
극본 : 소아전(蕭雅全)

내성적인 타아(朵兒)(계륜미(桂綸鎂) 역)와 활달한 장아(薔兒)(임진희(林辰唏) 역)는 꿈이 다른 한 쌍의 자매이지만, 결국 '타아 카페'를 같이 운영하게 된다. 그 카페는 '물물교환'이란 특색을 더해 명소로 변모한다. 여기에 중국과 외국의 각국을 포함한 각양각색의 손님을 접하면서, 자매들은 노동, 노래, 이야기 등 물건으로 바꿀 수 없는 것들을 접하며, 심리적 가치와 현실적 가치가 같다는 점을 깨닫는다. 즉, 표시가 없는 물건은 전적으로 교환자의 심리적 가치에 의해 인정된다는 점을 이해한다.

감독은 인터뷰 장면, 내레이션 삽입, 제삼자 개입 등의 '거리두기' 효과를 통해 인생에서 가장 가치 있는 것이 무엇인가를 묻는다. 영화는 천천히 움직이는 카메라 무빙을 통해 커피, 과자 등에 담담한 정서를 담아내며, 그 사소한 것에 존재감을 부각시킨다. 영화 전체는 도시 사람들 간의 복잡한 관계에 대해 사람마다의 이야기를 경청한다. 두 자매는 결국 꿈을 위해 생각을 바꾸며, 서로 다른 삶의 궤적을 향해 달린다.

〈제36개고사〉(第36個故事)는 대만에서 약 1천만 신대만 위엔의 수익을 올리고, 2010년 영화 총 순위 5위에 오른다.

〈정차〉(停車, Parking, 2008)
감독 : 종맹굉(鍾孟宏)
극본 : 종맹굉(鍾孟宏)

장진(張震)은 주차하면서 황당한 사건을 당한다. 주차한 차가 빠져나가지 못하게 누군가 이중주차를 해놓은 것이다. 아무리 기다려도 차 주인이 나타나지 않자, 장진은 차 주인을 찾기 위해 근처를 수소문하며 다양한 인간상을 만난다. 〈정차〉는 〈공포분자〉(恐怖分子)의 주제인 소외의 연장선상에 있는 도시 영화이다. 하지만 줄거리를 보면 다소 황당무계하고 산만하다.

우연히 만난 사람들은 모두 각기 사연이 있고 불완전하다. 예를 들면, 중국 여자아이가 대만에 와서 일하다가 사기꾼에게 사기를 당하지만 장진(張震) 덕분에 위기를 모면한다. 그런데 그 이후 후속 이야기 전개가 부재하다. 한 주부(계륜미(桂綸鎂) 역)의 이야기도 유사하다. 아이를 낳지 못해 결혼생활 뿐만 아니라 정서적 문제가 발생하지만 간단히 언급만 하고 끝난다. 그리고 홍콩 재봉사, 깡패 두목, 사기꾼, 전부가 주차로 인해 불가사의한 충돌이 파생된다. 대북시의 변두리에서 생활하는 이러한 인물들을 통해, 영화는 오늘날 대북시의 국제적인 도시 이미지를 나타낸다. 감독의 말처럼, "나는 대북시의 생활 혹은 인류 전체의 생활이 사실상 더는 단지 커뮤니티, 국가, 도시 단위로서만이 아니고, 서로의 생활이 광범위하게 관련된다는 점을 이야기하고 싶다."[353]

〈정차〉(停車)는 온전한 줄거리가 없이 관객에게 색다른 사유를 제공하며, 주거 환경의 전환과 개인 심신의 소외 혹은 성장을 그린다. 감독은 "나는 관객이 참여하는 것을 그렇게 좋아하지 않는다. 당신은 비교적 냉정한 태도로 영화 전체를 볼 수 있다. 만약 당신이 단지 한 역할의 관점에서만 본다면, 전체 영화에 대한 관점을 잃게 될 것이다."[354]고 말한다.

---

353 황이매, 임문기 특별취재, 「재성시적흑야발운견일」:〈정차〉, 종맹굉 감독, 임문기·왕옥연, 『대만전영적성음:방영주보vs태만영인』, 대만:서림출판사, 2010:120(黃怡玫, 林文淇 專訪, 「在城市的黑夜撥雲見日」:〈停車〉, 鍾孟宏 監督, 林文淇·王玉燕, 『台灣電影的聲音:放映週報vs台灣影人』, 台灣:書林出版社, 2010:120).

354 황이매, 임문기 특별취재, 「재성시적흑야발운견일」:〈정차〉, 종맹굉 감독, 임문기·왕옥연, 『대만전영적성음:방영주보vs태만영인』, 대만:서림출판사, 2010:126(黃怡玫, 林文淇 專訪, 「在城市的黑夜撥雲見日」:〈停車〉, 鍾孟宏 監督, 林文淇·王玉燕, 『台灣電影的聲音:放映週報vs台灣影人』, 台灣:書林出版社, 2010:126).

〈정비득이지생존지도〉(情非得已之生存之道, What on earth have I done wrong？！, 2008)
감독 : 유승택(鈕承澤)
극본 : 유승택(鈕承澤), 증리정(曾莉婷)

　　페이크 다큐 형식을 띤 영화는 2개의 단락으로 이뤄져 있는데, 현실과 허구 그리고 영화적 시공간을 넘나들며 관객의 사고를 시험한다. 앞 단락은 허구와 현실이 서로 중첩되면서 즉흥적인 다큐멘터리 스타일을 구성한다. 뒤 단락은 유승택(鈕承澤)의 생활을 둘러싼 내용으로 구성된다. 영화는 허구적 줄거리와 밀착된 현실을 토대로 정교한 메타적 영화를 추구한다.

　　영화 앞 단락은 감독이 보조금을 받았다고 서술하고 '페이크 다큐멘터리' 형식으로 촬영하여 정치적 난상을 드러내고, 현실을 풍자하며, 운명을 조롱한다. 뒤 단락은 감독 개인 성장 과정을 해부한다. 깡패 간의 갈등, 마약흡입, 술주정, 외도, 타락, 연예 파문 등, 대만의 흥미로운 일들을 조롱하듯이 비꼬며, 무기력한 정치와 경제도 꼬집는다. "인생이 이렇게 즐겁지 않아?"는 현대인의 공허한 마음을 전하고, 온갖 내용은 '페이크 다큐멘터리'의 보호 아래 관객들은 영화적 진실이나 허구성을 냉정하게 해석할 수밖에 없다. 이처럼 영화는 배우들의 연기가 허구이지만 그들의 정서는 진실이라는 황당무계한 감정을 형성시킨다. 영화의 말미에, 감독은 배우도, 제작비도, 시나리오도 없는 위기에 봉착한다. 유혹과 버팀 속에서 무엇을 선택할 것인가? 개방적인 결말은 잔혹한 인생 본질을 전달한다.

청춘 캠퍼스 영화

〈구강풍〉(九降風, Winds of September, 2008)
감독 : 임서우(林書宇)
극본 : 임서우(林書宇), 채종한(蔡宗翰)

　〈구강풍〉(九降風)은 대만 프로야구 승부조작 사건인 '블랙 이글스 사건'
을 시대적 배경(1996~1997)으로 한다. 이 사건으로 인해, 관중이 백만 명이
넘는 폭발적인 인기를 얻던 프로야구는 관중이 반 토막 나면서 야구장을 떠
난다. 〈구강풍〉은 신죽(新竹)의 음력 9월의 동북 계절풍이다. 마치 청춘이 부
는 것처럼 지난 청소년 시절을 떠올리게 한다. 〈구강풍〉은 젊은 유년시절의
향수가 짙게 깔려있으며, 다소 불안하면서도 아무 일 없듯이 태연하다. 이 영
화는 고전 영화의 답답함에서 벗어나 통속적인 줄거리를 띠지만 겉치레 허
풍에 빠지지 않는다. 영화 전체가 강하면서도 부드러운 기운을 가지는데, 그
성공은 고등학교 친구 9명의 촘촘한 관계에 있다. 이처럼 영화는 가볍거나
무거운 완급조절과 조밀한 리듬을 통해 관객의 공감을 끌어내며, 현실 속에
서 감상적 스트레스를 해소하는 성장영화임을 보여준다.
　영화는 수영장에서 알몸으로 장난을 치는 소년들을 통해 그들의 자유분방
함을 드러낸다. 이러한 장면은 반복적으로 보이는데, 매번 모두 새로운 의미
가 깃들어 있다. 그 이외에, 삐삐, 오토바이, 술병, 사인볼, 아언(阿彦)의 방,
지붕, 철문, 화장실 등도 의미를 가지며, 문제를 해결하는 실마리로 작용한
다. 특히, 화장실에서 '벌을 받는' 장면은 최고의 긴장감을 유발한다. 영화는
수시로 삽입된 프로야구 도박 스캔들의 뉴스 장면을 통해, 청춘 세월의 무기
력함을 두드러지게 한다.

〈구강풍〉(九降風)은 심금을 울리는 서사 영화이다. 영화가 자연스러운 것은 배우들이 촬영이 시작되기 전에 집단생활을 반년 함께한 덕분이다. 비록 캠퍼스 청춘 영화이긴 하지만, 캐릭터마다 특색이 있고 각각의 속사정을 잘 표현하고 있다. 홍콩 자본이 투자된 영화는 새로운 세대의 관점을 견지하고, 1990년대의 시공간적을 정의하며 진정한 '대만 스타일'을 만들어낸다.

〈불능설적·비밀〉(不能說的·祕密, Secret, 2007)
감독 : 주걸륜(周杰倫)
극본 : 주걸륜(周杰倫), 두치랑(杜致郞)

한 부모 가정에서 태어난 고교생 섭상륜(葉湘倫)(주걸륜(周杰倫) 역)은 아버지(황추생(黃秋生) 역)가 가르치는 학교에 다니며, 음악을 사랑하고 뛰어난 연주 실력을 갖추고 있다. 어느 날 반에 새로운 동창생 노소우(路小雨)(계륜미(桂綸鎂) 역)가 전학 오고, 의기투합한 두 사람은 그림자처럼 붙어 다니며 서로에게 호감을 느낀다. 다소 신비스러운 소우는 들어보지 못한 아름다운 곡을 자주 연주하곤 한다. 상륜은 소우를 알려고 하자, 그녀는 말없이 피한다. 어느 날 소우가 실종된 것으로 오해한 상륜은 그 말할 수 없는 비밀을 찾아내기로 한다.

영화 줄거리에 심적인 요소가 다소 부족하지만 상업영화의 구조 및 스타 배우 캐스팅은 대중의 폭발적인 호응을 끌어낸다. 영화는 대만영화계에 있어서 제작으로부터 상영에 이르기까지 모범적인 제작사례가 된다.

그 외, 캠퍼스 영화로는 고등학생들의 성적 정체성을 탐구하는 역지언(易

智言)의 〈남색대문〉(藍色大門, 2002), 정문당鄭文堂)의 성장영화인 〈하천적
미파〉(夏天的尾巴, 2007), 구파도(九把刀)의 청춘기록영화인 〈나사년, 아문
일기추적여해〉(那些年, 我們一起追的女孩, 2011) 등이 있다.

대만 방언 영화

대만 방언 영화가 새로운 세기에 버젓이 스크린에 다시 등장한다. 마치
1950년대의 대만 방언 영화가 재현되는 것과 같다. 이러한 현상은 대만 본토
친화성이 강한 영화와 맞물려 점점 더 성숙해진다. 현대 대만 방언 영화의 의
미는 90% 이상이 대만 방언으로 발음되고 나머지 10%는 혼성어 혹은 장식
처럼 사용되는 언어라는 뜻이다. 이는 대만 방언 환경의 혼합성 및 대만 방언
의 발언권의 향상을 의미한다. 이 외에도 광동 매현 출신의 후효현(侯孝賢)
와 같은 감독의 성향과도 연관된다. 예를 들면, 〈동년왕사〉(童年往事)과 같
은 여러 작품에서 객가어(客家語)가 사용된다.

〈안루〉(眼淚, Tears, 2009)
감독 : 정문당(鄭文堂)
극본 : 정문당(鄭文堂), 정정분(鄭靜芬), 장질봉(張軼峰)

60세 생일을 앞둔 형사 노곽(老郭)(채진남(蔡振南) 역)은 젊은 여자의 마
약 복용 사망 사건을 수사한다. 상급자와 동료들은 사건을 조속히 마무리 지
으려 하자, 노곽은 끝까지 조사해야 한다고 고집을 부린다. 그는 풍부한 경험
을 바탕으로 명석하고 은밀하게 사건 실마리를 잡게 되며, 관련자가 여대생

인 뇌순순(賴純純)(방사유(房思瑜) 역)임을 알아낸다.

자기주장이 강한 노곽(老郭)는 뭇사람들의 눈의 골칫거리가 되고, 이혼 후 아들에게도 외면당하며, 풋내기 파트너인 홍두(紅豆)의 태도도 냉담하기에, 의지할 곳이 없다. 그는 여러 해 동안 숨겨졌던 범죄 사건이 섹시한 미녀 소문(小雯)(정의농(鄭宜農) 역)의 개입으로 인해 사건임을 밝혀낸다. 이후 그는 과거 자신이 조작한 범죄사실에 양심의 가책을 느껴 속죄하며, 눈을 잃는다.

대북시의 도시적인 공간과는 달리, 영화 전체는 남쪽 고웅(高雄)에서 촬영하고, 95%는 대만 방언 발음을 사용하여 뜨거운 풀뿌리의 기운을 물씬 풍긴다. 예컨대, 경찰이 형을 집행할 때 복면, 수갑, 물 주입, 소변 주입, 구타 등 100% 실제 촬영을 한다. 당시 배우 황건위(黃健瑋)(홍두(紅豆) 역)는 잊을 수 없는 경험을 하였다고 말한다. 정문당(鄭文堂) 감독은 "영화는 허황된 느낌이 아니라, 문예적인 허구적 숨결을 없애고 형사가 사건을 처리해 가는 과정을 진실되게 추구한다."라고 말한다.

치유영화

〈최요원적거리〉(最遙遠的距離,
The Most Distant Course, 2006)
감독 : 임정걸(林靖傑)
극본 : 임정걸(林靖傑)

영화는 대북시와 대만 동쪽 그리고 도시와 자연을 대비시키며, 현대 사회의 삶에 짓눌린 세 사람의 마음을 치유하며 자아를 찾아가는 과정을 그린다. 정신과 의사 진명재(陳明才)(가효국(賈孝國) 역)는 타인의 감정과 마음을 치료하는데, 정작 자기가 가정불화로 조울증에 걸려 첫사랑을 찾아 나선다. 실연의 그림자를 벗어나지 못하고 있는 녹음전문가 소탕(小湯)(막자의(莫子儀) 역)은 전 여자 친구의 마음을 되돌리기 위해 대동(台東)에 가서 녹음한 자연의 소리를 그녀에게 보낸다. 진정한 사랑을 찾아 헤매는 직장인 소운(小雲)(계륜미(桂綸鎂) 역)은 이전 세입자의 녹음테이프를 받고, 호기심에 소탕(小湯)의 감정세계로 들어가고 싶어 소리를 찾아 대동(台東)으로 길을 나선다.

영화의 주된 요소는 '소리'이다. 소리는 도시, 시골 마을, 사람들 사이를 누비며, 세 사람을 연결한다. 소리는 관객에게 상상력을 심어주고, 소탕이 만난 사람, 일, 사물을 감동시키며, 소운이 소리를 찾아 돌아다니는 행위에 설득력을 준다. 감독은 느리고 부드러운 카메라 움직임을 통해 자연의 고요한 힘을 강조하며 마음의 상처를 치유한다. 특히, 다양한 카메라 방식을 통해 등장인물의 심리를 반영한다. 영화 엔딩은 소운과 소탕이 각각 해변 한쪽에 서 있는 장면으로, 마치 광활한 바다와도 같이 깊이를 헤아릴 수 없는 미지로 가득한 열린 결말을 추구한다.

〈가각적소왕자〉(街角的小王子, In Case Of Love, 2010)
감독 : 임효겸(林孝謙)
극본 : 임효겸(林孝謙)

어머니가 별세하자, 미술학도 소정(小靜)(곽벽정(郭碧婷) 역)은 마음의 문을 닫고 외부와의 접촉을 끊는다. 어느 날 길 앞에 버려진 고양이가 그녀의 마음에 들어오고, 그녀는 마음의 문을 연다. 이후 그녀는 락엔롤을 연주하는 아군(阿軍)(양우녕(楊祐寧) 역)을 만나게 되며, 두 외로운 영혼은 고양이 덕분에 교감하게 된다. 그러나 그녀는 10년 전의 자신을 알아보지 못하는 아군 때문에 가슴 아파한다. 캠퍼스에 순수한 사랑이 교차하고, 두 사람의 사랑의 열망은 어린 왕자를 통해 마음의 상처를 치유할 힘을 준다.

영화 속 고양이는 어린 왕자란 이름으로 주인공과 인연을 맺는다. 영화는 낭만적인 순수한 사랑을 그리며, 10여 년간 풀지 못했던 사랑의 수수께끼를 풀어나간다. 영화는 수많은 신세대 배우들이 열연하고, 그들의 애틋한 마음을 담아낸다. 임효겸(林孝謙) 감독은 "이 영화는 담담한 영화이다. 고양이가 바늘귀에 실을 꿰는 역할을 하고, 대학 시절 동아리 생활을 배경으로 하는 이 작품은 어쩌면 우정 혹은 이루기 힘든 사랑을 그려내며, 성장 과정 내내 줄곧 우리와 함께 하는 영화이다. 영화가 끝나갈 무렵, 사랑이 싹틀 것이다. 어떤 꽃이 만개할지는 관객의 상상 공간에 달려있다."라고 말한다.

최근, 치유영화가 인기를 얻고 있다. 사람들 사이뿐만 아니라 인간과 동물 간의 감정도 그려낸다. 예를 들면, 〈지요일분종〉(只要一分鐘, 2013) 등의 영화가 이러한 감정을 담아낸다.

운동을 매개체로 한 청춘 멜로영화

〈청설〉(聽說, Hear Me, 2009)
감독 : 정분분(鄭芬芬)
극본 : 정분분(鄭芬芬)

대북시 문화국의 후원을 받은 영화는 2009년 청각장애 올림픽을 소재로 한다. 〈청설〉(聽說)은 줄거리가 단순하고, 스스로 분발하고 자아를 격려하는 분위기로 가득 차 있다. 사랑과 애정의 두 갈래는 '수화'를 매개체로 한다. 주요 등장인물은 낙관적인 천활(天闊)(펑우안(彭于晏) 역), 일중독자인 앙앙(秧秧)(진의함(陳意涵) 역), 청각장애 수영선수 소붕(小朋)(진연희(陳姸希) 역)이다.

앙앙은 친언니인 소붕의 청각장애 올림픽 꿈을 위해 열심히 돈을 벌어 소붕이 훈련에 전념케 한다. 어느 날 청각장애인들이 훈련하는 수영장에 도시락 배달 온 천활은 앙앙을 만나게 되고, 수화로 말을 건넨다. 이후 천활은 앙앙이 경제적으로 힘들다는 점을 알게 되고, 도시락을 배달해도 돈을 받지 않는다. 앙앙은 나중에 갚을 것을 고집한다. 그 과정에서 천활(天闊)와 앙앙(秧秧)은 서로 사랑을 나누나 사소한 오해로 헤어진다. 그리움을 이기지 못하는 천활은 앙앙을 찾아 자신의 마음을 전달한다.

〈청설〉은 단순한 이야기, 신세대 아이돌, 풋풋하고 발랄한 음악 등 흥행 요소가 많지만, TV 드라마와 유사한 한계와 캐릭터 설정 그리고 스토리 포장에 치우쳐 영화적 감각은 미흡하다. 그러나 비록 참새가 작지만 오장육부가 다 있는 것처럼. 모든 장면은 따뜻하고 포근한 오락적인 면을 잘 갖추고 있다.

〈양양〉(陽陽, YangYang, 2009)
감독 : 정유걸(鄭有傑)
극본 : 정유걸(鄭有傑)

프랑스인 아버지와 대만인 어머니 사이에서 태어난 양양(陽陽)(장용용(張榕容) 역)의 성장기는 충돌과 거북함으로 가득하다. 그녀는 친부를 한 번도 만나 본 적 없고, 프랑스어도 할 줄 모른다. 그녀는 사랑의 삼각 문제로 육상을 포기하고, 혼혈적인 외적인 매력 덕분에 모델 일을 한다. 하지만 그녀가 어릴 때부터 배척하던 프랑스인 역을 맡는다. 계속하여 잇따르는 사건에서 양양은 가족애, 우정, 사랑의 아픔 등의 상처와 맞서게 된다.

영화 전체가 다소 통속적이지만 폭발적인 청춘 에너지를 가지고 있다. 서사적 관점에서 사람들 간의 이야기로, 예컨대 사랑의 삼각 문제, 자매 콤플렉스, 운동경기, 상해, 도핑 테스트 등을 다룬다. 양양은 내적으로 갈등하는 사랑의 삼각 문제를 통해 정신적 해방에 이른다.

〈양양〉에서 촬영감독 제이크 폴락(Jake Pollock)은 사회에 대응하는 불안하고 흔들리는 청춘의 마음을 카메라에 담아낸다. 결혼식의 첫 장면부터 롱테이크 이동촬영, 흔들리는 카메라의 초점상실 등을 통해, 그는 관객의 인내심과 감각을 시험하며 관습화된 미학적 규범에 도전한다. 특히, 역광, 초점상실, 흔들림 등은 줄거리 및 상황을 잘 대변해 준다. 예를 들면, 시간적인 사실감을 전달하는 롱테이크 기법은 영화 속 배우가 어떤 감정에서 다른 감정으로의 전환을 중단 없이 잘 보여준다.[355] 이 영화는 롱테이크 이동 촬영, 자연광, 역광 등의 카메라 미학의 진수이다.

---

[355] 임문기·왕옥연, 『대만전영적성음:방영주보vs대만영인』, 대만:서림출판사, 2010: 288(林文淇·王玉燕, 『台灣電影的聲音:放映週報vs台灣影人』, 台灣:書林出版社, 2010:288).

갱스터 영화

〈유구인〉(鈕扣人, Buttonman, 2008)
감독 : 전인호(錢人豪)
극본 : 전인호(錢人豪)

　〈유구인〉(鈕扣人)은 퇴폐적이지만 화려한 아이돌 스타일의 갱스터 영화이다. 줄거리는 갱단이 살인을 저지른 후 증거가 남지 않도록 시체와 그 주변을 정리하는 시체 수습자의 삶을 서술한다. 장기 매매, 성매매, 폭력 등은 관객의 원초적 감각을 자극하며, 그 속에서 사회의 어두운 면을 이해하고 인생의 의미를 깨닫기를 촉구한다. 시체 수습자는 고인의 마지막 단추를 채워주는데, 이는 직업윤리와 인간애가 담겨 있다. 이를 통해, 그가 은혜와 원한을 묻지 않는 냉혈인임을 강조한다. 킬러, 매춘부, 폭력배 등은 암흑, 추잡함, 저속함과 얽히고설키어서, 암울한 시가지의 타락을 돋보이게 하며, 캐릭터들의 연기도 한몫한다. 화면이 이중으로 보이는 중복화면은 시체 수습자의 어쩔 수 없는 심경을 강조한다. 또한, 감독은 콜라주 방식을 통해 줄거리보다는 메시지를, 즉 관객에게 '문득 모든 것을 깨우치는' 느낌이 들게 한다.

〈맹갑〉(艋舺, Monga, 2010)
감독 : 유승택(鈕承澤)
극본 : 유승택(鈕承澤)

〈맹갑〉(艋舺)[356]은 1980년대 고등학생 문자(蚊子)(조우정(趙又廷) 역)가
전학 와서, 4명의 친구와 어울려 다니며 패싸움을 일삼는 범죄액션 영화이
다. 영화는 문자의 시점으로 관객을 조폭세계로 안내하며, 다섯 명의 의형제
를 맺은 태자방(太子幫)이 향후 원수가 되는 과정을 서술한다. 그 과정에서
조폭 세력, 매매춘, 이익 다툼, 집단 패싸움 등을 가감 없이 보여준다. 관객은
빠르게 변화하는 시대적 흐름을 견지하면서, 영화 속에서 예전의 모습을 경
험한다. 예컨대, 꽃무늬 셔츠, 나팔바지, 발가락에 끼우는 슬리퍼 등이다. 현
재 유행하는 '대만 민간문화'는 옛 유행을 되살리는 복고와 새로운 트렌드가
결합된 특별한 문화적인 모습을 형성한다. 이 감정은 대만사람들의 집단 기
억 속에 존재한다.

---

[356] 맹갑(艋舺)은 대만에서 가장 오래된 원주민 밀집지이며, 역사상 중요한 거리 중
의 하나이다. 오늘날 만화(萬華)라고 불리고, 대북시의 발원지이다. 평포족(平埔
族)의 Ketagalan어(凱達格蘭語)로는 'Moungar, Mankah'이다. 일제시기, 대만 방
언 발음의 맹갑은 일본어의 만화(Manka)와 비슷해서 일본 정부는 맹갑을 만화로
개칭한다. 평포(平埔)언어로 맹갑은 '작은 배'(小船)라는 뜻이다. 역사적인 의미
에서 보았을 때, 중국 명나라 시기에 정치와 상업의 요소 덕분에 사람들이 이곳에
뿌리를 내려 주민의 수가 늘어나게 된다. 맹갑은 원래 대북시 번화가이었지만, 도
시개발을 하면서 몰락하게 된다. 그러나 오늘날 화서가(華西街) 야시장, 용산사
(龍山寺) 등의 관광지는 여전히 사람들의 관광코스이며 신앙의 중심지이다.

〈맹갑〉(艋舺)은 미국과 홍콩 영화의 느와르적인 요소가 가득하다. 예를 들면, 마틴 스코세이지(Martin Scorsese)의 〈갱스 오브 뉴욕〉, 코폴라(Coppola)의 〈대부〉, 세르조 레오네(Sergio Leone)의 〈원스 어폰 어 타임 인 아메리카〉, 오우삼(吳宇森)의 〈영웅본색〉 등의 영화적 요소가 녹아있다. 하지만 피 끓는 청춘의 의리는 대만영화에서만 볼 수 있는 뜨거운 격정을 보여준다. 영화 속 대사처럼 "나는 깡패의 삶이 아니라, 우정이고 의리이다!" 이는 대만 사람의 솔직한 성격을 표현한다. 연극적 감성이 물씬 풍기는 영화는 캐릭터의 유형, 연기의 생동감, 옛날의 장면, 시적인 의미의 카메라 움직임 등 모두 상업 오락 영화의 구성조건을 갖추고 있다. 영화 속 에피소드는 다큐 혹은 실재 이야기를 담아내고 있다. 예컨대, 성장기의 감독의 기억을 되살리면서 이야기하는 천진난만함도 있다. 2010년 음력 설 대목에 개봉한 〈맹갑〉은 대만에서 약 2억 7천만 신대만 위엔의 흥행수익으로 2010년 영화 종합차트 1위를 차지한다.

뿌리를 찾는 역사영화

〈1895을미〉(一八九五乙未, Blue Brave:The Legend of Formosa in 1895, 2008)
감독 : 진곤후(陳坤厚), 홍지육(洪智育)
원작 : 이교(李喬), 〈정귀대지〉(情歸大地)
작가 : 고묘혜(高妙慧)

1895년 일본군은 대만 북부의 오저(澳底)에 상륙하고, 늦은 가을에 대만 남부를 함락시킨 후, 이후 대만 전체를 점령한다. 5개월이 넘는 기간 동안, 대만 사람들은 저항하며 일본인 164명을 사살하지만, 1만 4천여 명이 희생당하고 4천 7백여 명이 병들어 죽는다. 을미전쟁(乙未戰爭)은 대만의 가슴 아픈 전쟁이지만 역사 속에 묻혀있다. 현재의 대만 젊은 시민들은 참혹한 과거를 잘 모르고 있는 것 같다. 이 영화는 현대의 보기 드문 애국 영화로 대만 사람들의 민족의식을 고무시킨다.

〈1895을미〉(一八九五乙未)는 객관적 차원에서 대만과 일본의 전쟁 영웅과 어쩔 수 없는 허무함을 서술한다. 일본의 전리품으로서의 대만에[357] 기타시라카와노미야 요시히사 친왕(北白川宮能久親王)과 의관(醫官) 모리 오가이(森鷗外)를 등장시키면서, 일본은 대만을 정당하게 '접수'하는 것이지 '점령'하는 것이 아니라 한다. 객가(客家)사람 오탕흥(吳湯興), 서양(徐驤), 강소조(姜紹祖) 등은 객가족(客家族), 민남(閩南) 집단들, 원주민 등을 모아서 저항하며, '접수가 아니라 전쟁'이라는 점을 강조한다. 남자들은 전선에서 투쟁하고, 객가족(客家族) 여인들은 가정을 지킨다. 하지만 항쟁 중에 의사들은 장렬히 전사하고, 여자들은 완강하게 집을 지키며 다음 세대를 부양한다. 결국, 대만은 마치 벚꽃이 날려 떨어져 피눈물 흘리듯이 식민의 역사 속으로 들어가며, 이 전쟁은 역사에 이름을 남긴다.

영화의 소재는 원주민 막나로도(莫那魯道, Mona Rudao)의 항일 역사 이야기에 근거한다. 영화는 1930년대 일본 식민지 시기 대만 원주민에 대한 압박 그리고 사이더커족(賽德克族) 마혁파사(馬赫坡社)의 족장 막나로도가 부족 사람들을 이끌고 일본 경찰에 대항하는 투쟁, 즉 '무사사건(霧社事件)'의 전말을 다룬다. 이 영화는 기억 속에 희미해진 대만 본토의 역사를 일깨우는 대만영화 역사상 최고의 제작비가 투입된 서사 영화이다. 촬영은 대만, 일본, 한국에서 온 국제팀을 동원하여 특수효과를 활용하고, 전투 장면 이외에도 원주민문학의 언어와 인간적인 면을 소박하게 표현하여 보기 드문 웅장한

---

357 (역자 주) 1895년 4월 17일, 청나라가 청일전쟁에서 패배하면서 체결된 시모노세키 조약으로 대만 섬과 펑후제도는 일본에 할양된다.

파노라마를 선사한다. 2011년 9월에 개봉하여, 상편(태양기(太陽旗))과 하편
(채홍교(彩虹橋))으로 나뉘어 상영한다.

〈새덕극파래〉(賽德克·巴萊, Seediq Bale, 2011)
감독 : 위덕성(魏德聖)
원작소설 : 엄운농(嚴雲農)
시나리오 : 위덕성(魏德聖)

　　〈새덕극파래〉(賽德克·巴萊)는 대만에서 최고로 흥행에 성공한 영화로, 영
화 티켓, 상품 개발, 프로모션, 박물관과 결합, 서적 출판 등을 포함하여 선풍
적인 인기를 끈다. 높은 관심을 등에 업은 흥행으로, 상편 영화는 개봉된 지
열흘도 안 돼 2억 신대만 위엔에 육박하며, 대만영화에서 가장 짧은 시간에
억대 쾌속 돌파 기록을 세운다. 대만 흥행성적만으로 해외영화 사이트《스크
린데일리》(screendaily)에 주말판 (9/9~9/11)에 진입하고, 글로벌 영화 흥행
상위 15개 차트에 오른다. 이러한 전대미문의 기록은 대만 본토 역사 및 영화
에 대한 관객의 관심이 반영된 결과이다. 이 영화는 국제적인 판권 수출이 이
뤄지고. 2011년 금마장(金馬獎) 11개 부문 후보에 오르며, 제84회 아카데미
외국어 영화상에 노미네이트된다. 감독 위덕성(魏德聖)은 "금마장(金馬獎)
이나 오스카상에 관계없이, 가장 중요하게 생각하는 것은 관객 반응이다."라
고 말한다. 이 말은 관객이 영화의 근본이라는 것을 직설하고, 공감이 있어야
시장의 매력이 결집된다는 의미이다.

　　SF 영화

공상과학영화는 과학적으로 기이한 현상을 다루는 영화 장르이다. 1902 년에 프랑스인 조르주 멜리에스가 〈달나라 여행〉(Le Voyage dans la Lune)을 선보이면서, 최초로 공상과학 영화가 탄생하게 된다.

〈천장인〉(穿牆人, The Wall~Passer, 2007)
감독 : 홍홍(鴻鴻)
시나리오 : 홍홍(鴻鴻)

대만영화는 오랫동안 자금난에 허덕이고, 사실주의 스타일과 과거 장르의 스릴러 영화 울타리를 벗어나지 못한다. 또한, 할리우드의 제작 규모에 대항하다가 번번이 참패의 쓴잔을 마시곤 한다. 그러한 흐름 속에서 〈천장인〉(穿牆人)의 등장은 신선한 관람 경험을 선사한다. 영화는 '벽을 통과하는' 기이한 마술 및 촬영기술을 이용하여 진실과 상상 속의 세계를 누비며, 단순한 첫사랑 이야기를 통해 SF 대만영화의 고정관념을 뒤집는다.

17살의 소철(小鐵)은 부모님을 따라 옛 도시를 떠나 남쪽의 신도시 Real City로 이사한다. 어느 날 야외 수업을 하면서, 그는 낙낙(諾諾)을 알게 되고, 벽을 통과하는 능력이 있는 돌을 줍는다. 소철은 전자 귀를 쓴 낙낙에게 감정을 고백하자, 낙낙(諾諾)는 그에게 20년 후에 다시 자신을 찾아오라는 e~mail을 남기고 사라진다. 소철은 신비한 돌로 낙낙을 찾으려 하지만 황량한 세상의 모습만을 볼 뿐이다. 20년 후, 40살이 된 소철은 22살의 낙낙과 다시 만난다. 일편단심의 연정이 다시 시작된다. 이 영화는 프랑스 소설가 마르셀 에메(Marcel Aymé)의 단편 소설에서 영감을 얻었다. 홍홍(鴻鴻) 감독은

"내 이야기는 사실 정신적인 측면만 에메의 〈천장인〉(穿牆人)과 유사하다. 예컨대, 타임 슬립의 개념이다. 스무 살이 되는 인생의 과정은 마치 끊임없이 벽을 뚫고 나가는 과정과 같다. 주인공은 그가 성장해 나아가는 데 장애물이 되는 것을 지속적으로 헤쳐 나아간다."라고 말한다. 대만영화사에 이런 유형의 영화는 보기 어려운 장르이다. 시각적인 미학은 대만영화의 관습을 철저히 뒤집는다. 영화는 빛이 희미하고, 흰회색과 검은색을 기본색으로 하여 미래의 공상과학의 효과를 조성한다. 인물들은 가상의 황무지와 현실을 종횡무진한다. 2천만 신대만 위엔이 투입된 〈천장인〉(穿牆人)은 새로운 장르 영화의 탄생을 알린다.

이 영화는 문명이 한 번에 파괴되고, 번영하던 대북시의 종말을 다룬다. 마약으로 인해 물욕이 일상화되고, 아무런 희망없이 살아가는 인간들은 바이러스의 대재앙에 속수무책이다. 정부는 주민들의 철수를 명령하지만, 밤새 흥청망청 광란을 즐긴 사람들은 전혀 이 사실을 모른다. 이때를 노려서 특수부대는 비상령을 시행하며, 시먼딩(西門町)의 흑도 조직을 와해시키려고 한다. 거리는 이미 피범벅이 된 살아있는 좀비로 가득하다. 젊은 부인(요채영(姚采穎))과 딸은 사지로 잘못 들어가면서 미친 듯이 물어뜯은 좀비들에 둘러싸인다. 살아있는 좀비, 피범벅의 거리. 서로 믿지 못하는 냉랭한 분위기가 조성된다. 결국, 암흑가의 흑도 조직, 경찰, 특수부대는 사람들이 시먼딩(西門町)으로부터 탈출하는 것을 보호하려면, 손을 잡고 포위망을 뚫지 않으면 안 된다고 생각하며 힘을 합친다. 구원과 전투 끝에 많은 사람은 좀비에게서 벗어나고, 시먼딩도 다시 생기를 회복한다.

공포, 피범벅의 좀비영화
〈Z~108기성Z~108〉(棄城, Zombie 108, 2012)
감독 : 전인호(錢人豪)
시나리오 : 전인호(錢人豪)

이 영화는 대만에서 첫 번째 좀비 영화이기에, 각계의 관심과 궁금증을 자아낸다. 특히, 감독은 전통적인 투자방식을 벗어나서 페이스북을 이용한 클라우드 펀딩을 통해 네티즌의 자금을 모아 제작한다. '영화를 아주 간단한 방식으로 접할 수 있다'라는 구호를 내걸고 500여 명을 모집하여 공동으로 영화를 완성한다. 좀비 영화는 과거 귀신영화의 기이하고 음산한 분위기를 그리고 현대의 특수효과를 가미하여, 바이러스 돌연변이의 위기로 인한 세계 종말의 공포를 조성한다. 그래서 스크린은 유혈이 낭자한 장면들로 가득한 동시에 인간애를 조성하여, 관객을 팽팽한 긴장감 속으로 몰아넣는다. 장면과 줄거리가 대담하고 파격적인 탓에, 이 영화는 제한 등급으로 분류된다. 비록 제작비가 적지만, 영화의 퀄리티는 수준급이다. 주목할 점은 대중의 영화 지원으로 영화가 제작되었다는 점과 할리우드 못지않은 뛰어난 특수효과 메이크업이다. 이 영화는 2012년 벨기에 판타스틱 시네마쇼, 영국, 부천 국제 판타스틱 영화제에 진출하며 외국 판권도 7개나 팔아 치울 정도로 성공사례를 세운다.

미식(美食)영화

중국음식은 천하의 제일이나, 음식을 주제로 다룬 영화는 드물다. 이안(李安)의 〈음식남녀〉(飮食男女, 1994)가 중화요리를 국제적으로 이름을 알린

후, 대만의 소프트 파워는 더욱 높아진다. 이우녕(李祐寧) 감독의 〈면인자〉(麵引子)는 면 요리를 통해 중국과 대만 양안의 향수 감정을 불러일으키고, 관객을 타임머신의 터널로 들어가게 하며, 불안정한 시기의 복잡함을 되새기게 한다.

〈면포정인〉(麵包情人, 2011)은 1998년부터 촬영을 시작하여 13여 년에 걸쳐 제작된 영화이다. 대북시 안양원(安養院)에서 근무하는 필리핀 간호사를 대상으로 한다. 영화는 고향을 떠나온 외국인 여성노동자들의 대만에서의 생존, 빈곤, 꿈, 친정, 향수, 욕망 등 다양한 의제들을 탐구하는 동시에 노인의 문제를 다룬다. 외국노동자들은 제빵과 애인 사이에서 현실적인 선택을 강요당하고, 이는 인생이 자신의 의지와는 무관하게 어쩔 수 없이 끌려감을 의미한다.

고병권(高炳權)의 〈애적면포혼〉(愛的麵包魂, 2012)은 대만의 제빵 문화를 배경으로 남녀의 감정적인 갈등과 인생에 임하는 태도를 다룬다. 시골 빵집 딸 효평(曉萍)(진연희(陳姸希) 역)과 사장의 수제자인 고병(糕餠)(진한전(陳漢典) 역)은 어린 시절 때부터 단짝이다. 어느 날 프랑스 아버지와 대만 어머니의 혼혈 프랑스 유명 제빵사인 포래덕(布萊德)(예안동(倪安東) 역)이 자신의 어머니가 생전에 가장 사랑했던 제빵을 찾기 위해 시골 마을에 찾아오면서, 평온한 시골은 시끄러워진다. 포래덕(布萊德)이 만든 유럽식 빵과 낭만적인 태도는 효평과 고병의 사이에 균열을 가져다준다. 결국, 효평과 포래덕의 감정이 점점 가까워지고, 심지어 효평(曉萍)과 프랑스로 가자고 제안한다. 이에, 효평을 잡아두기 위해 고병은 포래덕과 빵 대결을 펼치게 된다.

2013년에 임정성(林正盛) 감독의 〈세계제일〉(世界第一)과 진옥훈(陳玉勳) 감독의 〈총포사〉(總鋪師), 두 편의 영화는 모두 음식과 연결된다. 우연일지는 모르겠지만 이후 미식영화라는 장르가 형성된다. 이러한 기세가 지속된다면 타 장르와 상호 결합되면서, 고유한 장르 이야기 영화로 발전할 수 있을 것이다. 필경, 창작에는 국경도 없고, 소재의 한계도 없다.

〈세계제일〉(世界第一)은 대만의 유명 제빵사 오보춘(吳寶春)의 일생을 모델로 한다. 영화는 어려서부터 집안이 가난하고, 스승에게 제빵 기술을 전수받은 주인공을 통해 오랜 세월에 걸친 제빵에 대한 집념을 보여준다. 고향 친구들의 성원에 힘입은 주인공은 전 세계에 대만 빵을 알리기 위해 수많은 서양인 경기에서 두각을 나타낸다.

〈총포사〉(總鋪師)는 대만의 상차림 문화를 주축으로 비속어와 유머를 중간 중간 삽입한다. 20여 년 전 대만의 상차림은 3대 전설적인 총포사(總鋪師)가 있다. 상차림 문화에서 중요한 점은 사람들이 존중하는 '사람, 귀신, 신선'이고, 북, 중, 남쪽 지역에서 유명했다. 북쪽 지역은 감인사(憨人師), 중부지역은 귀두사(鬼頭師), 남부지역은 창승사(蒼蠅師)이다. 현대로 와서, 상차림 문화는 희미해지고, '사람, 귀신, 신선'에 대한 존중도 약해진다. 창승사(蒼蠅師)는 외동딸인 첨소완(詹小婉)에게 최고의 요리 비법을 전수하려고 하지만 그녀는 오로지 모니터 속의 아름다운 스타가 되고 싶어 한다. 대북에서 대남으로 돌아온 후, 마음이 착한 그녀는 요리전문가인 섭여해(葉如海)을 만나고, 게다가 한 노부부의 꿈을 이루어주기 위해 '고조채(古早菜)' 상차림을 해드린다. 이 영화는 흥행에 성공하고 2억 신대만 위엔의 수익을 올린다.

베테랑 여감독 황옥산(黃玉珊)의 영화 〈백미인생〉(百味人生, 2015)은 실제 인물과 창업 이야기를 기초로, 미식(美食) 문화 및 인성을 다룬다. 영화는 요리, 친정, 부부관계가 얽히고설키어 있고, 결혼 생활을 하면서도 음식 꿈의 희망을 잃지 않는 여성들을, 특히 여성들이 사업, 결혼, 세대 가치관의 차이를 직면할 때 어떻게 지혜롭게 헤쳐 나아가는지 서술한다. 영화는 대만의 맛있는 음식과 고풍스러운 경관을 담아내며, 음식을 통해 인생의 신맛, 단맛, 쓴맛, 매운맛과 백태 인생을 엿보게 해준다. 감독은 휴머니즘과 카메라를 통해 우리네 인생을 관조한다.

신 이민시리즈 영화

4백 년 된 대만 이민사회는 새로운 세기에 들어서면서 더욱 복잡하고 두드러진다. 내무부 통계에 따르면, 결혼 생활로 대만에 온 새로운 이민 여성은 이미 46만 명을 넘어섰다. 대만은 인간과 선을 기본적으로 존중하지만 몇몇 사람들은 이러한 '제5족군(第五族群)'에 대해 여전히 편견과 차별을 가진다. 이러한 장벽을 없애기 위해서, 소프트 파워인 영화는 이질적인 민중의 인애와 수용의 이념을 확산하고, 종족 집단 융합의 목적을 달성하는 데 활용된다. 이러한 관점에서, 새로운 이민 시리즈 영화가 제작되며 새로운 장르 영화로 자리매김한다.

대만 내무부 이민서(移民署), 대만전시협회(台灣展翅協會), 강화영시(崗華影視), 위래전시망(緯來電視網)에서 5년이란 시간을 거쳐 공동 제작한 〈내인(內人)·외인(外人) : 신이민 시리즈 영화〉의 4편의 영화는 정유걸(鄭有傑) 감독의 〈야련향〉(野蓮香), 주욱미(周旭薇) 감독의 〈김손〉(金孫), 부천여(傅天余) 감독의 〈대비적행복생활〉(黛比的幸福生活), 진혜령(陳慧翎) 감독의 〈길림적월광〉(吉林的月光)이다. 신 이민여성을 주제로 하는 이 영화들은 서

로 다른 배경을 가진 이민여성들이 고향을 떠나 '제2의 고향'에서의 시련과
어려움을 잘 그려낸다.

4편의 영화는 2012년 개봉돼 세간의 호평을 받는다. 〈야련향〉에 대해 대
만학자인 필긍달(畢恆達)은 "감독은 부드러운 눈빛으로 여성들의 자주 의식,
동성 우정, 인종적 편견, 농촌 빈곤 등의 문제를 풀어낸다. 동남아 출신 배우
자가 10만 명을 넘는 현시점에서, 이 영화는 깊이 새겨볼 가치가 있다."라고
칭찬한다. 영화평론가 진악융(陳樂融)은 〈김손〉을 강력하게 추천하며, "아름
다운 촬영, 함축된 스틸 장면, 사실적인 대사, 설득력 있는 연출 등에 인생의
한 줄기 빛이 스며들어 있다."라고 한다.

대만 내무부 이민서(移民署)는 대북시의 새로운 세대의 여성과 어머니들
이 새로운 그림을 그릴 것으로 확신한다. 또한, 영화를 통해 대만 사람과 신
이민자가 '내성인'과 '외성인'으로 구분되는 이미지를 떨쳐 버리길 바라며,
모든 '대만의 자녀'들을 위해 즐겁고 평등하며 건강한 공간을 창조해야 한다
고 강조한다.

〈김손〉(金孫)은 2012년 대만영화제 최우수 줄거리 장편영화 순위권에 들
고 〈야련향〉(野蓮香)은 2012년 신북시(新北市) 영화예술제 개막작으로 선정

된다. 이러한 성적은 아무리 정책영화라 하더라도 예술적 미학이 병용되면 관객의 수용도도 높아진다는 점을 보여준다.

깊이 있는 '다큐멘터리' 영상

다큐멘터리[358]는 주류 영상이 아니다. 예전에는 정권을 대신해 목소리를 내는 메이크업 분장사이고, 정부의 공적을 찬양하는 촉매제이었다. 예컨대, 일제 식민 시기 대만사람들은 일제 다큐멘터리에서 일본의 경이로운 문명을 보지만, 일본 정부는 대만 다큐멘터리에서 만족스러운 식민지 성과를 보고 있다. 뉴에이지 다큐멘터리는 역사나 현대 생활을 재해석하며, 인문적인 관점에서 대중이 간과하거나 알려지지 않은 사건을 발굴하여 충격과 감동을 선사한다.

다큐멘터리는 감독의 자유로운 창작에 속하며 주관적인 해석물이다. 다큐멘터리 촬영은 시간이 상당히 걸린다. 실감과 믿음을 얻기 위해 한곳에 정착 혹은 잠복근무하는 등의 일이 다반사이며, 픽션영화 촬영보다 여력이나 시간이 더 소요된다. 예를 들면, 〈무미락〉(無米樂)은 사계절 동안 벼의 성장하는 과정을 찍기 위해 반드시 오랫동안 옆에서 지켜보면서 정착하고 생활해야 한다.

다큐멘터리 작품은 흔히 '공영방송국'에서 방영된 후, 대중의 반응이나 인터넷 효과를 살핀 후 다시 영화관에서 상영한다. 그 사회적 힘은 예전과는 확

---

358 백도. 은해망:「불납합적~기록편지부」(百度. 銀海網:〈弗拉哈迪~紀錄片之父〉). 로버트 플래허티(Robert Flaherty)는 1922년에 〈북극의 나누크〉(北方的納努克)을 제작한다. 현지에서 에스키모 사람들의 생활을 실제로 기록한 다큐멘터리의 바이블 중 하나이다. 다큐멘터리는 그리어슨(Grierson) 감독이 1920년대에 만든 말이며, '창조적으로 현실을 보여준다'는 신념으로, 다큐의 힘과 해석을 강조한다. 다큐멘터리는 스토리 영화와는 다르게, 예술과 진실에 방점을 둔다. 다큐멘터리 작가는 발견한 사실과 자료를 토대로 자신의 생각을 표현한다.

연하게 다르다. 1997년 호대려(胡台麗)의 〈천과파가촌〉(穿過婆家村)은 극장에서 상영된 최초의 다큐멘터리영화이다. 이어서 장익증(莊益增)·안권란(顏權蘭)의 〈무미락〉(無米樂, 2005), 임육현(林育賢)의 〈번곤파！남해〉(翻滾吧！男孩, 2005)가 스크린에 오르게 되고, '921(九二一)' 재해 복구작업을 다룬 오을봉(吳乙峰)의 〈생명〉(生命, 2004)은 1,000만 신대만 위엔의 흥행수익을 올린다.

다큐멘터리는 관객에게 다양한 인생의 삶의 형태와 진솔한 시야를 제공한다.

신세기에 들어 대표적인 다큐멘터리로는 탕상죽(湯湘竹)의 〈원향삼부곡〉(原鄉三部曲)인 〈해유다심〉(海有多深, 2000), 〈산유다고〉(山有多高, 2002), 〈노유다장〉(路有多長, 2009) 및 〈심조장경국〉(尋找蔣經國, 2007), 곽진제(郭珍弟)·간위사(簡偉斯)의 〈도무시대〉(跳舞時代, 2003), 황숙매(黃淑梅)의 〈보도만파〉(寶島曼波, 2007), 양력주(楊力州)의 〈기적적하천〉(奇蹟的夏天, 2006), 〈정복북극〉(征服北極, 2008), 〈피유망적시광〉(被遺忘的時光, 2010), 〈발일조하〉(拔一條河, 2013), 심가상(沈可尚)의 〈야구해자〉(野球孩子, 2009), 황려명(黃黎明)의 〈목송1949〉(目送一九四九, 2009), 오태임(吳汰紝)의 〈심정력험기〉(尋情歷險記, 2009), 소철현(蘇哲賢)의 〈가무광조〉(街舞狂潮, 2010), 장익증(莊益增)과 안란권(顏蘭權)의 〈견완적수〉(牽阮的手, 2011), 여명수(余明洙)의 〈경도태평륜〉(驚濤太平輪, 2012), 화천호(華天灝)의 〈불

로기사:구두매환대일기〉(不老騎士:歐兜邁環台日記, 2012), 제백림(齊柏林)의 〈간견대만〉(看見台灣, 2013) 등의 영화가 있다.

대만 다큐멘터리는 더 이상 변방에 머물지 않고, 흔히 정치적, 경제적 문제를 반영하는 작품이 된다. 예컨대, 정부를 감독하고 대중의 목소리를 대변하는 예리한 무기가 된다. 이러한 흐름 속에서 주미령(周美玲), 임육현(林育賢) 등 영화감독이 등장한다. 정부도 기록영화에 대한 지원을 중하게 여기며, 신문국에서 다큐멘터리에 대해 신대만 200만 위엔을 지원하기 시작한다. 또한, 국가문예기금회에서도 경비를 일부 제공하여 보조금을 지원한다. 공중파 TV의 '기록관점(紀錄觀點)' 프로그램은 방송 플랫폼을 제공하고, 대남(台南) 예술 아카데미 다큐멘터리 연구소는 전문 인력을 양성한다. 총체적으로 보면, 다큐멘터리 예산이 영화 전체 예산의 1.43%, TV 예산의 3.92%에 불과하여 여전히 옷깃을 여미니 팔꿈치가 나와 버리는 격이지만, 모두 기관이 합심하여 다큐멘터리의 성장 파이프라인을 제공한다. 대만 문화부가 설립됨에 따라, 수석 장관은 다큐멘터리의 창작과 발전을 이끌기 위해 2014년 '5년 5억 다큐멘터리 액션 플랜'을 내놓는다.[359] 인재육성, 자원통합, 시장 확대, 시스템 판매 등을 포함한다. 대만의 국제적 식견을 높여 판권 판매 메커니즘과 다큐멘터리 거래 플랫폼을 만드는 동시에 뉴미디어 상영통로를 개척하고자 한다. 우선적으로, 다큐멘터리를 극장 상영할 수 있도록 독려하며, 시청자들

---

[359] 2013년 5월 23일, 대만 문화부에서 '5년 5억 다큐멘터리 행동계획 — 대만 영상물의 새로운 포인트' 기자회를 개최한다. 오스카 최고 감독 이안(李安)를 초청하여 대만 다큐멘터리를 대신해 발언을 하게 한다. 이안의 의견에 따르면, 문화부는 다큐멘터리가 TV 및 신매체에서 통로를 열어 국민들이 다큐멘터리를 시청할 수 있는 환경을 제고해야 한다고 한다. 2014년부터 시작된 이 계획은 다큐멘터리 제작에 대한 질과 양에 대한 보조를 늘리고, 각 나라의 우수한 다큐멘터리 제작자들을 초청해 교류를 활성화시키며, 대만 국제 다큐멘터리 비엔날레의 규모를 크게 늘린 대만영화제를 추진한다.

이 인터넷, TV 등을 통해 더 많은 양질의 다큐멘터리를 볼 수 있도록 한다.

다큐멘터리가 중요한 자산인 점은 사실적이고, 대체 불가능한 정신적 인물을 구현하며, 자연을 반영하기 때문이다. 기동성 있는 화면은 분석할 필요가 없고, 심지어 우발적인 장면이 필연적인 비밀폭로 등의 의외의 상황으로 전달되기도 한다.

총괄적으로 말하자면, 지난 세기 황금 영화기 이후 상업 장르영화의 운영과 규모는 축소된다. 새로운 세기에 접어들면서, 대만영화의 맥박은 약하지만 그래도 뛰고 있다. 노장 감독들이 가끔 신작을 내놓지만 큰 파도를 만들지 못하고, 오히려 신인 감독들이 자신들만의 언어로 세상과 소통하고, 힘차게 돌진하며, 큰 쓰나미를 일으킨다. 시대적 소재가 달라짐에 따라, 대만영화는 '일본 식민지 색채'를 제거하며, 대만 지역 문화의 양분을 활용하고 본토 영화 문화의 특징을 발전시킨다. 특히, 역사적 성찰, 윤리, 동성, 여성, 청소년 문제 등 다양한 내용을 영화 속에 담아내며, 대만 사회의 축소판을 보여준다. 또한, 지난날의 금기를 넘어서고, 더 명확하게 대중의 사랑을 받는 장르로 발전시키며, 인간적인 심경변화를 그려낸다. 이를 통해 대만영화는 예술성과 상업적 가치를 높이려고 노력한다. 현재의 대만영화는 비록 제한된 투자로 제작되지만 문예적인 소재와 특수효과 등의 촬영기술 등을 통해 새로운 시대의 영상 이야기를 들려준다.

3. 신세기의 대만영화 특징

중국과 대만 양안의 합작촬영

계엄이 해제되고 중국과 대만 양안의 교류가 활성화되기 이전에, 영화계는 이미 양안 간에 밀접한 왕래가 존재한다. 예컨대, 대만의 자금, 홍콩의 기술, 중국의 노동자가 합작하여 촬영에 임한다. 중국을 주요 영화시장으로, 그리고 해외 중국인 지역을 보조적인 시장으로 삼는다. 이런 패턴은 여전히 발전할 여지가 무궁무진하지만, 정치적 문제가 항상 발목을 잡는다. 따라서 가장 중요한 요소는 정치적 안정과 정책 이익의 부합도에 따라 대만영화 제작사 및 감독들의 합작이 가능하다는 점이다. 신세기의 합작영화로는 요수화(姚樹華)의 〈백은제국〉(白銀帝國), 주연평(朱延平)의 〈대소강호〉(大笑江湖), 진국부(陳國富)의 〈풍성〉(風聲), 왕력굉(王力宏)의 〈애정통고〉(愛情通告), 유승택(鈕承澤)의 〈애〉(愛) 등이 있다.

영화 성장을 이끄는 대만 정부

문화부는 영화 보조금 정책을 개선하고, 신세기에 들어서 100% 기능을 발휘한다. 이러한 지원정책 덕분에, 침체된 영화시장이지만 지속해서 영화를 제작할 수 있게 된다. 대부분 영화가 아라비안나이트처럼 허황하고 터무니없는 이야기이지만, 적어도 국제영화제에는 언제나 참가한다. 뉴에이지 영화 리스트를 보면, 거의 보조금을 지원받은 영화이다. 보조금의 유형과 금액(신대만 위엔달러)은 대만영화의 깃발을 드높일 수 있는 영화에 신대만 위엔 6천만 원, 보조금 정책에 부합하는 영화에 신대만 위엔 3천만 원이다. 보조금 정책은 장편영화를 세 항목으로, 즉 기성영화 신대만 위엔 2천만 원, 신인영화 신대만 위엔 1천만 원, TV영화 신대만 위엔 5백만 원으로 구분하여 지원한다. 그 외에도 금수상(金穗獎)(장편, 단편) 2백만 원이 있다. 최근에는 '영화 흥행 상금'라는 수상항목이 마련하여, 정책규정의 흥행지표에 도달하면 총 흥행수익의 20%를 별도로 상금으로 준다. 이러한 영화상금은 차기 작품의 제작비용으로 충당하도록 하는 선순환 구조로 활용된다.

물론 지원정책이 바다에서 바늘을 찾는 선별 과정이지만 원작 창작을 그리고 장르를 다양화하려고 애쓴다. 창작 작품인 SF영화 홍홍(鴻鴻)의 〈천장인〉(穿牆人, 2007), 사실적인 통속영화 위덕성(魏德聖)의 〈해각칠호〉(海角七

號, 2008) 등을 예로 들 수 있다.

다양한 민족 및 집단의 융합을 주제로

대만에는 민(閩), 객(客), 원주민(原住民) 등의 다양한 민족이 있다. 새로운 세기에 이르러 민의가 높아짐에 따라 더 많은 새로운 집단들이 목소리를 내기 시작한다. 예컨대, 중국, 베트남, 인도네시아, 태국, 캄보디아, 북아프리카, 남아메리카와 같은 나라들에서 온 이민자 집단이다. 대만 사회에 편입하여 일과 가정을 꾸린 새로운 거주민들은 다문화 외에도 2세대를 양육하고 있다. 이제 대만 사회는 끊임없는 융합과 전환으로 낡은 짐을 벗어 던지고 새로운 세대 문명의 모습으로 나아가고 있다. 집단의 변천이나 외래문화의 자극과 관계없이, 모두 대만영화의 공급원이다.

예를 들면, 왕금귀(王金貴)의 〈인지도〉(人之島, 2005)는 원주민들의 문명과 전통에 대한 존중을 표현한다. 하위연(何蔚然)의 〈대북성기천〉(台北星期天, 2010)은 대만에 정착한 이민족의 정취를 보여준다. 양력주(楊力州)의 〈발일조하〉(拔一條河, 2013)는 학교의 줄다리기 운동을 통해 대갑(大甲)현의 교육 및 새로운 주민의 가정 문제를 해결한다. 게다가 학생들의 단합을 통해 당시 2009년 8월에 발생한 태풍 수해로 인한 어수선한 사회적 분위기를 통합한다.

비주류 세력 집단의 소리

세력이 약한 종족 집단은 비주류, 주변, 발언권이 미미한 민중을 가리킨다. 계엄 이후 대만은 민주적 제도를 시행하지만 전 국민을 공평하게 모두 대하는 것은 이상적인 일이다. 여전히 불충분하고 개선해야 한다. 예를 들면, 경제위기 이후 높은 실업률과 함께 빈부격차가 갈수록 심화되는 M자형 사회는 정부의 집권 능력을 의심케 한다. 사회적 하층민은 여전히 경제 공황에 빠져

심지어 정처 없이 살고 있다. 영화감독들은 이러한 소재를 다루며 소외 계층을 배려하고, 정부에 비판적인 목소리를 내며, 관객의 공감을 얻으며 영화제에서 빛을 발휘한다. 예를 들면, 〈불능몰유니〉(不能沒有你)와 같은 영화이다. 그 이외 실제 사실을 각색한 〈역광비상〉(逆光飛翔)은 맹인 피아니스트와 댄서가 되기를 열망하는 한 소녀를 묘사하며, 서로 격려하며 꿈을 추구하는 따뜻한 영화이다. 이 영화는 중국과 대만 양안에서 개봉하여 좋은 평가와 환호를 받으며, 장애인의 권익과 꿈을 추구하는 용기를 직시하게끔 한다.

뿌리를 굳게 내린 대만 본토 문화

유교 문화는 한민족의 뿌리이다. 중국과 대만 양안이 상호교류가 시작된 이후, 대만영화는 지속해서 가족과 친척 찾기 이야기를 감동적으로 그려낸다. 특히, 대만에 배우자가 있는 사람이 대륙에서 다른 사람과 혼인하는 중혼, 실직, 비극적인 이별과 같은 당시의 시대상을 잘 담아낸다. 새로운 세기에 들어서, 뿌리 찾기가 주요한 화두로 대두된다. 대만 섬 문화는 수백 년 동안 침투된 이질적인 문화적 충돌 속에서 중원 문화의 농도를 희석시키며, 대만만의 문화로 발전한다. 물론 뜻하지 않게 변이, 전이 등이 이뤄지기도 한다. KTV, 전자화거(電子花車)[360], 민속, 인형극, 가자희(歌仔戲), 종교, 빈랑을 파는 섹시한 미녀, 음식문화, 원주민 제사, 북천등(北天燈), 남봉포(南蜂炮) 등 모두는 대만 본토 문화가 내포되어 있다. 이처럼 사람들이 사는 모든 곳은 이미 영화적 이미지가 된다. 문화적 의미가 포함된 국가희극원(國家戲劇院), 성품서점(誠品書店), 101빌딩(101大樓) 등을 예로 들 수 있다. 풍광이 좋은 명승지로는 항춘(恆春), 고웅(高雄), 기진(旗津) 항구, 의란(宜蘭), 대동

---

[360] (역자 주) 대만의 민간에서 결혼이나 상을 치를 때 분위기를 고조시키기 위해서 노래나 춤을 추는 활동을 말한다.

(台東, 화련(花蓮), 녹도(綠島), 난서(蘭嶼) 등이 있다. 더 이상 세트장이나 배경이 아니라 대중들이 직접 보고 느낄 수 있는 곳이며, 더 이상 모양만 꾸민 도시가 아니라 산수가 아름다운 곳이다. 사람과 사람, 사람과 물건, 사람과 환경이 어우러진 정감은 마치 살아 숨 쉬는 듯이 밖으로 튀어나와 숨을 들이쉰다.

신세기의 대만영화는 각지의 풍속과 생활상을 주요하게 다루며, 도시와 시골마을, 평원과 고산, 구릉과 해변 등 대만만의 특색 있는 문화를 담아낸다. 신세기 감독은 지난날의 무거운 역사와 아버지 세대와 이별을 고하며, 대만 본토 문화와 사회적 의제를 탐색한다. 예를 들면, 〈안루〉(眼淚)의 여행사 장면과 같이, 밑바닥 인물들의 가난과 고생을 완벽하게 서술한다. 〈경과〉(經過)는 국공전쟁 시기에 대륙의 문화유산들을 대만으로 옮겨오는 과정을 감동적으로 그려내며, 소식(蘇軾)의 〈한식첩〉(寒食帖)은 이러한 우여곡절의 상황을 진솔하게 담아낸다. 〈연습곡〉(練習曲)에선 민간신앙인 바다의 여신 마조(媽祖)가 양안을 넘나드는 풍습을, 〈해각칠호〉(海角七號)는 대만문화와 외래문화가 충돌하는 현상을, 〈유랑신구인〉(流浪神狗人)는 종교적 탐구를 보여준다.

한층 발전된 특수효과와 애니메이션 과학기술의 요소

모든 영화에 애니메이션과 특수효과가 필요한 것은 아니다. 실사영화는 더욱 그렇다. 뉴에이지 영화는 예산의 한도 내에서 이 새로운 요소를 포함하기 때문에, 공상과학 영화나 무협 영화의 전매특허 사항이 아니다. 실현 불가능한 고난이도의 촬영 혹은 환상적인 상상이 요구되는 장면을 위한 캐릭터나 매직 같은 상황을 만들어낸다. 현대 사실영화는 이전의 영화문법에서 벗어나 신 테크놀러지와 결합한다. 예를 들면, 〈호접〉(蝴蝶), 〈제36개고사〉(第36個故事), 〈비약정해〉(飛躍情海), 〈경과〉(經過), 이운선(李芸嬋)의 〈기인결

정아애니〉(基因決定我愛你), 〈경남해〉(囧男孩), 〈Z~108기성〉(Z~108棄城)
등이 있다. 특수효과 기술이 앞선 일본은 예전의 유명 영화를 새로운 버전의
영화로 만들어 상영한다. 예를 들면, 후카사쿠 긴지(深作欣二)의 유작 〈대도
살〉(大逃殺, 2000)을 〈대도살3D : 10주년 기념작〉으로 새롭게 제작하여,
2011년 1월에 상영하여 영화팬들을 사로잡는다. 이안(李安)의 〈소년파적기
환표류〉(少年派的奇幻漂流)는 국제영화제 수상으로 특수효과 산업 발전을
가속화시킨다. 이러한 새로운 변화의 흐름 속에서, 3D영화를 위한 영화산업
프로세스가 실현될 날이 머지않다.

영혼을 탐색하는 소재에 관심을 둔 영화

전 인류가 새로운 세기를 기대하고, 과학기술은 국제를 하나의 지구촌으
로 만들고 있다. 신세대 영화인들은 전쟁과 계엄의 공포를 벗어나, 자본주의
경쟁, 민주사회의 이념, 민권정의의 신장 등을 다소 주관적인 시선으로 이야
기하기 시작한다. 따라서 시대적 배경에 대한 이해도의 차이, 사유와 관점이
서로 다른 개인적인 스타일이 두드러진다. 특히, 그들은 이전에 금기시되던
소재인 동성애, 불륜, 종교, 정치 등의 주제를 직접 다루며, 인간에 내재된 모
습에 천착한다. 이에 따라, 관객은 예술성뿐만 아니라 상업적인 요소까지 동
시에 즐길 수 있게 된다.

원작 시나리오에 중점을 둔 영화

원작 시나리오는 영화제작의 핵심으로, 입소문 및 흥행과 밀접하게 연관
된다. 시나리오 판권은 매우 중요하고, 중국시장은 광대하다. 같은 맥락에서,
할리우드는 일 년에 약 몇천 개의 시나리오를 고르는데, 수백만 개 중에서 선
택된 하나의 시나리오가 전 세계시장을 대상으로 한다. 그래서 국제적인 몸
값이 높은 스타들의 출연료는 상당하다. 상대적으로, 영화시장이 협소한 대

만은 원작자와 오리지널 시나리오를 중시하지 않는다. 이안(李安)은 "대만의 현 문제는 우수한 극작가가 많이 필요하다. 물론 총명하고 훌륭한 사람이 많지만 전반적으로 깊이가 부족하다는 것이 가장 큰 문제이다."라고 말한다.[361] 대만의 영화 시나리오는 대부분 문학을 각색하거나 전문적으로 시나리오를 창작한다. 또는 실제적인 사실이나 사회적 사건에 기초하거나 예전 영화를 리메이크하기도 한다. 일반적으로 말하면, 감독은 제2의 창작을 위주로 하여, 기껏해야 시나리오에 자신의 관점을 주입하고, 즉 나뭇가지를 더하고 땅을 윤택하게 한다. 지난 세기에 대만영화를 빛냈던 저명한 시나리오 작가들은 홍신덕(洪信德), 장영상(張永祥), 경요(瓊瑤), 주천문(朱天文), 오념진(吳念眞), 소야(小野) 등이 있다.

신세기의 영화제작은 보편적으로 원작 시나리오를 바탕으로 한다. 신세기의 감독들은 대부분 직접 시나리오를 쓰거나 보조 작가와 함께 시나리오를 작성하는 등 남의 손을 빌리지 않는다. 이 현상은 표면적으로 예산 절감을 위한 것 같지만, 실제론 다뤄지는 주제를 보다 명확하고 의미 있게 전달하기 위한 카메라 움직임, 미장센, 작가의 의도 등을 내포하고 있다. 대만 100년 영화는 인문적인 아이디어가 뛰어난 덕분에, 첨단 테크놀로지 혹은 비즈니스 패키지를 제외하고 소박한 이야기의 본질이 가장 감동적인 요소이다.

영상 촬영기술의 시대성

촬영은 영화의 중요한 요소이며, 시나리오의 날개, 감독의 두뇌 및 관객의 눈이라고 할 수 있다. 관객의 사실적인 심미관은 영화의 전통적인 패턴을 좌

---

[361] 유상산, 「이안유가교양가이양전구주목」, 『원견』, 대만:천하원견출판고빈유한공사, 2006.07, 180쪽(游常山, 「李安儒家敎養可以讓全球注目」, 『遠見』, 台灣:天下遠見出版股份有限公司, 2006.07, p.180).

지우지할 정도이다. 우선은 화면이 선명하고 밝아야 하며, 인물은 클로즈업 위주이고, 줄거리는 변화무쌍한 대만영화의 다양한 모습을 이야기한다. 신영화(新電影) 시절에는 롱테이크를 활용하여 상황과 인물의 움직임을 각인시키는 휴머니즘 스타일을 완성한다. 이 시기 중요한 촬영기사 양위한(楊渭漢)은 양덕창(楊德昌)의 〈청매죽마〉(青梅竹馬)와 〈일일〉(一一), 왕동(王童)의 〈홍시자〉(紅柿子), 〈무언적산구〉(無言的山丘), 섭홍위(葉鴻偉)의 〈오개녀 자여일근승자〉(五個女子與一根繩子)를 촬영한다. '광영시인(光影詩人)' 이병빈(李屏賓)은 후효현(侯孝賢)의 〈해상화〉(海上花), 〈천희만파〉(千禧曼波), 〈가배시광〉(咖啡時光), 〈최호적시광〉(最好的時光), 〈홍기구〉(紅氣球) 등을 완성도 높게 촬영하고, 흥행에도 성공한다. 두 사람은 1984년에 왕동(王童)의 〈책마입림〉(策馬入林)을 공동 촬영해, 아시아태평양영화제 최우수 촬영상을 수상한 바 있다. 이처럼, 영화 촬영은 좋은 영화제작의 필수요건이며, 영화적 사고의 연장이라고 말할 수 있다.

이탈리아의 네오리얼리즘, 프랑스의 누벨바그, 대만의 신영화(新電影)의 촬영 방식은 실내 스튜디오와 인공조명을 벗어나 자연광과 실제 이미지를 중요하게 여긴다. 이에 따라 대만의 뉴에이지 촬영은 파괴적이고 혁신적인 사고를 토대로 관객의 눈높이를 고양시킨다. 예컨대, 배광 혹은 역광, 백미러 장면, 음침하거나 어두운 장면 등의 이질적인 화면을 통해 관객들로 하여금 촬영된 이미지의 내포된 의미를 이해하도록 한다. 이처럼 촬영은 피사체의 색상, 명도, 윤곽 등을 통해 영화에서 다뤄지는 주제의 분위기를 전달한다.

영상 기술의 개발과 응용은 기존 대만영화의 영상미학의 가치와 다소 거리가 있다. 이러한 차이는 실제 현실에서 경험하는 영상기술의 습득에서 비롯하며, 또한 하나의 영화적 개념으로 발전한다는 것을 의미한다. 실제로 이러한 차이는 기존의 영상미학과 새로운 영상미학 간의 상호 충돌이 아니라 다른 경험 혹은 상호 간에 영향력을 끼치는, 즉 당시의 시대적 요구의 부응에서 비롯되었다고 볼 수 있다. 이처럼 변화된 영화적 경험 덕분에, 대만영화는 비로소 진일보하고 혁신할 수 있게 된다.[362] 세계 종말의 절망감을 표현하는 〈흑안권〉(黑眼圈)에서 베테랑 촬영기사인 요본용(廖本榕)은 현란한 촬영을 통해 환상적인 비주얼의 향연을 제공한다. 미래에 대한 허상과 환상을 다룬 〈천장인〉(穿牆人)에서 포헌명(包軒鳴) 촬영기사는 판타지한 세계를 그려낸다. 〈유구인〉(鈕扣人)의 촬영기사 주이문(周以文)은 유동적인 빛과 영상으로 암흑세계의 퇴폐와 죄악을 조소하고, 피비린내 나는 폭력을 강조하며, 얼굴의 희극성을 과장한다. 이처럼 촬영이 중시된 영화들은 대만영화의 퀄리티를 한 단계 업그레이드시킨다.

여성 영화종사자 및 여성감독의 양성

1895년에 영화가 탄생한 이후, 바로 1896년에 여성 영화인들이 영화제작 대열에 합류한다. 프랑스의 알리스 기 블라쉐(Alice Guy Blaché)의 첫 번째 작품인 〈양배추 요정〉(The Cabbage Fairy)은 파리국제박람회에 출품되어 공식적으로 세계 최초의 여성 감독이 된다.[363] 대만 최초의 여성감독 진문민(陳文敏)은 〈망망조〉(茫茫鳥, 1957)를, 이후 왕만교(王滿嬌) 감독은 〈왜자동과 유대만〉(矮仔冬瓜遊台灣, 1965)을 제작한다.

가부장적인 남성 권위주의 시대이기에, 여성이라는 신분은 늘 제약이 따른다. 또한, 양성평등이 실현되지 않은 시대에, 여성이 용기 있게 영화의 길로 돌진한 것은 대단한 행동이다. 반세기 동안 대만영화산업은 남성이 주도

---

362 황건굉, 『전영영상적당대성 ~종고달 〈전영사(사)〉도채명량적〈흑안권〉』. 대만:세안문교기금회, 미학논단(黃建宏, 『電影影像的當代性 ~從高達 〈電影史(事)〉到蔡明亮的〈黑眼圈〉』. 台灣:世安文教基金會, 美學論壇).
363 진희청, 『서방여성주의전영:이론, 비평, 실천』, 북경:중국전영출판사, 2008:56(秦喜淸, 『西方女性主義電影:理論, 批評, 實踐』, 北京:中國電影出版社, 2008:56).

하는 업계로 군림한다. 당시 시기는 가정의 책임을 지고 있는 여성이 보수적인 사회의 틀에 얽매여 촬영기회나 감독으로 나서기 힘들었을 뿐만 아니라 철학적으로 다소 난해한 영화를 제작하기 힘들다고 여긴다.

남녀는 모두 평등하다. 영화 예술 비평뿐만 아니라, 새로운 세대의 영화산업에서 이런 전통관념 및 성별의 차이가 나날이 희석된다. 점점 더 많은 능력 있는 여성들이 등장하며, 이전에는 남성 전문분야이던 제작자, 감독, 촬영기사, 조명기사, 스크랩, 스크립터, 심지어 시나리오까지 모두 여성들의 모습을 볼 수 있다. 남자들만이 능력이 있는 것이 아니다. 특히 뛰어난 여성 감독이 배출되는데, 이런 현상은 두드러진다. 그녀들은 모두 좋은 교육을 받았기에, 비록 영화 전공 출신은 아니지만 사회적 경험이 풍부하고 국제적 시야를 갖추어서 이미 성별을 초월할 정도이다. 특히 그녀들은 날카로운 시선과 깊이 있는 사고를 토대로 인간에 대한 애정, 사회적 약자 및 소수 집단, 정신분석학적인 접근 등을 드러내며, 새로운 세대에서의 표현의 기회를 적극 활용한다.

대만영화의 성장에는 여성 영화인들이 기울인 심혈을 무시할 수 없다. 예를 들면, 황옥산(黃玉珊) 감독은 여성영화제와 남방영화제 개최에 동참하고, 영화학자, 영화평론가, 시나리오 작가로 활동하는 초웅병(焦雄屏)은 신영화(新電影)의 국제적인 영향력을 추진하며, 여성영화인 구려관(邱瓈寬), 이열(李烈), 섭여분(葉如芬)은 모두 풍부한 영화 경험을 토대로 중국과 대만 양안 사이에서 국제적인 활로를 개척한다. 예컨대, 대만 본토 영화의 소재를 기반으로 중국과 대만 양안의 역사 영화를 국제적인 합작으로 제작하고, 모두 흥행에도 성공을 거둔다.

구세대와 새로운 세대 간의 여성감독의 스타일은 현저히 다르다. 지난 세기 1970~1980년대에는 여성감독 류립립(劉立立)의 경요(瓊瑤) 시리즈 영화, 황옥산(黃玉珊)의 〈모란조〉(牡丹鳥)와 〈쌍탁〉(雙鐲), 유이명(劉怡明)의 〈대서남인〉(袋鼠男人)과 〈여탕〉(女湯), 왕소체(王小棣)의 〈비천〉(飛天)과 〈흑마〉(酷馬), 장애가(張艾嘉)의 〈최애〉(最愛), 〈소녀소어〉(少女小漁), 〈심동〉(心動) 등의 영화가 있다. 신시기에 들어서 여성감독들은 인재가 차고 넘친다. 장혜란(蔣蕙蘭)의 〈소백무금기〉(小百無禁忌), 주미령(周美玲)의 〈자청〉(刺青), 진심의(陳芯宜)의 〈유랑신구인〉(流浪神狗人), 왕육아(王毓雅)의 〈비약정해〉(飛躍情海), 정분분(鄭芬芬)의 〈청설〉(聽說), 증문진(曾文珍)의 〈등대비어〉(等待飛魚), 왕일백(王逸白)의 〈미광섬량·제일개청신〉(微光閃亮·第一個淸晨), 채은연(蔡銀娟)의 〈후조래적계절〉(候鳥來的季節), 구려관(邱瓈寬)의 〈대미로만〉(大尾鱸鰻) 등이 있다. 총괄적으로 말하자면, 그녀들의 영화들은 문예적인 스타일을 선보인다. 영화계에서 남녀가 동등해지면, 그녀들의 영화적 스타일도 더욱 기대할만하다.

은막의 스타

시대마다 가치관이 변하듯이, 영화의 주연 조건 역시 제각기 다르다. 예컨대, 신영화(新電影)는 '키 크고 완벽하다'라는 아이돌 이미지를 멀리하며, 비전문적인 아마추어 배우를 선호한다. 이는 스크린의 우상을 시들게 하여, 대만영화 몰락의 주요 원인으로 지목된다. 이에 반해, 새로운 세대의 영화는 스타의 매력을 중요시하고 스타 산업을 육성하기 시작한다. 예를 들면, 신문국이 2010년 11월 26일 주최한 '대만영화 육성하자 : 대만영화산업의 미래 스타를 어떻게 만들 것인가'라는 좌담회에서, 영화제작인 이열(李烈), 역지언(易智言) 감독, 여러 신인배우들 등이 참여하여 대중 및 학생들과 경험을 공유한다. 이는 대만 정부가 스타 산업의 가치와 영화산업 시스템에 끼치는 영향력을 인지했다는 방증이다.

이후 '후신영화(後新電影)' 시기에는 배우의 폭이 이전보다 훨씬 넓어진다. 특히 TV예능 개그맨들의 배우로서의 두드러진 약진이다. 예를 들면, 〈제사장화〉(第四張畫)의 납두(納豆), 〈계배영웅〉(雞排英雄)의 저가량(豬哥亮), 〈맹갑〉(艋舺)의 진한전(陳漢典) 등이 있다. 그 외 〈적벽〉(赤壁)의 임지령(林志玲)과 같은 모델도 합류한다. 가자희(歌仔戲) 배우로는 〈당애래적시후〉(當愛來的時候)의 여설봉(呂雪鳳)이 있다. 극장 배우로는 〈부후칠일〉(父後七日)의 오붕봉(吳朋奉), 〈최요원적거리〉(最遙遠的距離)의 막자의(莫子儀), 가효국(賈孝國) 등이 있다. 아마추어 배우로는 〈연습곡〉(練習曲)의 동명상(東明相), 〈불능몰유니〉(不能沒有你)의 진문빈(陳文彬)이 있다. 〈구강풍〉(九降風)에서 신인배우 봉소악(鳳小岳), 〈수려엽〉(荣麗葉)에서 이천나(李千娜) 등은 해당 영화에 신선한 느낌을 선서하며 놀라움을 자아낸다. 이미 두각을 나타낸 배우로는 계륜미(桂綸鎂), 장용용(張榕容), 팽우안(彭于晏), 주걸륜(周杰倫), 완경천(阮經天), 조우정(趙又廷), 진의함(陳意涵), 장균녕(張鈞甯), 곽채결(郭采潔), 진연희(陳妍希) 등이 있다. 그들은 배우와 예능을 겸비하며 차츰 스타성을 키워간다. '대만영화의 열풍'은 아이돌 배우의 양성에서 찾아볼 수 있다. 스크린 스타를 찾는 것은 이미 신세기 영화의 과제가 된다.

최근 대만영화가 흥행하면서 신문국은 인재 양성을 중시하고, 학교 및 관련 협회를 적극적으로 독려하여 영화 교육을 강화한다. 대만 원주민들은 영화음악 분야에 투입되어 범상치 않은 표현력을 드러낸다. 그래서 '원주민위원회'에서는 음향 인재 양성 센터를 설립하고, 더 많은 예술 종사자를 발굴하여 문화 창의 산업에 투입한다.

무대형식의 공연에서 사실적인 연출로의 전환

일찍이 대만영화 공연 예술의 기초를 다진 것은 가자희(歌仔戲)와 무대극 배우들이다. 그래서 그 영향이 깊고 과장된 무대의 흔적이 매우 진하다. 이후 1980년대에 신영화(新電影)가 등장하면서 대만에 서양이론과 제작방식이 물밀듯 밀려들고, 대만영화계는 서양의 이론과 방식을 수용하며 점차 사실적인 연출에 방점을 두게 된다. 이른바 '연기를 하지 않는 연기'를 추구하며, 관객은 극중인물을 통해 실재적인 현장감을 느끼게 한다. 오늘날의 영화와 TV연출은 배우가 아마추어 혹은 전문 출신이든 아니면 스스로 자기만의 체계를 이룬 자든 간에, 모두 의식적으로 사실적 스타일을 향해 나아간다. 주지하다시피, 오늘날 대만영화는 구체적인 사실을 묘사하는 것이 아니라, 스타일과 인상 위주의 형식으로 연출되어 대중의 사랑을 받고 있다. 〈계배영웅〉 (雞排英雄)이 바로 그 예시이다.

대만영화에 뿌리를 내리고 글로벌(중화권) 시장의 판매 전략

20세기 대만영화의 가내수공업 방식과 '치고 빠지기' 마케팅 전략은 새로운 시기에 들어서 어려움에 봉착한다. 이제 영화산업은 대만을 벗어나 국제화가 필요한 길이다. 국제영화제를 정복하는 것 외에, 자국 시장을 더욱 확장하는 전략이 요구된다. 예컨대, 언어, 문화, 생활 풍습 등을 극복할 수 있는 관람 장벽을 제거하고, 신세기에 걸맞은 마케팅 전략을 구사하며, 앞을 내다보는 경험으로 운영해야 한다.

지금 대만영화는 촬영을 시작하기 전에 영화사가 감독·시나리오를 선정하는 것 외에 중국과 대만 양안 및 국제적인 배급 활로를 확보한다. 영화사는 먼저 판매망을 형성한 후 촬영을 재개하고, 영화가 예정대로 상영될 수 있도록 제작비에 대한 염려를 없앤다. 대만의 유승택(鈕承澤) 감독과 홍콩의 팽호상(彭浩翔) 감독 모두 합작영화의 경험이 있고, 그들은 흥행에 방점을 두고 영화 마케팅의 중요성에 공감한다. 만약 영화 한 편을 찍어도 제대로 홍보하지 못하고 상영 및 배급이 안 된다면, 아무리 잘 찍어도 소용없다. 같은 영화인의 마음으로 '마케팅'은 확실히 신세대 영화 발전의 주력이 된다.

제4절 대만영화의 활로 및 미래 전망

1. 문명의식의 전환 : 문화 창의

20세기 성장과 부유함은 대만 사람들의 자주성과 창의에 생명력을 불어넣고, 미디어 네트워크의 보급은 젊은 세대의 다문화적인 자양분이 된다. 이제 시야는 국제로 향하고, 계엄령 시대의 폐쇄와는 비교할 수 없다. 1980년대 대만 신영화(新電影), 1990년대 '신신영화(新新電影)', 신세기의 '후신영화(後新電影)'의 성장은 대만과 중국 양안간의 본질적인 차이를 보여준다. 또한, 양안간의 상호교류는 중국영화와 대만영화라는 경계를 희석시킨다. 이러한 시대적 흐름과 민족의식의 변천은 프랑스 학자 르낭(Renan)이 주장한 '국가의 민족의식'³⁶⁴을 넘어서서 마샬 맥루한(Marshall McLuhan)이 주창한 개방적 '지구촌' 개념에 상응하는 것이다.

현대 '지구촌' 개념은 전 세계의 공간을 점점 더 긴밀하게 만들며, 인류의 거리는 마을만큼 가깝다.³⁶⁵ 각 나라는 부와 평화의 중요성을 깨닫고, 모두 총기 및 폭탄을 내려놓고 자국의 역사 문화를 알리려고 노력한다. 이런 흐름을 타고, 2008년부터 대만 경제부는 컨벤션 산업 및 문예 창작산업을 주도한다. 2010년부터 문화 창조를 국가 핵심 발전 계획에 포함한다. 이에 따라 문화 창

---

364 섭금봉, 『소서적영상—대어편적전영재현여문화인동』, 대만:원유출판사, 2001: 150(葉金鳳, 『消逝的影像—台語片的電影再現與文化認同』, 台灣:遠流出版社, 2001:150). 프랑스 학자 에르네스트 르낭(Ernest Renan)은 1882년 강연에서 "국가 민족은 인류 의지의 행동으로 달성된다"라고 한다. 그에 따르면, 사람들은 지역, 언어, 역사, 문화, 종교 등이 자신들의 의지를 통해 발현된 집단의 함의로 드러날 때 비로소 구체적으로 실현될 수 있으며, 이는 의지의 변천에 따라 우연성이 나타날 수도 있다고 한다.

365 지구촌이라는 말은 마셜 맥루한이 1962년에 제안한 새롭고 개념화된 단어이다.

조 영화, TV 및 팝 음악, 미디어 단지, 국제회의, 관광 여행, 사진 촬영 및 소
비력 증대를 위해 외국인 유치 전략을 시도한다. 통계에 따르면, 이들 산업과
국제적인 연계 덕분에, 주변 소비 수익은 일반관광의 15배에 이른다.[366] 한국
의 '부산국제영화제'가 동남아 주류영화를 축으로 발전한 것은 이런 성공을
입증한다. 전 세계 영화산업의 동향을 논하는 『할리우드 리포터』(Hollywood
Reporter)의 부산 특파원이 부산국제영화제에서 대만영화를 본 후, "장작기
(張作驥)는 〈호접〉(蝴蝶)에서 두각을 나타내고, 이후 〈당애래적시후〉(當愛
來的時候)에서 나비가 하늘로 올라가는 것처럼 영화적 재능이 만개한다."라
고 언급한 적이 있다. 이는 '부산국제영화제'가 점차 영화인들의 요충지라는
점을 알 수 있다. 과거 싱가포르가 전시회 이미지 국가라면, 한국은 영화제에
영상 산업까지 갖춰 그 지위를 부각시킨다. 한국은 영상투자가 컴퓨터 기술
업에 비해 낮지만 금리가 낮아 영상문화로 해외 판매 및 관광을 유도하는 데
성공한 케이스이다.

반면 대만 문예 창작산업은 2012년 '문화부'가 설립되고 나서야 비로소 날
개를 단다. 그 전까지는 신문국 영화처가 관할하였다. 그동안 문예 창작의 중
책을 맡은 신문국은 관련 산업을 이끌어오면서 전 세계시장에서 활로를 찾
으려고 노력했다. 영화산업을 우선적으로 추진하며, 2009년 11월 6일부터
11월 12일까지 '대만영화의 세계화와 현지화' 간담회를 개최한다. 이것은
'지혜대만'을 건설하는 주요 프로젝트의 일환이며, 대중화된 자국시장을 독
려하고 해외 지역 확대를 강조하기 위함이다. 신문국이 발표한 2009년 대만
영화시장 총결산에 따르면, 상영된 영화는 375편이고 이 중 중국영화는 27편

---

366 예유순, 「종화박분석대만적회전산업」, 『2010제3계태비학술교유연토회논문집』,
   대만:진리대학출판, 2010:285(倪有純, 「從花博分析台灣的會展産業」, 『2010第3
   屆台菲學術交流研討會論文集』, 台灣:眞理大學出版, 2010:285).

이다. 여기에 외국영화의 이윤까지 더하면 생산액은 모두 45억 5천만 신대만 위엔에 이른다. 또한, 국제시장을 공략하기 위해 파리 지역 영화위원회와 합작을 체결한다. 표면적으로 영화산업이 신장된 것처럼 보이지만, 예전의 눈부신 대만영화의 성장에 비하면 여전히 큰 격차가 존재한다.

대만영화 활로의 시작은 영화 기술이 앞선 미국과 프랑스에서 비롯한다. 하지만 전 세계를 지배하고 있는 할리우드 영화는 최근 몇 년간 경영이 하락하자 새로운 이익구조를 찾아내는데, 그게 바로 2010년 초에 대박이 난 3D 영화 〈아바타〉이다. 그러나 반년 후 이러한 3D 붐은 지나간다. 77%의 미국 국민은 우선 푯값이 비싼 것에 불만족하고, 3D 안경이 눈을 상하게 하며, 3D 영화가 특별한 것이 없이 화질만 비교적 선명할 뿐이라고 여긴다. 또한, 미국 영화감독들은 3D영화의 제작비용이 너무 많이 들고, 극장도 약 7만 5천 달러의 새로운 영사기를 구매해야 하며, 동시에 3D 제작기술도 여전히 미흡하다고 보고 있다. 이렇듯 미국 영화계가 3D 효과에 의구심을 표명하지만, 아시아 영화들은 새로운 기술을 시험해 보기 위해 마치 안달이 난 것처럼 보인다. 여러 미디어 테크놀로지 회사들이 모두 앞다투어 관련 기술을 개발하여 카메라, TV 등에 적용하기에 이른다. 특히 중국의 3D 스크린 수를 보면, 2008년 〈지심력험기〉(地心歷險記) 상영 때 80개 그리고 2010년 〈아바타〉 개봉할 때 500개가 되어, 2013년 이후에는 그 수를 넘어선다. 반면 2012년 미국의 3D영화 수익은 18억 달러로 2011년과 동일하다. 2012년에 중국 3D 영화가 총 40여 편 상영되는데, 이 중 절반 가까이가 억대 흥행을 기록하고, 30~40% 성장한다. 중국시장이 과열되는 현상에 대해 관련 영화 종사자는 "국내 관객은 3D 영화적 언어보다는 감각적 체험에 의존한다."라고 분석한다. 2013년에 국가 영화사업 발전 특별자금관리 위원은 대만 3D영화에 대한 보조금을 지원하며 대만 3D영화 발전을 이끈다. 2014년 11월까지, 본토 상영 3D영화는 105억 위엔으로 전체 영화 전체 흥행의 42%를 차지한다.

이안(李安)은 3D영화를 제작하여 나날이 새로워지는 영화기술의 힘을 관객에게 느끼게 해준다. 그는 "3D효과는 사람들을 깊이 깨닫게 하는데, 그것은 새로운 시각 언어이다. 존재하지 않는 영화 언어를 어떻게 다루고 관객들과 소통해야 하는지 그리고 공포심 혹은 흥분 등의 새로운 경험을 체험함에 따라 이전과는 다른 관람의 기준이 정해진다."라고 언급한다.

반세기가 넘는 기술발전을 거친 '디지털영화'는 과학기술인과 영화인의 지혜로운 결정에 힘입어 새로운 영화산업의 형태를 만들어낸다. 이러한 흐름 속에서, 대만은 원가 절감 및 친환경 의식에 강점을 보이는 '디지털 영화' 돌풍에 합류한다. 첫 디지털 영화는 주연평(朱延平)의 〈랑〉(狼, 2005)이다. 현재 대만의 여러 영화사도 3D영화 촬영을 계획하고 있으며, 디지털 기술의 성숙도를 더욱 높이고 있다. 중국영화 〈집결호〉(集結號) 및 〈당산대지진〉(唐山大地震)도 미국과 한국의 특수효과기술에 도움을 받아 제작된다. 그러나 영화자금의 한정으로 인해 어려움을 겪고 있는 대만이 어떻게 누에고치를 터뜨릴 수 있을지는 두고 봐야 한다. 2013년 '콘서트영화' 〈오월천낙아방주〉(五月天諾亞方舟)는 스타들의 자체 인기 덕분에 흥행에 성공한다. 이 영화는 대만에서 4천 5백만의 신대만 위엔을, 중국 대륙에선 1천 4백 5십만 위엔을 벌어들인다. 특히, 3D 카메라 촬영과 항공촬영 기술을 접목하여 세계 최초의 4DX 콘서트 영화로 자리매김한다. 이후에도, 액션영화의 제작한계를 넘어서기 위해 중국, 프랑스, 미국, 일본, 태국 등 많은 나라의 전문 제작팀과 합작하고, 억대의 비용을 투자하여 〈비자영웅2:여명승기〉(痞子英雄2:黎明升起)를 제작한다. 2014년 중국과 대만 양안에서 유일한 3D액션 블록버스터가 개봉되어 오랫동안 흥행 신기록을 세운다. 이는 의심할 바 없이, 영화계에 신선한 바람을 불어 넣으며, 3D영화의 전망이 밝다는 점을 보여준다.

대만 문명의 발전과정을 보면, 대만의 자원은 풍부한데 정부가 그것을 효율적으로 운용하지 못한 측면이 강하다. 정부가 문예창작 전략을 내놓을 때에 비로소 사회 각계는 영화의 높은 수익률에 경이로움을 느끼며, 영화 제작사와 전략적 연맹을 제휴한다. 예를 들면, 고웅(高雄)시는 〈안루〉(眼淚)와 〈심해〉(深海) 촬영을 위해 지역명소를 로케이션 장소로 활용하게 하고, 대북시는 만화(萬華) 지역의 '박피료(剝皮寮)' 역사 거리를 〈맹갑〉(艋舺)의 주요 풍경으로 제공한다. 영화 미디어의 영향이 워낙 커지자, 메이저 기업들은 기꺼이 후원하는 원원 국면이 이어진다. 예를 들면, 1994년 이안(李安)의 〈음식남녀〉(飲食男女)는 개희(開喜) 우롱차 제조사의 1천만 신대만 위엔 광고 후원금을 지원받는데, 이는 대만영화 최초의 대규모 기업 합작 사례이다.

대만 행정원은 2010년 8월 30일 '문예창작법(文創法)'[367]을 공표하며 정식으로 시행에 들어간다. 문화 창의산업은 대만 정부가 추진하는 6대 신흥 산업 중 하나이다. 처음으로 '대만 국제 문화창의 산업 박람회(台灣國際文化創意産業博覽會)'를 개최한다. 또한, 기업이 문예창작 연구와 발전에 투자하는 것을 유도하기 위해 관세법 혹은 법률에 의하여 세금을 감면하는 조치를 취한다. 예컨대, 외국에서 기계 설비를 구입하면 대만 국내에서 제조하지 않은 것으로 간주하여 수익세와 세금을 면제받는다. 정부의 우대 전략과 전망에 따라 여러 주식 상장회사들은 문예 창작산업에 투자한다. 기업에서 투자하여 설립한 위망(威望), 산수(山水), 굉기(宏碁), 중환오락(中環娛樂) 등은 대

---

[367] 문화창의산업발전법(文化創意産業發展法)은 2010년 1월 7일에 대만 입법원(立法院)에서 심사 통과하여, 2월 3일에 총통의 지시에 따라 공표된다. 총 4장으로 되어 있으며(총칙, 협력 및 상금보조체제, 조세우대, 부칙), 총 30조항으로 된 법규에 근거하여 문건회(文建會) 및 관련 중앙사업주관기관은 13항의 자법(子法) 정정 및 관련된 세부 작업을 완성한다. 문화창의 산업의 추진은 대만이 국제적 발전과 보조를 맞추는 계기 중의 하나이다. 관련 분야는 상당히 방대하다. 특히 문화적 사고와 특색, 그 외에 국제시장 산업경쟁에도 도움이 될 것이다. 또한, 이 영역은 대만 신세대 창작자들에게 전 세계 발전추세(설계, 유행, 영화 등)와 마주할 때 격려의 힘이 될 것이며, 추진하는 과정에서 창의자들이 국제적 시야를 넓히는 데에 도움이 될 것이다.

만영화 제작의 신흥세력으로 부상한다. 대만당국 경제건설위원회건회(經濟建設建委員會)는 '국가발전기금'을 만들어 기업과 함께 '문예 창작 1호' 회사를 설립한다. 연화전자(聯華電子) 부회장 선명지(宣明智)가 주도하여 제1단계에 5억 위엔을 모은다. 기존의 공영기관 중영(中影)이 민영화되면서, 곽대강(郭台强) 정위(正崴) 그룹의 회장은 자금을 모아 제작 업무를 재개하여 〈새덕극파래〉(賽德克·巴萊)에 투자하고 제작한다. 또한, 경제건설위원회건회(經濟建設建委員會)는 2010년 '글로벌 투자 유치 회의'를 개최하는데, 투자유치 영역은 문예 창작(文創), 생기의료(生技醫療), 운단(雲端) 및 WiMAX, 녹능(綠能) 및 녹건축(綠建築), 도시경신5계획(都市更新五計畫) 등이다.

중국과 대만은 양안 경제협력 기조협의(ECFA)에 서명한 후, 중국에 영화를 수출할 때 10편 미만 제한을 해제한다. 이에 양안 영화시장과 관련 영화 제작사들은 반색한다. 또한, 대만 행정원회는 3천억 신대만 위엔을 투입하여 '문예 창작 발전 연구원'을 설립하여, 문예 창작 관련 사항을 전문적으로 담당한다. 이처럼, 대만의 영화 전환기는 대만 정부의 다원적 정책 전략에서 비롯된다. 비록 한국이 먼저 이런 개조에 성공하지만, 다소 느리더라도 실천에 옮기는 것이 중요하다. 문예 창작 분야는 관련 인적자원 확보가 중요하기에, 영상 다원적 교육과 실무 경험이 급선무이다.

금마장(金馬獎) 다큐멘터리상을 수상한 소철현(蘇哲賢)은 "'돈'은 매 과정 마주치는 문제이고, 부분마다 모두 돈과 관련된다. 가장 복잡한 단계는 배급이다. 주지하다시피, 처음으로 영화관에 배급된 다큐멘터리는 길거리 춤을 다룬 기록영화이다. 비록 다큐멘터리이지만, 줄거리에 극적인 요소도 있어 시장에 통한다."라고 말한다. 그는 "신인감독은 학교에서 영화제작만 배우는데, 상업시스템에서 살아남는 법이나 적응하는 법은 배우지 못하는 현실이다. 영화를 찍는 것도 중요하지만 배급과 같은 복잡한 과정을 고려해야 한다. 이는 학교 교육에서 강화해야 할 분야이다."라고 말한다. 이처럼 대만 영화가 혁신적으로 발전하기 위해서는 시대적 현상의 조언을 경청·수용하고, 방해와 변수가 되는 사항을 제거하며, 새로운 인재를 끌어들여야만 한다.

2. 중국영화시장을 향한 도전과 전망

영화는 상업이든 예술영화이든 관객을 만나 시장 검증을 거친다. 가혹한 현실은 대중시장의 향배에 따라 자금이 결정된다는 점이다. 중국영화의 부상은 광대한 인구에 기인한다. 비록 영화가 형편없더라도 손쉽게 수익을 올릴 수 있다. 중국 관영 매체에 따르면, 중국영화산업은 2010년에 총 101억 7천만 인민폐(약 15억 달러)의 수익을 올리고, 2011년에는 130억 인민폐, 2012년에는 170억 7천 인민폐의 성적을 거둔다. 총 3년간, 중국에서 대만영화의 수익은 82억 인민폐이고, 수입한 외국영화는 88억 인민폐에 달한다. 정치와 경제가 점차 안정화되면서, 대중은 문화적 소비가 중시되고 '영화'가 그 선택지가 된다. 이에 따라 영화산업과 관련 시설이 전면에 부상하고, 영화 장르가 다양해지고 흥미로워지면서 영화관람이 일상화된 생활오락으로 자리 잡는다. 2010년 중국인들의 연평균 수입이 42,211 인민폐이고, 당시 중국 영화 관람료가 80 인민폐인 것을 고려해보면, 이는 중국인들의 소비 잠재력이 높다는 점을 방증한다. 중국은 대만영화에 비해 20여 년 동안 제작 및 상영 편수가 적을 뿐만 아니라 스크린의 수도 적다. 상업영화를 표방한 주연평(朱延平)은 "대만영화관은 이미 할리우드 천하이다. 전체 흥행으로 따지면 할리우드 영화는 95%, 다른 유럽영화, 대만영화, 홍콩 영화는 5%에 불과하다. 이는 대만영화업계에 큰 타격이다."라고 말한다. 할리우드 영화는 기세가 등등하고, 흥행은 매년 상승하고 있다.

근래의 중국영화. 중국과 대만 합작영화. 대만영화

한국영화의 부상은 전 세계를 경이롭게 한다. 노태우 전 대통령은 〈쥬라기 공원〉 한 편이 당시 현대자동차의 일 년 수익을 넘어서자, 영화를 발전시켜 아시아 시장을 선점한 뒤 글로벌 시장을 공략하기로 한다. 1999년 전 세계가 한국영화인들의 '삭발운동368'을 목격하고 단결의 효과가 한국영화를 빛나게 했을 뿐만 아니라, 서로 상생하는 장르영화를 만들어 낸 것을 돌이켜 보면, 오늘날 한국은 영화 전략으로 국제적인 지위를 성공적으로 끌어올렸다.

1993년 미국 영화계의 대부 잭 발렌티(Jack Valenti)는 WTO를 지렛대로 삼아 할리우드 제품을 세계 각국의 경제무역 협상 카드로 활용한다. 미국의

---

368 (역자 주) 당시 한국영화계는 한미 투자협정(FTA) 체결을 앞두고 스크린쿼터를 줄이려 한다고 반대하면서 단체 행동에 나선다. 결국, 2006년에 한국영화 상영일 수가 146일에서 73일로 줄어든다.

1998년 경제통계에 따르면, 1위 수출업종은 영상, 음악, 출판업이다.[369] 스크린 쿼터제를 정치·경제의 논리로 결정하는 것은 국가 문화를 팔아 이익으로 추구하자는 의미이다. 다행히도, 한국은 많은 열혈지사들이 협상을 보이콧하여 그 제도의 수용이 지연되고, 이후 한국영화의 점유율 확대로 위기를 넘긴다. 당시 프랑스도 미국과의 자유무역 협상에서 '문화적 예외'(l'exception culturelle)[370]를 내세우며 반대하고, 이후 프랑스는 국가가 직접 투자 및 제작·배급을 관리한다. 이에 반해, 대만영화는 WTO의 수탈을 거친 결과 더 처참한 환경 속에 놓이게 되고, 타국 기업들은 더욱 수익을 창출하는 구조가 된다. 당시 대만영화는 상영할 극장을 찾지 못하는 상황이 벌어진다. '잘못된 정책은 횡령보다 더 무섭다' 현실은 이미 되돌릴 수 없다. 1950년대부터 미국 원조를 받아온 대만에는 미국 문화가 뿌리 깊이 자리 잡고 있다. 중국의 학자는 "문화적 유입은 나라와 지역, 민족에 영향을 줄 수 있다. 예컨대, 역사의식, 공동체 의식, 종교 의식, 문화의식, 심지어 언어까지도 희석시킨다. 따라서 지역의 전통과 문화를 다시 쓰기도 하고, 새로운 민족 문화적 기억을 만들어 미국과의 신념과 가치를 융합시킨다."라고 언급한다.[371] 만약 가장 적절

---

369 윤홍·소지위, 「호래오적전구화책략여중국전영적발전」, 『전구화여중국영시적명운』, 북경:북경광파학원출판사, 2002:106(尹鴻·蕭志偉, 「好萊塢的全球化策略與中國電影的發展」, 『全球化與中國影視的命運』, 北京:北京廣播學院出版社, 2002:106).

370 (역자 주) 1993년에 가트(GATT) 협정에서 미국이 스크린 쿼터제의 폐지를 주장하며 문화 상품을 교역 대상에 포함하자고 제안하자, 프랑스가 이 논리를 선언하고 반발하면서 세계적인 쟁점이 된다. 프랑스는 "영화는 정신적인 산물이지 경제적 상품의 거래 대상이 아니다"라고 반박한다.

371 윤홍·소지위, 「호래오적전구화책략여중국전영적발전」, 『전구화여중국영시적명운』, 북경:북경광파학원출판사, 2002:105(尹鴻, 蕭志偉, 「好萊塢的全球化策略與中國電影的發展」, 〈全球化與中國影視的命運〉, 北京:北京廣播學院出版社, 2002:105).

한 시기에 이를 개선하지 못하면, 대만 자손은 무엇을 보고 무엇을 느낄 수 있을까? 대만 문화가 점점 엷어지고 있다는 공포감이 전해진다.

대만 정부는 경제 발전에 방점을 두었기에, 세계 무역의 의사결정이 영화 문화에 미치는 폐해를 가볍게 여긴다. 2002년에 WTO에 가입하기 위해 외국 영화에 대해 개방 조치를 취하기로 결정한다. 이로써 대만은 영화시장 전체를 외국영화에 내준다. 미국 8대 제작 및 배급사는 더욱 강력한 영화와 마케팅으로 대만영화 경제의 명맥을 끊으며, 대만영화 시장은 곤두박질친다.[372] 관건은 자국배급사를 통한 간접 배급방식 때에는 세금을 납부했으나, 이제 미국 제작사들이 직접 배급으로 세금을 거의 내지 않는다. 소량 납부된 세금으로 대만영화를 부양하고자 하지만, 이는 단지 한 잔의 물을 달구지의 장작불에 끼얹는 형국일 뿐이다. 중국학자들조차 대만 정부의 전략을 이해하지 못하면서, 그들은 "미국 8대 영화 제작사들이 대만영화 배급과 상영 시장을 거의 독점하고 관세 혜택을 받는다. 그들은 대만에서 연간흥행 소득이 25억~50억 신대만 위엔이지만, 당국은 세금 감면해 주는 혜택까지 준다. 대만은 매년 1,000만 신대만 위엔의 영리사업 소득세만 징수할 수밖에 없는데, 이는 대만영화와의 형평성 문제를 야기한다. 대만 당국은 표면적으로 '대만 본토 영화 보호'를 내세우지만, 배후에 있는 미국 정치 상인의 간섭으로 대만정부가 내세운 여러 가지 정책이 모두 미국상인의 정책에 영합하고 있다. 이른바 '보호주의'는 사실 사람을 속이는 말이다."[373]고 말한다. 대만 정부는 강경책을 취할 수 없기에 애국심에 기대고, 대만 본토 영화를 지지할 수밖에 없는 현실이다.

---

[372] 황인·왕유, 『대만전영백년사화』(하), 대만:중화영평인협회, 2004:227(黃仁·王唯, 〈台灣電影百年史話〉(下), 台灣:中華影評人協會, 2004:227).

[373] 진비보, 『대만전영사화』, 북경:중국전영출판사, 2008:382(陳飛寶, 『台灣電影史話』, 北京:中國電影出版社, 2008:382).

미국은 양차 세계대전과 정치적 냉전을 거치면서 자국의 소프트파워 문화를 전 세계로 확산시킨다. '문화혁명' 이후의 중국이 경제 향상을 도모할 때, 미국 문화는 빠르게 유입된다. 이것은 '중국은 그들 마음속의 두 번째 유럽이며, 할리우드 영화 제국이 고대하던 경제와 문화의 신대륙이다.'[374]라는 것을 설명한다. 그리하여 중국은 2001년 WTO 개방 이후 영화도 할리우드 영화에 침식당한다. 2010년 중국의 새해 영화는 대부분 흥행에 실패하는데, 장예모(張藝謀) 감독의 영화 〈삼창박안경기〉(三槍拍案驚奇)만 손익분기점을 넘긴다. 그 이유는 제작비가 낮았기 때문이다. 반면 중국의 다른 신년 작품들을 합쳐 16억 위엔에 불과하지만, 〈2012〉와 〈아바타〉 두 영화로만 18억, 19억 위엔의 박스오피스를 차지한다. 다만 눈앞의 위기가 발등에 떨어진 것은 아니었다. 중국 정부 역시 외부 영화의 잠식에 대비해 중국영화를 보호하려고 노력한다. 중국 정부는 각종 행정과 경제 조치를 통해서 자국 영화산업을 보호한다. 예를 들면, 국가 재정부가 중앙방송국, 지방방송국에 광고 순수익을 내서 영화산업에 보조할 것을 요구한다. 중국영화 집단공사는 정부의 요청에 따라 영화제작소와 어린이 영화촬영을 지원한다. 재무부 특별지원도 있다. 프린트, 복제, 부가가치세 감면 등. 국가 영화사업 관리국에서는 '대만영화 발행 상영을 잘하기 위한 거시적인 조절·통제 강화에 관한 실시 세칙'을 공표한다. 각 지역의 영화 배급 상영 프로그램 수는 반드시 연간 추천 자국 영화 프로그램 수의 75%가 되어야 한다. 중국 정부는 앞으로도 오랫동안 영화를 '무역자유화'의 거래에 포함하지 않을 것으로 예상된다. 수익 영화에 한도를 두거나 제한을 하며 외국 자금과 인원의 중국영화 생산 배급의 각 상

---

374 윤홍·소지위, 「호래오적전구화책략여중국전영적발전」, 『전구화여중국영시적명운』, 북경:북경광파학원출판사, 2002:115(尹鴻·蕭志偉, 「好萊塢的全球化策略與中國電影的發展」, 『全球化與中國影視的命運』, 北京:北京廣播學院出版社, 2002:115).

영 업계에 각종 제한을 둔다.[375]

현재 중국은 매년 50편의 외부 영화 상영으로 한정하고 있는데, 민감한 영화가 상영될 때 정부 전략에 따라 시기를 조정하고, 권력을 이용하여 게임의 규칙을 바꿀 수 있다. 예컨대, 할리우드 흥행 영화의 상영 시간을 단축시킬 구실을 찾거나 할리우드 영화 상영을 전면 중지하기도 한다. 2010년에 3D영화 〈아바타〉와 대륙영화 〈공자:결전춘추〉(孔子:決戰春秋)가 동시에 상영되는데, 〈아바타〉가 활기차게 상영되고 있음에도 불구하고 전국적으로 개봉관을 줄이고, 〈공자〉 영화의 배급망을 늘린다. 윤홍론(尹鴻論) 학자의 말에 따르면, 중국에서 영화업의 기본 임무는 여전히 '사회주의 정신문명 건설'이라고 한다. 따라서 영화의 '사회적 효과'를 '경제적 효과'보다 우위에 두고 판단을 내린다.[376] 비록 중국과 대만 양안이 민감한 정치적 긴장 상태이지만, 중국이 영화산업에 취한 보호책은 대만이 배워야할 만하다.

국제 무역협상에 따라, 대만 정부는 무역 관세 혜택을 위해 협의된 의제 내용을 수용하게 되는데, 이는 영화문화가 위축되고 문화 판도를 내주는 결과를 초래한다. 100년 대만영화의 기구한 운명은 내적 문제뿐만 아니라 이제 외적 문제에 시달리게 된다. 21세기에 들어선 대만영화는 기대만큼 우아하지도 않고, 심지어 비틀거리고 있다. 세계로 눈을 돌려보면, 현재 중국, 한국, 프랑스만이 할리우드의 강력한 공격을 막아 영화 문화산업의 변방을 지키고 있다.

대만에서 영화 한 편당 최고 제작비가 신대만 2~3천만 위엔(인민폐 약 7백

---

[375] 윤홍·소지위, 「호래오적전구화책략여중국전영적발전」, 『전구화여중국영시적명운』, 북경:북경광파학원출판사, 2002:128~129(尹鴻·蕭志偉, 「好萊塢的全球化策略與中國電影的發展」, 『全球化與中國影視的命運』, 北京:北京廣播學院出版社, 2002:128~129).

[376] 윤홍, 〈1999연중국전영비망〉(尹鴻, 〈1999年中國電影備忘〉).

만 원)에 불과하거나 심지어 더 낮을 수도 있다. 그래서 대만영화인들의 강점은 창작에서 비롯된다고 볼 수 있다. 미국 블록버스터 영화에 비교할 수도 없고, 홍콩 영화와도 경쟁할 수 없다. 현실적으로, 대만영화는 쿵후 영화, 무협 영화, 공상과학 영화 같은 장르 영화를 만들 수 없다. 상업영화에는 유명 감독, 대규모 제작비, 스타 캐스팅, 홍보 마케팅 등이 요구되기에, 오늘날 대만영화는 인문화되고 예술적인 스타일로 발전할 수밖에 없다. 2010년 금마장(金馬獎) 영화제를 보면 바로 알 수 있다. 〈맹갑〉(艋舺)만 상업 블록버스터 영화이고, 다른 영화는 모두 문예 창작 작품에 해당된다. 〈당애래적시후〉(當愛來的時候)는 최우수 미술 디자인상을 수상하는데, 수상자는 "단지 신대만 위엔 30만 원 예산으로만 완성했다."라고 말한다. 어려운 제작비 환경 속에서 제작된 이 영화는 심사위원의 인정을 받고 용감하게 전진할 수 있다는 자신감을 증명하지만, 다른 편으론 슬픈 감정을 피할 수 없다.

영화 촬영은 마술과도 같아서, 상업 장르 영화의 미술, 촬영, 특수효과가 잘 조화되려면 상대적으로 막대한 제작비가 필요하다. 많은 대만 감독들이 현 상태를 돌파하기 위해 막대한 재원을 마련하여 장르 영화를 찍으려고 하지만, 제작비가 부족하여 촬영을 시작하지 못한다. 결국, 문예영화가 승리하는 대만영화 구조가 형성된다. 이러한 어려운 환경 속에서도, 여전이 현실을 돌파하여 중국어 영화로 제작된 영화가 있다. 예를 들면, 〈일팔구오을미〉(一八九五乙未, 2008)가 6천만 신대만 위엔을, 채악훈(蔡岳勳)의 〈비자영웅수부곡〉(痞子英雄首部曲, 2011)은 8천만이 넘는 신대만 위엔을, 패션 멜로 〈애〉(愛, 2012)는 3억의 신대만 위엔을 쏟아붓는다. 이러한 흐름 속에서, 위덕성(魏德聖)의 영웅 서사시 영화 〈새덕극파래〉(賽德克·巴萊, 2011)의 제작비는 무려 7억 신대만 위엔이 소요된다. 전문가들은 이 영화의 손익분기점을 14억 신대만 위엔으로 예상했다. 따라서 이 영화가 과연 국제적인 무대에서 멋진 흥행을 창출할 수 있을지가 관건이다. 〈새덕극파래〉 영화는 중국, 일본,

한국, 동남아, 뉴욕, 호주, 미국, 유럽 등으로 배급망을 늘려서, 지역 장벽을 극복하고 전 세계적인 화제를 낳는다. 영화는 12년 동안 계획하고, 2만 명을 동원하여 세계 각국을 돌면서 시사회를 한다. 결국, 영화는 대만에서 8억 8천만 신대만 위엔을, 즉 대만에서 가장 높은 흥행을 기록한다. 그리고 그 기세에 힘입어 미국 주류 시장에서 눈부신 흥행성적을 낸다. 첫 주말에 5만 8천 달러가 넘는 흥행수익을 올리는데, 이는 최근 몇 년 동안 미국에서 개봉하여 3일 동안 흥행 1위를 기록하고, 휴스턴에서의 흥행은 미국 전역에서 2위를 차지한다. 하지만 이상하게도 중국에서는 고전을 면치 못한다. 중국에서 개봉한 지 18일 만에 누적 흥행금액은 천만 위엔에 불과하다. 그 이유는 배급, 홍보, 상영 시기의 실수, 해적판과 삭제 스크랩 등의 문제에 기인한다. 위덕성(魏德聖) 감독은 홍보 기간이 너무 짧고, 관객 타깃층 확보가 늦었으며, 이해가 되지 않는 영화 제목이 주된 이유라며, 전체적으로 홍보 마케팅의 문제라고 지적한다. 점차 긍정적으로 관객이 늘어가는 흥행 추세를 보이기는 하지만 여전히 아쉬움이 남는다. 비록 중국에서 흥행에 실패하지만, 이 영화의 가치와 의미는 실로 지대하다. 문화와 산업적 측면에서, 이 영화는 중국어 영화사의 걸작으로 기록될 만하다. 또한, 중국에서의 경험도 향후 대만영화계가 반추해야 할 계기가 되며, 다음 재출발을 기대하게끔 한다. 대만영화가 적극적으로 살길을 도모하는 와중에, 〈대소강호〉(大笑江湖)의 중국 흥행은 대만 감독들에게 시장 지표가 된다. 〈새덕극파래〉(賽德克·巴萊)는 대만영화가 국제적으로 경쟁력을 가질 수 있다는 자신감을 불어 넣는다. 하지만 〈해리포터〉 시리즈는 6편까지 1천 6백 7십 4억의 신대만 달러 수익을 올리고, 〈해리포터 7〉은 대만에서 상영하여 계속해서 돈을 빨아들이는 효과를 발휘한다. 그 당시 같은 기간 대만과 미국 영화를 비교해보면 다음과 같다. 대북시에서 상영된 〈당애래적시후〉(當愛來的時候)은 2010년 10월 24일부터 2010년 11월 28일까지, 총 한 달 4일 동안 292만 신대만 달러를, 〈해리포터〉는 2010년

11월 19일부터 2010년 11월 28일까지 10일간 5,940만 신대만 달러의 흥행을 기록한다. 11월 20일(토) 일일 흥행은 무려 1,276만 신대만 달러이다. 2010년 11월 20일 금마장(金馬獎)에서 〈당애래적시후〉(當愛來的時候)가 최우수작품상을 받은 후 흥행이 급격히 상승하지 않지만, 장작기(張作驥) 감독은 흥분하며 "저는 상업영화를 찍는다. 예술영화가 아니다. 더 많은 극장에서 상영되고, 더 높은 흥행이 되기를 바란다."라고 말한다. 실제로 상황은 그다지 녹록지 않고, 오히려 국제적인 유명 영화제의 초청만 끊이지 않는다. 오랜 경력과 경험이 풍부한 영화 배급자인 왕응상(王應祥)은 "매년 금마장(金馬獎) 심사에서 안목과 시장 경험이 아주 중요하다. 지나친 예술적인 심사는 시장의 불균형을 초래하고 투자자의 믿음을 좌절시킬 수 있는데, 이 두 해 동안의 금마장(金馬獎)는 다시 이전의 상황으로 돌아가는 것 같다."고 말한다. 결국, 시장의 관심을 모았던 〈당애래적시후〉(當愛來的時候)는 흥행에 실패한다. 말 그대로 대만영화는 관객들로부터 또 멀어진 것일까? 중화민국 영화사업 발전재단 주연평(朱延平) 회장은 "후효현(侯孝賢)은 인문과 창의성을 비교적 중시한다. 이런 평가는 상업성이 나쁘다는 의미가 아니다. 이미 상도 받고, 흥행에도 성공하는 사례가 있다. 하지만 금마장은 인문과 예술 분야를 선호하고, 대체로 흥행에 이상적이지 않은 영화들을 선정한다."라고 말한다.

비록 공평성을 추구한다지만, 큰 투자를 하는 제작사는 영화제 상과 인연을 맺기 어렵다. 중국, 홍콩, 대만 스타들을 총집결시키고 촬영비용만 1천만 달러가 넘는 소조빈(蘇照彬)의 〈검우〉(劍雨, 2010)는 〈사밀사임무〉(史密斯任務)에 〈변검〉(變臉)을 더한 종합 상업영화라고 할 수 있는데, 중국에서 흥행수익이 7천만 위엔, 대만에서 2주간 상영이 319만 신타이원 달러밖에 되지 않는다. 이는 대만영화계에 큰 충격을 준다. 게다가 다른 분야 상은 물론이고, 심지어 최우수 액션상 후보에도 오르지 못한다. 금마장(金馬獎) 심사는 합작영화나 중국영화에 대해 여전히 거부감이 있는 듯하다. 하지만 같은 천만 달러의 비용을 들여 찍은 진국부(陳國富)의 〈풍성〉(風聲, 2009)은 중국과 대만 양안에서 눈부신 성적을 거둔다. 중국에서 흥행수익은 2억 1900만 원 위엔이고, 대만에서는 1,200만 신대만 달러의 흥행수익을 올린다. 〈애〉(愛)의 제작 및 마케팅은 3억이나 되는 신대만 달러가 소요되는데, 세간에서는 멜로에 왜 이런 큰 비용이 들까? 라고 의문을 품는다. 이에, 감독 유승택(鈕承澤)은 "서사영화만 큰 비용으로 찍어야 하는가? 아니면 액션영화만 찍을 수 있는가? 다양한 장르에 모두 가능하도록 바뀌어야 한다."라고 말한다. 이 영화는 중국에서 1억 4천만 위엔 신대만 달러의 흥행을 올리며, 사회 각 계층을 놀라게 한다. 이러한 현상에 대해, 대만영화계는 도대체 어떤 장르와 소재가 중국과 대만 양안 모두에게 적용 가능한지 고민하게 된다. 중국과 대만 양안의 영화 개방 및 발전과 더불어, 관련 영화인은 당면한 관람 문화 격차, 제작 및 감독 선정 등의 문제해결을 위해 노력하며, 시장 동향을 자세히 관찰한다.

대만영화들은 문예 창작 분야에서 다시 고개를 들고 점차 활기를 띠고, 흥행과 국제영화제에서 재등장 하는 등 다시 날아오를 조짐을 보이지만, 정작 대만영화 제작 및 투자사들은 관망세를 유지하는 분위기이다. 신세대 감독들은 현실적으로 영화시장에 비교적 관심을 두고, 보조금을 지원받아 영화를 제작한다. 대만영화가 과거의 영광을 진정으로 회복하려면, 과거 및 현재의 중국과 대만 양안의 상황을 고려한 전문가의 의견에 귀 기울여야 할 시기이다.

중국과 대만 양안의 정책 개방 및 영화 상영 쿼터의 정착

중국과 대만 양안 정국이 안정되면 경제발전에 도움이 된다. 예를 들면, 1930년대 일본식민지 시기에, 대만은 다량의 상해 영화를 상영하는데, 그 자양분은 대만영화의 뿌리가 된다. 지금은 중국과 대만 양안이 계엄이 해제되고, 매년 10편의 영화 교류를 개방하기로 합의함에 따라, 대만은 중국영화를 상영한다. 반면 중국은 여전히 보수적 태도를 취한다. 1980년대부터 1990년대에 〈마마재애아일차〉(媽媽再愛我一次)와 〈세상지유마마호〉(世上只有媽媽好)가 중국에서 인기리에 상영되면서, 대만영화들이 중국에 진출할 교두보를 마련한다. 신세기에 들어서는 2005년에 〈일석이조〉(一石二鳥)와 2009년에 〈해각칠호〉(海角七號) 두 편이 상영된다, 그 뒤로 계속해서 〈계배영웅〉(雞排英雄), 〈나일년, 아문일기추적여해〉(那一年, 我們一起追的女孩), 〈새덕극파래〉(賽德克·巴萊), 〈서리인처최종회:행복남 . 불난〉(犀利人妻最終回:幸福男 . 不難), 〈번곤파！아신〉(翻滾吧！阿信), 〈살수구양분재〉(殺手歐陽盆栽)와 〈애도저〉(愛到底), 〈역광비상〉(逆光飛翔), 〈등일개인가배〉(等一個人咖啡), 〈대희임문〉(大喜臨門) 등의 영화가 중국에 상륙한다. 대만에서 상영되는 중국영화의 수치와 비교해보면 다소 미미하지만, 중국에서의 대만영화 상영은 대만 문화 수출 측면에서 화려하고 풍부하다. 지금까지 중국에서 20억에 가까운 신대만 위엔 누적 흥행하고, 눈부신 성과를 보이고 있다.

중국영화 제작 편수는 풍부하고, 양안 간의 협의에 따라 10편의 쿼터가 대만에서 상영된다. 그에 반해, 대만영화들은 중국 상륙을 시도하지만 마치 정치적인 거짓 개방처럼 엄격한 통제 국면에 직면한다. 양안 간의 협의에 의존하지 않고 진정으로 영화 상륙을 정착시키기 위해서는 충분한 제작 편수를 확보하고 그 영향력을 키워나가는 수밖에 없다.

두 지역에서의 영화 상영 쿼터는 제작 편수에 비례하여 불균형적인 상황이다. 주연평(朱延平) 영화재단회장은 "대만 정부는 중국시장을 중시하지 않는다. 스크린쿼터를 늘리는 정책이 여전히 어려운데, 대만영화가 중국에서 흥행한 것이 중국영화가 대만에서 흥행한 것보다 더 많고도 많다. 중국시장은 새로운 아시아 시장을 개척하는 것과 다름없다. 만약 대만에서 중국영화 5편만 더 추가적으로 상영할 수 있으면, 중국은 대만에 더 호의적으로 대응할 것이다."[377]라고 말하며, 대만 정부의 적극적인 대응을 촉구한다. 이미 영화는 중국과 대만 양안의 조화로운 문화의 대변자이기 때문이다.

　이후 협상을 거쳐 2013년 6월 21일 중국과 대만 양안 지도자 제9차 회담에서 중국과 대만 양안은 서비스 무역 협정을 체결하는데, 대만은 중국영화 수익 쿼터를 더 개방하여 연 15편으로 늘린다.

문화적 차이를 보이는 양안 간의 적정한 소재 찾기

　중국과 대만 양안의 영화 흥행 수치를 비교해보면, 중국과 대만 양안 간의 사회문화적 차이를 찾아볼 수 있다. 대만영화 〈해각칠호〉(海角七號, 2008)는 대만 전체에서 5억 3천만 신대만 위엔을, 중국에선 겨우 인민폐 2천만 원(약 9천 4백만의 신대만 위엔) 수익을 올린다. 중국영화 〈양자탄비〉(讓子彈飛, 2011)는 7억 인민폐에 이르지만, 대만에선 약 1백만 신대만 위엔에 그친다. 중국영화 〈조씨고아〉(趙氏孤兒, 2011)는 인민폐 1억 7천만 원을, 대만에선 80만 신대만 위엔을 벌어들인다. 중국영화 〈금릉십삼차〉(金陵十三釵, 2012)는 인민폐 6억 2천만 원을, 대만에선 3백 50만 신대만 위엔의 수익에 그친다. 중국 흥행작인 풍소강(馮小剛)의 〈1942〉(2012)는 인민폐 3억 6천 4백만 원을 기록하지만, 대만에선 50만 신대만 위엔에 머문다. 중국 최고의 흥행작인 〈인재경도지태경〉(人再囧途之泰囧, 2012)은 대만에서 첫 주말 3일간 전체 대만 흥행이 겨우 10만 신대만 위엔(약 2만 원 인민폐)을 기록하는데, 이는 1년 전 중국에서 인민폐 12억 6천만 원의 '신화 수준'의 흥행 수치와 엄청난 차이를 보인다. 중국 여름 시즌 로맨스 영화 〈피투주적나오년〉(被偸走的那五年, 2013)은 박스 오피스 기준 인민폐 1억 4천 5백만 원을 벌어들이는데,

---

377　왕아란, 『양안전영절개막:대륙전영배액주연평촉증가』, 대만:연합보, 2013.06.05 (王雅蘭, 『兩岸電影節開幕:大陸電影配額朱延平促增加』, 台灣:聯合報, 2013.06. 05).

대만에서 강세를 보이며 8천 8백여만 신대만 위엔(약 1,806만 인민폐) 수익을 올리는 훌륭한 성적을 거둔다. 이 영화는 대만에서 상영된 중국영화 중 대만 최고의 흥행작으로 자리매김한다.

흥미로운 사항은 모두 같은 자손에 뿌리를 두고 있고, 권위적인 정치체제에서 벗어나 다원적이고 활기찬 산업사회로 변화하고 있음에도 불구하고, 해협의 간격, 즉 중국과 대만 양안의 문화적 차이가 생각보다 크게 다르다는 점이다. 소재의 유형, 언어문화, 인문학적 풍토 등 다방면의 차이는 대만 관객이 중국영화를 쉽게 수용하기 힘들게 한다. 최근에 북경에 거주하는 홍콩 영화인도 애써 대만 문화를 융합하려 한다. 이동승(爾冬陸) 감독은 "홍콩 영화인들은 중국 역사를 중시하지 않기 때문에 합작영화에서 제멋대로 꾸며댄다. 부적절하다고 생각하지 않을 수도 있지만, 사실상 관객의 수용도에서 편차가 날 수밖에 없다."라고 말한다. 그러면 어떤 영화가 중국과 대만 양안 관객 모두를 만족시킬 수 있을까? 홍콩 감독 및 제작자인 진가신(陳可辛)은 "천군만마를 담아내는 스펙터클한 장면"이라고, 오우삼(吳宇森) 감독은 "고대복장 무협"이라고 말한다. 물론 '역사'는 양안을 관통하는 영화적 핵심 내용이 될 수 있고, 당대의 민감한 현실적 문제 충돌과 권력 갈등으로부터 멀리 떨어져 있기에 풍부한 소재 자원과 자유로운 서사 공간을 갖출 수 있다. 또한, 역사 영화가 부각되는 이유는 시대적 비틀음을 통해 민감한 정치적 문제를 벗어나고, 흥행수익을 위해 각종 이데올로기를 포장하여 스크린에 뛰어들기 때문이다. 그래서 역사 영화 같은 장르와 흥행은 일반적으로 장르의 공감대를 형성한다. 하지만 이런 부류의 역사 영화는 모두 대작이어서, 대만에서는 제작할 수가 없다. 대만 신세대 감독은 현대사회를 관통하는 인간성에 대한 관찰과 해석을 통해 공감을 얻어낸다.

전쟁역사를 소재로 한 중국영화 〈풍성〉(風聲, 2009)는 항일 전쟁이라는 공간을 전개하며, 탄탄한 스토리와 미스터리한 분위기를 자아내며 눈을 떼지 못하게 한다. 로맨틱 코미디 〈애〉(愛)는 세속적인 남녀 사랑의 가치관을 묘사하며, '사랑'의 위대함을 실감 나게 전달한다. 시장 수요에 즉각적으로 반응하는 영화 흥행은 서로의 문화적 차이를 이해하고, 다름에서 같은 점을 추구해야 비로소 높은 흥행을 만들 수 있다.

합작에 의기투합하는 중국과 대만

이미 수많은 대만 경제인들은 공장 전체를 수출한다는 개념으로 중국 경제의 기초를 다지고 있었다. 영화 역시 상업 상품으로서, 이미 1960년대에 해외에 수출되었다. 그러나 반수공업적 형태를 띠는 영화산업은 걸림돌이 많았다. 예컨대 필름은 복사할 수 있고, 아이디어는 창작 분야이기에 기계적 양산이 불가능하다. 중국과 대만 양안 간의 문화 및 가치 인식의 차이로 인해 '사람' 간의 협력도 힘들었다. 하지만 신세대 화합은 중국어 영화시장을 함께 추구할 목표로, 즉 방대한 비즈니스 기회로 삼아 중국과 대만 양안 합작을 돕고자 하는 의미이다. 미국 《뉴스위크》(Newsweek)는 "앞으로 10년 안에 중국영화 흥행이 현재 13억 미국 달러에서 44억 미국 달러로 폭증할 것이다. 이것은 할리우드가 중요하게 눈여겨봐야 할 수치이다."[378]고 언급한다. 중국 정치의 장기적인 발전에 비추어 볼 때, 《스크린 다이제스트》(Screen Digest)의 평가는 더 직접적이다. 현재 중국에서 대만영화 제작 편수는 인도와 미국에 이어 세계에서 세 번째로 많다. 이 기관은 중국영화시장의 흥행 성장이 새로운 영화 관객을 양산할 것이고, 2010년까지 중국의 스크린 수는 2005년의 2천 9백 40개에서 2배인 5천 개로 성장할 것이다.[379]고 예상한다.

---

[378] 갈대유, 「전영여하양안통흘?」 대만:『연합보』, 2009년 10월 12일.(葛大維, 「電影如何兩岸通吃?」, 台灣:『聯合報』, 2009年10月12日.)

[379] 유립행, 『중국전영산업지지성책략지정책법규분석』, 대만:대만전영망, 2008.10.07(劉立行, 『中國電影產業支持性策略之政策法規分析』, 台灣:台灣電影網, 2008.

지난 3년 중국영화 제작 편수는 2010년에 526편, 2011년에 558편, 2012년에 745편으로, 장기적으로 볼 때 아주 낙관적이다. 2012년 중국영화 총관객 수는 20억 명이고, 여기에 농촌 지역만의 흥행수익은 15억 위엔에 달한다. 영화 제작 편수가 증가함에 따라 상영관도 폭발적으로 늘어간다. 2014년 현재 전국 스크린 수는 2만 3,600개에 달해 예상보다 훨씬 높다. 2010년 〈아바타〉가 중국에서 13억 위엔의 흥행기록을 세우며, 지역형 상업자산과 개인 투자를 대거 유치한 것이 중국영화산업에 도움이 된 사실은 부인할 수 없다. 중국 영화협회 유번(劉藩)에 따르면 "대체로 대만영화의 흥행 기록은 소규모 영화관 위주로 이뤄진다."

　　통계에 따르면, 2013년 중국에서 총 박스오피스는 217억 6,900만 원 인민폐인데, 그 중 자국영화의 박스오피스는 127억 6,700만 인민폐로, 전년 대비 54.32%가 증가한다. 또한, 수익을 올린 영화의 박스오피스는 90억 200만 인민폐로, 전년 대비 2.30% 증가한다. 2013년 자국 영화는 2012년에 비해 51.54% 증가세를 보이며 시장 주도권을 찾으며, 새로운 기록을 달성한다. 2014년 중국에서 총 박스오피스는 296.39억 인민폐이고, 전년 대비 36.15% 증가한다. 그중 자국 영화 박스오피스는 161.55억 인민폐이며, 전체 흥행의 54.51%를 차지한다. 2007년 총 박스오피스가 최저 밑바닥으로 떨어졌을 때 3억 인민폐에 비하면, 지금의 흥행성적은 비약적으로 상승하고, 이미 일본을 추월하면서 미국에 이어 세계 2위로 큰 영화시장으로 도약한다. 이 좋은 상업적 기회 앞에서 중국과 대만 양안의 영화인들은 서로 의기투합하여 중국어 영화시장 활성화에 노력한다. 진심으로 서로를 돕는 협력시스템을 만들고, 건전하고 투명한 배급 파이프라인을 구축하는 전기를 마련한다.

　　10.07).

보조금 인상

대만영화산업의 보조금은 1951년에 정치부에서 '영화산업 지도 회의'를 개최하면서 시작된다. 1958년 영화 업무는 신문국 관할이 되고, 신문국은 '대만영화산업 지도 방법'을 공표한다.[380] 이것이 바로 금마장(金馬獎) 유래의 전신이다. 이 과정에서 해외 영화인에 대한 지원 소홀과 영화적 측면보다는 정치선도적인 측면에서의 지원 등 다소간의 문제가 있지만, 1989년 영화 보조금 제도가 구축된 이래 현재 총금액은 거의 3억 신대만 위엔에 육박한다. 정부의 전체 예산과 비교하면 영화 문화 비율은 이전보다 다소 낮지만, 보조금 지원액수가 커진 것은 사실이다. 하지만 영화시장의 불안정한 상황에서 해마다 좋은 작품 선정을 놓치는 경우가 빈번하다. 게다가 심사는 예술적 측면을 중시하여 상업 시장과는 동떨어져 있다. 대만영화의 지속적인 성장을 위해서는 반드시 보조금 인상이 필요하다. 또한, 신청의 문턱도 낮추고, 다원적인 장르의 영화도 중시해야 우수한 인재를 끌어들일 수 있다.

민간 기업의 투자 장려

영화는 오락사업으로 간주되어 전통적으로 보수적인 대만 기업들은 절대 개입하지 않거나 혹은 예술 업종으로 간주되어 이윤과 관계없는 것으로 생각한다. 현재 정부는 문예 창작산업을 선도하고자, 전 세계적인 투자유치와 세금 감면 같은 다방면의 정책을 마련하고, 민간 기업엔 영화 문예 창작에 투자를 독려하고 있다. 대기업의 투자를 받은 이안(李安) 감독은 "영화는 벤처 산업이다. 기업이 기꺼이 위험을 감수할 수 있도록 기업에 신뢰를 쌓게 하고, 세무 감면 역시 외국영화 촬영을 유치하는 중요한 유인요인이다. 적은 세금

---

380 이천탁, 『대만전영, 사회여역사』, 대만:아태도서출판사, 1997:94(李天鐸, 『台灣電影, 社會與歷史』, 台灣:亞太圖書出版社, 1997:94).

을 내고 큰 이익을 회수할 수 있다. 또한, 인재 교육에도 도움이 된다."라고 말한다. 만약 유수의 대기업들이 영화산업에 발을 들여놓을 수 있다면, 재원 및 다원적 소재가 풍부해지고 영화 제작 편수도 늘어날 것이다. 이에 따라 국제영화제에 진출하여 시장경쟁력을 증진할 수 있을 것이다.

관객 유입의 확대

만약 대중이 시간과 돈에 한계가 있다면, 영화를 보러 가지 않을 것이다. 현실적으로 대만영화의 산업구조는 전형적인 블록버스터 영화 패턴을 따라갈 수가 없다. 외국영화 자금은 투자가 풍부하고, 배급 및 홍보로만으로도 모든 우세를 점하고 있다. 만약 정부가 대만영화를 육성하고 싶다면 반드시 지원 패키지 조치를 내놓아야 하고, 관람의 편이성을 위해 장기적인 대책 및 관객 기반 육성정책을 펼쳐야만 한다. 그 외에도 국민 복지를 위해 양질의 독립영화나 소비성 보조 티켓 가격 등의 전략을 세울 수 있다. 열정과 신념을 가지고 노력하면 상황은 반드시 개선될 것이다. 또한, 전 국민의 관심을 불러일으키어 일상생활 속으로 파고들면, 자국 영화관람이 늘어나고 영화 붐이 형성될 것이다.

해적판의 근절과 저작권 중시

영화는 개인이 아닌 집단의 힘으로 그리고 반년이나 일 년이란 시간을 온전히 투입하면서 결국은 그 멋진 두 시간을 만들어낸다. 그러나 불법업자들의 해적판 사용은 단 몇 분 동안의 시간으로 투자자들의 손실을 초래하며, 영화를 악순환의 사각지대로 몰아간다. 예를 들면, 히트 친 대만영화 〈맹갑〉(艋舺)은 2억 7천만 신대만 위엔을 흥행시키는데, 만약 해적판이 나돌지 않았다면 흥행성적은 더욱 좋았을 것이다. 1995년 WTO가 그 회원국들의 무역과 관련된 지식재산권 보호 협약을 공동으로 준수하도록 요구한 이래로, 지적

재산권 보호와 해적판 문제는 마침내 각계에서 초미의 관심사가 된다. 상업 소프트웨어 연합(BSA)의 조사 자료에 의하면, 전 세계 평균 해적판 비율은 2007년 38%에서 2008년 41%로 증가하며, 전 세계 소프트웨어 해적판 시가 총액은 530여억 미국 달러를 초과한다고 한다. BSA 조사에 따르면 대만의 해적판 비율은 약 39%이다.[381] 통제 불능의 국면이 조성되어 영화 제작사들의 투자가 중단되면 대만영화 제작은 어려워질 것이므로, 해적판 행위를 엄벌하여 잘못된 행위를 막아야 한다.

그 외 영화인 왕룽보(王龍寶)는 "대만영화의 부진 원인 중 하나는 DVD가 너무 빨리 발매되기에 관객이 표를 사서 극장에 가는 것을 꺼리고, 차라리 몇 주 후에 DVD를 대여한다."라고 한다. 〈곽원갑〉(霍元甲)은 심지어 개봉 동시에 DVD가 판매된다. 외국영화는 개봉한 지 반년이 지나야 TV 채널에서 DVD를 방송하거나 배급할 수 있도록 규정하고, 홍콩은 방영 시작한 다음 한 달 후에 DVD를 발매하는데, 대만은 이런 기준이 없어서 DVD 판매에서도 이익을 얻지 못하고, 해적판이 나오면 상황은 더욱 심각해진다. 따라서 해적판을 근절하고 '창의재산권'의 가치를 존중하여, 이제는 가짜 영화가 판을 치는 구조를 바로잡아야 한다.

---

381 곽내봉·유명환, 『보장창의산권불능재등』, 대만:중국시보, 2010.03.09(郭乃鋒·劉名寶, 『保障創意産權不能再等』, 台灣:中國時報, 2010.03.09.). '연합국창의경제조사보고'(聯合國創意經濟調査報告)의 정의에 따르면 소위 '창의경제'(創意經濟)란 창의 산업을 핵심경제영역으로 하여, '전통문화전현'(傳統文化展現), '문화장소'(文化場所), '표연예술'(表演藝術), '시각예술'(視覺藝術), '출판화인쇄매체'(出版和印刷媒體), '시청산업'(視聽産業), '설계'(設計), '신형매체'(新型媒體), '창의복무'(創意服務) 등 9대 산업을 포함하고 있다. 창의산업은 부가가치가 높으며, 경기파동에 크게 영향받지 않는다. 또한, 일자리 기회 창출의 계기가 된다. 현재 창의산업은 각국에서 산업 형태 및 경제 복원의 중요한 정책으로 부상하고 있다.

외국영화 수익 액수 제한

앞에서 서술한 바와 같이, 대만의 영화산업은 견실하지 못하고, 인재가 부족하며, 8대 미국 블록버스터가 주도권을 장악하고 있다. 예컨대, 대만과 미국 간의 정치 관계로 주류 영화관에서는 대만 본토 영화를 찾아볼 수가 없을 정도이다. 외국영화가 대만시장을 장악하고, 대만영화의 생존 공간을 위협하고 있다. 이에 대만 정부는 중국과[382] 한국 정부가 자국 영화를 보호하는 조치를 참조하여 외화 한도를 한정하는 것 외에 영화관에서 대만 본토 영화의 상영일수를 정확하게 체크한다. 또한, 영화 제작 및 상영업자의 손실 보전 문제에 대해 정부가 직접 보상해 주는 방안도 고려하고 있다. 여러모로 늦은 감은 있지만 이제라도 영화계의 중지를 모아 헤쳐나가야 한다.

공영 영화사의 재설립

대만영화가 쇠퇴하면서, 기존의 정부 산하 세 개의 영화사들이 문을 닫게 되는데, 이는 설상가상 몰락하는 영화산업의 한 단면을 보여준다. 현재는 '문화부'가 설립되어 행정 관리 및 보조금을 담당하고 있는데, 제작기능은 없다. 영화는 대만의 문화 이미지를 대표한다. 문예창작 산업의 장기적인 발전을

---

382 유립행, 『진구전영지발행관이모식분석~중국시장안례』, 대만:대만전영망, 2008.
10.07(劉立行, 『進口電影之發行管理模式分析~中國市場案例』, 台灣:台灣電影網, 2008.10.07). 2001년 중국이 세계무역기구에 가입하여 관련 협의 중에서 중국이 약속한 수입영화는 매년 10편에서 20편으로 증가된다(『중국입세법율당중문판 표준판본』(中國入世法律檔中文版標準版本), 2002.02.06). 그 후 수입영화는 매년 총 50편을 수입해야 되는 것으로 바뀐다. 할리우드 영화 20편과 판권을 구입한 방식의 기타 수입영화가 총 30편이다. 순수 홍콩 영화는 여전히 수입영화지만, 외국영화 50편의 제한은 받지 않는다. 영화 수입의 관리허가에 대한 권리는 광전 총국전영국(廣電總局電影局)에 있다. 이 전영국은 중국영화회사에 선정, 심사, 계약, 수익, 통관, 납세, 결산 등 사항을 위탁한 후, 다시 자국배급회사에 영화를 제공한다.

위하여, 정부는 직속 영화사 및 영화채널 설립을 추진해야 한다. 우수한 품질의 영화를 제작하는 업무를 정착시켜야만 한다. 첫째로 영화의 질을 높이고, 두 번째로 영화 전문 인력을 양성하며, 세 번째로 대만영화가 만나는 문제를 이해하고 그 속에서 개선 방법을 찾아가야만 한다. 현재 민영영화 채널로는 동삼국편대(東森國片台), 동삼서편대(東森西片台), 위래(緯來), STAR TV, 할리우드, 용상(龍祥) 등 유선 영화채널이 있다. 영화는 스크린 흥행 외에 주변 산업에 미치는 연관 효과가 매우 크기 때문에, 그 가치를 기약할 수 있다.

소결

영화 제국의 꿈, 일본도, 한국도 되는데 왜 대만은 안 되는가? 규모에 있어서는 미국 블록버스터에 비할 바가 아니며, 액션 무협 영화는 홍콩 영화보다 못하고, 역사 영화는 중국을 따라잡을 수 없다. 가끔 대만영화는 지역적 요소로 흥행에 성공을 거두기도 한다. 대만에서 극본 창작은 늘 스스로 물에 빠져들어 가는 것처럼 시장 수요와는 다소 동떨어져 있다. 큰 포부를 가지고 영화계에 뛰어든 신인 감독들은 재원 및 소재 제한에 버티지 못하고, 서정적인 인문영화를 찍을 수밖에 없다. 중국어 대작영화와 인문영화 간에 다소간의 거리가 있지만 대만영화는 한정된 자원 속에서 두드러지게 특유의 우세를 보여준다. 예를 들면, 앞서 언급한 것처럼 백 년 대만영화의 운명이 유럽과 미국 영화에 비해 순조롭지 못한 것은 미묘한 정치적 상황에 기인하고, 적절한 시기에 비즈니스 모델로 발전시키지 못한 측면이 크며, 대만 정부가 영화의 오락 기능과 시장 가치를 간과했다는 점이다.

국민당이 대만에 이주한 이후, 영화는 오랫동안 정체불명의 상태로 머문다. 서로 다른 정부 부서가 관리하고, 명확한 관할 시스템도 부재하기에, 영화를 예술적인 미학으로 승화시키기 어려운 상황에 놓인다. 예를 들면, 1949

년 내정부(內政部)는 '영화검열법'을, 1954년 신문국(新聞局)은 '영화검열처'를 설립하는데, 둘 다 검열과 관리에 방점을 두고 있다. 1966년에 중국에선 '문화대혁명'을 실시하고, 그해 대만은 국부(國父)의 101세 생일기념의 해를 11월 12일 '중화 문화 부흥절'로 제정하면서, 문화산업을 추진한다. 1967년에는 교육부 문화국 소속으로 그리고 1973년부터는 다시 신문국(新聞局) 주관으로 오늘날까지 이어지고 있다. 여러 차례의 교체 과정에서 다양한 부서가 영화검열을 관장한다. 예를 들면, 교육부, 국방부의 정치작전부, 경비본부, 중앙당부 4조와 6조는 영화 자체 검열, 영화촬영 검열, 시나리오 심사를 진행한다. 이런 점에 비추어 볼 때, 계엄 시절 영화 통제는 생각만 해도 얼마나 엄했을지 알 수 있다. 그 이외에 1950년대에 민간 차원에서 장도번(張道藩)은 '중국문예협회'를 설립하고, 산하에 영화위원회를 둔다. 그때부터 정부와 민간 기구는 공동으로 영화를 중요하게 다루기 시작하고, 영화의 시스템을 개선하려고 하며, 국가적 차원에서 공헌하려고 한다. 여러 차례에 걸쳐 영화의 관할 부서가 바뀌는 이면에는 영화가 안정적으로 정착하지 못하고 표류할 운명이라는 점을 의미한다. 2012년 대만영화는 '문화부 영상 및 유행 음악 산업국'의 관할 아래에 새로운 도약을 맞이한다.

대만영화가 1세기를 지나 오늘에 이르지만, 여전히 대만문화로 정착되는 뼈대를 갖추고 있지 못하다. 다행히 '문예 창작'이 수면 위로 부상하고, 영화가 점점 문화적인 힘을 발휘한다. 그 시기는 떠오르는 해와 같이 여명이 밝아오며 새벽 하늘빛이 드러난다. 하지만 이러한 기세에도 불구하고, 영화 관련 적절한 법규나 제도가 마련되지 않아서 전체적인 제작 편 수도 제자리걸음 수준에 머문다.

오랫동안 대만 정부 기관들은 서로 간의 협력 없이 제각각 자기 업무에만 충실하기에, 항상 여러 마리의 마차가 각자의 방향으로 달려가는 조율이 불가능한 형국이다. 영화 분야도 마찬가지이다. 그래서 많은 노력을 기울이는

데도 성과는 미미하다. 영화상공회 인사에 따르면, "양안 경제협력 기조협의(ECFA) 회담에 참석하는 정부 당국자들은 영화인들과의 일체의 논의 없이 영화 관련 산업 프로젝트를 협의하다 보니, 회담 결과는 언제나 영화계의 수요와 기대에 미치지 못한다. 물론 양안 협의서에 영화 관련 프로젝트가 포함되어 있지만, 눈썰미가 있는 사람들은 그것이 단지 겉만 그럴듯하게 포장된 간판이라는 점을 알 수 있다." 그래서 정부의 정책 방향과 실제 영화시장 간의 일치된 결합이 급선무이다. 당대의 대만 문제를 직시해보면, 정당 간의 투쟁은 민주적 자양분을 훼손한다. 물론 이익을 원하는 파벌 싸움은 피할 수 없을지도 모르지만, 분열된 대만에 대해 통일하고픈 중국이 원하는 형국이다. 따라서 국제사회를 향해 우리는 온 국민이 단결하고 인식을 일치하여 당파의 구분을 포기해야 한다. 그래야만 비로소 대만만의 스타일과 모범을 확립하고 대만의 역량을 발휘할 수 있다.

신세기에 들어서 소프트 파워가 득세하면서 대만영화도 새롭게 변화를 모색한다. 특히, 유수의 대기업들은 문예 창작 산업의 전망을 중시하며, 산업의 범위를 확대하기 시작한다. 그들은 영상 문예에만 초점을 맞추는 것이 아니라, 문예 창작 요소를 활용하여 다른 산업과 융합하는 성공적인 비즈니스 모델을 창조한다. 또한, '지구촌'이라는 경제적 화두가 급부상하자, 대만 정부는 중국과 양안 경제협력을 체결한다. 이는 중국시장의 중요성을 인식하고, 협소한 대만영화시장을 확장하는 계기가 된다. 코미디 〈계배영웅〉(雞排英雄)은 양안 경제협력의 첫 수혜를 본 대만영화로, 2011년 7월 12일 북경(北京)과 복주(福州) 두 곳에서 상영된다. 중국 관객의 기호에 맞추기 위해 영화는 간체 자막을 만들고 현지 지방어 사투리를 삽입한다. 앞으로 더 많은 대만영화가 중국에서 상영될 것이다. 이후 대만영화산업은 단순히 현지화 및 본토화를 강조하는 것이 아니라, 중국시장, 글로벌 차이나타운, 외국인을 목표로 하는 시장을 지향하며, 문화 창작 투자에 기반을 둔 동서양 요소가 결합된 상업적인 상품을 개발해 나아가야 한다. 여러 편의 대만영화를 촬영한 미국계 촬영감독 제이크 폴락(Jake Pollock)은 "대만영화는 아직 표준화된 영화적 모델이 없기에 창의적인 방식으로 실험할 기회가 있다. 그래서 매번 다른 느낌을 낼 수 있다. 대만 창작자들은 상업영화의 틀 안에서 새로운 가능성을 시험해 보기를 원한다."라고 언급하며, 대만영화가 전도유망하다고 밝힌다.[383]

민주적 시스템이 취약한 대만 사회는 정당과 민중의 충돌, 상호 비방, 이전투구의 양상을 보이지만, 대만은 민주정의를 외치면서 중국 문화의 전통을 고수한다. 따라서 대만영화는 수많은 사회 소재에서 신·구의 차이를 보이지만, 여전히 형식이나 내용 측면에서는 예전의 것을 그대로 답습한다. 위덕성(魏德聖)은 "지금의 감독들은 자신의 역량을 스타일이 아니라 창작에 중점을 둔다. 그래서 철학, 문학, 예술은 각각 논의되는 게 아니라 시나리오와 분위기 속에 녹아있다."라고 말한다.[384] 그래서 영화인들은 시대적 책무를 다하려고 노력하며, 영화 언어로 사회적 가치와 이념을 실현하고자 한다.

전 세계가 미국 할리우드 블록버스터의 영향력 아래에 놓이게 되면서, 대만 본토 영화산업도 오랜 병폐를 들춰내 새롭게 도약하고자 한다. 비록 중국영화의 흥행 실적이 놀라울지라도 여전히 외국영화 문화의 침투를 엄격히 방지하고 있다. 중국방송 TV총국 영화관리 국장인 동강(童剛)은 "중국영화는 여전히 할리우드 블록버스터에 대항하기 어렵다. 지금 중국영화는 여전

383 임문기·왕옥연, 『대만전영적성음:방영주보vs대만영인』, 대만:서림출판사, 2010: 286(林文淇·王玉燕, 『台灣電影的聲音:放映週報vs台灣影人』, 台灣:書林出版社, 2010:286).
384 임문기·왕옥연, 『대만전영적성음:방영주보vs대만영인』, 대만:서림출판사, 2010: 103(林文淇·王玉燕, 『台灣電影的聲音:放映週報vs台灣影人』, 台灣:書林出版社, 2010:103).

히 〈아바타〉와 〈인셉션〉 같은 영화와 경쟁할 가능성이 없다. 관객이 반응이 높은 중국영화가 너무 적다."라고 말한다.[385] 말 그대로의 근심은 대륙의 가치인 13억 명 인구의 소비 능력에 있다. 유입된 서양문화로 인한 시야의 개방과 다중 선택이 가능해짐에 따라 중국영화의 존재가치를 지키기가 더욱 어려워지고 있는 실정이다.

이처럼, 중국영화시장에 먹구름이 가득한 시기에, 마치 한 줄기의 빛처럼 기이한 일이 2012년부터 발생하기 시작한다. 〈서유:항마편〉(西遊:降魔篇, 2012)을 필두로, 사회 코미디 〈인재경도지태경〉(人再囧途之泰囧, 2012), 이어서 〈치아문종장서거적청춘〉(致我們終將逝去的青春, 2013), 〈해활천공~중국합과인〉(海闊天空~中國合夥人), 〈북경우상서아도〉(北京遇上西雅圖, 2016), 〈소시대〉(小時代)가 연속으로 흥행에 성공을 거둔다. 이 영화들은 최소 3천만, 최대 6천 5백만이 투자되어 제작된다, 그 중 〈인재경도지태경〉은 최소 제작비로 최대 흥행을, 즉 3천만 위엔 제작비로 12억 6천만 위엔의 수익을 벌어들인다. 다른 몇 편도 모두 5억 위엔 이상의 흥행성적을 거두며, 침체된 시장에 마치 불길이 치솟는 휘황찬란한 성적을 기록한다. 이 영화들의 주제는 청춘, 애정, 우정, 향수, 꿈 등을 다루는데, 이는 오늘날 중국의 사회 현상을 구현할 뿐만 아니라 '민중의 입장'으로 관객의 기대심리에 부응한다. 또한, 영화 속의 외국 풍경은 대부분의 중국 관객에게 국제적 관심을 촉발하는 장면을 선사한다.

이 영화들은 그동안 서양 블록버스터들의 독주에 제동하는 브레이크 현상을 펼쳐 보인다. 중국 모든 영화가 흥행 기록을 세운 것은 아니지만, 할리우드 강세에 맞서는 대만영화처럼 이번은 정면에서 통렬하게 반격하는 기이한

---

[385] 유향화, 『중국전영표방거년창신고』, 북경:법신사, 2011.01.08(柳向華, 『中國電影票房去年創新高』, 北京:法新社, 2011.01.08).

놀라움을 자아낸다. 예를 들면, 〈강철인3〉(鋼鐵人3), 〈고로가족〉(古魯家族), 〈암흑무계:성제쟁패전〉(暗黑無界:星際爭霸戰), 〈성제미항:암흑무계〉(星際迷航:暗黑無界) 등의 영화들이 뒤를 잇는다.

5세대 혹은 6세대 영화인들이 무거운 역사 이슈, 멜로 소재 또는 〈영웅〉(英雄)과 같은 블록버스터 장르에 편중돼 있는 데 비해, 상기에 언급된 영화들은 가벼운 오락성을 갖추고 있다. 심지어 〈천기: 부춘산거도〉(天機: 富春山居圖, 2013)는 비속어와 욕설이 난무하지만 아이돌 배우의 매력과 새로운 액션기술 덕분에, 열흘도 안 되어 시장을 휩쓸어 인민폐 2억 5천만 위엔의 흥행을 기록한다. 이 영화의 눈부신 성과 덕분에, 중국과 대만 양안 영화인들은 자신감을 가지고 긴밀한 협력을 이어가며, 영화 문예 창작에 더 많은 노력을 기울인다.

2012년 중국영화를 총평해 보자면, 우후죽순처럼 새싹이 돋고 새로운 세대의 스타일이 기대를 모은다. 그래서 중국영화의 국면은 기이하고 변화무쌍하다. 또한, 적은 자본으로 최대의 효과를 내는 것처럼 영화창작 자체가 벤처투자와 유사하다. 위험을 감수하고 적은 자본을 투자하여 큰 대가를 얻는 것은 여전히 좋은 수단이다. 실제로, 엄청난 제작비가 투자된 블록버스터 영화도 잠재된 위험을 감수하는 것이다. 또한, 중소 자본이 투자된 영화 역시 마찬가지이다. 하이 리스크(High Risk)의 위험부담은 언제나 존재하기에, 해당 시기의 영화시장의 운명에 달려있다고 해도 과언이 아니다.

2006년에 녕호(寧浩)의 〈풍광적석두〉(瘋狂的石頭)는 2천 5백 34만 위엔의 흥행수익을 낸다. 스펙타클한 장면도, 스타도 없지만, 이 영화는 기발하고 과장된 표현력 덕분에 중국 관객의 사랑을 받는다. 유명 감독이나 홍콩 감독들의 틈바구니에서, 이 영화는 중국에서 장르영화의 상업적 개척과 장래성을 보여주며, 새로운 세대의 영화인들의 꿈을 고무시킨다. 이후 몇 년 동안, 좋은 작품들이 잇달아 나오고 번번이 흥행에 성공한다. 예를 들면, 〈풍광적

새거〉(瘋狂的賽車), 〈남경！남경！〉(南京！南京！), 〈백록원〉(白鹿原), 〈장애정진행도저〉(將愛情進行到底), 〈황금대겁안〉(黃金大劫案), 〈일생일세〉(一生一世), 〈총총나년〉(匆匆那年) 등의 영화이다. 이러한 영화들은 중국영화의 미래 전망을 밝혀주며, 신선하게 다가온다.

　신인 감독들은 블록버스터 영화와는 다르게, 축적된 새로운 스타일을 선보이며 영화의 질로 관객의 마음을 사로잡는다. 만약 유명한 감독의 대작이 형식적인 현란함만을 추구하고, 교육과 오락의 균형 잡힌 내적인 융합을 소홀히 한다면, 향후에는 영화의 문화정신뿐만 아니라 관객들도 무감각해질 것이다. 따라서 탄탄한 휴먼스토리와 마음의 공감이 우선되어야 한다. 지금 영화관람 현상은 블록버스터 광풍의 시대를 반영한다. 물론 그것은 반드시 존재해야 하지만 영화적 질도 우수해야 한다. 하지만 현 상황은 그리 녹록지 않다. 북경 영화제작자 고군(高軍)은 "모든 업종이 중규모 투자만 고집한다면, 미래의 중국영화시장에 어떤 상황이 올까. 블록버스터가 없는 중국영화는 희망이 없다."[386]라고 말한다. 블록버스터든 소규모 영화이든 모든 영화는 시장의 논리에 좌지우지된다. 〈인재경도지태경〉(人再囧途之泰囧)은 중국시장에서 공전의 큰 성공을 거뒀지만, 대만에선 쓸쓸한 고배의 잔을 마신다. 북미 시장에서도 마찬가지로, 29개 극장에서 상영되지만 한주의 흥행이 불과 5만 3천 미국 달러에 그친다. 이렇게 큰 격차가 중국과 대만 양안뿐만 아니라 해외에서도 일어난다. 오우삼(吳宇森)의 〈태평륜〉(太平輪, 2014)은 개봉 엿새 만에 겨우 약 1억 1400만 위엔의 수익을 낸 반면에, 장일백(張一白) 감독의 청춘영화 〈총총나년〉(匆匆那年)는 개봉 3일 만에 이미 2억 2200만 위엔의

---

386 노양, 『중국성전구제이대전영시장적냉사고』, 북경: 문화창의산업주간, 2013.04.26(盧揚, 『中國成全球第二大電影市場的冷思考』, 北京: 文化創意産業週刊, 2013.04.26).

수익을 올린다. 현재 중국영화시장의 발언권은 이미 1980년대와 1090년대 출생자들의 손에, 즉 관객이든 인터넷이든 모두 젊은 세대들이 장악하고 있다. 이제 신년 마지막 영화와 전쟁/역사영화 간의 간격은 마치 서로 융합하지 못하는 물과 기름과 같다. 너무나 엄숙한 대작영화들은 가벼운 청춘 멜로 영화와 대적하지 못하는 형국이다. 줄거리와 흥행 간의 상관관계를 비추어 볼 때, 이런 상황은 중국영화를 일종의 영화적 아이러니에 빠뜨린다.

순식간에 변화하는 영화시장은 풍향구만으로 정확히 예측할 수 없다. 이에, 대만과 중국은 각각 예정된 영화 청사진을 그려가고 있다. 중국의 광대한 시장은 중국과 대만 양안 지역의 영화인들의 희망일 뿐만 아니라, 아시아에서 할리우드 영화에 대항하는 유일한 터전이다. 미국과 유럽 영화인들은 모두 중국이 향후 10년 이내에 세계 1위의 영화 왕국에 오를 것으로 낙관하며, 중국영화계와 접촉하며 합작 기회를 모색하고 있다. 그러나 불안한 요인이 여전히 잠재되어 있다. 이안(李安)은 중국 언론의 인터뷰에서, "정상적인 순환적 측면에서, 좋은 영화를 제작하여 관객이 극장에 가고 싶도록 만들기를 희망하며, 한 나라의 문화를 표현하기를 기대한다. 만약 부정한 자금의 투자, 표절, 짝퉁 시나리오, 거물급의 맹신 등의 현상이 형성되면, 이는 영화시장의 악순환이 될 것이다. 이러한 악순환이 앞서 대만, 홍콩 영화를 차례로 무너뜨렸는데, 현재 같은 상황이 중국에서 벌어지고 있다."라고 지적한다. 이 언급은 중국영화의 맥을 정확히 짚고 향후 나아가야 방향을 제시해준다.

관객은 최고의 영화평론가이고, 자신의 마음속의 최우수 영화 장르를 택할 것이다. 국제화를 위해서는 중국영화가 반드시 완전히 새롭게 대전환을 해야 한다. 예컨대, 개발도상국에 진출한 중국의 모든 업종이 발전하고 있지만, 영화업계만 다소 고전을 면치 못하고 있다. 한 잔의 수프라도 나누어 먹자는 마음가짐이 중요하다. 단기적 시각을 가진 상인들은 문화 산업을 영위하는 사명감을 가져 본 적이 없다. 지금이 황금 시기이다. 모든 영화인들은

대만 신신전영(新新電影)의 창작 요소, 대만 본토에서 소재를 찾고, 풍격이 다양해
국제적 시야로 기울고 있다.

한 걸음 한 걸음씩 신중하게 나아가서 흐름을 잘 살펴야 비로소 향후 1세기의 영화산업을 주도할 수 있다. 대만 정부는 우선 기존 영화산업을 재검토하여 새로운 기반구축과 좋은 기회 부여 등 수익을 많이 내는 부양책을 펼쳐야 하고, 민간 투자를 늘려 경제 메커니즘과 연동되게 하며, 중국시장에 더 많은 관심을 기울여야 한다. 또한, 대만과 중국 양안은 손을 맞잡고 서로 힘을 모아 국제 영화계로 나아가야 하며, 중국어 영화의 휘황찬란한 시대를 함께 창조해야 한다.

제7장 맺음말

　여러 해에 걸쳐 완성된 『대만영화 백년사』(百年台灣電影史)는 시대적 흐름에 따라 백 년 넘는 긴 세월을 이 책에 담아냈다. 지난 세월을 목도하면서, 우리 세대는 대만 이민사회가 어떤 슬픔과 괴로움 속에서 자신의 생명과 가치를 유지하였는지를 또한 영화 작품 속에 어떻게 시대적 변화의 모습을 포착하고 있는지 이해할 수 있다.

　백 년이란 세월은 명확하게 몇 개의 식민기억으로 나누어져 있다. 시대의 궤적에 따라 여러 나라의 다양한 다른 문화의 형태가 남아있다. 그래서 대만 사람들이 왜 심리적 귀속감을 원하는지도 알 수 있다. 사실, 이 땅에는 너무나도 많은 정치적 원한과 내성인/외성인에 대한 원한이 쌓여 있다. 대만이라는 섬이 누구의 관할인지 무관하게, 이런 불안감을 달래기 위해 하늘은 반드시 해명을 해주어야만 한다.

　20세기 초기에 이미 세계 각국에서 영화는 '문화'로 자리매김하지만 대만에서는 우민정책의 일환이었다. 조상을 따라 바다를 건너온 서민 오락과 같은 고전문화의 유전성을 가진 문화예술은 서양의 음향효과로 무장한 스크린과 대적하지 못하고 소리 없이 사라지는 수모를 겪는다. 그러나 영화는 영화산업에만 국한되지 않고 광범위하게 타 산업과 연계되며 다른 나라와 연결시킨다.

말이 연결이지, 사실은 중국영화에 기대고 있는 체제이다. 장르, 소재, 영화 스타일 등의 양식은 국민당과 공산당의 전쟁 이후의 예술 이식(移植)이라고 할 수 있다. 하지만 대만영화 개척자들이 없었다면 대만영화는 발판을 마련할 수 없었을 것이다. 대만이란 섬이 번창하여, 표류의 운명에 마침표를 찍을 수 있을지도 모른다. 정치적 국면은 다소 힘에 부치지만, 다행인 것은 성찰 및 노력을 통해 영화에 새로운 생기를 불어넣고 있다는 점이다. 하나의 끝은 또 하나의 시작인 것처럼, 대만 국민은 어떤 시대와 정국을 맞이하더라도 논밭을 매고 김을 내는 일을 게을리하지 않을 것이다.

작은 섬이지만 아름다운 풍경, 풍부한 생산물, 우수한 인재가 넘쳐난다. 게다가 대만과 함께 성장한 매력적인 영화는 정치가 득세한 백 년을 함께 걸어왔으며, 잠시 휴지기를 거친 후 다시 고개를 들고 다음 새로운 시대를 향해 나아간다. 이러한 지향점은 시대가 바뀌면서 대만 사람들이 역사의 슬픔과 괴로움을 떨쳐 버리고, 신분의 정체성을 찾아 착실하게 이 땅에서 편안한 삶을 즐기려는 의미이기도 한다. 특히, 영화문화에서 두드러진다. 초창기의 일제강점기 영화, 국민당 정치 선전영화에서부터 혁신의 이정표인 '신영화(新電影)'에 이르기까지, 모든 영화는 정치의 힘과 슬픔을 호소하는 책무를 가지고 있다. 하지만 오늘날 관객은 시대에 맞지 않는 영화 언어와 점차 멀어지고 있다.

대만의 뿌리를 찾는 새로운 시대의 복고 열풍은 중국영화 체제와의 차이를 드러낸다. 예컨대, 중국에서 인민폐 위엔으로 억대 흥행을 기록한 대작 영화들이 대만에 와서 모두 참패한다. 그러나 대만 색깔이 짙은 〈해각칠호〉(海角七號), 〈맹갑〉(艋舺), 〈계배영웅〉(雞排英雄)은 신대만 위엔 억대 흥행작의 삼관왕을 차지한다. 이후 〈새덕극·파래〉(賽德克·巴萊)는 파죽지세로 흥행 신기록을 만들어내고, 2011년 대만 금마장(金馬獎) '최우수 영화'상을 수상하며, 대만영화 부흥의 계기를 만든다. 이러한 상황은 문화 창의의 경제 및 예술적 성과를 잠시 뒤로하고, 관객에게 새로운 시선을 제공한다, 예컨대, 대만영화들은 지역적 편협성과 민족적 격리를 넘어 대만 사람들의 근원을 찾는 간절한 마음을 다룬다.

이후 〈비자영웅수부곡〉(痞子英雄首部曲)이 히트를 치고, 〈나사년, 아문일기추적여해〉(那些年, 我們一起追的女孩)는 뜻밖의 흥행기록을 세운다. 2012년 설 명절 때 개봉된 〈진두〉(陣頭)는 배우와 홍보마케팅이 부재함에도 불구하고 대만 민간신앙을 다루며 신구세대의 호응을 끌어낸다. 중국과 대만 양안이 합작한 〈애〉(愛)는 광범위한 홍보마케팅 전략을 세우며, 양안과 전 세계 중국인 지역에서 동시 개봉하여 동시다발적으로 억대의 기록을 세운다. 〈비자영웅2 : 여명재기〉(痞子英雄2 : 黎明再起, 2014)는 양안 합작작품의 흥행기록을 갈아치우며, 문화적 차이의 상황을 타개한다. 이처럼, 합작영화의 사례는 중국과 대만 양안 합작 추세를 더욱 가속화시켜주며, 즐거움도 배로 늘어난다. 대만영화 2011년 결산을 보면, 총 신대만 위엔 15억 원의 흥행기록을 세우는데, 이는 최근 20년 동안 최고의 성적이다. 이후 2012년 봄부터 5억 원의 신대만 위엔을 벌어들이며 흥행수익 1위를 기록한다.[387] 2013년 설 명절에는 〈대미로만〉(大尾鱸鰻)이 그 열풍을 이어가고, 2014년에 〈대도정〉(大稻埕)과 2015년에 〈대희림문〉(大喜臨門) 모두 설 명절에 개봉되어, 엄청난 관객의 호응을 이끌어낸다. 최근 몇 년간 연속하여 설 명절에 개봉한 특선영화는 모두 억대의 흥행 기록을 세우며, 대중에게 대만영화의 관심을 끌어낸다. 이는 영화경기를 보여주는 풍향지표이기 때문이다. 이 영화들은 모두 대만 본토화의 흥행 매력을 잘 보여준다. 특히 북쪽 지역은 다소 흥행이 부진

---

[387] 우약비, 「애,개춘최파억,국편연수자5억」, 대만:상보오락시상, 2012.02.21.(宇若霏, 「愛,開春催破億,國片聯手榨5億」, 台灣:爽報娛樂時尚, 2012.02.21.).

하지만 남쪽 지역은 폭발적인 흥행 기록을 수립한다. 이러한 강력한 기세에 힘입어, 대만영화의 부흥운동도 계속해서 활발해진다.

전 세계의 영화 발전과 추세는 하루가 다르게 변하고 있지만, 변하지 않는 사항은 할리우드 영화가 여전히 당당하고 활기차게 활동하고 있다는 점이다. 최근 10년 동안 한국과 일본 시장은 조금씩 성장하고 어느 정도의 성과를 보여주는 데 비해 중국과 대만 양안의 영화추세는 이제야 약간의 변화의 조짐이 나타난다. 〈영웅〉(英雄)은 처음으로 억대 흥행수익을 세워 2억 5천만 위엔의 인민폐를 벌어들이면서, 중국시장의 잠재력을 전 세계에 보여준다. 게다가 홍콩 영화산업의 부진으로 절치부심하던 홍콩 감독들도 함께 북상(北上)한다. 2005년에 서극(徐克)은 〈칠검〉(七劍)을 제작하는 등 중국에서 활동한다. 그 후 진가신(陳可辛), 주성치(周星馳), 오우삼(吳宇森), 이동승(爾冬陞), 맥조휘(麥兆輝), 장문강(莊文强) 등이 활동한다. 홍콩감독들은 대작의 게임규칙인 상업영화로 판을 짜는 경험을 보여주며, 그들은 낯선 땅에서 영화적 재능을 마음껏 발휘한다. 홍콩 영화의 영광을 재현하듯이, 그들은 사극, 경찰영화, 액션영화 위주로 공략한다. 그들은 식민지의 마음에다가 땅은 좁고 사람이 많은 경쟁성 때문에 홍콩 사람들의 위기의식은 매우 크다는 점을 잘 알고 있다. 또한, 영화는 곧 상품이며, 선순환적인 상업기회, 즉 시장 수요에 어떻게 부합하여야 생존할 수 있는지 잘 인지하고 있다. 그들은 적극적인 야심과 재빠른 움직임으로 흥행 성과를 만들어내려고 노력한다. 그래서 그들은 중국과 대만 양안의 영화보다 상업영화의 운영에 더 충실히 임한다. 중국시장을 공략하기 위해 그들은 심혈을 기울여 5세대 영화인들과 예의를 지키거나 혹은 간혹 대립하기도 한다. 2003년에 중국 정부는 산업의 우호관계의 기반으로 포괄적 경제동반자협정(CEPA)을 통해 '중국과 홍콩의 더욱 긴밀한 경제무역관계를 세우는 내용'을 내놓는다. '합작영화'라는 말은 이러한 협력 방안에서 비롯된다.

어쩌면 지구는 둥글고, 좋은 세상도 번갈아 가면서 각자에게 돌아갈지도 모른다. 지금은 홍콩 영화가 바닥을 치고 있는 시기이므로 우리는 함께 노력해서 이 슬럼프에서 벗어나야 한다. 유덕화(劉德華)가 2011년 금마장(金馬獎) 최우수 남자주연상을 받았을 때 다음과 같이 말한다. 홍콩영화제 부주석인 임건악(林建岳)은 2012년 봄 "현재 홍콩 영화는 난관에 부닥쳤다. 중화권 영화인들은 단결해야 한다."라고 말한다. 듣자니 믿을 수 없는 것은 '동양의 할리우드'도 가라앉을 때가 있다는 것이다. 확실히 2011년의 홍콩 시장에서 대만영화 〈나사년, 아문일기추적여해〉(那些年, 我們一起追的女孩)는 흥행하여 홍콩에서 수익이 가장 좋은 중국어 영화의 기록을 갱신한다. 중국의 투자자금이 많지 않았던 로맨스 영화 〈실연33천〉(失戀33天)은 인민폐 3억 5천만 위엔의 수익을 거둔다. 이제 홍콩은 중화권 영화 흥행의 왕좌를, 중국에서의 '가격대비왕'의 자리도 잃는다. 영화의 영광스러운 광경을 만들었던 홍콩 영화 제작 및 감독들의 얼굴은 먼지투성이라고 할 수 있다.

홍콩과 중국의 합작영화가 시작한 지 10여 년이 지났지만, 홍콩 영화는 영화 수준에 대한 신뢰가 계속해서 하락한다. 2011년에 〈양문녀장〉(楊門女將), 〈동성서취2011〉(東成西就2011), 〈화벽〉(畫壁) 등의 영화가 개봉되지만, 관객들은 영화적 수준에 의문을 제기하며 혹평을 한다. 그동안 홍콩 영화는 기세가 드높았는데, 최근 몇 년 동안은 오히려 계속 뒷걸음을 쳐, 개선의 목소리가 끊이지 않는다. 그러나 창작과 관찰에 능한 영화인들은 약한 불에 세심한 노력을 기울인 결과, 팽호상(彭浩翔)의 〈춘교여지명〉(春嬌與志明, 2012)이 드디어 흥행하게 된다. 홍콩에서 이틀 반 만에 4천여만 신대만 위엔을 돌파하고, 중국에서도 흥행하여 중국과 홍콩 두 곳의 수익은 이미 억대 위엔을 돌파한다. 그 기세는 〈애〉(愛)와 비슷하다. 이처럼 좋은 자극이 주어지면서, 영화문화는 요행과 도박이 아닌 그리고 강 넘어 누가 이기나 구경하는 것도 아니라, 시장반응을 직시하는 전문적인 자세를 보여주면서 대중생활, 사회,

역사에 관심을 표명한다. 급변하는 영화산업 속에서 중국, 대만, 홍콩의 최근 몇 년 동안의 흥행 실적은 가능과 불가능한 상황에서 영화시장의 잠재성이 수시로 바뀔 수 있다는 점을 생생하게 보여준다. 축하할만한 점은 히트를 친 여러 편의 영화의 힘으로 2015년 2월 중국 박스오피스 기준 40억 5천만 인민폐라는 기록을 세워, 처음으로 미국을 제치고 세계 1위로 올라섰다는 점이다. 중국영화 시장의 폭발력은 영화 왕국의 꿈이 멀지 않았다는 것을 의미하며, 고속으로 성장하는 추세는 다시 한번 세계의 관심거리가 된다.

중국영화가 대활약을 펼치고 있지만, 여전히 많은 제한을 받고 있다. 눈여겨봐야 할 점은 자유로운 개방이 대만영화시장에도 물결치는듯하다. 대배우 캐스팅 혹은 적은 투자비용에 상관없이 예술성과 상업성을 겸비한 영화라는 전제 조건에서, 관객은 입소문과 취향에 따라 선호하는 것을 선택한다. 영화시장은 영화관람의 취향과 아름다움의 유형을 반영한다. 대만영화가 중국시장에 문을 두드릴 때, 문화적 차이는 피할 수 없다. 다른 문화의 융합에는 두 강이 합류하는 곳에 반드시 거센 파도와 물의 색깔 및 온도 차이도 있기 마련이다. 융합과 귀향은 자연스럽게 흐름을 타는 것이 필요하다. 대만의 영화학자 초응병(焦雄屛)은 "전 세계 영화제의 흐름은 이미 바뀌었다. 최근 몇 년 동안 대만영화의 스타일이 너무 반복되어 새로운 창조성이 부재하다. 한류, 동남아시아류, 중남미 영화 미학이 속속 발전하면서 대만영화는 더 이상 10여 년 전처럼 국제적인 위상을 가지지 못한다. 이러한 위급한 시기에 우리는 중국시장밖에 남지 않았다."[388]라고 말한다. 이 말은 현재 대만이 추구해야 할 방향을 제시한다. 대만영화인은 현재 상황을 직시하고 자국의 시장을 유지하면서 해외로 진출하여 문화적 가치에 대한 미학적 공감대를 모색해야

---

388 등숙분, 「대전영구국편!—대만전영공업생존전」, 대만:『광화』, 2009.12(滕淑芬, 「大電影救國片!—台灣電影工業生存戰」, 台灣:『光華』, 2009.12).

한다.

대만 사람들은 본토화 전통과 새로운 세대의 국민의식을 인정하면서, 본토 문화의 정체성과 정립을 점차 구축해 나가야 한다. 지난 시기 관객의 관점에서 벗어나 폭넓은 시야로 바라봐야 한다. 이러한 시야의 변화는 중국과 대만 양안의 뜨거운 교류에 따라 본토 문화의 보존을 더욱 공고히 할 것이다. '전통'은 국제 자산과 같지만 '다른 산의 돌이 나에겐 옥이 될 수 있다.'는 말처럼, 양안과 다양한 민족들의 문화가 서로 영향을 주고받으면서, 대만영화계는 가장 적절한 길을 스스로 모색해낼 것이다. 특히 한 산업이 최고조에 달하여 국가 이미지로 부상할 때, 상업적 생산가치뿐만 아니라 문화와 문명의 수준도 눈에 띌 만큼 높아질 것이다. 예술에는 국경이 없다. 영화가 서쪽으로 달려갈지, 그 자리를 고수할지 알 수 없다. 어떤 영화가 관객이 보고 즐기는 유형인지는 관객이 손에 쥔 영화표에 달려있다.

2004년을 뒤돌아보자. 자국 영화가 갈수록 뒤처지는 것을 느낀 대만영화인들은 관련 종사자들을 모아 단체로 팔을 걷어붙여 언론에 '대만영화 구출선언'을 발표한다. 그들은 집단 서명하여 정부에 탄원하기에 이른다. 그들은 정부가 대만영화의 생존 환경을 정면에서 바라보기를 촉구한다. 이러한 격앙된 분위기는 사회가 예술이라는 집단의 탄원을 주목하도록 한다. 선언문은 5대 목표와 6가지 주장으로 이뤄졌는데, 주요 골자는 다음과 같다. '자국영화'의 재정의를 통해 '자국영화 보호법'의 제정, 다양한 장르와 소재 수용, '자국영화 상영비율' 회복, '국가영화센터' 설립, 영상교육을 정규 교육 체계로 전환, 국산영화투자의 세금 감면이다. 영화인들의 의미심장한 간곡한 탄원은 정부가 대만 본토 문화를 보호해야 한다는 책무성 및 영화의 성장에 보조역할을 하는 정책 수립 등을 일깨워준다. 현재 영상콘텐츠 교육이 학교 정규수업이 되고, '국가영화센터'가 설립되는 등 우선순위에 따라 실현되는 있는 중이다. 순서에 따라 규정대로 진행하는 것을 통해 태양광 에너지와 같

대만영화가 지속되기를 기대한다.

시대를 반영하는 거울인 영화문화는 사회적 이슈를 반영하는 막중한 책무가 있다. 오늘날, 마치 회춘하는 것을 즐거워하는 모든 대만영화인들은 광대한 중국시장을 기대한다. 마치 마른 가지에 싹이 트듯 봄을 맞이한다.

금마장(金馬獎) 영화제와 문화 교류의 형식을 통한, 중국과 대만 양안 영화인들의 빈번한 교류는 다시 1949년 전의 광경으로 돌아가 얕은 해협을 건너 옛날과 같은 번화(繁華)를 이룬다. 1990년대 중반부터 금마장 영화제 경쟁에 참여하는 중국영화의 수가 많이 증가할 뿐만 아니라 점점 더 많은 영화 작품이 수상 후보에 오른다. 동남아 및 국제영화제에 출품하는 영화도 나날이 활발해진다. 현재 대만영화의 추세가 과거의 영광스러운 시기와 비교할 수 없지만, 금마장의 공평성, 공공성, 전문성, 포용성 등은 더욱 공고해진다. 금마장은 홍콩 금상장(金像獎)과 중국 금계장(金雞獎)과 함께 중화영화계의 3대 영화제의 기둥으로 여전히 독보적인 영향력을 발휘하고 있다. 또한, 금마장은 대만영화의 중요한 기회로, 매번 행사 때마다 모든 영화인이 성대한 축제에 온갖 정성을 쏟아붓는다. 2011년에 중화민국의 건국 100주년을 축하하기 위해 금마장(金馬獎) 영화제는 〈10+10〉 영화 창작 계획을 세워 대만영화인들에게 대통합을 제시한다. 주요 내용은 총 20명의 감독을 모집하여 각각 5분의 단편영화를 제작하는 것이다. '대만만의 특색'을 골자로, 형식과 시나리오에 구애받지 않으며, 감독들에게 자유로운 표현과 상상 및 창작을 부여하는 것이다. 〈10+10〉은 다 같이 힘을 모아 100분의 영화를 제작하면서, 대만영화의 엄청난 에너지를 불러일으키는 데에 의미를 둔다.

20편의 단편영화는 순정, 멜로, 스릴러, 괴기, 다큐, 블랙 코미디, 판타지한 상상이 사실적 사회가 되는 영화 등 다양한 장르로 구성되어 있다. 주요 의제는 도시와 농촌의 격차, 학교폭력, 시대적 변천, 조롱적인 풍자, 가족 감정, 청춘, 역사 회고 등이다. 또한, 백 년 대만의 변천을 전반적으로 직시하면서 그

중에서 역사를 잊어서는 안 되는 기억과 감정을 다듬어낸다. 금마장 영화제는 〈10+10〉 영화가 전 세계에 대만 문화와 창의의 소프트파워를 보여줄 것으로 기대한다. 〈10+10〉에 참여한 대만 감독 20명은 중국어 영화와의 환상적인 조합이라고 할 수 있다. 후효현(侯孝賢) 금마장(金馬獎) 영화제의 집행위원장 이외에, 왕소체(王小棣), 왕동(王童), 주연평(朱延平), 하위정(何蔚庭), 오념진(吳念眞), 심가상(沈可尙), 후계연(侯季然), 장애가(張艾嘉), 장작기(張作驥), 진옥훈(陳玉勳), 진국부(陳國富), 진준림(陳駿霖), 양아철(楊雅喆), 정문당(鄭文堂), 정유걸(鄭有傑), 소아전(蕭雅全), 대립인(戴立忍), 종맹굉(鐘孟宏), 위덕성(魏德聖) 등의 감독이 포함되어 있다.

제50회(2013년) 대만영화 금마장(金馬獎)이 대북에서 열린다. 이번엔 50주년을 기념하여 장만옥(張曼玉)을 홍보대사로 후효현(侯孝賢) 감독과 촬영감독 이병빈(李屛賓)이 손을 잡고 맞춤형 홍보 광고를 제작한다. 영화제 말미에, 역대 수상자들은 단체로 등장하여 자리를 빛내주며 영화제의 지속적인 발전을 결의하는 모습을 보여준다. 개최자는 주최라는 지위를 벗어나 낮은 자세로 임하고, 심사위원들은 영화의 질과 아이디어로만 선정한다. 예를 들면, 제50회 금마장(金馬獎) 최우수 작품상 대상 수상작은 싱가포르영화 〈파마부재가〉(爸媽不在家)이며, 제51회(2014년) 금마장(金馬獎) 최우수작품의 대상은 중국영화 〈추나〉(推拿)가 수상한다. 금마장(金馬獎) 영화제는 50년 동안 비바람을 겪으면서도 대만영화를 굳건하게 지탱해 주었고, 이제 중화 영화가 국제적인 영향력을 펼칠 수 있는 장이 된다. 오늘날 중국과 대만 양안의 교류를 통해, 그 에너지는 더욱 빛을 발할 것이다. 금마장 영화제는 엘리트들이 모이는 예술의 전당에서 영화인들의 친목 기회를 제공할 뿐만 아니라, 영화에 대한 끈질긴 고집과 노력 검증의 장이기도 하다. 이제 우리는 대만과 국제영화계 간의 긴밀한 관계구축을 위해 금마장 영화제 이외에도 다양한 유형의 영화제를 개최하여 대만 국민이 영화를 더욱 이해하고 영화의 매력과 친해질 수 있도록 해야 한다.

현재 우리는 대만영화의 변천에 따라 어쩌면 한 장 한 장의 역사를 쓰고 있을지도 모른다. 이제 중국과 대만 양안 간의 정치적 대립은 생이별과 사별을 거듭하여 산전수전을 다 겪은 악몽과 같이 바람과 함께 사라졌다. 영화는 사회적 이슈를 사실적으로 반영하며 변화무쌍한 모습을 끊임없이 포착한다. 이 책에 기술된 것처럼, 대만영화를 탐색하는 길은 찬란한 은하의 빛이 잠시 켜졌다 꺼졌다를 반복하면서 일정하지 않다. 그렇지만 전체적인 맥락은 대만영화가 역사와 정치의 접점을 따라 종횡으로 교차한 네트워크를 만들어 특정한 시공간에 남겨진 영화언어와 민중의 마음을 대변하고 있다는 점이다. 이후 어떤 모습으로 나타날지, 현재의 대만영화 언어가 자연스럽게 써 내려 갈 것이라고 믿는다.

우리가 한 편의 대만영화를 감상할 때 '그'의 뒤에 거대한 시대적 흐름의 이야기가 반드시 있을 거라는 점을 염두에 두어야만 한다. 설령 이야기 공간의 현장에 있지 않더라도, 관람을 통해 반드시 어떤 시공간에 들어와 그 시절의 의미를 깨닫고 '집'의 역사를 찾을 수 있을 것이다.

■ 참고문헌

台灣

『文藻之音』, 台灣:文藻外語學院傳播藝術系, 2007(05).

『通訊』, 香港: 電影數據館, 2010(02), 2010(05).

『經典雜誌』, 台灣: 慈濟文化志業中心, 1998(08), 2001(01), 2001(08).

『遠見』, 台灣: 天下遠見出版股份有限公司, 2006(07).

丁伯駪, 『一個電影工作者的回憶』, 台灣: 亞洲文化事業機構, 2000.

三澤真美惠, 『植民地下的銀幕』, 台灣: 前衛出版社, 2002.

口述電影史小組, 『台灣片電影時代』(1), 台灣: 國家電影資料館, 1994.

小野, 『一個運動的開始』, 台灣: 時報文化出版社, 1986.

巴瑞齡, 『原住民影片中的原漢意識及其運用』, 台灣: 秀威資訊, 2011.

石婉舜, 『林搏秋』, 台灣: 行政院文建會, 2003.

宇業熒, 『璀璨光影歲月』, 台灣: 中央電影公司, 2002.

朱光潛, 『文藝心理學』, 台灣: 開明書局, 1969.

余英時 等, 〈五四新論:既非文藝復興／亦非啟蒙運動〉, 台灣: 聯經出版社, 1999.

呂訴上, 『台灣電影戲劇史』, 台灣: 銀華出版社, 1961.

李天祿, 『戲夢人生』, 台灣: 遠流出版社, 1991.

李天鐸, 『台灣電影, 社會與歷史』, 台灣: 亞太圖書出版社, 1997.

李泳泉, 『台灣電影閱覽』, 台灣: 玉山社, 1998.

李祐寧, 『如何拍攝電影』, 台灣: 商周出版, 2010.

李瑞騰 等, 〈愛, 理想與淚光文學／電影與土地的故事〉, 台灣: 國立文學館, 2010.

周婉窈, 『台灣歷史圖說』(史前至1945年』(2版), 台灣: 聯經出版社, 1998.

林文淇, 王玉燕, 『台灣電影的聲音:放映週報vs台灣影人』, 台灣:書林出版社, 2010.

林育如, 鄭德慶, 『郭南宏的電影世界』, 台灣: 高雄電影도서관, 2004.

邱坤良,『陳澄三與拱樂社』, 台灣: 國立傳統藝術中心籌備處, 2001.

邱坤良,『舊劇與新劇:日治時期台灣戲劇之研究1895~1945』, 台灣:自立晚報社文化
　　　出版部, 1992.

邱坤良,『飄浪舞台:台灣大眾劇場年代』, 台灣:遠流出版社, 2008.

Whitney Crothers Dilley著, 黃煜文譯,『看懂李安』, 台灣: 時周文化出版社, 2009.

張春興,『現代心理學』, 台灣:東華書局, 1991.

梁良,『電影的一代』, 台灣: 志文出版社, 1988.

莊萬壽 等,『台灣的文學』, 台灣: 群策會李登輝學校, 2004.

陳明珠, 黃勻祺,『台灣女導演研究(2000~2010)』, 台灣: 秀威資訊, 2010.

陳儒修,『台灣新電影的歷史文化經驗』, 台灣: 萬象圖書, 1993.

焦雄屏,『台灣新電影』, 台灣: 時報文化出版社, 1988.

焦雄屏,『改變歷史的五年』台灣: 萬象圖書, 1993.

焦雄屏,『台灣電影90新新浪潮』, 台灣: 麥田出版社, 2002.

焦雄屏,『時代顯影』, 台灣: 遠流出版社, 1998.

黃仁,『悲情台灣語片: 台灣語片研究』, 台灣: 萬象圖書, 1994.

黃仁,『日本電影在台灣』, 台灣: 秀威資訊, 2008.

黃仁,『電影與政治宣傳』, 台灣: 萬象圖書, 1994.

黃仁,『台灣話劇的黃金時代』, 台灣: 亞太圖書出版社, 2000.

黃仁·王唯,『台灣電影百年史話)(上, 下)』, 台灣: 中華影評人協會, 2004.

黃建業,『人文電影的追尋』, 台灣: 遠流出版社, 1990.

楊孟哲,『台灣歷史影像』, 台灣: 藝術家出版社, 1996.

楊渡,『日據時期台灣新劇運動)(1923~1936』, 台灣: 時報文化出版社, 1994.

葉金鳳,『消逝的影像—台灣語片的電影再現與文化認同』, 台灣: 遠流出版社, 2001.

葉龍彥,『台灣老戲院』, 台灣: 遠足文化出版社, 1993.

葉龍彥,『光復初期台灣電影史』, 台灣: 國家電影資料館, 1994.

葉龍彥,『台北西門町電影史』, 台灣: 國家電影資料館, 1997.

葉龍彥,『日治時期台灣電影史』, 台灣: 玉山社, 1998.

葉龍彥,『正宗台灣語電影興衰錄』, 台灣: 博揚文化出版社, 1999.

葉龍彥,『台灣戲院發展史』, 台灣: 新竹시 電影博物館, 2001.

葉龍彥,『正宗台灣語電影史)(1955~1974)』, 台灣: 台灣快樂學研究所, 2005.

葉龍彥,『日本電影對台灣的影響)(1945~1972)』, 台灣: 中州技術學院電影研究中心, 2006.

趙稀方,『後殖民理論與台灣文學』, 台灣: 人間出版社. 2009.

劉森堯,『母親的書』, 台灣: 爾雅出版社, 2004.

鄭欽仁,『台灣國家론』, 台灣: 前衛出版社, 2009.

鄭樹森,『電影類型與類型電影』, 台灣: 洪範書店有限公司, 2005.

盧非易,『台灣電影, 政治, 經濟, 美學(1949~1994)』, 台灣: 遠流出版社, 2003.

顧乃春,『論戲說劇』, 台灣: 百善書房, 2010.

中國

『看電影』, 四川: 峨眉電影製片廠, 2009(02)(總397期).

丁寧,『接受之維』, 天津: 百花文藝出版社, 1990.

王岳川,『現象學與解釋學文論』, 山東: 教育出版社, 1994.

朱立元,『接受美學』, 上海: 人民出版社(人民出版社,1989.

秦喜清,『西方女性主義電影: 理論, 批評, 實踐』, 北京: 中國電影出版社, 2008.

張會軍, 謝小晶, 陳浥 主編 ,『銀幕追求—與中國當代電影導演』, 北京: 中國電影出版社, 2003.

張緒諤,『亂世風華: 20世紀40年代上海生活與娛樂的回憶』, 上海: 人民出版社, 2009.

張鳳鑄, 黃式憲, 胡智鋒,『全球化與中國影視的命運』, 北京: 北京廣播學院出版社,

2002.

章柏青, 張衛,『電影觀眾學─獻給電影100年』, 北京: 中國電影出版社, 1994.

章柏青, 賈磊磊 主編 ,『中國當代電影發展史, 上·下)』, 北京: 中國文化藝術出版社, 2006.

陳旭光,『電影文化之維』, 上海, 上海: 三聯書店, 2007.

陳飛寶 編著,『台灣電影史話』, 北京: 中國電影出版社, 2008.

彭吉象,『藝術學概論』, 北京: 大學出版社, 2006.

程季華 主編 ,『台灣電影史話)(제1, 2권)』, 北京: 中國電影出版社, 2005.

賈磊磊,『電影語言學導論─獻給電影100年』, 北京: 中國電影出版社, 1996.

劉立濱主編, 饒輝著,『電影作者』, 北京: 中國電影出版社, 2004.

劉志福編,『霍建起電影─暖』, 北京: 中國盲文出版社, 2003.

鄭君里,『角色的誕生』, 北京: 中國電影出版社, 1997.

鄭洞天·謝小晶 主編 ,『構築現代影像世界─電影導演大師藝術創作理論』, 北京: 中國電影出版社, 2002.

鄭洞天·謝小晶 主編 ,『藝術風格的個性化追求─電影導演大師創作研究』, 北京: 中國電影出版社, 2002.

鄭洞天,『電影導演的藝術世界』, 北京: 中國電影出版社, 1997.

鄭樹森,『文化批評與華語電影』, 桂林: 廣西師範大學出版社, 2003.

戴錦華,『鏡與世俗神話』, 北京: 中國人民大學出版社, 2005.

羅藝軍 主編,『20世紀中國電影理論文選(上,下』, 北京: 中國電影出版社, 2003.

騰守堯,『藝術社會學描述』, 上海: 人民出版社,1987.

외국문헌

에이젠슈타인(Eisenstein, 愛森斯坦)(러시아), 富瀾 역,『並非冷漠的大自然』, 北京: 中國電影出版社, 2003.

에이젠슈타인(Eisenstein, 愛森斯坦)(러시아), 富瀾 역,『蒙太奇論』, 北京: 中國
電影出版社, 2003.

벨라 발라즈(Bela Balazs, 巴拉玆·貝拉)(헝가리), 安利 역,『可見的人一電影精
神』, 北京: 中國電影出版社, 2003.

벨라 발라즈(Bela Balazs, 巴拉玆·貝拉)(헝가리), 何力 역,『電影美學』, 北京: 中
國電影出版社, 2006.

셈욘 프랭크(Semyon Frank, 弗蘭克普)(러시아), 徐鳳林 역,『俄國知識人與精神
偶像』, 上海: 學林出版社, 1999.

이베트 비로(Yvette Biro)(헝가리), 崔君衍 역,『世俗神話 : 電影的野性思維』, 北
京: 中國電影出版社, 2003.

앙드레 바쟁(André Bazin, 安德列·巴贊)(프랑스), 崔君衍 역,『電影是什麽』, 江
蘇: 教育出版社, 2005.

안드레이 타르코프스키(Andrei Tarkovskii, 安德列·塔可夫斯基)(러시아), 陳麗
貴, 李泳泉 역,『雕刻時光』, 北京: 人民文學出版社, 2003.

사토 다다오(일본), 李克世 역,『黑澤明的世界』, 北京: 中國電影出版社, 1983.

크라카우어(Kracauer, 克拉考爾)(독일), 邵牧君 역,『電影的本性』, 江蘇: 教育出
版社, 2006.

브로니스런(Bronislan, 勃洛尼斯拉夫)(영국), 李安宅 역,『兩性社會學』, 上海: 人
民出版社,2003.

죠셉 마셀리(Joseph V.Mascelli, 約翰．馬斯賽里), (미국), 羅學濂 역,『電影的語
言』, 台灣: 志文出版社, 1980.

존 툴롯(John Tulloch, 約翰·塔洛克), (영국), 嚴忠志 역,『電視受眾研究』, 北京:
商務印書館, 2004.

요한 하위징아(Johan Huizinga, 約翰·赫伊津哈)(네덜란드), 何道寬 역,『遊戲的
人: 文化中遊戲成分』, 廣州: 花城出版社, 2007.

그리셀다 폴락(Griselda Pollock, 格里塞爾達·波洛克)(영국), 趙泉泉 역,『精神分析與圖像』, 南京: 江蘇美術出版社, 2008.

올리히 그레고르(Ulrich Gregor, 烏利希·格雷戈爾,『세계電影史3(上下)(1960年以來)』, 北京: 中國電影出版社, 1987.

가브리엘 마르셀(Gabriel Marcel)(프랑스), 何振淦 역,『電影語言』, 北京: 中國電影出版社, 2007.

조르주 사둘(Georges Sadoul, 喬治薩杜爾)(프랑스), 徐昭, 胡承偉 역,『世界電影史』, 北京: 中國電影出版社, 1995.

푸도푸킨(Pudovkin, 普多夫金)(러시아), 劉森堯 역,『電影技巧與電影表演』, 台灣: 書林出版社, 1980.

월터 슈리안(Schurian Walter, 舒里安)(독일), 羅悌倫 역,『影視心理學』, 四川: 四川人民出版社,1998.

자크 오몽(Jacques Aumont, 雅克·奧蒙) · 미셸 모르강(Michele Morgan, 蜜雪兒·馬利)(프랑스), 吳佩慈 역,『當代電影分析』, 江蘇: 敎育出版社, 2005.

헤겔(Hegel, 黑格爾)(독일, 王造時 역,『歷史哲學』, 上海: 世紀出版集團, 2005.

가르시아 마르케즈arcia Marquez, 賈西亞·馬奎斯)(콜롬비아), 楊耐冬 역,『百年孤寂』, 台灣: 志文出版社, 1984.

미셸(Michel, 蜜雪兒)(프랑스, 黃發典 역,『法西斯主義』, 台灣: 遠流出版社, 1993.

루돌프 아른하임(Rudolf Arnheim, 魯道夫·阿恩海姆)(미국, 滕守堯 역,『藝術與視知覺』, 成都: 四川人民出版社,1998.

루돌프 아른하임(Rudolf Arnheim, 魯道夫·愛因漢姆)(독일, 邵牧君 역,『電影作為藝術』, 北京: 中國電影出版社, 2003.

로버트 코커(Robert Corker, 羅伯特·考克爾)(미국, 郭青春 역,『電影的形式與文化』, 北京: 北京大學出版社, 2004.

일부자료 Google, 百度, 文建會台灣電影筆, 台灣電影網을 참조.

곽남굉(郭南宏) 감독

이행(李行) 감독

용상집단동사장 왕응상
(龍祥集團董事長 王應祥)

주연평(朱延平) 감독

이안(李安) 감독

후효현(侯孝賢) 감독

진곤후(陳坤厚) 감독

이우영(李祐寧) 감독

양위한(楊渭漢)촬영감독

「신영화」 시기의 감독과 촬영기사들은 지금까지도 여전히 자리를 지키며
끊임없이 창작한다.

채명량(蔡明亮) 감독

유승택(鈕承澤) 감독

위덕성(魏德聖) 감독

전인호(錢人豪) 감독

아방가르드(Avant~garde) 영화와 신세대 영화 장르 감독들은 함께 대만영화를 위하여 좋은 성적을 만들어낸다.

왕만교(王滿嬌)

황옥산(黃玉珊)

유이명(劉怡明)

왕일백(王逸白)

서로 다른 시대의 여성 감독들이 대만영화의 길에 용감하게 돌진한다.

2013년 중국 대만 양안 영화제. 중국 대만 양안의 여성 영화인들이 창작에 대해서 토론

무술영화 대스타
왕도(王道)

문예영화 대스타 진상임(秦祥林)

2010년 5월 로스앤젤레스 촬영

무협영화 대스타
석준(石雋)

감독 만인(萬仁)과 소명명(蘇明明)부부

탕란화(湯蘭花)

2014년 5월 대북시에서 촬영

장빙옥 여사가 만영(滿映) 시기부터 대만영화의 발전 역사를 증언한다.

1   2   3

1. 장작기(張作驥)이 drama film 상을 받음
2. 원경천(阮經天)이 금마장 남자주인공상을 받음
3. 여려평(呂麗萍)이 금마장 여자주인공상을 받음
2010년 금마장(金馬獎) 이브닝 파티

■ 부록 2 : 대만의 주요 영화제

1. 고웅영화제(高雄電影節)

고웅영화제는 남쪽 대만의 대규모 영화제로 고웅(高雄) 시청 문화국, 고웅(高雄)시 영화관이 주최하고 민간단위에서 주관한다. 2001년에 시작한 영화제는 2006년에 영화제 주제를 확대하고 상영편수를 늘린다. 또한, 2010년에 10번째 영화제를 개최하고, 고웅시의 중요한 문화행사로 자리 잡는다. 고웅영화제는 영화 상영 외에도 매년 새로운 특별 전시행사를 진행한다. 예를 들면, 폐막일에 「48시간 촬영」과 「고웅영화제 단편영화경연대회」와 같은 행사들을 진행하며, 대만의 영화 창작을 독려한다. 10년째는 특별히 10주년 기념 「애욕성구(愛欲星球)」 주제를 선정하고, 세계 각지의 「사랑과 욕망(愛與欲望))」의 걸출한 작품을 상영한다. 10월 22일부터 11월 4일까지 고웅시 영화도서관, 몽시대희만객 영화성(夢時代喜滿客影城), 박이예술특구(駁二藝術特區) 등에서 성대하게 개최된다.

매년 개최되는 고웅 영화제는 남부지역 관객의 국제적 시야를 넓혀주며 대만영화와 국제적 교류를 도모한다.

2. 대북영화제(台北電影節)

대북(台北) 시청에서 주최하고, 대북시 문화국이 주관하는 1998년에 개최된 대북영화제는 국제적 인정을 받아 우수한 국제적인 영화와 영화인들이 지속적으로 방문하는 대만영화계의 연례행사이다. 대북영화제는 「국제청년감독대회」를 열어, 국제적 흐름과 동향을 토대로 국내외 영화의 상호 토론을 진행한다. 그 외에 대만의 창작 인재를 배출하는 대북영화상은 고액의 상금을 수여하고, 다양한 유형 혹은 소재의 특성에 구애받지 않으며, 대만의 영상배급을 병행하는 영상종사자를 장려한다. 시민의 창작을 장려하는 대북주제상(台北主題獎)은 창작의 문턱을 낮추어 일반인들의 능동적인 참여를 유도한다. 영상작업장은 해당분야의 유명 강사를 초빙하여 영상 창작을 전수하고, 스토리텔링 능력을 배양하며, 고도의 창의적 가능성을 확대한다.

3. 유럽영화제(歐洲魅影影展)

유럽영화제는 유럽 연맹의 대만 주재 공식 기관인 유럽 경제 무역 사무소, 대만 유럽 연맹 센터가 공동 주최하고, EU를 통해 우수한 흥행영화를 추천받아서 '유럽영화=예술영화'라는 공식을 깨트리며 영화를 사랑하는 관객의 호응을 이끌어낸다. 또한, 매년 EU 회원국의 대만 주재 기관을 초청하여 지지에 부응한다. 그 외 「유럽창의 단편영화대회」는 대만 학생들이 창의성을 발휘하고 유럽연맹에 대한 인지도를 고취시킨다. 이 대회에서 1, 2, 3등을 선발하여 상을 받은 영화는 유럽 영화와 함께 순회 상영된다. 지금까지 행사성과는 매우 우수하고, 장소는 매년 바뀌면서 전 국민이 유럽 영화에 쉽게 접근할 수 있게 한다.

4. 대만국제여성영화제(台灣國際女性影展)

사단법인 대만여성영상학회에서 기획하고 주최하는 대만국제여성영화제는 매년 10월에 성대히 개최된다. 우수한 대만 여성 영상종사자들의 예술적 성취를 장려하고 관련 영화를 상영한다. 영화제는 좀 더 다양한 장르의 영화 상영과 의제 논의를 통해 국민들에게 폭넓은 시야를 제공하고, 보다 존중하는 자세로 여성 캐릭터와 그들의 생활상을 보여준다. 또한, 대만 신인감독들을 위한 플랫폼을 만들고, 장편 영화, 다큐멘터리, 애니메이션 등의 방식을 통해 각양각색의 여성의 새로운 시각, 즉 여성의 지혜와 아름다움을 보여주며, 시대를 초월하여 지역 및 문화의 교류를 촉진한다.

5. 남방영화제(南方影展)

영화제는 사단법인 대만남방영상학회(台灣南方影像學會)에서 주최하고, 국립 대남예술대학교 영상학과 동문과 역대 남방영화제 실무진이 주관한다. 영화제는 남부에 거주하는 영상제작 전문인과 열정적인 젊은 청년 영화팬들을 모집하여, 양질의 영상작품을 지속적으로 제작하도록 독려하며, 영화 상영을 통해 각계의 교류와 대화를 촉진하여 영상 역량을 배양하는데 방점을 둔다. 남방영상학회(南方影像學會)의 취지에 따르면, 이 행사는 아시아 영화 교류 플랫폼을 구축하고, 글로벌 중국어 영화 독립제작을 장려하고 예술영화를 보급하며, 대만영화산업을 진흥시키고 창작자와 관객의 교류를 촉진한다. 특히 대만 대북 이외의 지역을 주요 홍보대상으로 설정하여 대만 각지의 영화문화 자원에 대한 균형 잡힌 시각을 제공한다.

6. 대만국제다큐멘터리비엔날레(台灣國際紀錄片雙年展)

대만정부 문건회는 1998년부터 대만국제다큐멘터리비엔날레를 2년마다 개최하는데, 개최하지 않는 연도에는 영화 순회전을 실시한다. 비엔날레는 그동안 실무진들의 노력으로 일본 야마가타 다큐멘터리영화제에 이어 아시아에서 유명한 국제 다큐멘터리영화제로 된다. 2008년 제6회 비엔날레 출품작은 618편이고, 관객은 6만 5000명에 이른다. 이후 2010년 10월 22일부터 31일까지 제7회 비엔날레는 신청기한 마감 전에 접수 건수가 이미 8백 4십 7건에 달한다. 영화제는 우선적으로 국내 다큐멘터리 종사자들에게 의견 발표와 교류할 수 있는 플랫폼을 제공하며, 서로 다른 주제로 대만의 문화, 정치 제도, 사회 구조 등의 생활상을 다큐멘터리 영상으로 기록하여 국제사회에 대만을 소개한다. 또한, 국제 다큐멘터리영화를 상영하고, 다큐멘터리 작가들의 시야를 넓히며, 관객들로 하여금 글로벌한 문화개념을 제공하여 대만을 국제 속으로 들어가게 한다. 영화제는 국민들에게 국제적 관심을 불러

일으키는 등 세계관을 양성하고 대만 다큐멘터리의 환경과 활력을 높이는 무대이다.

7. 대학영화제(大學影展)

본래의 이름은 대학생영전(大學生影展)이다. 이 영화제는 2008년에 국립중앙대학교 영화문화연구실에 의해 개최되며, 영화를 대학교의 인문 교양 교육의 매개체로 삼는 것이 목적이다. 영화제는 행사를 통해 매년 국제적인 시야, 인문적 배려, 공공의제, 독특한 스타일의 국내외 독립영화를 선정한다. 특히 영화상영 완료 후 영화인들의 좌담회가 열린다. 지금까지 전국 120개 대학과 합작하여 영화제 활동을 진행하고 있다.

8. 금수장실험영화제(實驗影展金穗獎)

1978년에 개최된 금수장(金穗獎)은 16미리 혹은 8미리의 드라마 영화, 장편영화, 단편영화, 다큐멘터리 등을 위주로 상영한다. 초창기에는 실험영화 금수장(實驗電影金穗獎)라고 칭했다. 이름 그대로 금수장영화제는 일반적인 상업영화와 다르다. 새로운 주제, 기교, 관념으로 시대의 흐름을 이끌어나가는 비상업적 영화제이다. 금수라는 단어는 풍성이라는 의미로, 영화 예술 창작의 수준을 끌어올린다는 의미이다. 우수한 단편영화 및 비디오 창작을 독려하고, 영화 애호가 및 촬영 예술가들을 격려하고 장려해주는 축제이다. 금수장은 그동안 대만영화사업발전기금회(台灣電影事業發展基金會)에서 책임지었지만, 1991년 7월 1일에 영화기금회가 민간으로 넘어간 후 재정적 어려움을 겪고 있다. 또한, 금수장은 영상제작자들을 양성하기 위해 설립하였기에, 1992년부터 정부에서 예산을 편성하여 상금금액을 올려 영화제작 장려를 도모하고 있다. 금수장은 매년 성대한 수상식을 준비해 수상자들을 위한 영광의 순간을 기록할 뿐만 아니라 영화자료관에 위탁해 대북(台北),

신죽(新竹), 화련(花蓮), 운림(雲林), 대남(台南), 고웅(高雄) 등 지역에서 영화순회전도 진행한다.

9. 아시아태평양영화제(亞太影展, Asia Pacific Film Festival)

아시아태평양영화제작인연맹(亞洲太平洋電影製片人聯盟, Federation of Motion Picture Producers in Asia~Pacific)에 속하는 영화제는 연도별 성대한 이벤트를 진행한다. 아시아 22개국을 중심으로 영화상영 이외에 국제 문화 예술 교류 및 무역관광 교류를 촉진하는 기능을 한다. 이 영화제는 아시아 영화 창작인과 배우 간의 교류를 촉진하고 회원국의 힘을 결집시켜 아시아 영화를 발전시킨다. 영화제의 주된 목적은 아시아 태평양 지역의 영화산업에 관심을 유도하고 발전시키며, 문화교류를 통한 회원국의 우호증진에 있다.

10. 금마장영화제(金馬獎影展)

금마장(金馬獎)은 1962년에 설립되며, 대만 정부는 영화제를 통해 대만영화 및 영화 종사자들에게 영화제작을 장려한다. 1996년에는 중국, 대만, 홍콩·마카오 위주로 확대한다. 금마(金馬)라는 단어는 금문(金門)과 마조(馬祖)의 약자에서 따왔으며, 전 세계 주류 영화제와 마찬가지로 영화제의 질을 우선시한다. 대만의 중요한 영화 문화 행사인 대북의 금마영화제는 크게 두 부분으로 나뉘는데, 하나는 금마장 중국어 영화 대회이고, 다른 하나는 대북 금마 국제영화상영전이다. 영화제의 주된 목적은 세계의 영화 작품을 초청하여 우수한 영화를 대만 관객들에게 소개하고 관람 시각을 넓히고 창작의 활력을 북돋우려는 것이다. 근래에는 「국제디지털단편 영화대회(國際數位短片競賽)」를 추가하고, 세계디지털 단편작품을 초청하여 경쟁부문에 참가시켜, 디지털 표현 수단을 영상 창작으로 하는 새로운 트렌드를 선도한다. 1990년부터 제27회 금마장은 대만 행정원 신문국에서 중화민국영화사업발전기금회(中華民國電影事業發展基金會) 주관으로 영화제 집행위원회를 만든다. 집행위원은 영화학자, 영화업 종사인 9~15명으로 구성하고, 회장 1인, 비서장 1인, 부비서장 1인이 회의 업무를 추진하고 책임지도록 한다. 산하에는 세 개 팀을 설치한다. 홍보마케팅팀(行銷宣傳組)은 제작사들의 협력, 주변 활동, 매체 홍보, 문화 홍보 간행물 제작 등을 담당한다. 경쟁팀(競賽組)은 중국어 영화 경연대회, 금마상 시상식, 국제 디지털 단편 콩쿠르 등을 담당한다. 영화상영팀(影展組)은 영화상영 내용기획, 영화 및 영화인 초청, 자막 번역, 필름 운송, 영화 상영 현장 집행 등 각종 사무를 담당한다.

11. 양안영화제(兩岸電影展)

2009년에 이행(李行) 감독은 양안 영화교류위원회를 이끌고 양안 영화제를 개최한다. 양안 영화인들의 교류 마당을 마련하고, 양안 관객에게 뛰어난 중국어 영화를 감상할 수 있는 귀중한 기회를 제공한다. 제1회는 대북, 대중, 북경, 천진 네 곳에서 성대하게 거행된다. 오늘날 영화제는 양안 영화의 국제적 진출에 도움을 주고 있다. 또한, 양안 사람들에게 최근 양안 영화교류의 성과를 보여주고, 더 나아가 양안 영화들이 전 세계 중국어 영화시장에서 활성화될 수 있도록 노력한다.

■ 부록 3: 대만의 역사

대만의 역사 시작
원주민 거주 시기: 기원전 4,000년부터 거주.

국제 쟁탈 시기
1624년 ~ 1662년: 네덜란드 대만 점령.

1626년 ~ 1642년: 스페인 점령(대만 북부 점령)

정성공(鄭成功) 시기 : 1662년 ~ 1683년

청나라 통치 시기 : 1683년 ~1895년
1684년(康熙23년): 대만을 청나라 영토에 포함. 소극적으로 대만 통치.

1895년(光緒21년): 마관 조약(馬關條約, 시모노세키 조약) 이후, 대만을 일본에 할양.

일본 점령 시기: 1895년 6월 17일 ~ 1945년 8월 15일
1908년: 남북관통 철도 개통

1937년: 중·일 전쟁 발발. 황민화 운동 시작.

1941년: 태평양 전쟁 발발, 미국 정식 참전, 중화민국 일본에 정식 선전 포고.

중화민국: 1945년 10월 25일 ~ 현재
1945년: 8월 15일, 일본 투항, 세계 2차 대전 종결.

　　　　10월 25일, 대만을 중화민국 정부에 반환.

1947년 : 2월 28일, 228사건 발발.

1949년: 5월 19일, 대만 계엄령 선포.

　　　　12월, 국민당 대만으로 철수, 장중정(蔣中正) 총통과 군인 및 민간인 대만에
　　　　도착.

1950년: 장중정(蔣中正), 대만에서 중화민국 총통으로 복위.

1971년: 10월 25일, UN 연합국 2758호 결의(UN의 중국 대표가 중화민국 정부에서

중화인민공화국으로 바뀜)

1975년: 장중정(蔣中正) 총통 서거.

1978년: 장경국(蔣經國, 장중정의 아들), 간접 선거로 총통 당선.

1979년: 1월 1일, 미국과 단교.

1987년: 7월 15일 계엄 해제. 중국 본토와 친척 방문, 문화 교류, 간접 무역 시작.

1988년: 장경국(蔣經國) 총통 서거. 이등휘(李登輝) 총통 권한 대행.

1990년: 이등휘(李登輝), 간접 선거로 총통 당선.

1992년: 8월 23일, 한국과 단교.

1996년: 이등휘(李登輝), 직접 선거 초대 총통 당선.

2000년: 처음으로 정당 교체를 통해 민진당(民進黨) 진수편(陳水扁) 총통 당선.

2008년: 국민당(國民黨) 마영구(馬英九) 총통 당선.

2016년: 민진단(民進黨) 채영문(蔡英文) 총통 당선.

■ 감사의 말

台灣文化部影視及流行音樂産業局 대만 문화부 영상 및 유행음악 산업국

中華民國電影事業發展基金會 중화민국 영화사업 발전기금회

台灣台北金馬影展執行委員會 대만 대북 금마영화제 집행위원회

台灣財團法人國家電影中心 대만 재단법인 국가영화센터

台灣行政院原住民委員會 대만 행정원 원주민위원회

台灣財團法人胡金銓導演文藝基金會 石雋先生

台灣台北市電影電視演藝業職業工會 陳桓浩先生

台灣台北市電影戲劇業職業工會 楊芸蘋女士

台灣台北電影節統籌部 胡幼鳳女士

台灣龍祥影視集團董事長王應祥先生

台灣靑眽影視製作公司 潘鳳珠女士

台灣豪客唱片股份有限公司 吳定春先生

台灣現場整合行銷公司 伍中梅女士

北京中國藝術研究院 章柏靑敎授

北京大學藝術學院影視系 陳宇副敎授

北京中國電影藝術研究中心 楊曉雲女士

郭南宏導演 李行導演 林福地導演 陳坤厚導演 侯孝賢導演 朱延平導演 李祐寧導演 萬仁導演 黃玉珊導演 蔡明亮導演 劉怡明導演 鈕承澤導演 湯湘竹導演 王育霖導演 林育賢導演 錢人豪導演 葉龍彥先生 黃仁先生 梁良先生 邱坤良敎授 李天礦先生 王滿嬌女士 秦祥林先生 王道先生 湯蘭花女士 蘇明明女士 林盈志先生 陳少維先生 許淑眞女士 保有純女士 陳紀雄先生 吳亮儀女士 張富美女士 柴智屛女士 程明仁先生 王佳宜女士 段存馨女士

영화와 정치는 필연적으로 서로 교차한다

최근 들어, '하나의 중국'을 외치는 중국과 민주사회를 지향하는 대만 간의 긴장도는 최고조에 이르고 있다. 양안 간 긴장의 끈이 팽팽하고 호흡도 다소 가파르며 심상치 않다. 그로 인해 대만과 남중국해는 양국 갈등의 최전선으로 부상하며, 미국과 중국 간의 경제무역 전쟁으로 고래 싸움에 새우등이 터지는 형국이다.

400년의 역사를 가진 대만은 식민지시기를 거친 우리나라와 매우 닮아 있다. 물론, 우리나라는 국제적 정세로 인해 1992년 중국과의 수교 그리고 대만과 단교하였지만 대만과 지형적으로 매우 가깝고 정서적으로도 매우 유사한 역사를 가진 나라이다. 동일한 식민지 고초를 겪었다 할지라도, (해당 국가의 시대적 환경과 문화에 따라 서로 다를 수 있지만) 변하지 않는 사실은 남겨진 고통의 진실과 마주하는 것이다. 오랜 세월 주변국의 탐욕과 억압의 모진 풍파를 굳건히 견뎌낸 대만은 이제 자신들의 의식과 문화의 희로애락을 영화 속에 잘 녹여내어 국제무대에 다시 올라서고 있다.

영화는 시대를 반영하는 거울이다

이 책은 총 7장으로 구성되어 시대적 흐름에 따라 변화하는 대만영화 백년의 역사를 담아내고 있다. 1장은 잔혹한 식민지 시기의 아픔을 들춰내면서 대만영화의 태동과 맞물린 시대적 상황과 여가문화를 소개한다. 2장은 가자희(歌仔戲)에서 출발한 초기 대만영화에 등장하는 다양한 유형의 생성과 소멸을 이야기하며, 특히 대만 본토 의식을 일깨워주는 대만어 사용 자국영화의 상징적 의미를 되짚는다. 3장은 광복과 더불어 불어 닥친 계엄의 스산한 분위기로 인한 선동적인 정책과 맞물린 표준 중국어 영화의 득세, 그리고 아이러니하게도 정부의 강력한 지원 하에 대만영화가 첫 번째 황금기를 구가하는 빛과 그림자를 목도한다. 4장은 유럽 및 미국영화에 억눌렸던 대만영화의 새로운 물결(New wave)인 신영화(新電影)를 통해 새로운 감각을 선보인다. 예컨대 진곤후(陳坤厚), 양덕창(楊德昌), 후효현(侯孝賢) 등의 신세대 감독들이 등장하며, 국제무대에 대만영화의 존재감을 부각시킨다. 이는 비바람이 오기전의 짙게 깔린 먹구름을 걷어치우고 때맞춰 내리는 단비와 같이 대만영화의 대지를 촉촉하게 적셔준다. 5장은 암흑천지 속에서 두 손으로 길을 더듬는 20세기 말 혼돈의 대만의 상황을 그려낸다. 외국영화의 시장 범람으로 인한 자국 대만영화의 쇠퇴와 대만 정부의 영화정책의 문제점을 이야기한다. 6장은 허약해진 몸으로 완강하게 숨을 몰아 내쉬는 대만영화의 강인함과 물밑에서 다시 기지개를 피는 대만영화 부활을 노래한다. 예컨대, 후신영화(後新電影)의 등장을 통해 대만영화의 새로운 환경, 즉 대기업의 투자 활성화 및 중국시장으로의 도전 등을 논한다. 7장은 맺음말로써, 대만영화의 활로와 향후 미래를 전망하면서 글을 맺는다.

이 책은 대만영화의 번영과 박탈감을 모두 경험한 새로운 세대의 대만영화가 이제 전통과 혁신 간의 교차로에 놓여있다고 진단한다. 필자는 한 편의 대만영화를 감상할 때 '그'의 뒤에는 언제나 거대한 시대적 흐름의 이야기를 반드시 담고 있다는 점을 유념해야 한다고 말하면서 '그'의 공간에 들어와서 '그'의 역사를 찾을 수 있다고 단언한다.

다양한 목소리와 미로 속으로 달아나는 언표들을 찾아서...

이 책의 번역은 진정한 의미의 공동 작업으로 이뤄졌다. 1차 번역을 조선화가, 그리고 초벌번역을 기초로 박용진과 김건이 각자 원고를 돌려보고 검토·수정을 통해 저자의 문체 뉘앙스를 살리며 최대한의 오역을 줄이고자 하였다. 그럼에도 불구하고 구름 속에 가려진 달처럼 핵심을 은유적으로 그려내는 중국식 문장표현으로 인해 각각의 문장들 사이로 삐져나오는 다양한 목소리들 그리고 잡힐 듯 말 듯 끊임없이 미로 속으로 달아나는 언표들을 따라가기가 벅찼다. 원작을 처음 대했을 때의 역자들의 희열과 공감을 모두 다 제대로 표현했을지는 의문이다. 또한, 원작의 고고한 처녀성을 역자들의 어수룩한 언어로 변색시켜 버리지나 않았는지 다소 두렵기도 하다. 독자 여러분의 충고어린 지적과 질책이 그 모든 것들을 어루만져 주리라 믿는다.

이 책이 나오기까지 많은 도움을 주신 동료교수들에게 진심으로 감사의 마음을 전한다. 특히, 난해한 원문 독해를 도와주신 대만 동해대학 완미혜(東海大學 阮美慧 教授) 교수, 대만의 역사를 일목요연하게 정리해 주신 전북대학교 중어중문학과 이숙연(李淑娟) 교수, 일본어 표기를 꼼꼼하게 봐주신 전북대학교 일본학과 최준호 교수, 그리고 박소현 박사과 박유빈 박사의 도움에 감사드린다. 마지막으로, 성실한 윤문작업과 출간을 가능케 해주신 한국문화사에 깊이 감사드린다.

건지벌에서 역자 일동
2021.11.